KB097979

퀴어돌로지

queer

퀴어돌로지

idol

전복과 교란, 욕망의 놀이

×ogy

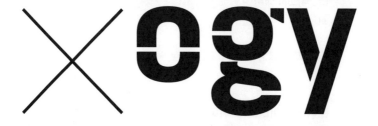

연혜원 기획 | 스큅·마노·상근·권지미·김효진·윤소희
조우리·한채윤·아밀·연혜원·루인 지음

오월의봄

차 례

일러두기

1. 단행본, 정기간행물, 인터넷 매체, 음반 등은 《 》, 논문, 기사, 방송, 애니메이션, 영화, 노래, 알페스 작품 등은 〈 〉를 사용했으며, 인용 구절 안에 지은이가 말을 덧댄 경우는 [ ]를 사용했다.

2. 본문에 등장하는 아이돌 이름의 표기는 공식적 활동명과 가독성을 기준으로 삼았다. 한글로 표기해야 정확히 알 수 있는 경우는 한글로 표기했고, 영문을 그대로 읽을 수 있을 경우에는 영문으로 표기했다(예. 엑소(EXO), NCT(엔시티)).

3. 국립국어원 표기 기준에 맞지 않더라도 현장감을 살리기 위해 흔히 쓰이는 표기를 따른 경우가 있다(예. 시핑→쉬핑, 서방명→써방명, 신→씬 등).

4. 혼용 및 병용되는 단어들의 경우 맥락에 따라 통일하지 않고 사용했다('팬픽션' '팬픽' '팬코스' '팬코' 등).

5. 본문에 인용된 노래 가사(〈너나 해〉〈원더우먼〉)는 (사)한국음악저작권협회의 승인을 받았다(KOMCA 승인필).

케이팝을
퀴어링하기

연혜원

퀴어 그리고 취향

사회학자 부르디외(Pierre Bourdieu)식으로 말하면 취향은 돌이킬 수 없는 차이를 드러내는 암시다. 우리는 세상에 나오자마자 취향공동체로 강제 편입되어 취향을 언어처럼 체화한다는 것이다. 퀴어들 또한 새가 물어다주거나 자연발생적으로 땅에서 솟아나지 않은 이상 누군가로부터 태어나, 선택한 적 없는 가정, 혹은 시설 등에서 사회화 기간을 거쳐 성장한다. 아이러니하게도 대부분의 퀴어들이 강력한 이성애 규범적 섹슈얼리티로부터 태어난다는 사실(세상에는 다양한 임신과 출산의 경로가 있고, 어떤 부모는 퀴어 당사자이기도 하기 때문에 '대부분'이라는 표현을 썼다)은 필연적으로 퀴어들이 커밍아웃을 하는 순간 가정으로부터 이해받기 힘든 운명에 처해 있다는 것을 의미하기도 한다. 그런 의미에서 퀴어들은 계층과 지역, 세대를 막론한 공통점을 지녔다. 어디서도 쉽게 환대받지 못한다는 점이다. 그래서 퀴어란 자고로 '대안'이란 말을 좋아할 수밖에 없는지도 모른다. 그리고 대안이란 꿈은, 언제나 공동체라는 환상을 함께 소환해온다. 퀴어들은 언제나 나고 자란 곳이 아닌 퀴어들의 공동체, 자신이 선택한 공동체에서 자기 자신으로 살아갈 수 있기를 꿈꾼다. 취향은 퀴어들에게 대안적인 공동체를 형성하는 가장 강력한 매개가 되어왔다. 뒤에 조금 더 설명하겠지만 1960년대 뉴욕, 볼룸에서의 드랙(drag)과 보깅(voguing) 같은 문화가 미국 내 소수 인종 퀴어들이 공동체를 유지해나가는 기반이었던 것이 대표적인 사례다. 이때 형성되는 취향공동체는 선택한 취향으로 형성되었다는 점에서 물려받는 취향과는 전혀 다른 형태의 관계를 형성해내기도 한다.

2018년 서울퀴어문화축제조직위원회에서 퀴어 퍼레이드를 앞두고 '당신의 프라이드 송'을 묻는 설문조사를 한 적이 있다.[1] 무려 1위부터 36위까지 아이돌 케이팝이 차트에 올랐다(대표적인 국제적 프라이드 송 레이디 가가(Lady GaGa)의 〈Born This Way〉가 50위였다). 전체 차트에 오른 약 1,600곡 중 1,400곡 이상이 아이돌 케이팝이었다는 점이 흥미롭다. 국내 대형 스트리밍 사이트 차트만 봐도 힙합, 드라마 사운드트랙, 발라드가 아이돌 케이팝보다 흥행하고 있으며 이렇게까지 아이돌 케이팝이 전폭적인 지지를 받고 있지 않다. 프라이드 송 차트에서 또 눈길을 끄는 점이 있다면 차트 상위에 랭크된 아이돌 케이팝 곡과 일반 대중들 사이에서 흥행한 아이돌 케이팝 곡 사이에 상당한 차이가 있다는 점이다. 2018년 프라이드 송 설문에서 1위를 차지한 곡은 NCT U(엔시티 유)의 〈Baby Don't Stop〉이었다. 이 곡은 발매 당시 단 한 번도 대중가요 차트에서 상위에 올라본 적이 없다. 4위를 차지한 츄(Chuu)의 〈Heart Attack〉 또한 마찬가지였다. 이 두 곡에는 분명한 공통점이 있다. 〈Baby Don't Stop〉의 경우 남성 아티스트 둘(텐, 태용)이 BDSM을 연상시키는 가사를 부르며 페어 안무를 춘다. 이달의 소녀 멤버인 츄의 솔로곡 〈Heart Attack〉은 한 소녀가 또 다른 소녀를 짝사랑하면서 쫓아다니는 듯한 내용의 뮤직비디오로 발매 직후 퀴어 팬들 사이에서 큰 반향을 일으켰다. 이 책의 1장에서 더 자세하게 다루겠지만, 퀴어팬덤은 일반 대중과 사뭇 다른 이유와 방식으로 아이돌 케이팝을 선호하고 향유한다. 하지만 국내에서는 이 책의 기반이 된 '2020 퀴어돌로지' 세미나 이전까지 트위터 밖 담론장에서는 이것이 한 번도 집중적으로 다뤄진 적이 없다.

퀴어팬덤의 역사, 퀴어혐오의 역사

국내에서 케이팝 퀴어팬덤은 2017년부터 조금씩 조직적인 활동을 벌여가고 있다. 마마무의 퀴어팬덤이 2017년 아이돌 팬덤 중 최초로 '무지개무무'란 이름으로 서울퀴어문화축제에 카탈로그 광고 형식의 기부를 위한 모금을 성사시켰고, 그 해부터 전국 각지의 퀴어문화축제에 깃발을 들고 참여하기 시작했다. 이후 2018년 무지개무무와 함께 NCT의 퀴어팬덤 'NCT

QUEER'와 드림캐쳐의 퀴어팬덤 '무지개썸냐'가 서울퀴어문화축제 카탈로그에 실릴 광고 기부 모금을 성사시키고 그 가운데 무지개무무와 NCT QUEER가 깃발을 만들어 들고 퀴어문화축제에 참여했다. 이후 레드벨벳(코너퀴어샵), 세븐틴(QURAT), 엑소(EXOL-Q), 방탄소년단(무지개아미단), 아이유(레인보우 팔레트), 블랙핑크(BLINQ), (여자)아이들(무지개 네버랜드) 등 여러 팬덤에서 동시다발적으로 트위터 계정을 기반으로 한 퀴어팬덤 조직이 생겨났고, 현재 '케이팝퀴어연합'이라는 연합조직을 형성해 퀴어문화축제를 중심으로 활동해나가고 있다. 퀴어문화축제에는 수많은 단체의 깃발이 휘날린다. 크고 작은 퀴어 운동 조직들이 퀴어문화축제에 깃발을 들고 참여하는 것은 퀴어문화축제 참석자들에게 자신들의 존재감을 드러내는 동시에 퀴어문화축제에 연대를 표현하는 기능을 한다. 그렇다면 퀴어팬덤의 깃발은 어떤 의미의 소속감과 연대를 나타내고자 하는 것인지 한번 생각해볼 필요가 있다. 왜 어떤 퀴어 팬들은 소극적인 팬이기를 거부하고 팬덤 내에서 자신의 정체성을 적극적으로 드러내는 것일까. 그리고 이들은 왜 자신이 지지하는 아이돌의 이름으로 퀴어 운동에 기여하고 연대하고자 하는 것일까.

어떤 정체성을 형성하는 기저에는 취향이 존재한다. 성지향성과 성정체성은 모두 어떤 의미에서 선호와 기호, 애호에 근거한 것이라고 말할 수 있다. 특정한 성별 범주를 사랑하는 것은 결국 취향의 문제일 수 있으며, 원하는 몸과 젠더 역시 넓은 의미에서 기호일 수 있다. 쉽게 말하면 우리는 무엇을 꿈꾸고,

바라고, 사랑하는지에 따라 우리의 정체성을 규정하며 살아가기도 한다. '덕질'과 정체성은 그런 의미에서 멀리 떨어져 있지 않다. 아이돌 케이팝은 욕망을 음악과 무대, 이미지로 재현해내는 산업이면서 동시에 어떤 장르보다 직접적으로 관계성과 친밀성을 판매하는 예술 산업이다. 아이돌과 팬덤의 관계, 그리고 아이돌 그룹 내에서 멤버와 멤버 간의 관계성은 아이돌 팬덤의 독특한 아이돌 소비 방식을 구축해냈다. 그리고 그 관계를 형성하고 지속시키는 과정의 중심 동력에 섹슈얼리티가 있다. 케이팝 아이돌 팬덤은 그 시작부터 아이돌을 매개로 성적 욕망을 가지고 노는 장(場)이었다. 케이팝의 퀴어팬덤도 케이팝의 시작부터 언제나 함께해왔으며, 적극적이고 활발한 향유층이었다. 아이돌 케이팝의 기원이라고 할 수 있는 H.O.T. 시절부터 팬덤은 멤버들로 팬픽(팬픽션(fanfiction)의 준말)을 써서 공유했고, 퀴어팬덤은 팬픽의 가장 적극적인 생산자이자 소비자였다. 또한 아이돌을 코스프레(코스튬플레이)하고 그들의 춤을 추는 '팬코스(팬 코스프레)'에서도 퀴어팬덤은 가히 선두에 서 있었다.

퀴어팬덤은 케이팝 아이돌이 처음 등장한 시절부터 함께해왔지만 케이팝 팬덤 내에서, 그리고 퀴어 사회 안에서도 항상 이중적으로 비난의 대상이 되어왔다. 퀴어팬덤은 1990년대 '팬픽이반'[2]의 등장과 함께 본격적으로 가시화되기 시작한 것으로 보인다. 팬픽이반의 등장은 당시 PC통신의 개설과 맞물렸다. 국내에 PC통신이 개설된 이후 천리안, 나우누리, 하이텔, 유니텔 등에 레즈비언과 게이를 주축으로 한 퀴어 커뮤니티들이 생기기 시작하면서 숨어 있던 퀴어 당사자들이 온라인 공간으로 모이기 시작했다. 이는 서울 신촌공원을 비롯한 광장에서의 오프라인 모임으로 이어져 광장형 퀴어문화의 부흥기를 이뤄냈다. 케이팝의 퀴어 팬들은 온라인에서는 팬픽을 공유하며 놀았고, 만남이 이루어지는 광장에서는 자신이 좋아하는 아이돌의 머리 모양과 패션을 따라하고 그들의 춤을 추는 팬코스 문화를 함께 즐겼다. 팬픽을 공유하고 팬코스를 즐긴 주체들은 대부분 레즈비언이었다.

레즈비언 퀴어팬덤의 놀이문화가 온·오프라인을 막론하고 퀴어 커뮤니티 안에서 유행했음에도 불구하고 정작 레즈비언 사회에서는 이들을 다양한 이유로 배척하고, 팬픽이반과 자신들 사이에 선을 긋고자 했다. 당시는 지금보다 더 퀴어혐오적이고 폐쇄적인 사회였다. 사람들의 눈에 잘 띄는 팬픽이반들의 스타일로 인해 레즈비언이 가시화되면, 벽장에 있는 레즈비언들도 원치 않은 아웃팅을 당할 수 있다는 두려움이 레즈비언 사회 안에 퍼졌다. 동시에 팬픽이반 레즈비언들은 동성애 팬픽만 읽고 큰 고민 없이 쉽게 스스로를 퀴어로 정체화하는 것 같다는 이유로 팬픽이반은 '진짜 레즈비언'으로서의 진정성이 없다는 비난도 이어졌다. 그리고 이 기저에는 아이돌 팬덤 문화를 저급한 문화로 여기는 시선도 있었다.

1990년대 중·후반부터 2000년대까지 퀴어팬덤 문화가 온·오프라인에서 함께 부흥했을 때, 퀴어팬덤을 향한 혐오는 규범 사회와 퀴어 사회 모두로부터 퀴어 팬들의 튀는 패션으로 인한 가시성 그 자체와 '팬픽'(동성애의 현실을 담아내지 못한다, 문란하기만 하다는 이유였다)에 조준되어 있었다. 반면 퀴어팬덤의 활동이 트위터와 같은 온라인 타임라인에서 중점적으로 이뤄지기 시작한 2010년대 이후부터는 온라인상에서 퀴어팬덤이 케이팝 아이돌 문화를 향유하는 방식에 전적으로 그 혐오의 과녁이 맞춰졌다.

2010년대 후반부터 케이팝 팬덤 내에서 퀴어 팬들은 아이돌 팬이자 동시에 퀴어 당사자인 자신의 이중 정체성을 활발하게 발화하며 케이팝 문화를 향유하기 시작했다. 1990년대 및 2000년대와 다르게 2010년대 후반부터 온라인에서 퀴어 팬들이 자신의 정체성을 당당하게 드러내는 분위기가 형성될 수 있었던 이유는 2015년 메갈리아의 등장과 2016년 강남역 사건을 중심으로 '페미니즘 리부트'가 일어난 이후 퀴어 운동 또한 함께 힘을 얻기 시작한 데 있다. 페미니즘 운동이 활발해지며 자연스럽게 여성과 퀴어로서의 정체성을 동시에 지닌 여성-퀴어 당사자들의 목소리에도 힘이 실리기 시작했다. 나아가 여성 팬이 중심인 만큼 아이돌 팬덤 내에서도 페미니즘 리부트는 큰 영향을 끼쳤다. 페미니즘 리부트 이후 팬덤 내에서는 아이돌의 표현 및 발화와 아이돌 산업을 페미니즘적으로 재해석하고 때로는 비판하는 페미니즘 실천들이 활발해지기 시작했다. 몇몇 연구자들은 페미니즘 리부트 이후 페미니즘 운동의 행동력과 조직력의 일부가 젊은 여성들이 아이돌 팬덤을 통해 학습한 결속 형태의 영향을 받아 성장한 측면도 있다는 분석을 내놓기도 했다.[3]

이런 흐름 속에서 팬덤 내 퀴어 당사자들 또한 자신의 당사자성을 숨기지 않으며 케이팝과 아이돌을 적극적으로 퀴어하게 해석하고, 아이돌 산업의 퀴어혐오적인 면을 비판하기 시작했다.

그런데 아이돌과 유사 이성애적인 감정을 중심으로 팬덤 활동을 이어오던 팬들은 이 같은 퀴어 팬들의 아이돌 향유 방식에 크게 반발하고 이를 공격하기 시작했다. 퀴어 팬들은 팬덤 내에서 크게 두 가지를 발화했다. 하나는 팬덤 내의 다른 팬들에게 자신의 퀴어 정체성을 드러내는 것이었고, 또 다른 하나는 더 나아가 아이돌 멤버도 퀴어 정체성으로 해석을 하는 것이었다. 특히 후자의 경우가 남성 아이돌과 유사 연애 감정을 기반으로 덕질을 하는 여성 팬들에게 큰 반발을 샀다. 여기에 '퀴어로 해석되는 것은 수치스러운 일'이라는 퀴어혐오까지 더해져 비슷한 발화가 생산될 때마다 퀴어 팬들은 지속적으로 사이버불링의 대상이 되어야 했다.

팬픽, 알페스, 퀴어

특정 아이돌 멤버를 퀴어 당사자로 해석하는 퀴어팬덤의 주장이 공격을 받을 때마다 퀴어 팬들은 팬픽을 포함한 아이돌 알페스(RPS)를 향유하는 팬덤의 이중적인 잣대를 비판한다. 알페스란 'Real Person Slash'의 준말로 실존인물 간 연애를 픽션으로 묘사하는 모든 문화적 허용을 총칭하는 것이다. 퀴어 팬들은 특히 알페스를 향유하는 팬덤의 퀴어혐오적인 공격이 이중

잣대―'알페스에서만 허용되는 퀴어'―라며 팬덤 내 퀴어혐오와 맞붙고 있다. 처음부터 팬픽을 포함한 아이돌 알페스는 퀴어팬덤만의 전유물은 아니었고, 지금도 가장 큰 비중의 팬픽 향유층은 비퀴어 여성들이다. 그럼에도 팬픽은 퀴어팬덤이 케이팝과 깊은 친화성을 가질 수 있게 하는 중요한 팬덤 문화다.

　　알페스 문화는 실존인물을 대상으로 한다는 점에서 팬덤 내에서도 언제나 윤리적 논쟁거리가 되어왔다. 알페스의 대상이 되는 실존인물의 확실한 동의 없이 그 대상에 대한 성적 대상화가 이뤄지기 때문에 윤리적으로 문제가 있다는 의견에 완전히 반박할 수는 없다. 하지만 알페스의 서사가 픽션이라는 사실이 팬덤 내에서 공고하게 합의를 이루고 있고, 이는 엄연히 포르노그래피 산업과는 다르다. 픽션이 포르노그래피적이라는 것과 포르그래피 산업은 같은 것이 아니기 때문이다. '포르노그래피적인 것'을 정의하는 데 다양한 의견이 있지만 포르노그래피적인 것이 주로 성적인 자극을 목적으로 한 다양한 표현 양식을 일컫는다면, 포르노그래피 산업은 실제 사람을 등장시켜 그러한 표현 양식을 시각적으로 생산해내는 특정한 산업으로서 복잡한 산업구조와 맥락을 가지고 있다. 이 둘은 단순히 등치할 수 있는 영역이 아니다. 무엇보다 알페스가 케이팝 문화의 시작부터 함께해왔다는 점만은 부정할 수 없다. 알페스는 명백히 케이팝 팬덤을 키운 핵심 하위문화이며, 알페스를 기반으로 확장되어온 케이팝 아이돌 팬덤이라는 문화적 현상은 분명 분석할 만한 가치가 있다.

이 책의 5장에서 더 자세히 말하겠지만 팬픽은 이제 하나의 퀴어문학 장르가 되었다고 해도 과언이 아니다. 팬픽은 웹소설 및 웹툰과 함께 섹슈얼리티를 가장 집중적, 급진적으로 다루는 장르이며, 그것이 팬픽의 목적이기도 하다. 그래서 이곳에는 언제나 정상성에 얽매이지 않는 욕망들이 들끓는다. 트위터상의 아이돌 팬픽장(場)은 아마 국내에서 퀴어 저자와 퀴어 독자가 가장 활발하게 소통하는 문학장이라 해도 틀린 말이 아닐 것이다. 등단과 출판을 거치지 않고 편집되지 않은 날것의 창작물들, 동시에 주제가 성적 욕망에 오롯이 집중된 창작물들이 실시간으로 거침없이 만들어지고 있는 것을 볼 수 있는 실험장이 아이돌 알페스 판이다. 어떤 문학장에 가도 이런 실험적인 광경을 목도할 수 없다. 윤리적으로 문제가 있으므로 무조건 파기해야 한다고 주장하기보다 이렇게 실험적인 장이 왜 다른 곳이 아닌 케이팝 아이돌 팬덤에서 펼쳐지게 됐고, 펼쳐지고 있는지, 팬픽이라는 장르의 급진적인 문법이 다른 장르에서는 불가능한 것인지 분석하는 작업이 필요한 것이 아닐까.

한편 실제 아이돌을 재료로 삼아 창작물을 발행하는 것과 실제 아이돌을 퀴어로 해석하는 것은 또 다른 이야기이다. 알페스 문화는 비퀴어팬덤도 널리 함께 향유하고 있는 반면, 실제 아이돌을 퀴어 당사자로 해석하며 유대감과 동질감을 느끼는 것은 퀴어팬덤이 주로 케이팝 아이돌을 해석하고 향유하는 방식 중 하나다. 그리고 퀴어팬덤이 가장 공격을 받는 향유 방식이기도 하다.

이는 알페스를 둘러싼 윤리적 논쟁과 혼용되기도 하나, 실은 전혀 다른 이야기다. 알페스에 대한 윤리적 논쟁이 실존하는 인물을 대상으로 창작을 하는 데 따르는 창작윤리를 다루는 것에 가깝다면, 아이돌을 퀴어 당사자로 해석하는 데 따르는 비판은 팬덤 내부의 퀴어혐오를 보여주기 때문이다. 어떤 사람을 비퀴어로 패싱하는 것은 당연하게 여기고, 그 사람을 퀴어일 수 있다고 생각하는 것은 무례하다고 생각하는 경우가 많다. 이는 퀴어라는 존재에 덧씌워진 혐오적 기표들을 반증한다. 어떤 대상이 퀴어일 수도 있다고 생각하면서 유대감과 동질감을 느끼는 것이 기분 나쁠 일이 아니라면 그것이 무례할 이유도 없다. 혹시나 아웃팅이 걱정되는 것이라면 아이돌의 퀴어 인권을 지지하는 목소리에 힘을 더해주면 될 일이다. 하지만 많은 팬들이 자신이 좋아하는 아이돌이 퀴어가 아니기를, 사람들에게 퀴어로 비치지 않기를 바란다. 이것은 명백한 퀴어혐오다.

케이팝 산업에 실제로 수많은 퀴어 당사자들이 종사하고 있는 만큼 아이돌 중에도 공개적으로 커밍아웃만 하지 않았을 뿐 당연히 상당수의 퀴어 당사자들이 존재할 것이다(이건 무시할 수 없는 인구통계다). 비퀴어의 눈에 모두가 비퀴어처럼 보인다면, 퀴어의 눈에는 모두가 퀴어로 보일 수도 있다. 퀴어가 자신이 좋아하는 아이돌이 퀴어일 수도 있다고 생각하는 것이 불쾌한 일이라면 이것은 퀴어 당사자들에게 자기혐오를 부추기는 일 밖에 안 된다. 우리가 살펴보고 싶은 것은 어떤 아이돌을 퀴어로 해석하는 것에 대한 비난이 혐오냐 혐오가 아니냐 하는 무의미한 논쟁을 벌이는 일이 아니다. 우리의 작업은 어떤 아이돌이 퀴어로 해석된다면 그 아이돌의 어떤 캐릭터가 퀴어들에게 동질감과 유대감을 느끼게 했는지를 분석하는 일이다.

팬덤 내 많은 퀴어혐오자들이 퀴어 팬들이 자신의 정체성을 드러내고 팬덤에서 활동하는 것을 두고 튀는 행동이라며 비난한다. 하지만 퀴어 팬들이 팬덤 내 퀴어 당사자 가시화에 힘쓰는 이유는 간단하다. 자신이 열렬하게 응원하는 아티스트와 그 아티스트의 소속사가 자신의 퀴어 정체성을 혐오하는 것을 막고, 그에 적절하게 대처하고 저항하기 위해서다. 케이팝이 팬덤의 전폭적인 지지로 성장한 산업이라는 것은 모두가 아는 사실이다. 이는 케이팝이라는 개념 안에 팬덤도 큰 축을 차지하고 있다는 의미다. 그런데도 팬덤 내에서 누군가가 자신의 퀴어 정체성을 드러내고 활동하는 것을 두고 소위 '나대는' 행동이라며 비난하는 것은 팬덤을 수동적이고 열등한 위치로 깎아내리는 행태에 불과하다. 팬덤은 단순히 아티스트를 응원하는 세력이 아니라 아티스트의 작업물에 대한 해석과 비평을 공유하고 산업에 영향을 끼치는 해석공동체이기도 하다. 이런 점에서 퀴어 팬덤 가시화 운동은 팬덤 내 퀴어 당사자의 관점을 관철시키고 나아가 산업에까지 영향을 끼치기 위한 상징투쟁이기도 하다.

케이팝 팬덤 문화의 퀴어함

퀴어팬덤이 유독 케이팝 아이돌을 적극적으로 가지고 놀

았던 이유는 무엇일까. 그리고 케이팝이라는 취향으로 모인 팬덤, 그중에서도 퀴어팬덤은 그 안에서 어떤 관계들을 형성해가고 있을까. 2018년 권지미, 윤소희, 은서와 함께 22명의 케이팝 퀴어 팬을 인터뷰한 적이 있다. 그들은 케이팝에 매력을 느끼고 스스로를 팬이라고 말할 수 있는 이유를 이렇게 답했다.

- 현실로부터 벗어난 콘셉트들의 매력.
- 시스젠더 헤테로 정상성에 구애받지 않는 패션과 퍼포먼스.
- 케이팝 내에서 나타나는 성숙하지 않은 일탈적인 사춘기적 소녀·소년의 이미지에 느끼는 동질감.
- 팬픽을 포함한 팬덤 내의 알페스 문화, 알페스 문화를 가능하게 만드는 호모섹슈얼적 해석의 여지를 주는 수행들.
- 사회적 위계에 구애받지 않고 다양한 사람들과 교류할 수 있는 팬덤의 분위기.

그리고 팬덤 내 교류 또한 팬픽과 같은 2차 창작을 둘러싸고 이루어지는 경우가 많기에 알페스는 퀴어팬덤을 구성하는 중심축이 된다. 이들 대부분이 2010년대 이후 케이팝 덕질을 하기 시작했고, 호모섹슈얼적으로 해석되는 케이팝 문화가 2010년대 이전부터 형성되어 있다는 것을 생각하면 무엇이 이와 같은 케이팝 문화를 형성시켰는지도 궁금해지는 부분이다.

둘 이상만 모여 있으면 반드시 누군가는 커플을 엮고 있는 것은 케이팝뿐만 아니라 모든 대중문화에서 벌어지는 일이다.

케이팝 아이돌은 대부분 그룹으로 형성되어 있다는 점에서 커플링이 생긴 것도 자연스러운 일일 것이다. 하지만 산업이 이러한 팬덤의 문화에 영향을 받아 소위 '비게퍼(비즈니스 게이 퍼포먼스)'—사실 이에 대해서는 논쟁의 여지가 있다. 모든 호모섹슈얼적 수행을 퍼포먼스로만 보는 것도 시스젠더 헤테로 중심적인 시선이기 때문이다. 퍼포먼스의 경계는 항상 모호할 수밖에 없다—를 끊임없이 생산해내고, 호모섹슈얼적인 장면을 뮤직비디오나 무대에 끼워넣는 '퀴어베이팅'[4]을 적극적으로 일삼으면서 산업 자체를 퀴어하게 변화시켜온 것도 케이팝의 특징 중 하나다. 퀴어베이팅은 사실상 퀴어한 이미지를 판매하면서 퀴어의 사회구성원권에는 침묵하는 좋지 않은 산업의 행태지만 국내 대중문화 생태에서는 퀴어 콘텐츠가 워낙 척박하기 때문에 케이팝 퀴어베이팅이 생산해내는 이미지들이 퀴어 팬들에게 사막의 오아시스 역할을 하는 아이러니한 상태이기도 하다. 나아가 이는 국내외에서 케이팝이 퀴어팬덤을 끊임없이 끌어들이는 동력이기도 하다.

국내 퀴어팬덤이 일찍이 케이팝의 퀴어함을 향유하고 있었으나, 본격적으로 케이팝의 퀴어함에 주목한 곳은 서구권이었다. 하지만 서구권, 비서구권, 국내 퀴어팬덤이 케이팝을 향유하는 방식에는 각각 많은 차이가 있다. 무엇보다 국내 케이팝 퀴어팬덤 안에서는 케이팝을 무조건 퀴어하다고 인식하지 않는 반면, 서구권에서는 케이팝 자체를 퀴어한 장르로 보는 시선이 강하다. 이는 서구권에서 케이팝이 (아시아 콘텐츠이기에) 소수자성이 짙은 음악의 위치를 점하고 있다는 맥락과 맞닿아 있기 때문이다. 예를 들어 서구권에서 케이팝의 남자 아이돌들을 통칭하며 '대안적 남성성'을 제시한다고 평가하는 경우가 많다. 이는 아시아 남성성 자체를 여성화시켜온 서구적 시선이 어느 정도 기반이 된 것이다.

또한 케이팝 아이돌이 호모섹슈얼한 수행을 하면 국내 팬덤은 이를 자원 삼아 왕성하게 2차 창작물을 생산해내면서도 (그렇지 않은 수행을 해도 창작은 이뤄지지만) 속으로는 냉정하게 진짜 퀴어일 가능성과 아닐 가능성을 재면서 (오히려 진짜 같아 보일수록 해석의 여지가 줄어들어 팬들은 2차 창작의 재미를 잃기도 한다) 자연스럽게 '알페스는 결국 픽션'이라는 한 겹의 필터를 끼고 바라보는 경우가 많아 굳이 아이돌의 수행이 가진 진정성을 공개적으로 판가름하는 시도를 하지 않는 반면, 서구권에서는 이러한 수행을 했다는 것만으로도 놀라며 이로 인해 그들이 당연히 퀴어일 것이라고 생각하는 경우도 비일비재하다. 이처럼 케이팝을 받아들이는 문화적 차이가 있기에 우리가 케이팝의 퀴어함을 분석할 때 쉽사리 서구 담론에 기대거나, 서구 담론을 무비판적으로 받아들이는 것에 주의해야 한다.

한편 온라인 팬덤 문화는 그 자체로 퀴어 사회와 닮은 점이 있다. 온라인 팬덤 내의 관계는 어떤 의미에서는 비퀴어 사회 내의 관계보다 퀴어 사회에서 형성되는 관계들과 그 성격이 더 비슷하다. 팬덤 내에서는 모두가 닉네임을 사용하고 나이, 지역, 학력, 학벌을 막론하고 친구가 되며, 친구 이상의 끈끈한 결속력을 형성하기까지 한다. 온라인 내에서 팬들은 서로에게 사회적 위치를 묻고 그것을 기반으로 누군가를 차별하는 것을 기본적으로 무례하다고 생각한다. 온라인 팬덤이 도덕적이라는 게 아니라, 정상 사회에서 친분을 다지려면 기본적으로 나눠야 하는 정보라고 여겨지는 것들이 팬덤 내에서는 무력해진다는 것이다. 온라인 팬덤 내에서도 권력이 존재한다. 다만 여기서 권력을 가지는 이들은 누구보다도 2차 창작을 잘하는 사람들이다. 하지만 2차 창작을 생산하지 않는다고 하더라도 팬들은 같은 아이돌을 좋아한다는 이유만으로 교류하고 친목을 다진다. 이러한 관계들의 익명적 성격은 현실의 퀴어 사회와 매우 닮아 있다. 팬덤에서 현실의 위계가 작동하지 않는 이유는 온라인 커뮤니티의 익명성과 더불어 커뮤니티에 모이게 된 목적('덕질')이 뚜렷하기 때문이다. 반면 퀴어 사회의 익명성은 아웃팅의 위협으로부터 보호하기 위한 장치인 동시에 정상 사회의 위계에 저항한다는 운동적 목표를 함께 가진다.

익명적이지만 그럼에도 서로에게 동질성과 유대감을 느낀다는 점에서 공통점을 지니는 두 커뮤니티에서 퀴어 팬들은 쉽게 편안함을 느낄 수 있다. 동시에 이러한 특성은 어떤 퀴어 팬에게는 굳이 스스로의 정체성을 밝히지 않아도 퀴어 사회와 같은 방식으로 놀이를 향유할 수 있는 기회가 되기도 한다. 물론 앞서 밝힌 대로 여전히 대다수의 팬덤이 퀴어팬덤에 혐오적 시선을 보내고 있지만, 일반 사회보다 온라인상에서는 관계를 끊는 것이 비교적 수월하며, 자신이 원하는 사람들하고만 관계를 맺을 수 있기도 하다는 점이 퀴어 팬들에게 유리하게 작용한다. 물론 사이버불링과 같은 온라인상의 폭력을 약소시키고 싶은 것은 절대 아니다. 집요한 사이버불링은 절대 축소되어서는 안 되는 폭력이며 이 책을 엮는 목적 가운데 하나는 그러한 온라인상의 혐오에 맞서는 것이기도 하다.

케이팝과 퀴어문화라는 평행우주

케이팝의 형성 자체가 몇몇 퀴어문화들의 형성 과정과 매우 비슷한 경로를 밟고 있다는 사실도 재미있는 지점이다. 보깅과 드랙이라는 장르는 빈곤한 흑인 퀴어 커뮤니티가 향유하던 하위문화에서 시작됐다. 이 장르들의 발생을 살펴보면 보깅과 드랙 모두 정상 사회, 그중에서도 상류 사회의 문화를 모방하는 놀이였다. 다큐멘터리 영화 〈파리 이즈 버닝(Paris is Burning)〉(1990)에서도 잘 묘사되어 있듯, 정상가족으로부터 이탈된 경제적, 인종적, 성적으로 소수자인 뉴욕의 흑인 퀴어들은 '하우스'라는 이름의 대안가족을 형성하고 볼룸(ballroom)이라는 행사를 개최해 어떤 하우스가 더 재치 있게 상류 사회의 패션과 표현 양식을 따라할 수 있는지 경연을 벌였다. 여기서 드랙과 보깅이 탄생한다. 드랙은 자신과 다른 성별뿐만 아니라 특정한 수행성을 누가 더 잘 모방해서 연기하는지 겨루는 장르였다. 보깅은 그 이름에서도 알 수 있듯이 상류층 문화가 담긴 잡지 《보그(Vogue)》에 등장하는 패션모델들의 몸짓을 따라하며 추는 춤에서 시작된 장르다. 그리고 이와 같은 퀴어 커뮤니티의 문화가 팝컬처의 주목을 받기 시작하고, 드랙과 보깅이 정식 장르로 인정받기 시작했다. 물론 지금도 이 장르들의 퀴어한 역사를 지우려는 시도들이 있지만 퀴어 커뮤니티 역시 이 장르의 기원을 지키기 위해 부단한 노력을 하고 있다.

보깅과 드랙처럼 케이팝 역시 모방에서 시작되었다. 아이돌 케이팝은 누구나 알고 있듯이 제이팝(J-POP)과 영미팝의 모방에서 시작되었다. 아이돌이라는 개념 자체가 일본에서 수입되었으며, 케이팝을 처음 시작한 SM엔터테인먼트는 제이팝에 영미팝적 요소와 세계관을 더해 H.O.T.를 데뷔시켰다. 케이팝은 팝뿐 아니라 적극적으로 순수예술의 기법을 활용하는 시도도 함께했다. 이미지를 공격적으로 내세우는 음악 장르로서 케이팝은 패션과 뮤직비디오를 제작하며 패션 및 예술계 창작자들과 적극적으로 협업해나갔다. 저연령 여성들을 주축으로 구성되어 있다는 이유에서 케이팝 팬덤은 사회적으로 무시받아왔지만, 이 확고한 팬덤이 있었기에 쌓일 수 있었던 자본력으로 인해 가능한 일이기도 했다. 이제 케이팝 아티스트가 그래미 시상식에 후보로 오를 정도로, 케이팝은 영향력이 커진 장르가 됐다. 그리고 팝컬처가 일찍이 퀴어문화를 알아보고 주목했듯, 케이팝은 어떤 국내 장르보다도 적극적으로 퀴어문화를 받아들이는 장르이기도 하다. 이제 케이팝 무대 위에서 보깅을 보는 일(f(x)의 〈4 Walls〉, 청하의 〈Stay Tonight〉 등)은 어렵지 않고, 뮤직비디오와 무대에도 간간이 드랙(이효리의 〈미스코리아〉, 〈컴백 전쟁:

퀸덤〉에서 선보인 AOA의 〈너나 해〉 등)이 등장하며, 심지어 커밍아웃한 댄서로 이루어진 댄스크루가 무대에 케이팝 아티스트와 함께 서기도 한다(청하와 〈Stay Tonight〉 무대를 함께한 댄스크루 '커밍아웃(Coming Out)').

놀이가 기억되어야 하는 이유

윤리적이지 않은 생산자와 윤리적이려고 노력할지언정 윤리보다는 욕망이 중요한 소비자가 만들어내는 급진적인 세계를 두고 우리는 어떤 입장을 취해야 할까. 이때 일관적인 입장을 취하는 것이 가능하기는 한 것이며, 반드시 일관적인 입장을 가져야 할 필요성은 있는 것일까. 정치적 올바름의 경계는 무엇인가. 모든 창작물은 정치적으로 올바를 때만 가치가 있는 걸까. 보편적인 정치적 올바름과 윤리가 존재할 수 있는가. 페미니즘 연구자 정희진은 한 칼럼에서 하나의 올바름은 존재하지 않으며, 따라서 정치적 올바름은 사실상 불가능한 개념이자 문제를 한 가지 원인으로 생각하는 환원주의의 산물이라고 주장한 바 있다.[5] 정의를 실현하기 위해 문화를 향유할 수도 있다. 하지만 문화를 향유하는 일이 항상 정의를 실현하는 도구이기만 한 것은 아니다. 유희 자체가 문화를 향유하는 이유이기도 하다. 퀴어인 향유자들에게만 유독 정치적 올바름과 윤리의 잣대를 들이밀면서 그들이 향유하는 방식을 공격하는 것은 주변화되어 있는 문화 향유 방식에 대한 검열과 반발심에 가깝다.

혹은 퀴어 당사자가 자신이 문화를 향유하는 방식에 대해 자꾸 엄격한 자기검열의 잣대를 들이대고 있다면, 나는 이 책을 빌려 그러지 않아도 된다고 말해주고 싶다. 더 자기 멋대로 무엇이든 향유하고, 무엇을 어떻게 향유하고 있는지 여기저기 마구 발화하라고 부추기고 싶다. 겁먹지 말고, 숨지 말라고 독려하고 싶다. 충분히 말해야 비로소 입을 떼고 새로운 옹알이를 시작할 수 있을 것이다.

퀴어도 페미니스트도 유희의 현장에서는 실수할 권리가 있다. 유희와 윤리는 같은 목적을 지니지 않는다. 하지만 그렇다고 병행할 수 없는 것도 아니다. 더 자유롭게 유희할 수 있을 때 윤리를 논할 수 있는 운동장의 크기도 더 넓어질 것이다. 퀴어는 목적을 가지고 정체화하지 않는다. 퀴어가 삶을 이어가는 것에 언제나 운동적 목적을 부여하려는 시선은 지나친 책임 부여라고 생각한다. 삶은 그런 방식으로 이어지지 않는다. 차별금지법을 제정시키기 위해 연서명을 하고, 차별에 맞서기 위해 거리를 행진하고, 혐오세력과 몸다툼을 하는 것이 퀴어가 삶을 이어가는 원동력의 전부라고 생각한다면, 혹은 그것만이 원동력이어야 한다고 생각한다면, 나아가 퀴어는 놀 때도 목적이 있어야 한다고 생각한다면 그건 큰 착각이다. 오히려 삶을 이어가게 하는 것은 버스에서 듣는 음악과 친구들과 함께 추는 춤, 트위터에 올라오는 농담과 야한 소설과 만화, 웃기고 귀여운 시트콤일 가능성이 높다. 운동을 하기 위해 놀이를 하는 것이 아니라 놀이를 이어가기 위해 운동을 하는 것에 가까운 게 우리의 삶이

지 않은가. 다만 퀴어는 조금 다르게 놀기도 하고, 그것은 다르다는 이유 그 자체로 기록될 가치가 있다. 더 많이 기록되고 가시화될수록 놀이는 더 쉽고 즐거워질 것이다.

**

2018년에 개인적으로 기획했던 주제가 여러 사람을 만나 그들과 함께 힘을 합친 덕에 2019년 세미나 형식으로 다시 기획되었고, 2020년 서울문화재단의 후원을 받아 '2020 퀴어돌로지' 세미나로 발전되었다. '2020 퀴어돌로지'는 서울시NPO 지원센터에서 장장 세 차례에 걸쳐 개최되었고, 이 책은 이때 발표된 원고들을 보완해 엮은 것이다. 이 세미나가 잘 마무리된 데에는 무엇보다 발제자분들과 참석해주신 분들의 공이 정말 크다. 당시 발제 제안에 흔쾌히 응해주시고, 단행본 작업까지 함께 해주신 이 책의 용기 있는 저자들에게 진심으로 큰 감사의 인사를 전하고 싶다. 여러 달을 함께 회의하며 우리가 어떤 즐거움을 공유하고 있는지를 확인하고 그것을 기록으로 남기기 위한 서로의 열정을 확인하는 과정은 나에게 너무나 큰 동기 부여가 되는 시간들이었다. 발제문이 발표문으로 이어질 수 있도록 몇몇 발제문을 심혈을 기울여 검토해주신 루인 선생님께도 진심으로 감사드린다. 그 외에도 많은 분들의 도움이 있었다. 발제자로도 이름을 올렸지만 2018년에 열정적으로 인터뷰를 함께 해준 권지미 님과 윤소희 님, 그리고 당시 인터뷰를 함께 해준 은서 님과 인터뷰에 응해주신 22명의 인터뷰 참여자분들에게 감사를 전하고 싶다. 그리고 무엇보다 2019년부터 세미나 기획의 전 과정을 함께해준 페미니스트 저널 《일다》의 주연 씨에게 진심으로 감사드린다. 주연 씨와 함께한 덕분에 '2020 퀴어돌로지'가 더 풍성해질 수 있었으며 무엇보다 잘 기록될 수 있었다. 세미나 현장에서 손과 발이 되어준 송보경과 류경호, 그리고 심금과 씨미, 사회를 봐준 금개와 나현에게 감사의 인사를 전하고 싶다. 또한 머릿속에 흩어진 아이디어를 정리할 때마다 매번 큰 도움을 줬을 뿐 아니라 원고 또한 침착하고 꼼꼼하게 읽고 조언해준 남진에게도 큰 감사의 인사를 전한다. 그리고 늘 기획에 모든 정신이 팔려 종종 가사노동에 소홀해지는 나를 묵묵히 견뎌주는 룸메이트 달기린이 없었다면 절대 이 기획을 원활하게 진행해내지 못했을 것이라는 점을 반드시 짚고 넘어가고 싶다. 더불어 원고를 수정하는 막바지에 나에게 큰 힘이 되어준 아영에게 사랑을 전하고 싶다. 마지막으로 이 원고들이 한 권의 책으로 세상에 나올 수 있게끔 이 기획의 의의에 공감해주신 오월의봄의 이정신 편집자님께 큰 사랑과 감사의 인사를 드리고 싶다.

　향유자들의 생생한 해석인 동시에 사료가 되기를 바라는 마음에서 이 책을 기획했다. 논의가 여기서 닫히기를 원하지 않는다. 이 책을 시작으로 국내 퀴어문화에 대해 더 많은 논의가 세상 밖으로 나온다면 기획자로서 이 기획의 목적이 충실하게 달성되었다고 생각할 수 있을 것 같다.

주

1   '서울퀴어퍼레이드 playlist 당신의 프라이드 송을 알려주세요!'는 서울퀴어 퍼레이드에서 2018년 SNS를 통해 서울퀴어문화축제에서 재생될 곡을 투표로 추천받았던 온라인 행사. 투표가 마무리된 후 순위를 확인할 수 있었다.

2   1990년대 한국에서 아이돌이 문화 산업으로 부흥하기 시작했다. 그리고 아이돌 그룹 멤버를 등장인물로 직접 창작하는 소설인 '팬픽'을 온라인으로 공유하며 결속력을 다지는 팬덤 문화가 활발해지기 시작했다. '팬픽이반'은 특히 동성애 팬픽을 향유하면서 동성애를 접하고, 실천하던 청소년들을 집단으로서 지칭하는 용어로 주로 1990년대에 썼다. 팬픽이반으로 지칭되는 집단은 주로 여성 청소년들이었는데 이들은 규범 사회와 레즈비언 사회 모두로부터 멸시받는 집단이었다. 우선 규범 사회에서 이들은 청소년이 창작해서는 안 되는 문란하고 저급한 소설을 쓰는 동시에 '동성연애'에까지 빠지는 일탈 청소년으로서 규제의 대상으로 여겨졌다. 그리고 레즈비언 커뮤니티 내에서는 팬픽이라는 허상에 빠져 잠시 동성애에 관심을 가지는 '가짜 레즈비언'이자, '가짜 레즈비언'인 주제에 티 나게 아이돌의 패션을 따라함으로써 레즈비언에 대해 부정적 편견을 만드는 일탈 청소년들로 낙인찍혀 배척되었다.

3   김수정, 〈팬덤과 페미니즘의 조우: 페미니즘 관점에서 본 팬덤 연구의 성과와 쟁점〉, 《언론정보연구》 제55권 제3호, 서울대학교 언론정보연구소, 2018; 조은수·윤아영, 〈BTS ARMY에서 페미니스트 팬으로: 3세대 K-Pop 아이돌 팬의 페미니즘 실천과 한계〉, 《미디어, 젠더 & 문화》 제35권 제3호, 한국여성 커뮤니케이션학회, 2020.

4   queerbaiting. 매체에서 퀴어적 긴장감을 암시함으로써 퀴어 소비자 혹은 퀴어서사에 관심 있는 소비자를 유인하지만, 결과적으로는 퀴어적 암시를 소비자를 유인하는 수단으로만 이용하고 그치는 행태를 일컫는다.

5   정희진, 〈정치적 올바름〉, 《한겨레》, 2015년 10월 30일 자, https://www. hani.co.kr/arti/opinion/column/715298.html.

참고 문헌

김수정, 〈팬덤과 페미니즘의 조우: 페미니즘 관점에서 본 팬덤 연구의 성과와 쟁점〉, 《언론정보연구》 제55권 제3호, 서울대학교 언론정보연구소, 2018.

조은수·윤아영, 〈BTS ARMY에서 페미니스트 팬으로: 3세대 K-Pop 아이돌 팬의 페미니즘 실천과 한계〉, 《미디어, 젠더 & 문화》 제35권 제3호, 한국여성커뮤니케이션학회, 2020.

정희진, 〈정치적 올바름〉, 《한겨레》, 2015년 10월 30일 자, https://www.hani.co.kr/arti/opinion/column/715298.html.

1장

세대론으로 읽는
케이팝의 퀴어니스

스퀴, 마노

케이팝 아이돌 세대론[1]

본격적인 논의에 들어가기 앞서, 케이팝 문화의 퀴어 코드를 조망하기 위한 개념적 틀로 케이팝 아이돌의 세대론을 제시하고자 한다. 케이팝 아이돌의 세대론은 H.O.T.가 선포한 1세대, 동방신기(TVXQ!)가 본격화한 2세대, 엑소(EXO)로 대표되는 3세대, 그리고 방탄소년단(BTS)과 블랙핑크(BLACKPINK)가 견인해낸 4세대로 구분되며, 케이팝이 세계화됨에 따라 케이팝의 주도권이 국내 시장에서 해외 시장으로 점차 넘어가는 일련의 과정으로 이해할 수 있다.

1세대: 케이팝 아이돌의 탄생

1세대는 SM기획(현 SM엔터테인먼트, 이하 'SM')이 미국의 보이밴드와 일본의 아이돌 프로덕션에서 착안하고 서태지와 아이들을 참조해 내놓은 최초의 케이팝 아이돌 H.O.T.[2]를 시작으로 SM과 대성기획(현 DSP미디어)의 경쟁구도하에 탄생한 초기 아이돌 그룹들(H.O.T., 젝스키스(Sechs Kies), S.E.S., 핑클(Fin.K.L) 등)로 대표된다. 신화(Shinhwa), 클릭비(CLICK B), god, 샤크라(Chakra), 쥬얼리(Jewelry), 보아(BoA) 등은 2세대로의 이행 이전 과도기적, 실험적 특징을 지닌 1.5세대 아이돌로 분류하기도 한다. 이 시기에 중국, 일본 등 동아시아 일부 지역에서 한국 아이돌이 인기를 끌기 시작하며 '한류'라는 개념이 대두되고, 일부 일본 언론에서는 '케이팝(K-POP)'이라는 용어가 사용되기 시작한다.[3]

2세대: 케이팝 산업구조의 정착

2세대는 경제위기 가운데 케이팝이 고도로 상업화되며 현재와 같은 산업구조가 정착되고, 국내 시장의 위축에 따라 '현지화' 전략을 표방하며 본격적인 해외 진출을 시작한 시기다. 보아의 성공 모델에 근거한 동방신기를 비롯하여 그 뒤를 이은 SS501(더블에스오공일), 빅뱅(BIGBANG), 슈퍼주니어(Super Junior), 소녀시대(SNSD, Girls' Generation), 카라(KARA), 원더걸스(Wonder Girls) 등이 이 2세대에 해당한다. 이때부터 케이팝의 양적 성장이 가속화되었고, 샤이니(SHINee), 2PM(투피엠), 인피니트(INFINITE), 비스트(B2ST), f(x)(에프엑스), 2NE1(투애니원), 포미닛(4MINUTE), 미쓰에이(miss A), 씨스타(SISTAR) 등 2.5세대 아이돌이 폭발적으로 쏟아져 나오게 된다. 2~2.5세대 아이돌은 기존의 신비주의 전략을 탈피하고 친밀한 이미지를 내세워 각종 예능과 드라마에 출연하거나 자체 제작 리얼리티 쇼를 론칭하는 등 음악 분야를 넘어선 만능 엔터테이너로 자리하면서 해외에도 본격 진출하며 인기를 얻는다. 이 중 특히 슈퍼주니어는 중화권에서, 소녀시대와 카라는 일본에서 큰 성공을 거둔다. 지금은 일반화된 '월드 투어' 또한 이 세대부터 국내외 대형 팬덤을 구축한 그룹을 위시하여 보편화되기 시작했다. 비(Rain), 세븐(SE7EN), 보아, 원더걸스 등 일부 아티스트들은 대륙의 권역을 넘어 미국 진출을 시도하기도 한다. 비록 이들은 기대만큼의 성과를 거두는 데 실패했으나 빅뱅, 2NE1 등 YG엔터테인먼트(이하 'YG') 소속 아티스트들이 2010년대 초반 유튜브와 해외 디지털 음악 시장의 성장과 함께 북미에서 이목을 끌기 시작한다. 그리고 2012년 등장한 싸이(PSY)의 〈강남 스타일〉은 유튜브를 거점으로 세계적인 열풍을 불러일으키며 산업 내외로 큰 충격을 안긴다.

3세대: 케이팝의 탈영토화

이러한 맥락 가운데 탄생한 3세대는 '케이팝의 탈영토화'가 본격화된 세대로 정리해볼 수 있다. 굴지의 소속사들은 대개 국내 활동을 통해 인지도를 높인 뒤 일본에서 '현지화'된 음악으로 외화를 벌어들인 기존의 전략에서 벗어나, 유튜브로 대표되는 초국적 디지털 플랫폼을 주축으로 국내외 동시 성장을 꾀하기 시작했다. 본격적으로 국경의 속박에서 벗어난 콘텐츠를 추구한 것이다. 각종 서바이벌 프로그램을 비롯해 지속적이고 탄탄한 팬덤을 확보하기 위한 프리-데뷔 프로모션과 '세계관'을 앞세운 스토리텔링 전략이 보편화된 것도 이 시기이며, 경쟁력 확보를 위한 케이팝의 질적 향상 역시 2.5세대를 거쳐 3세대 때 폭발적으로 이루어졌다. 대표적인 3세대 아이돌로는 독특한 '초능력' 세계관을 주창하며 엑소-K(EXO-K)와 엑소-M(EXO-M)으로 한·중 동시 데뷔를 했던 엑소가 꼽히며, 뉴이스트(NU'EST), 빅스(VIXX), 방탄소년단, 갓세븐(GOT7), 위너(WINNER), 레드벨벳(Red Velvet), 마마무(MAMAMOO), 트와이스(TWICE), 러블리즈(Lovelyz), 오마이걸(OH MY GIRL), 여자친구(GFRIEND) 등 역시 3세대에 해당한다. 세븐틴(SEVENTEEN), 몬

스타엑스(MONSTA X), NCT(엔시티), 워너원(Wanna One), 블랙핑
크, 우주소녀(WJSN, Cosmic Girls), I.O.I(아이오아이), 카드(KARD)
등은 후술할 케이팝 산업구조의 지각변동을 겪어내며 성장한
그룹들로서 3.5세대 아이돌로 구분할 수 있다.

2016년 한한령 발발[4]로 2, 3세대 아이돌의 주 무대였던 중
화권 시장이 봉쇄되며 케이팝 산업은 큰 타격을 입는다. 그 가
운데 새로운 활로를 개척해낸 팀들이 바로 방탄소년단과 블랙
핑크다. 방탄소년단은 일찍이 트위터와 네이버 V(현 브이 라이브
(V Live))를 비롯한 SNS를 적극적으로 활용해 일상적인 소통을
시도하는 동시에 그러한 일상성을 작업물에 녹여내 대륙과 국
적을 불문한 다양한 해외 팬들의 공감을 불러일으켰고, 2017년
BBMA(미국 빌보드 뮤직 어워드) 수상을 시작으로 북미 시장에서
기록적인 성과를 거두기 시작한다. 블랙핑크도 북미에서의 초
기 케이팝 인기를 견인했던 YG 소속 그룹답게 유튜브를 중심
으로 북미 대중의 호응을 이끌어내는 데 성공한다. 이외에도 카
드(남미권), 드림캐쳐(Dreamcatcher, 유럽권) 등 유튜브와 뉴미디어
플랫폼을 통해 기존 케이팝 진출 경로를 벗어난 곳에서 더 큰
호응을 얻는 사례가 늘어나기 시작한다. 한편 국내에서는 2016
년 팬덤에 아이돌 그룹의 제작의 주도권을 쥐여준 Mnet의 〈프
로듀스〉 시리즈가 반향을 일으키는데, (순위 조작이 밝혀지며 비록
끝내 이 주도권은 환상에 불과하다는 점이 드러났으나) 케이팝 산업에 팬
덤 파워를 전례 없이 각인시키며 '프로슈머(프로듀서+컨슈머)' 담
론을 형성한다. 정리하자면, 2016~2017년은 국내외를 막론하

고 팬덤의 목소리가 전에 없이 커진 시기라고 할 수 있다.

4세대: 케이팝의 재영토화

이와 같은 격변기를 거쳐 2019년을 전후로 새로운 세대의 조류가 분명하게 감지되기 시작했다. 3세대가 케이팝의 국경을 허무는 '케이팝의 탈영토화' 시기였다면 4세대는 완전히 평평해진 지대 위에서 다시 새로운 영역을 형성해가는 '케이팝의 재영토화' 시기로 정리해볼 수 있다. 케이팝은 미대륙 시장의 장벽까지 넘어서며 완연한 탈영토화를 이뤄냈고, 케이팝의 주도권은 더 이상 한국에 귀속되지 않는다. 국내 시장이 완전히 등한시되고 있다는 뜻은 물론 아니다. 아직 국내에서의 지명도는 기획사가 그룹의 입지를 평가하는 주된 기준 중 하나로 자리하며, 해외 팬덤 역시 국내 앨범 판매량, 음원 차트, 음악방송, 연말 시상식에서의 성적을 의식한다. 다만 달라진 점은 4세대에 이르러 대륙과 국가의 경계에 일절 구애받지 않는 케이팝의 새로운 지평을 상상하게 되었다는 것이다. 몬스타엑스, VAV(브이에이브이), NCT, 카드와 같은 3.5세대 그룹들이 국내보다 해외에서 큰 인기를 구가하게 된 점, 2019년 가장 큰 성공을 거둔 신인 그룹으로 지목되는 투모로우바이투게더(TOMORROW X TOGETHER, TXT)와 있지(ITZY)도 데뷔와 동시에 북미 데뷔 쇼케이스 투어를 돌며 해외 팬들을 확보하는 데 주력한 점, 스트레이키즈(Stray Kids), 에이티즈(ATEEZ), 이달의 소녀(LOOΠΔ, LOONA), 에버글로우(EVERGLOW)와 같은 신생 그룹들이 국내보다 오히려 해외 시장을 정조준하고 있다는 점은 그 방증이라 볼 수 있다. SM의 WayV(웨이브이, 威神V, 중국), SuperM(슈퍼엠, 미국), JYP엔터테인먼트(이하 'JYP')의 보이스토리(BOY STORY, 중국)와 니쥬(NiziU, 일본)[5], 제니스 미디어 콘텐츠의 지스타즈(Z-Stars, 범아시아권)와 같이 한국 회사의 주도로 해외에 본거지를 둔 실험적인 케이팝 그룹들이 출범한 것 역시 '케이팝의 재영토화'로 설명할 수 있다.

이 재영토화는 글로벌 팬덤의 적극적인 참여를 통해 이루어지며, 각종 SNS를 비롯한 뉴미디어는 이를 가능하게 한 핵심 플랫폼이다. 3세대 때 중요성이 부각되었던 유튜브의 경우 뮤직비디오를 중심으로 케이팝을 해외에 노출시키는 창구의 기능을 넘어 다양한 자체 제작 콘텐츠를 송출하는 방송국의 기능이 활성화되었고, 트위터, 틱톡 등 확산성이 강한 뉴미디어는 케이팝 콘텐츠가 활발히 공유되고 팬들에 의해 재생산될 수 있는 기반을 마련했으며, 일상적인 소통을 강조한 실시간 방송 전용 플랫폼 '브이 라이브(V Live)'와 커뮤니티 서비스(리슨(Lysn)[6], 위버스(Weverse)[7], 유니버스(Universe)[8] 등)는 세계 각지의 팬들이 물리적·심리적 장벽을 넘어 아이돌 스타와 유대감과 친밀감을 다질 수 있도록 해주었다. 또한 방탄소년단과 〈프로듀스〉 시리즈는 단순 스토리텔링을 넘어 팬들이 유대감을 느낄 수 있는 메시지와 서사의 중요성을 부각했다. 이에 따라 무대 밖의 일상적인 모습을 공유하고, 고유의 메시지를 담은 세계관을 주창하거나, 데뷔 초부터 셀프 프로듀싱을 하는 등의 방법을 통해 그룹 서사의 진정성을 확보하려는 그룹이 증가하고 있다.

　케이팝 아이돌 1~4세대의 흐름을 표로 요약해 정리한다면 다음의 〈표 1〉과 같다. 데뷔년도를 기준으로 구분했으며, 그룹으로 활동했던 멤버들의 솔로/유닛 데뷔는 별도로 기입하지 않았다 (단, 혼성그룹은 예외). 여기서 특기할 만한 점은 4세대 이전까지 발견되는 남성 아이돌과 여성 아이돌의 세대교체 시간차다. 남성 아이돌의 경우 국내외로 좀더 크고 공고한 팬덤을 확보하고 있었으며, 빠르고 다양한 변화와 성장을 요구하는 팬덤의 목소리를 기민하게 읽어냈다. 이에 비해 여성 아이돌의 경우 팬덤의 규모가 작았고 팬덤의 집결도와 (특히 여성 팬덤의) 가시화 정도가 비교적 늦게 부상했다. 네이버 기사 기간별 검색 기능을 통해 확인해본 결과 여성 팬덤이 여성 연예인에게 열광하는 현상을 일컬을 때 사용되는 소위 '걸크러시'가 한국 언론에서 본격적으로 쓰이기 시작한 것은 불과 2014~2015년부터였고,[9] 이마저도 남성 중심적인 여성상에서 벗어나는 경우에 무조건 '걸크러시'라는 표찰을 붙이는 방식으로 남용되어왔다.[10] 그만큼 여성 아이돌이 전통적인 성역할에서 벗어날 기회를 늦게 가지게 되었다는 점 역시 짐작할 수 있다. 이러한 시간차는 여성 아이돌의 팬덤이 남성 아이돌 못지않게 가시화된 4세대에 이르러 그 간극이 상당히 좁혀졌다.[11] 또한 2009년 동방신기 멤버 3인과 슈퍼주니어 멤버 한경의 계약 분쟁, 그리고 2014년 엑소 멤버 3인과 소녀시대 멤버 제시카의 계약 분쟁 역시 세대 교체 직전에 벌어진 주요 사건이다. 이는 새로운 패러다임을 직접적으

〈표 1〉 아이돌로지 세대론	보이그룹	
1세대	'아이돌' 개념 형성	1996 H.O.T. 1997 젝스키스, NRG, 태사자
1.5세대	'케이팝' 개념 형성 2002 보아의 일본 진출 성공	1998 신화, 이글파이브, 원타임 1999 플라이투더스카이, god, 클릭비 2002 비, 휘성 2003 세븐
2세대	**고도로 상업화된 케이팝 산업구조 정착** '현지화 전략'을 표방한 해외 진출 아이돌의 친근한 이미지 구축 아이돌의 음악 외 분야 진출 활성화 아이돌팝의 양적 성장	2004 동방신기, 트랙스 2005 슈퍼주니어, SS501, 파란 2006 빅뱅, 배틀 2007 FT아일랜드, 초신성
2.5세대	2008 슈퍼주니어-M 데뷔 　　　슈퍼주니어의 중국 진출 성공 2009 동방신기 세 멤버, 　　　슈퍼주니어 한경의 계약 분쟁 2010 카라, 소녀시대의 일본 진출 성공 2011 북미 디지털 음원 시장의 음반 시장 추월, 케이팝 　　　가시화(빅뱅, 2NE1의 아이튠즈 차트 진입) 2012 싸이 〈강남스타일〉 열풍	2008 샤이니, 2AM, 2PM, 유키스 2009 비스트, 엠블랙 2010 씨엔블루, 제국의아이들, 인피니트, 틴탑 2011 B1A4, 블락비, 보이프렌드
3세대	**케이팝의 탈영토화** 핵심 플랫폼으로서 유튜브의 부상 국내외 동시 성장 추구 프리-데뷔 프로모션, 스토리텔링 전략 활성화 아이돌팝의 양적·질적 성장 앨범 시장 재활성화	2012 B.A.P, 비투비, 엑소, 빅스, 뉴이스트 2013 방탄소년단 2014 갓세븐, 위너
3.5세대	2014 엑소 세 멤버와 소녀시대 제시카의 　　　계약 분쟁 여파 2015 V앱 출시 2016 한한령 발발 2016~17 〈프로듀스 101〉 신드롬 2017~18 방탄소년단 BBMA 수상, 　　　　빌보드 200 차트 1위	2015 아이콘, 세븐틴, 몬스타엑스, 데이식스, 　　　엔플라잉, 업텐션, VAV 2016 아스트로, NCT, SF9, 펜타곤, 빅톤 2017 골든차일드, 온앤오프, 워너원, JBJ, 　　　레인즈, 에이스, 더보이즈
4세대	**케이팝의 재영토화** 팬덤의 참여적 성격 강조 뉴미디어의 활용: 확산성(트위터, 틱톡)과 일상적인 쌍방향 소통(트위터, V앱, 리슨, 위버스, 유니버스) 중시 스토리텔링을 넘어선 서사의 부각 2020 COVID-19	2018 스트레이키즈, 에이티즈 2019 원어스, 베리베리, 투모로우바이투게더, 　　　에이비식스, CIX, 엑스원 2020 MCND, 다크비, TOO(현 TO1,), 　　　크래비티, 트레저, 고스트나인, 위아이, 　　　드리핀, 피원하모니, BAE173, 엔하이픈 2021 T1419, 싸이퍼, 미래소년, 이펙스

걸그룹	혼성그룹	
1997 베이비복스, S.E.S., 디바 1998 핑클	1998 S#ARP	1세대
1999 클레오, 티티마 2000 샤크라, 파파야, 보아 2001 쥬얼리, 밀크, 슈가, 투야, S 2002 미나 2003 렉시, 채연, 유니		1.5세대
2005 천상지희 The Grace, LPG, 아이비 2006 브라운 아이드 걸스, 씨야 2007 원더걸스, 카라, 소녀시대, 블랙펄, 　　　베이비복스 리브, 손담비	2007 써니힐	2세대
2008 아이유, JOO 2009 2NE1, 포미닛, 애프터스쿨, 티아라, f(x), 　　　레인보우, 시크릿, NS윤지 2010 미쓰에이, 나인뮤지스, 걸스데이, 씨스타, 　　　G.NA 2011 라니아, 에이핑크, 브레이브걸스, 　　　파이브돌스, 스텔라, 달샤벳 2012 EXID, 스피카, AOA, 크레용팝, 피에스타, 　　　헬로비너스, 에일리, 안다 2013 레이디스코드	2010 남녀공학 2011 트러블메이커	2.5세대
2014 마마무, 레드벨벳, 러블리즈 2015 CLC, 여자친구, 오마이걸, 다이아, 　　　에이프릴, 트와이스		3세대
2016 우주소녀, I.O.I, 구구단, 블랙핑크, 모모랜드 2017 드림캐쳐, 프리스틴, 위키미키	2016 카드 2017 트리플H	3.5세대
2018 프로미스나인, (여자)아이들, 이달의 소녀, 　　　아이즈원, 공원소녀 2019 체리블렛, 있지, 에버글로우, 밴디트, 　　　로켓펀치, 희나피아, 써드아이, 알렉사 2020 시그니처, 우아!, 시크릿넘버, 위클리, 　　　스테이씨, 에스파, 나띠 2021 트라이비, 픽시, 퍼플키스, 핫이슈, 라잇썸	2020 체크메이트	4세대

로 야기했다기보다는 전자는 표준 7년 계약서 제정으로, 후자는 다인원 그룹의 점진적인 위축으로 차세대 아이돌 그룹 구성에 외적인 제약을 가하며 기존 체제의 취약점을 보완하는 방향으로 나아갔다고 해석할 수 있다.

케이팝의 퀴어니스 세대론: 국내

1세대: '팬픽레즈'와 '디바게이'

초기 케이팝에는 현재만큼 직접적인 퀴어 코드가 등장하는 경우는 적었고, 몇몇 예외적인 경우에도 대중적인 호응을 얻어내는 데에는 이르지 못했다. 그럼에도 불구하고 많은 퀴어가 케이팝에 빠져들었던 이유는 케이팝이 한국 대중문화 내 마초성이 소거된 '비남성성'의 지대였다는 데 있다. 본래 10대 시스젠더 헤테로 여성이 안전함을 느낄 수 있는 무해한 유성애적 콘텐츠로서 마초성을 소거했던 남성 아이돌의 이미지가 퀴어에게는 좀더 자기 자신을 투영해볼 수 있는 이미지로 다가갔던 것이다. 더불어 자연스러운 만남부터 연애, 결혼, 출산 등을 통한 정상가족 구성에 이르는 이성애 규범적인 '정상성' 서사를 이루지 못하고 생애주기의 단절을 경험하게 되는 퀴어에게 케이팝 아이돌의 영원히 성장하지 않는 듯한 이미지, 음울한 현실에서 초탈하거나 혹은 세상과의 불화를 극적으로 노래하는 화법은 강한 이입 요소로 작용했다.

이때의 퀴어 커뮤니티는 대개 교차성 수행을 통해 젠더 이미지를 전유하며 케이팝을 향유했다. 레즈비언은 '팬코'와 팬픽 창작을 통해 보이그룹의 이미지를 전유했고, 게이는 '디바' 여성 솔로 및 그룹에 열광했다. 이러한 형태의 전유는 지금까지도 이어진다(팬코의 경우 2, 3세대를 거치며 거의 사멸되었으나, 팬픽 창작은 여전히 레즈비언의 케이팝 향유에 중요한 자리를 점한다).

당대 레즈비언의 대표적인 케이팝 향유 양식이었던 '팬코'는 '팬코스', 즉 '팬 코스튬플레이'의 준말로, 1세대 아이돌(H.O.T., 젝스키스, god 등)의 팬들(주로 1020세대의 여성들)이 아이돌의 패션과 스타일을 모방하는 것에서부터 시작된 일종의 하위문화다. 이는 아이돌의 메이크업, 헤어스타일, 의상은 물론 제스처, 화법, 호칭('형' 혹은 '누나' 같은)까지 세세하게 모방하는 것으로, 1990년대 말부터 시작되어 2000년대 초반에 정점을 찍었고, 실제로 퍼포먼스를 담당하는 멤버와 의상을 담당하는 스태프로 이루어진 팀이 한때 1,500여 개에 달할 정도로 큰 인기를 끌었다.[12] 팬코 문화가 퀴어하게 받아들여지는 것은 특유의 젠더 교차성 때문이기도 하지만, 당대에 '이반'이라 일컬어진 퀴어 커뮤니티를 대표하고 이끌었기 때문이기도 하다.

레즈비언의 케이팝 향유의 또 하나의 지류인 팬픽은 "팬(fan)과 픽션(fiction)의 합성어인 팬픽션의 약칭으로, 팬들이 창작해내는 픽션을 의미한다. 특히 자신이 좋아하는 남성 아이돌 스타를 주인공으로 '소설적 서사'를 구성하는 아이돌 팬픽은 '환상을 텍스트화'하여 콘텐츠를 생산하고 소비하는 적극적인

여성 팬덤 활동 중 하나이다".[13] BL(Boys Love) 퀴어 코드를 차용한 팬픽 문화는, 이를테면 시스젠더 헤테로 여성들이 '안전함'을 느끼면서 즐길 수 있는 유성애적 콘텐츠였다는 것이 중론이다. 일본의 정신분석학자 사이토 다마키(斎藤環)는 2005년 저서 《폐인과 동인녀의 정신분석》을 통해 "여성 오타쿠(동인녀)들이 야오이에 열광하는 것은 여성 자신이 배제된 채 그곳에서 이루어지는 관계 자체에 몰두할 수 있기 때문이라고 설명"[14][15]한 바 있는데, 젠더 위계가 적용되는 이성애 관계로부터 느끼는 불편함 없이 빠져들 수 있는 유성애 서사라는 점에서 여성들이 '슬래시 팬픽(slash fanfiction)' 및 '야오이(やおい)'[16]에 몰입했다는 분석이다.

그렇다면 퀴어들의 경우는 어떤가. 상기한 대로 남성 아이돌은 마초성을 소거한 '비남성성'의 이미지를 띤다는 점에서 퀴어들이 자기 자신을 투영해볼 수 있는 존재로 자리하고, 팬픽의 창작과 소비는 이러한 가상의 젠더를 '가지고 노는' 매개로써 작용한다. 조현준은 팬픽의 작가가 주로 (10대) 여성인 점을 들어 "작가는 남성 간 동성애라는 소재를 다루기 위해 남성의 입장에서 생각해보는 젠더 역할 바꾸기, 이른바 성-교차적 동일시(cross-gender identification) 과정을 거치게"[17] 된다고 분석한 바 있는데, 이러한 동일시의 과정은 팬픽이 특히 여성 퀴어들에게 '레즈비언적'으로 다가올 수 있음을 암시한다. 더불어 "시각 문화 연구자 미조구치(Mizoguchi)는 BL 문화를 이성애 범주들이 재구성될 수 있는 전복적인 레즈비언 담론 공간으로 본다. 미조구치는 그녀를 포함한 레즈비언들이 어째서 여성끼리의 사랑을 다루는 '백합물'이 아닌 BL 남성 캐릭터들에게 섹슈얼리티와 성적 쾌락을 투영하는지를 캐릭터의 중성적인(androgynous) 모습에 근거해 설명한다. 남성으로 설정되었음에도 BL 캐릭터들은 근본적으로 '여성적 특징들'을 갖고 있다. 이런 미소년들을 일종의 '드랙' 상태인 여성들로 읽음으로써 레즈비언으로서의 욕망을 투사할 수 있다는 것이다".[18]

반면 게이는 디바(diva) 여성 솔로 및 그룹을 '게이 아이콘(gay icon)'으로 추앙했다. 영문 위키피디아는 게이 아이콘을 "성소수자 커뮤니티에서 높이 평가되고 사랑받는 공인"이라 정의한다. 주로 유명 가수나 배우가 거론되곤 하는 게이 아이콘은 특히 대중적으로 큰 인기를 얻은 디바를 다수 포함하는데, 이러한 현상을 '디바 워십(diva worship)'이라고도 한다. 국내의 경우도 해외와 비슷하게 많은 여성 솔로 및 그룹이 게이 커뮤니티에서 '디바'로 추대되었다. 이때 단순한 응원을 넘어 자신을 동일시하는 방식으로 디바의 이미지를 적극적으로 향유했다는 점이 특징적인데, 많은 게이가 여성 아이돌의 커버 댄스에 몰두하는 것을 그 맥락에서 이해해볼 수 있다.

2세대: 음지화되는 퀴어니스

그러나 이와 같은 적극적인 형태의 전유는 시간이 지남에 따라 점점 억제되었다. 특히 2세대부터 촉진된 팬코의 사멸[19]을 짚어볼 만하다. 팬코가 사멸하게 된 경위는 2세대부터 시작된 산업구조의 변화와 밀접한 관련이 있다. 1세대 시기의 아이돌과 팬은 주로 신격화되고 추앙받는 존재와 그를 열렬히 신봉하는 "팔로워(follower)"의 관계에 가까웠다. 그러다가 2세대로 이동하면서 아이돌이 좀더 친근한 이미지로 다가서는 마케팅 방식을 취하게 되며 팬은 팔로워보다는 "소비자(customers)"에 가까워진다.[20] 아이돌과 팬의 관계가 변한 만큼 좋아하는 아이돌을 모방하기보다는 "물질적이고 실질적인 서포트"를 하는데 집중하게 됐고,[21] 따라서 동경의 대상인 아이돌과 일정 거리를 두는 것이 팬덤으로부터 요구되기 시작했다. 신비주의에 가려져 있던 아이돌을 대신하는 존재로서의 "준-아이돌" 역할을 했던 코스플레이어 역시 환영받지 못하게 되고, 거기에 더불어 코스플레이어들을 배척하거나 불링하는 경우까지 나타나게 된다. 좋아하는 아이돌을 향한 "일방적인 동경"이 아닌 직접적인 소통이 가능하게 되고, 산업이 커지면서 데뷔하는 그룹도 증가해 선택지가 늘어나게 된 것도 한몫했다. 팬덤이 '팔로워'가 아닌 '소비자'의 역할을 하게 되며, 한 그룹에 정착해 그 대상만을 열렬히 사랑하는 것이 아니라 "소비자에게 만족감을 주는" 대상을 찾아다니게 된 것과도 연관이 크다.[22] 이로써 2000년대 초반 약 1만 5,000여 명의 참가자를 거느리며 매주 주말을 뜨겁게 달구던 팬코는 2010년대 들어 역사의 뒤안길로 사라지게 되고, 이에 퀴어들에 의한 적극적인 이미지 전유는 많이 감소하게 되었다. 팬픽이나 알페스(RPS, Real Person Slash) 역시 "아이돌의 이미지 메이킹에 도움이 되지 않는다"[23]라는 이유로 규제당하기

일쑤였고, 퀴어들의 케이팝 소비는 한층 더 음지화된 경향을 띠게 된다.[24]

2.5세대: 지드래곤과 2NE1, 샤이니와 f(x), 그리고 레이디 가가

1세대에서 2세대로 이동하며 젠더 교차성 수행을 통한 퀴어의 적극적인 이미지 전유가 억제되는 한편, 2.5세대부터는 케이팝이 퀴어 미학을 흡수하기 시작하며 퀴어가 케이팝에 새로이 이입할 만한 동기가 제공되었다. 케이팝에서 감지되기 시작한 퀴어한 동향의 본류는 당대 케이팝이 참조했던 북미 팝 시장에서 찾아볼 수 있다. 2008년 말 데뷔한 레이디 가가를 비롯해 당대 북미 팝 시장에서는 브리트니 스피어스(Britney Spears), 케이티 페리(Katy Perry), 케샤(Ke$ha) 등 백인 팝 디바의 득세가 두드러졌다. LGBT 컬처의 아이콘으로 호명되기도 했던 해당 아티스트들은 특유의 콘셉추얼한 미학으로 폭발적인 반응을 불러일으켰는데, 케이팝은 이러한 팝 아이콘의 문법을 적극적으로 체화했다. 애초에 SM이 뉴 키즈 온 더 블록(New Kids On The Block) 같은 미국의 보이밴드 팝과 '쟈니스(ジャニーズ)'를 위시한 일본의 아이돌 문화, 그리고 (그들 역시 혼종적인 음악을 추구했던) 서태지와 아이들을 레퍼런스 삼아 출발했듯, 케이팝은 본연적으로 새롭고 '힙'해 보이는 것이라면 무엇이든지 흡수해버리는 무근본성의 대중문화이기에 이러한 흐름은 결코 어색한 것이 아니었다.

퀴어 에스테틱이 케이팝에 본격적으로 등장한 2.5세대

의 가장 상징적인 아티스트는 YG의 지드래곤(G-DRAGON)과 2NE1, 그리고 SM의 샤이니와 f(x)다. 2009년 솔로로 데뷔한 지드래곤은 젠더 규범을 벗어난 스타일링으로 센세이션을 몰고 왔고, 2NE1은 오픈리 게이인 패션 디자이너 제레미 스캇(Jeremy Scott)과 협업한 것으로 잘 알려져 있다. 샤이니는 기존의 보이그룹과 다르게 유약한 이미지를 구축했고, f(x)의 경우 중성적인 스타일링을 내세운 멤버 엠버(Amber)가 숱한 화제를 불러일으켰다(그가 부른 〈NU ABO〉의 파트 "내 말 들어봐요 언니/I'm in the trance"는 사랑하는 대상과 "언니"라는 호칭이 겹쳐진다는 점, 그 "언니"라는 호칭을 소위 '톰보이' 내지는 '부치'로 대표되는 보이시한 매력을 가진 멤버가 호명한다는 점, 그리고 "trance"가 'trans'로 읽히기도 한다는 점에서 센세이셔널한 반응을 일으켰다). 비록 퀴어니스를 의도적으로 의식한 결과물은 아니었을지라도, 케이팝은 2.5세대를 기점으로 조금씩 '퀴어해지기' 시작한다.

3세대: 조권과 신화

3세대에 이르러서는 퀴어 에스테틱 구현을 넘어 퀴어문화를 직접 차용하는 사례가 등장하기 시작한다. 2012년, 2AM의 멤버였던 조권은 솔로 앨범 《I'm Da One》을 발매하는데, 이 앨범에 수록된 타이틀 가운데 특히 〈Animal〉은 드랙을 연상시키는 메이크업과 의상, 그리고 하이힐 퍼포먼스로 화제를 불러일으켰다. 한편 신화는 2013년에 11번째 정규앨범 《The Classic》을 발표하며 타이틀곡 〈This Love〉를 통해 아이돌로서는 최초로 퀴어 하위문화의 일종인 보깅[25] 댄스를 시도한다.[26] 같은 시기에 이효리도 다섯 번째 정규 앨범 《MONOCHROME》의 선공개곡 〈미스코리아〉의 뮤직비디오에 드랙 아티스트를 등장시킨 바 있다.

비슷한 시기에 나온 결과물이었으나 팬덤의 반응은 각기 달랐다. 2AM 팬덤에서는 조권의 행보를 수용 및 지지하는 일환으로 드랙 문화를 공부하는 등의 움직임이 나타났으나,[27] 신화 팬덤에서는 퀴어 언급을 최대한 피하며 '마돈나(Madonna)도 했던 것이다' 정도의 입장을 취했던 것으로 알려져 있다. 신화 역시 마돈나를 보깅 댄스의 원류로 언급하고 "국내 아이돌로서 최초 시도"[28]라는 카피만을 내세웠다. 이는 전형적인 '헤테로워싱(헤테로가 퀴어문화를 전유하면서 이에 대한 크레딧을 주지 않는 것)'이라 볼 수 있다.[29]

한편 이 시기 케이팝 내 퀴어 에스테틱의 표준화를 이루어낸 인물로는 지드래곤이 있다. 2009년 첫 정규 앨범 《Heartbreaker》와 동명의 타이틀곡을 발매하며 솔로로 데뷔한 지드래곤은 초기에 표절 논란 등 여러 구설수에 휩싸였으나, 2012년 발매한 솔로 앨범 《One Of A Kind》를 통해 부정적인 여론을 뒤집으며 일반 대중은 물론 (상대적으로 남성 아이돌에게 평가가 박한) 남초 인터넷 커뮤니티로부터도 인정과 지지를 얻었고, 2013년 한국대중음악상에서 '최우수 랩&힙합 노래' 부문을 수상하며 평단에서까지 큰 호평을 이끌어내기도 했다. 또한 젠더와 장르의 경계를 오가는 특유의 스타일링은 초반 대중의 따

가운 시선을 받기도 했으나, 《보그》 등 유수의 패션 잡지와 샤넬 등 각종 럭셔리 브랜드의 이목을 끌며 그는 점차 패션 트렌드 세터로서 강한 파급력을 지니게 되었다. 시대의 아이콘으로 자리매김한 지드래곤은 패션은 물론 랩 스타일에 이르기까지 당대 남성 아이돌의 표준을 제시했다고 해도 과언이 아니다.

퀴어 에스테틱을 표준화한 인물이 지드래곤이라면, 그를 더욱 발전시킨 인물로는 태민을 들 수 있다. 태민은 본래 모그룹 샤이니에서 당대 '초식남'이라 일컬어진 어리고 유약한 소년의 모습을 주요한 이미지로 삼았으나, 2014년 〈괴도(Danger)〉를 타이틀곡으로 내세운 솔로 데뷔 EP 《Ace》에서 미소년과 마초의 경계를 오가는 스타일링으로 케이팝계에 신선한 충격과 반향을 일으켰다. 이후 〈Drip Drop〉, 〈Press Your Number〉로 젠더 교란적 이미지를 일관성 있게 밀어붙인 태민은 2017년 〈MOVE〉로 신드롬을 불러일으키기에 이른다. 지드래곤의 《One Of A Kind》가 그랬듯 본작으로 일반 대중과 평단 모두의 인정을 받은 태민은 젠더의 경계나 구별을 무의미하게 만드는, 소위 '젠더리스(genderless)'한 스타일로 퀴어팬덤 안팎에서 열띤 토론을 이끌어내며 케이팝의 새로운 아이콘으로 떠오른다. 태민이 숱한 후배 아이돌의 롤모델[30]로 자리잡게 된 것 또한 이 시기부터라고 볼 수 있는데, 특히 남성 솔로 아이돌의 경우 태민의 에스테틱을 직접적인 레퍼런스로 삼는 경우가 빈번하게 나타날 정도로[31] 그 영향력이 막강하다.

3.5~4세대: 마마무와 방탄소년단

3세대를 거쳐 3.5세대로 이동하기 시작하며 케이팝 산업에서 이미지의 차원을 넘어선 퀴어니스 구현이 본격적으로 이루어진다. 퀴어서사로 읽어낼 여지가 다분한 케이팝 작업물이 쏟아지기 시작했으며[32] 오픈리 게이 아티스트인 홀랜드(Holland)[33]가 등장하는 등 케이팝 속에서 퀴어니스가 더욱 직접적인 형태로 다가오기 시작한다.

퀴어문화를 차용하는 사례 역시 기하급수적으로 늘어났다. 나인뮤지스(9MUSES)의 멤버 경리는 2018년 솔로 데뷔 타이틀곡 〈어젯밤〉을 통해 보깅 퍼포먼스를 선보이며 남성 댄서들이 하네스와 하이힐을 착용하는 크로스드레서 요소를 넣었다. 차용을 넘어서 직접 퀴어들과 컬래버레이션을 진행하는 경우도 많아졌다. 소녀시대는 데뷔 10주년을 맞아 발표한 〈All Night〉 뮤직비디오에 드랙 아티스트를 등장시켰고, AOA(에이오에이)는 Mnet에서 2019년에 방영한 방영 서바이벌 프로그램 〈컴백 전쟁: 퀸덤〉에서 마마무의 〈너나 해〉를 커버하며 매니시한 슈트를 입고 보깅 댄서들과 무대를 꾸몄다. 브라운 아이드 걸스(Brown Eyed Girls)는 〈원더우먼〉 뮤직비디오에 국내 유명 드랙 아티스트를 대거 등장시켰고, 청하 역시 〈Stay Tonight〉에서 크루 멤버 전원이 커밍아웃한 댄스 크루 '커밍아웃'과 함께 보깅 퍼포먼스를 선보였다. 더불어 남성 아이돌이 배꼽이 드러나는 짧은 크롭탑을 입고 여성 아이돌이 딱 떨어지는 슈트를 입는 등의 젠더 교차적 이미지 수행 역시 더욱 활발해졌다.

    3.5세대에서 4세대에 이르기까지 케이팝 산업에서의 가장 주된 변화는 바로 팬덤에 있다. 2016년에 촉발된 이른바 '페미니즘 리부트'에 의해 케이팝 팬덤 역시 리부트되는 경향을 보인다. "그동안 한국 사회, 그리고 그 안에 있는 아이돌 산업과 아이돌이 무의식적이고 관행적으로 표출하던 여성혐오 문화 현실을 팬들이 자각하며 대응한 사건"이 일어나며 "팬덤이 페미니즘을 진지하게 대면해야 하는 상황이 벌어"지게 되는데,[34] 이것이 바로 방탄소년단 팬덤에 의한 '여성혐오 공론화 사건'이다. 트위터상에서 방탄소년단의 가사 일부와 트위터에서 여성혐오적 표현이 보인다는 산발적 문제 제기가 있었고, 2016년 5월 22일에는 '방탄소년단 여성혐오 공론화' 계정이 개설되어 방탄소년단 멤버들 및 소속사인 빅히트 엔터테인먼트(이하 '빅히트')[35]에게 피드백을 요구하기에 이른다. 그리고 7월 6일, 빅히트는 "동아일보 기사 및 여성혐오 논란에 대한 회사의 공식 입장"이라는 제목의 사과문을 게재하게 된다.[36] 여성혐오 논란에 대한 소속 기획사의 직접적인 피드백은 처음이었기에 방탄소년단 팬덤뿐만 아니라 타 팬덤에서도 놀라움을 표했고, 일부 팬덤은 '부럽다'는 반응을 보이기도 했다.

    〈프로듀스〉 시리즈로 인해 형성된 '프로슈머' 담론 역시 팬덤 파워에 큰 힘을 싣는다. 비록 〈프로듀스〉 시리즈 제작진에 의한 순위 조작 논란으로 허상임이 밝혀지긴 했으나, '팬덤이 직접 그룹을 프로듀스한다'는 슬로건이 산업의 패러다임을 크게 뒤흔든 것은 자명하다. JBJ와 레인즈(Rainz)와 같이 팬들이 원하는 조합의 그룹을 실제로 데뷔시킨 사례가 존재할 정도인 만큼 팬덤의 역할 및 위치가 크게 변화했다는 점에는 반문할 여지가 없다. 또한 방탄소년단의 성공 사례로 인해 아이돌과 팬 간의 소통이 주목받기도 했다.

팬덤이 목소리를 내고 소속사가 그 목소리에 민감하게 반응하는 조류가 본격적으로 형성되며 팬덤의 피드백을 적극적으로 반영하는 사례가 늘어난다. 그리고 여기에는 퀴어팬덤의 사례도 존재한다. 다음은 마마무의 퀴어팬덤 '무지개무무'[37]와의 인터뷰 중 일부이다.

"2016년 마마무 첫 콘서트 때, 팬 이벤트 중에 팬 한 명을 무대에 올려서 마마무가 그 주변을 유혹하는 콘셉트의 무대를 했다. 첫콘에서 남자를 뽑았고, 다음에 여자를 뽑았고. 그런데 "그림이 이상해질 수 있다", "오해를 받을 수 있다"는 멤버의 발언이 있었다. '총공'까진 아니어도 서운하단 얘기를 했다. 다음 해 3월에 앙코르 콘서트를 했는데, 똑같은 무대를 하면서 "이번엔 여자를 올려볼까요?" 하고 여자를 올렸다. 그 뒤론 계속 여자 관객이 올라왔고. 자기들끼리 하는 장난 중에 "제 남친은 팬분들이에요" 하는 게 있는데, "제 여자 남자 친구는 팬분들이에요"라고. 사소한 거긴 하다. 팬들은 다 알지 않나. 한마디 섞어준 게. 자세히 보는 사람에게 보이는 변화들 같은 거."[38]

이렇듯 팬덤의 위상이 크게 달라지고, 팬덤이 직접 아이돌 및 그 소속 기획사에 문제를 제기하는 사례가 늘어나며 케이팝 산업은 비로소 팬덤의 목소리에 기민하게 귀 기울이기 시작한다. 그리고 상기한 마마무의 사례에서처럼 그 팬덤에는 '퀴어' 팬덤도 해당한다. 더 퀴어 친화적인, 젠더 경계를 넘나들며 흐릿하게 만드는, 인권 감수성을 강하게 의식했음이 은연중에 드러나는 결과물이 대거 양산되고 있는 것도 결코 이와 무관하지 않을 것이다.

케이팝의 퀴어니스 세대론: 해외

해외 팬덤의 유입과 해외 퀴어팬덤의 케이팝 소비 양식

케이팝이 '현지화' 전략을 표방하며 진출했던 일본과 중국을 넘어 그 밖의 권역에서까지 본격적으로 이목을 끌기 시작한 것은 케이팝의 탈영토화로 설명되는 아이돌 3세대로의 전이적 시기, 2.5세대(2008년~)부터이다. 해외 팬덤의 케이팝 수용 양상을 논할 때 먼저 주지해야 할 점은, 케이팝이 국내에서는 적어도 10대들 사이에서는 주류문화의 입지를 가졌던 데 반해 해외, 특히 아시아를 벗어난 지역에서는 완연한 하위문화이자 소수자 문화로 시작했다는 것이다.[39] 당연한 사실이나, 이러한 출발선의 차이를 인지하지 못하면 국내 팬덤과 해외 팬덤의 온도차를 온전히 이해할 수 없다.

3세대를 지나며 케이팝은 전 세계에 급속도로 퍼져나가고 그로 인해 해외 팬덤의 유입이 가속화된다. 이 시기에서는 특별히 지드래곤을 언급할 만하다. 지드래곤은 2013년 한국판《보그》표지에 등장하며 세계 패션계의 주목을 받기 시작했고, 이후 유수의 패션지 화보를 장식하며 '샤넬의 뮤즈'라는 별칭을 얻는 등 글로벌 패션 아이콘으로 급부상했다.[40] 지드래곤이 해외의 케이팝에 대한 인식을 상당 부분 견인하고 조형해나간 핵심인물이라는 사실은 부인할 수 없다. 또한 이전부터 젠더의 경계를 흐리는 스타일링으로 주목받았던 그는 케이팝이 구현하는 젠더 이미지에 대한 해외의 인식을 표상하는 인물이기도 하다.

이러한 흐름 가운데 유입된 해외 퀴어팬덤은 국내 퀴어팬덤처럼 케이팝의 퀴어 코드를 향유하는 동시에, 커버 댄스 활동을 위시하여 한국에서는 2세대를 거치며 사멸한 팬코와 같은 적극적인 이미지 전유 양식도 활발하게 수행해왔다.[41] 이는 팬이 팔로워에서 소비자의 위치에 놓이며 아이돌 스타와 거리를 유지하기를 요구받았던 1~2세대 국내 팬덤 문화의 변화를 해외 팬덤은 겪지 않았기 때문인 것으로 보인다. 시기적으로 2세대로의 패러다임 변화가 끝나가는 시점에 해외 팬덤의 유입이 활발해졌을뿐더러, 지리적으로 이미 원거리에 소재하며 하위문화로서 케이팝을 수용한 해외 팬덤의 경우 아이돌 스타와의 거리 두기에 대한 경각심이 크지 않았을 것이다.

해외 퀴어팬덤이 지각한 케이팝의 매력 요인

해외의 케이팝 퀴어팬덤은 케이팝을 현지의 주류문화 혹

은 타 하위문화에서 찾아볼 수 없는 대안성을 띤 대중문화로 독해한 것으로 보인다. 트위터와 레딧[42]을 통해 해외 LGBTQ+[43] 케이팝 팬을 모집해 영어로 설문조사[44]를 실시한 결과, 39명의 응답자[45]가 답한 개인 및 LGBTQ+ 팬덤의 케이팝 선호 이유를 크게 다음의 다섯 가지 범주로 정리할 수 있었다.

① 케이팝의 종합예술적 미학: 한 음악 안에 다양한 트렌드와 장르를 실험적으로 뒤섞고, 이를 화려하고 콘셉추얼한 안무, 패션, 영상 연출, 스토리텔링과 함께 시각적으로 제시하는 케이팝의 종합예술적 미학은 많은 해외 팬들을 끌어들인 핵심 요인이었고, 퀴어 팬 역시 예외는 아니다. "형형색색의 행복한 이미지에 빠져들기 쉽다", "케이팝의 밝고 다채로운 광란(craziness)이 LGBTQ+ 하위문화에 많이 적용된다" 등 이를 특별히 퀴어팬덤과 연관 지어 해석하는 의견도 있었지만, 이러한 케이팝의 매력은 보편적인 것으로 퀴어 팬들에게만 어필하는 특수한 요인은 아니라는 의견도 다수 존재했다.

"[케이팝은] 정말, 정말 훌륭한 음악, 작곡, 프로덕션, 그리고 정말 정말 훌륭한 라이브 퍼포먼스의 결합이다. 단순하게 들리지만, 보통 [여타 대중문화는] 이 중 한두 가지는 모자라기 마련이다."

"다채롭고 행복하며, 그 속에 빠져들기 쉽다."

"케이팝의 밝고 다채로운 광란(craziness)이 LGBTQ+ 하위문화에 많이 적용된다."

"수년 동안 많은 LGBTQ+ 사람들이 사랑해왔던 서구권 팝 음악의 요소들에 많은 것들이 추가되어 케이팝으로 결합된 것 같다. 퍼포먼스, 의상, 젠더표현, 팬 서비스와 활발한 활동 등 케이팝에 추가된 요소들이 LGBTQ+ 커뮤니티에 어필한다."

"'콘셉트'라는 아이디어가 굉장히 흥미롭다. 캐스트(멤버), 각본(노래), 의상 등 마치 영화 같은 형식으로 나타난다. 배우가 영화에서 역할을 맡듯, 멤버들은 헤어스타일, 의상, 태도를 바꾼다. 콘셉트는 각 아티스트의 이미지와 매력을 규정하는 부분이고, 이 장르의 가장 중요한 측면 중 하나라고 생각한다."

②아이돌의 퍼스널리티: 케이팝의 종합예술적 성격은 퍼포머 개개인을 통해 증폭된다. 아이돌 스타는 무대 위에서는 다양한 콘셉트와 음악을 시도하며 입체적인 캐릭터를 형성하는 동시에, 각종 리얼리티 쇼, 녹음·연습·뮤직비디오·음악방송 등 활동의 비하인드 콘텐츠, 소통 방송 등 무대 아래의 모습을 내보이며 인간적이고 친근한 매력을 구축해간다. 이렇게 무대 안팎에서 구성되는 아이돌의 매력적인 퍼스널리티, 즉 인성은 케이팝의 또 다른 주요한 특징으로 꼽히며, 상당수의 퀴어 팬들역시 이를 케이팝의 주된 매력 요인으로 보고했다.

"아이돌의 카리스마와 퍼스널리티."

"아티스트의 퍼스널리티를 알게 해주는 개방성이라 할 수 있을 것 같다."

"난 처음에는 BTS밖에 몰랐고 그들이 웃기다고 생각했다. 난 음악을 좋아하기 전에 멤버들을 좋아했던 것이다."

③암시적인 재현: 케이팝에서 "암시적인 재현(hint of representation)"을 찾게 된다는 의견이 다수 있었고, 이는 젠더 이미지의 전복, '스킨십'에 근거해 이루어지는 '쉬핑(shipping)',⁴⁶ 퀴어 테마의 출현으로 세분화해볼 수 있었다. 먼저 젠더 이미지의 전복은 남성 아이돌이 여성적(feminine/effeminate)인 스타일링을 하거나 여성 아이돌이 중성적인 스타일링을 하는 등 젠더 규범을 흐릿하게 만드는 이미지를 케이팝에서 많이 찾아볼 수 있다는 것이다. 이는 한국, 그리고 케이팝의 젠더 규범이 해외, 특히 서구권과 다르다는 문화 차이에 기인한 것이기도 하고, 아시아성 자체가 여성성과 등치되어온 국제적 맥락과 맞닿아 있는 부분 역시 존재하지만, 그 이미지와 수행자가 실제 내재적으로 퀴어한지와 관계없이 퀴어의 재현을 쉽게 상상해낼 수 있다는 것이다. 이에 더해, 아이돌은 기본적으로 공개 연애를 하지 않는 일종의 무성애적 이미지로 홍보되기에 특히 어린 퀴어 팬이 아이돌 당사자를 성소수자로 상상

하기가 쉽다는 의견도 존재했다.

둘째로 '스킨십'의 개념을 별도로 언급한 응답들도 찾아볼 수 있었는데,[47] 한국이라는 문화적 배경에서 자연스럽게, 혹은 케이팝의 팬 서비스 차원에서 이루어지는 동성 간의 스킨십에 이입하며 퀴어인 자기 자신을 투영해볼 수 있다는 것이 그 요지였다. 마지막으로는 (특별히 최근 들어 늘어난) 좀더 직접적인 퀴어 테마의 출현 역시 케이팝에서 암시적인 재현을 감지하는 요소로 언급되었다. "암시적인 재현"이라는 표현을 직접적으로 사용한 응답을 옮겨보면 다음과 같다.

"우리[LGBTQ+]가 케이팝에 매력을 느끼는 건 그 미학 때문이기도 하지만, 한국에서는 스킨십이 더 만연하다는 사실 때문이기도 하다. 우리는 암시적인 재현(hint of representation)을 볼 수가 있다. 여성적으로 보이기를 두려워하지 않는 남자와 좀더 중성적인 여자를 볼 수 있다. (여자)아이들의 〈Oh my god〉이나 레드벨벳의 〈Bad Boy〉처럼 LGBT 콘셉트에 대해 더 힌트를 주는 그룹들도 있다. 이러한 형태의 재현은 다른 매체에서는 좀처럼 얻지 못하는 것이다. LGBT 테마에 대한 미묘한 암시(hint)는 우리에게 언젠가 LGBT 테마가 삶의 일부가 되리라는 희망을 준다. 이러한 희망은 홀랜드와 같은 LGBT 아이돌의 데뷔와도 결합되어 있다."

④케이팝의 다양성과 팬덤의 포용성: 케이팝이 특별히 퀴

어를 매료시킨다기보다는 팬덤의 포용성이 케이팝의 유인 요인이라고 답한 의견도 존재했다. 다양한 사람들의 다양한 취향을 만족시킬 수 있는 다양한 콘셉트의 아이돌이 존재해 퀴어 역시 케이팝에 매력을 느끼게 되며, 결과적으로 케이팝 팬덤은 누가 어떤 것을 좋아하느냐에 개의치 않아 퀴어에게 포용적인 환경을 제공한다는 것이다.

"음악의 다양성을 정말 좋아한다. 케이팝 사운드는 한 가지 종류만 있는 게 아니다. [아이돌들의] 매 컴백이 새롭고 또 다르다."

"케이팝은 누구의 취향도 만족시킬 수 있는 큰 산업이다."

"대중음악은 대체로 우리[성소수자]에게 매력적인데, 그건 팬덤이 그리 동성애혐오적이지 않기 때문이다. 여기에는 그런 그룹이 많지 않은데, 케이팝에는 우리가 선택할 수 있는 그룹이 정말 많다."

⑤소속감과 유대감: 아티스트 간의, 팬덤 내의, 그리고 무엇보다도 아티스트와 팬덤 간의 유대감과 소속감을 중요하게 꼽는 의견 역시 많았다. 케이팝만큼 팬덤에 헌신적인 대중문화 콘텐츠는 없다는 것이다. 특별히 방탄소년단의 《화양연화》 시리즈를 가장 좋아하는 작업물로 꼽으며 '대안 가족(found family)' 서사에 공감할 수 있었다는 응답도 존재했는데, 이는 케

이팝 아이돌 그룹이 보여주는 공동체성이 퀴어에게 남다른 의미로 다가갈 수 있음을 암시한다. 이보다 더 직접적으로 퀴어들이 사회문화적 억압으로 인해 현실에서 결여된 공감의 관계를 채워줄 친밀한 존재로 아이돌을 인식하게 된다는 해석을 시도한 응답도 있었다. 더불어 가장 좋아하는 케이팝 아티스트와의 모멘트에 대한 질문에 종현, 선미가 공개적으로 LGBT 커뮤니티에 대한 지지를 밝히거나 트와이스가 북미 투어에서 〈Born This Way〉를 부른 것과 같이 아티스트가 퀴어 친화적인 행보를 보였던 때를 꼽는 응답자가 다수 존재했다. 트위터, 레딧, 아미노[48] 등의 케이팝 팬 커뮤니티 포털에서도 아이돌이 퀴어 지지/친화적인 발언을 한 사례들을 정리해둔 게시글을 다수 발견할 수 있다.[49] 이는 케이팝에서 유대감을 찾고자 하는 퀴어팬덤의 요구가 나타난 것이라 볼 수 있겠다.

"대안가족'의 콘셉트가 나를 가장 감동시키는 것 같고, 그게 《화양연화》 시기에 끌리는 이유 같다. [중략] 공감이 되기 때문에 대안가족 스토리를 좋아한다. 특히나 원가족으로 인해 많은 어려움을 겪고 있고, 스스로 나의 가족이 되기로 선택한 사람들에게서 안정과 보살핌을 얻는 사람으로서."

"케이팝 팬덤은 아이돌의 퍼스널리티를 알 수 있는 방대한 콘텐츠를 생산하는데, 이것 때문에 많은 LGBTQ+들이 케이팝에 끌리는 것 같다. 많은 LGBTQ+ 팬들은 그들의 사회, 문화, 또래,

법, 가족 등의 집단에서 억압된 경험이 있고, 따라서 공감에 기초한 관계가 부족할 수도 있을 것이다. 아이돌은 대개 많은 관심과 존중으로 팬들을 대한다. 그래서 어떤 의미에서는 팬들이 나에게 공감하고 관심을 갖는 친구 같은 존재로 아이돌을 보는 것이다."

"나는 소외되고 사랑받지 못한다고 느끼는 LGBT+ 사람들이 많다고 생각하는데, 케이팝 아티스트와 팬의 관계는 매우 강하다. 아티스트들은 팬들에게 언제나 감사하며 사랑한다고 말한다. 이제 성소수자혐오적인 환경 탓에 커밍아웃을 두려워했을, 혹은 커밍아웃했을 때 부정적인 반응만을 얻었을 LGBT+ 아이들이 그와 같은 찬사를 듣게 되는 것을 상상해보라. 케이팝 음악과 아이돌로 시선을 돌리면 그들은 사랑과 감사를 이야기한다. 분명 기분이 조금 나아지지 않겠는가."

①, ②가 해외 팬덤 전반에 보편적으로 적용될 수 있는 사항이라면, ③, ④, ⑤는 퀴어에게 남다른 의미를 지니는 요소들임을 알 수 있다. 다른 문화에서는 보기 힘든 암시적인 재현의 확인, 수용감, 유대감을 경험할 수 있다는 점에서 케이팝은 해외 퀴어들에게 현지의 주류문화와 타 하위문화를 대체할 수 있는 대안적인 문화였던 것이다(특히 마초적인 남성성의 규범이 강하게 작동하는 서구권에서 이는 더욱 큰 의미가 있을 것이다). 한발 더 나아가 케이팝은 젠더 측면에서 소수자 문화로 독해될 수 있을 뿐 아

니라 인종적 측면에서도 소수자 문화에 속하며, 시스젠더 헤테로-백인-남성성 중심의 서구권 팝에 대항할 대안적 대중문화로 곧잘 인식된다.[50] 즉, 케이팝의 대안성에 대한 기대는 성정체성과 성지향성을 넘어 해외 팬덤 전반이 공유하는 부분이라 해도 과언이 아니다.

이는 케이팝이 결코 '대안'인 적이 없었던 한국의 상황과는 분명 다르다. 케이팝은 한국 10대의 주류문화로 자리해왔으며, 한국 퀴어가 향유할 수 있을 만한 가장 접근성 좋은 대중문화였을 뿐이다. 그리고 팬코가 팬덤 내에서 배척당했던 사례에서 드러나듯, 한국의 케이팝 팬덤은 해외 팬덤만큼 안전한 수용감과 소속감을 제공하는 곳이 아니었다. 따라서 한국의 퀴어들은 해외 팬들처럼 케이팝에서 암시적인 재현을 읽어내거나 수용감과 소속감을 찾는 대신 주로 음지에서 이미지를 향유 혹은 전유하며 케이팝을 즐긴 것이라고 볼 수 있다.

3~4세대 패러다임 전환 속 해외 팬덤과의 상호작용

3~4세대 전환기에서는 팬덤과의 적극적인 소통과 유대감 형성이 유달리 강조되었다. 케이팝 기획사는 2016년 방탄소년단 여성혐오 공론화를 필두로 가시화된 국내 팬덤의 리부트에 더해, 해외 팬덤의 부상에 따라 케이팝에 대안성을 기대하는 해외 팬덤 역시 인식해야만 했을 것이다. 2017년 불거진 마마무의 블랙페이스(blackface) 논란은 그를 보여주는 대표적인 사건이다. 해외 케이팝 팬덤은 콘서트 VCR에서 마크 론슨(Mark

Ronson)의 〈Uptown Funk〉를 패러디하며 블랙페이스 분장을 한 마마무를 거세게 비판했고, 소속사는 이에 대한 즉각적인 피드백을 내놓아야 했다. 이는 젠더, 인종과 같은 소수자 이슈에 대한 민감성을 높이지 못하면 '캔슬 컬처(cancel culture)'라 불리는 강도 높은 보이콧의 타깃이 될 수 있다는 것을 보여준 사례였다. 인권 감수성은 당위적인 차원을 넘어 특히 해외의 케이팝 팬덤을 대할 때 필수적으로 요구되는 덕목이 되었다 해도 과언이 아니다.

여기서 한발 더 나아가 《Love Yourself》 시리즈 앨범의 연장선상에서 "Speak Yourself"라는 제목으로 UN 연설을 한 방탄소년단, 북미 투어 중 "사랑은 사랑이다/흑인의 생명은 소중하다[51]/여성의 권리는 인간의 권리다/꿈꾸는 자들이 미국을 위대하게 한다[52](Love is love/Black lives matter/Women's rights are human rights/Dreamers make America great)"라는 문구가 적힌 사진을 트위터에 공유한 드림캐쳐,[53] 해외 투어 공연에서 팬이 건네준 레인보우 플래그를 들어 올린 데 이어 개인 SNS에서 직접적으로 "LGBT 커뮤니티를 지지한다"라고 밝힌 선미, MTV와의 인터뷰에서 LGBT+ 팬덤을 향해 감사의 메시지를 전한 바 있는 이달의 소녀 등의 사례로 미루어보아 아티스트 개개인과 회사가 해외 팬덤의 성향을 기민하게 파악하고 있음을 알 수 있다. 근래 들어 케이팝 씬에서 퀴어서사로 읽어낼 수 있는 작업물이 늘어나고, 젠더 교차적 스타일링과 같은 퀴어 미학이 더욱 활발히 양산되고 있는 것 역시 이러한 세대 전환의 토대 위에서 가능한 흐름이었을 것이다.

4세대 팬덤의 재영토화: 국내 퀴어팬덤과 해외 팬덤의 영합

퀴어혐오적인 국내 케이팝 팬덤의 기조와는 달리 해외 케이팝 팬덤은 소수자에게 포용적인 안식처로 자리한다. 이러한 온도 차 가운데 최근 국내 퀴어팬덤이 해외 팬덤과 손을 잡으려는 움직임이 나타나기도 한다. 해외 팬덤과의 영합을 통해 단단한 지지 기반을 확보하고 활로를 모색하고자 하는 것이다. 4세대 케이팝의 재영토화 흐름에 따라 팬덤의 재영토화 현상이 나타나고 있다고도 볼 수 있다. 이와 관련하여 마마무의 퀴어팬덤 무지개무무와의 인터뷰 내용을 통해 팬덤의 재영토화를 예증해보고자 한다.

"작년에는 못 했는데, 팬 사인회에서 프라이드 뱅글 선물을 주면서 퀴어문화축제와 무지개무무 모임 후원에 대해 설명을 해줬을 때 문별이 '멋있다'고 메시지를 남겨준 게 해외 팬덤에서 엄청나게 이슈화가 됐었고, 다음엔 페이팔을 열어서 해외에서도 후원을 받아야겠다는 생각이 들었다. 페이팔 정말 복잡한데. 후원금 600만 원 중 100만 원이 해외에서 왔다. 러시아에서 후원하기도 했다. 리워드는 EMS로 보내드리는데, 적게 보내주시면 내 사비로 보낸다. 몇 개는 반송되었지만. 100만 원 중 20~30만 원은 배송비로 나간다. 하지만 금액보다 머릿수가 중요하니까. 수가 많아 보이게 하는 게 전략이다. 우리 편이 많아 보이게. 기부한 사람이 200명, 팔로워가 2,000명이면 욕하려고 해도 용기가 꺾인다. 확실히 그게 효과가 있다. 계속 끌어올리기를 하고 얼마 모였어요 강조한다. 우리 편이 이렇게 많다. 망설이는 사람들이 그래야 돈을 내니까. 엔시티즌[54] 퀴어 파티도 해외에서 인기였고, 멕시코 퀴어 퍼레이드에서도 연락이 왔다고 들었다. 해외 팬덤과 손을 잡아야 한다. 해외 팬들이 우리 팬이면 쉽게 못 덤비니까."[55]

주

1 이 글은 웹진 《아이돌로지》에 게재된 스큅의 〈아이돌 세대론: ①2020 아이돌팝 세대론〉(http://idology.kr/13070)을 재정리한 글이다.

2 '아이돌'에 대해 차우진과 최지선은 다음과 같이 정의한다. 첫째, 연예기획사의 양성 시스템을 통해 기획 및 제작되었을 것. 둘째, 아이돌 그룹이나 팬덤의 구성원이 (신체적 혹은 정서적으로) 10대일 것. 셋째, 주로 댄스 음악으로 활동할 것. 넷째, 대체로 그룹의 형태일 것. H.O.T.의 데뷔 이전 1980년대에도 아이돌로 일컬어질 만한 인물 및 그와 관련된 현상이 존재했으나, 엄밀한 의미에서 '아이돌'로 보지는 않는다. 차우진·최지선, 〈한국 아이돌 그룹의 역사와 계보, 1996~2010년〉, 《아이돌: H.O.T.에서 소녀시대까지, 아이돌 문화 보고서》, 이매진, 2011.

3 김성민, 《케이팝의 작은 역사》, 글항아리, 2018, 87~89쪽.

4 한한령(限韓令)이란, 2016년 7월 한국의 사드(THAAD, 종말고고도지역방어를 의미하며 미군 육군의 탄도탄 요격유도탄 체계를 의미함) 배치에 대한 보복으로 촉발된 중국의 무역 제재를 일컫는다.

5 2020년 6월 30일 한일 동시 프리-데뷔를 거쳐 12월 2일에 니쥬(NiziU)라는 그룹명으로 정식 데뷔했다.

6 SM에서 기획하고 산하 IT 계열사 디어유(Dear U)에서 개발한 커뮤니티 플랫폼으로, SM 소속 아티스트와의 직접적인 소통 및 팬클럽 가입·관리가 가능하다. 아티스트와 1 대 1로 소통할 수 있는 유료 메시지 서비스 '버블(bubble)'이 인기 콘텐츠다. 최근에는 SM 외의 소속사(JYP, FNC, 젤리피쉬, WM 등)에서도 버블 서비스를 론칭하고 있는 추세다.

7 빅히트에서 기획하고 관계사인 비엔엑스(beNX, 현 위버스 컴퍼니)에서 개발한 팬 커뮤니티 및 소셜 네트워크 서비스로, 빅히트 및 산하 레이블 소속 아티스트를 포함한 여러 아티스트와의 직접적인 소통이 가능하다.

8 엔씨소프트에서 개발 및 운영하는 케이팝 엔터테인먼트 애플리케이션. 아티스트와 직접 소통이 가능한 '프라이빗 메시지', 뮤직비디오와 자체 제작 예능과 같은 독점 콘텐츠 등의 서비스를 제공하고 있으며 다양한 아티스트들이 입점해 있다.

9 '걸크러시(쉬)'라는 단어가 처음 조회되는 기사는 2014년 10월 16일에 발행된 《텐아시아》의 〈팬덤의 세계⑤ 걸그룹 여덕들의 대담, "여자를 좋아하는 게 어때서요?" (인터뷰)〉(https://tenasia.hankyung.com/topic/article/2014101604854)였다. 해당 기사에서 "보통 걸그룹의 팬은 남자나 삼촌팬으로 인식하는 경우가 많은데요. 사실은 걸그룹도 여자 팬이 상당히

많잖아요. 왜 걸그룹일까요?"라는 질문에 "동경의 대상" "워너비" "여동생 보는 언니 기분"이라는 답변에 이어 "흔히 말하는 걸크러쉬도 있어요"라는 답변이 등장한다. 또한 '걸크러시(쉬)'가 제목으로 사용된 첫 기사는 2015년 1월 23일에 발행된 《아시아투데이》의 걸그룹 '소나무'의 홍보 기사 〈소나무 디애나 '걸크러쉬', 파격 댄스 뮤비 메이킹 공개 '색 다른 '데자뷰'〉(https://www.asiatoday.co.kr/view.php?key=20150123001738578)이다.

10 이와 관련해서는 다음을 참조. 박주연, 〈여자가 여자를 좋아하면 다 '걸그러쉬'야?: 미디어에서 가려지는 퀴어 서사①〉, 《일다》, 2019년 8월 16일 자, https://www.ildaro.com/8527.

11 해당 부분은 웹진 《아이돌로지》의 필자 조은재의 자문을 얻어 작성했다.

12 Layoung SHIN, "Queer Eye for K-Pop Fandom: Popular Culture, Cross-gender Performance, and Queer Desire in South Korean Cosplay of K-pop Star", *Korea Journal*, 58(4), 2018, p.88; pp.93-94.

13 김남옥·석승혜, 〈그녀들만의 음지문화, 아이돌 팬픽〉, 《Journal of Korean Culture》 제37권, 한국어문학국제학술포럼, 2017, 193쪽.

14 이보연, 〈[책]폐인과 동인녀의 정신분석〉, 《세계일보》, 2005년 6월 11일 자, http://www.segye.com/newsView/20050610000381; 김효진, 〈'동인녀(同人女)'의 발견과 재현: 한국 순정만화의 사례를 중심으로〉, 《아시아문화연구》 제30집, 가천대학교 아시아문화연구소, 2013, 52쪽에서 재인용.

15 사이토 다마키의 원문에서는 이를 "위치적 가변성"이라는 용어로 설명한다. 자신의 주체적 위치와는 상관없이 "오로지 대상에 몰두해서 자신을 비우고 빠져"들며, 등장인물인 남성 간의 성행위에 있어서도 "'공(攻)'과 '수(受)' 어느 쪽과든 동일시 할 수 있다"는 것이다. 사이토 다마키, 《폐인과 동인녀의 정신분석: 은둔형 외톨이 전문의가 파헤치는 '지금 여기'의 사춘기 현상학》, 김영진 옮김, 황금가지, 2005, 41쪽 참조.

16 BL 팬픽은 주로 미국의 〈스타트렉〉 시리즈로부터 파생된 '슬래시 픽션', 혹은 일본의 '야오이' 문화를 그 기원으로 삼는다. 슬래시 픽션에 대해 한국 위키피디아에서는 "1970년대 커크(Kirk)와 스폭(Spock)의 우정에 대한 팬픽을 의미하는 K&S에서 앰퍼샌드(&)를 사용한 것과 비교하여 커크와 스폭이 낭만적이고 종종 성적인 관계를 갖는 팬픽을 의미하는 K/S에서 슬래시(/)를 사용한 것에서 유래하였다"고 설명하고 있으며(https://ko.wikipedia.org/wiki/%EC%8A%AC%EB%9E%98%EC%8B%9C_%ED%94%BD%EC%85%98), 야오이의 유래에 대해서는 다음과 같이 밝히고 있다. "1968년 일본에서 결성된 만화 동인 '라부리(ラヴリ)'의 회원이었던 마루 미키코

(磨留美樹子)는 남성 간의 성애가 그 내용인 〈밤을 쫓는다(夜追い, 야오이)〉라는 만화를 그렸는데, 미키코 자신이 자조적으로 그 제목을 "갈등도 결말도 의미도 없다(ヤマなし、オチなし、意味なし)"의 두문자어로 해석하였다. 이 정의가 동인 안에서 인기를 끌어, 1979년 12월 발간한 35쪽짜리 동인지 《라포리-야오이특집호(らぽり-やおい特集号)》에서 '갈등·결말·의미가 없고, 남성 간의 연애를 다루며, 색기가 있는 작품'을 '야오이'로 정의하였다"(https://ko.wikipedia.org/wiki/%EC%95%BC%EC%98%A4%EC%9D%B4).

17 조현준, 〈팬픽 문화와 젠더 트러블: 동성애 코드를 다루는 영화를 중심으로〉, 《작가세계》 통권 제80호, 작가세계, 2009, 244~245쪽.

18 비이커, 〈화분시점의 즐거움, 정말인가요?〉, 《일다》, 2017년 5월 25일 자, http://www.ildaro.com/sub_read.html?uid=7884.

19 2010년대 중반까지 블랙비의 팬코 팀이 남부권을 중심으로 활동했던 이력이 발견되나, 이후의 팬코 활동은 찾아보기 어렵다. 극소수의 팬코 활동이 지속되고 있다는 증언도 있지만, 자료가 남아 있지 않아 실체를 파악하기는 어렵다.

20 본문에 인용된 정민우와 이나영의 원문에서는 "고객님(customer)"이라는 표현으로 통용되고 있었다. 2PM의 한 멤버가 다른 멤버를 '고객님'이라 지칭한 것을 팬덤이 전유하여 광범위하게 사용했고, 팬덤이 스스로를 혹은 스타가 팬덤을 지칭할 때도 '고객님'이라는 호칭이 사용되곤 했다는 것이다. 정민우·이나영, 〈스타를 관리하는 팬덤, 팬덤을 관리하는 산업: '2세대' 아이돌 팬덤의 문화실천의 특징 및 함의〉, 《미디어, 젠더 & 문화》 제12호, 한국여성커뮤니케이션학회, 2009, 215~216쪽 참조.

21 같은 글, 220쪽.

22 본문에 인용된 정민우와 이나영의 원문에서는 "스타에게 자신들이 바라는 '고객감동'을 요청하고 제언할 수 있는 권리를 가진 소비자"라는 표현을 사용한다. 같은 글, 216쪽 참조.

23 정민우와 이나영은 남성 스타들에 대한 '팬픽/커플성 발언'을 금기시하는 2세대 팬덤의 특징을 설명하면서, 온라인 팬덤이 호모포빅(homophobic)한 집단적 성향을 보인다기보다는 "그것(팬픽/커플성 발언)이 스타의 '이미지'에 도움이 되지 않는다는 판단에 기반한다"라고 표현하며, 더불어 이러한 팬덤의 성향을 "동성애에 대한 규제가 아닌 팬덤 스스로의 스타를 이미지화하는 실천에 대한 규제"라 분석한다. 같은 글, 223~224쪽 참조.

24 Layoung SHIN, Queer Eye for K-Pop Fandom: Popular Culture,

Cross-gender Performance, and Queer Desire in South Korean Cosplay of K-pop Star. *Korea Journal*, 58(4), 2018, pp.103-104.

25 1980년대 미국 뉴욕 할렘 지역에서 발생한 퀴어 하위문화의 일종. 마치 잡지 《보그(Vogue)》의 표지 모델처럼 과장되고 스타일리시한 포즈를 취하는 것이 특징이다.

26 일찍이 엄정화가 2006년 발매한 아홉 번째 정규 앨범 《Prestige》의 타이틀 곡 〈Come 2 Me〉의 무대를 통해 보깅을 시도했으며, 이를 한국에서의 최초 사례라고 보는 것이 세간의 중론이다.

27 디시인사이드 2AM 갤러리의 유저 '템블러'가 쓴 〈하이힐을 신은 남자 (1)〉는 그 대표적인 사례이다. 전문 중 일부를 인용하면 다음과 같다. "크로스-섹슈얼리티라는 걸 남자 솔로 가수가 시도하는 일은 우리나라에선 전무후무했던 일이야, 누군가 생각했겠지만 그걸 온전히 자기 것으로 소화할 능력이나 패기를 가진 사람들이 없었던 거지. 우리의 고정관념 속에서 젠더의 이미지란 쉽게 허물어질 수 없는 거야. 그런 젠더의 경계를 허물어 버린다는 건 단순히 남성이 여성의 흉내를 낸다고 해서 이루어지는 게 아니고, 남자의 성을 가지고도 완전히 "여성스러울 수" 있거나 여성의 것마저 소화할 수 있는 아티스트들에게 가능한 일이거든. 조권은 그 일을 놀랍게 해낸 아티스트라고 할 수 있어. 호불호와 이해의 범위를 떠나서 그 사실은 변하지 않을 거라고 생각해. 오픈 마인드를 가지고 퍼포먼스를 보면 하이힐 신은 남자가 얼마나 매력적인지 알 수 있을 거라는 거?" https://gall.dcinside.com/board/view/?id=2AM&no=105191.

28 음원 사이트 '멜론' 음반 소개 글 발췌. https://www.melon.com/album/detail.htm?albumId=2185501.

29 해당 문단은 대중음악평론가이자 웹진 《아이돌로지》의 필자인 랜디 서의 자문을 얻었다.

30 팬덤에서는 아예 '태민이가 또 롤모델이래'의 약어인 '탬또롤'이라는 용어가 일종의 밈(meme)으로 자리잡기도 했다.

31 대표적인 사례로 〈프로듀스 101 시즌 2〉, JBJ 출신 김동한(현재 그룹 위아이에서 활동 중)이 2018년 솔로 데뷔 쇼케이스에서 태민을 레퍼런스로 삼았음을 우회적으로 언급한 일을 들 수 있다. 그는 JBJ 콘서트에서 태민의 〈MOVE〉를 공연한 것이 솔로 데뷔의 계기로 이어졌다고 이야기하며, "태민의 손끝의 느낌이나 제스처, 절제미 등을 배우려 노력했다"라는 코멘트를 곁들이기도 했다. 마노, 〈리포트: 김동한 "D-Day" 쇼케이스〉, 《아이돌로지》, 2018년 6월 26일 자, http://idology.kr/10819.

32 방탄소년단의《화양연화》시리즈의 서사, 마마무의 〈음오아예〉 뮤직비디오 스토리, 엠버가 발표한 싱글 〈Borders〉, 이달의 소녀 츄(Chuu)의 솔로곡 〈Heart Attack〉 뮤직비디오, 여성 듀오 칸(KHAN)의 〈I'm Your Girl?〉 뮤직비디오, 투모로우바이투게더의《꿈의 장》시리즈의 서사, (여자)아이들의 〈Oh my god〉의 가사와 뮤직비디오 등.

33 '커밍아웃한 상태로' 데뷔한 최초의 사례로 알려져 있다.

34 김수정, 〈팬덤과 페미니즘의 조우: 페미니즘 관점에서 본 팬덤 연구의 성과와 쟁점〉,《언론정보연구》제55권 제33호, 서울대학교 언론정보연구소, 2018, 75쪽.

35 2021년 3월 '하이브(HYBE)'로 사명을 변경했다.

36 같은 글, 75~76쪽.

37 국내 케이팝 퀴어팬덤은 대체로 트위터 등 온라인 매체를 통해 자치적으로 결성되어, 주로 전국 각지의 퀴어문화축제를 후원하는 등의 활동을 하고 있다. 대부분 공식 팬덤명에 '무지개' 혹은 '퀴어(Queer 또는 Q)'를 합성하여 자신들의 단체명으로 삼으며, 마마무의 공식 팬덤명인 '무무'에서 파생된 '무지개 무무'는 대표적인 국내 케이팝 퀴어팬덤 중 하나로 호명되고 있다. 2021년 현재 약 7개의 케이팝 퀴어팬덤이 결성되어 있음을 트위터 '케이팝 퀴어 연합(@Kpop_queer_fan)' 계정을 통해 확인했다.

38 권지미·연혜원·윤소희·은서, 〈NCT QUEER 케이팝 퀴어팬덤 인터뷰〉, 2018.

39 특히 2.5세대 해외 팬덤의 유입 초기에는 제이팝 등 아시아 음악/문화 애호가들이 케이팝으로 유입되었다는 보고가 많다. 자체 설문조사 및 정길화, 〈브라질의 케이팝 수용에 관한 연구〉,《이베로아메리카》제17권 제1호, 부산외국어대학교 중남미지역원, 2015, 93~131쪽 참조.

40 유재부, 〈지드래곤을 향한 칼 라거펠트의 끝없는 사랑, 그 합당한 이유〉,《패션엔》, 2017년 7월 24일 자, https://www.fashionn.com/board/read_new.php?table=1004&number=21285 참조.

41 다음 논문들을 참조. Alona U. Guevarra, "Creating a Safe Space for Queer Teens?: Some Initial Findings on Queer Teens in K-pop Cover Groups and Fan Community", *Ateneo Korean Studies Conference Proceedings*, Vol. 1, 2014, Ateneo de Manila University, pp.102-119; Chuyun Oh·David C. Oh, "Unmasking Queerness: Blurring and Solidifying Queer Lines through K-Pop Cross-Dressing", *Journal of Popular Culture* 50(1), 2017, Bowling Green State University, pp.9-29.

42 reddit. 미국 기반의 익명 커뮤니티 서비스. '서브레딧(subreddit)'이라는
여러 하위 주제로 이루어져 있으며, 본 설문은 그중에서도 'r/kpop' 서브레딧
을 통해 참가자를 모집했다. 원 게시글은 현재 레딧에 의해 삭제되었다.

43 레즈비언(lesbian), 게이(gay), 바이섹슈얼(bisexual), 트랜스젠더
(transgender)의 약어로 영미권에서 성소수자를 지칭할 때 사용하는 용어.
여기에 본인의 성정체성이나 성적 지향에 의문을 가진 사람을 칭하는 퀘스처
너리(questionary)를 더하여 LGBTQ라 칭하기도 하며, 그 외 다른 스펙트럼
을 포함하기 위하여 '+'를 붙이기도 한다. 본 설문조사에서는 다양한 스펙트
럼의 성소수자를 포함하기 위해 'LGBTQ+'라는 호칭을 활용했다.

44 처음 접한 케이팝 콘텐츠, 케이팝의 첫인상, 제일 좋아하는 케이팝 아티스트,
제일 좋아하는 케이팝 작품 혹은 모멘트, 가장 매력을 느끼는 케이팝만의 특
징, LGBTQ+ 사람들이 케이팝을 좋아하는 이유 등을 질문했다.

45 응답자의 66.5%가 20대(10대 25.7%, 30대 5.2%, 50대 2.6%), 38.6%가
북미 국적(유럽 28.4%, 남미 12.1%, 아시아 12.1%, 기타 7.8%), 61.9%가
백인(아시안 20.8%, 흑인 5.2%, 기타 12.1%), 46.4%가 양성애자(레즈비
언 13%, 게이 13%, 범성애자 13%, 무성애자 7.2%, 기타 7.4%)로 표본이
인구학적으로 편향되었음을 밝히며, 따라서 설문조사 결과는 전 세계 성소수
자 팬덤을 대변하는 자료가 아닌 영어로 SNS를 활발히 이용하는 해외 팬덤의
경향성을 엿보는 참고자료로만 활용할 것을 제언한다. 성정체성과 성적 지향
을 함께 주관식으로 답하도록 했고, 39명 전원이 성적 지향은 기술했으나 성
정체성은 23명만이 답했다(시스젠더 1명, 시스젠더 여성 9명, 시스젠더 남성
2명, 논바이너리 및 젠더플루이드 8명, 에이젠더 2명, 트랜스젠더 1명).

46 '쉽(ship)'은 관계를 뜻하는 'relationship'에서 유래한 단어로, 특정 작
품의 캐릭터들을 로맨틱한 관계로 엮어보는 행위를 '쉽(ship)' 또는 '쉬핑
(shipping)', 그러한 행위에 주된 관심이 있는 사람을 '쉬퍼(shipper)'로
칭한다. Leora Hadas, "Resisting the romance: 'Shipping' and the
discourse of genre uniqueness in Doctor Who fandom.", *European
Journal of Cultural Studies*, 16(3), SAGE Publications, 2013, p.336
참조.

47 스킨십(skinship)이 한국식 영어임에도 불구하고, 해당 응답들은 'skinship'
이라는 표현을 명시하고 있었다.

48 Amino. 미국 회사 나르빌(Narvii)에 의해 만들어진 애플리케이션으로 아니
메 컨벤션과 같은 커뮤니티 플랫폼을 표방하며 2014년 출시되었으며, 아미
노 케이팝은 아미노 최초의 커뮤니티 중 하나다. 블로그 및 커뮤니티 운영, 이

용자 간 채팅 등의 기능을 제공한다.

49 "Idols supporting LGBT", "○○○ being LGBT friendly" 등과 같이 검색해보면 많은 결과를 얻을 수 있을 것이다.

50 다음 기사들을 참조. 박동미, 〈BTS, 脫백인중심주의·대안적 남성성 제시했다〉,《문화일보》, 2020년 11월 23일 자, http://www.munhwa.com/news/view.html?no=2020112301032312056001; BBC, "Flowerboys and the appeal of 'soft masculinity' in South Korea", BBC NEWS, 5 September 2018, https://www.bbc.com/news/world-asia-42499809.

51 "흑인의 생명은 소중하다(Black Lives Matter)"는 아프리카계 미국인에 대한 경찰의 잔혹 행위에 대항하여 촉발된 흑인 해방 시민운동이다.

52 도널드 트럼프의 다카(DACA, Deferred Action for Childhood Arrivals) 폐지 추진에 맞선 시위 문구다. 다카란 미성년 입국자 추방 유예 제도로, 불법 입국한 부모를 따라 16세 이전에 미국에 들어온 미성년 입국자의 추방을 31세까지 유예하는 행정명령이다. 2012년 버락 오바마 행정부에 의해 도입되었으나 도널드 트럼프 행정부에서 폐지를 검토했다(김윤주, 〈[속보] 미 대법원 "트럼프, 다카(DACA) 폐지할 수 없다" 판결,《조선일보》, 2020년 6월 18일 자, https://www.chosun.com/site/data/html_dir/2020/06/18/2020061805359.html). 여기서 "꿈꾸는 자(Dreamers)"는 미성년 불법 입국 이주민을 의미한다(BBC, "Trump's 'Make America Great Again' hats burned over Daca deal", BBC NEWS, 15 September 2017, https://www.bbc.com/news/world-us-canada-41279520).

53 2019년 12월 10일 드림캐쳐 공식 트위터 계정에 업로드되었다. https://twitter.com/hf_dreamcatcher/status/1204189865916686342.

54 NCTzen. NCT의 팬덤명.

55 권지미·연혜원·윤소희·은서, 〈NCT-QUEER 케이팝 퀴어팬덤 인터뷰〉, 2018

참고 문헌

권지미·연혜원·윤소희·은서, 〈NCT QUEER 케이팝 퀴어팬덤 인터뷰〉, 2018.

김남옥·석승혜, 〈그녀들만의 음지문화, 아이돌 팬픽〉,《Journal of Korean Culture》제37권, 한국어문학국제학술포럼, 2017.

김성민,《케이팝의 작은 역사》, 글항아리, 2018.

김수정, 〈팬덤과 페미니즘의 조우: 페미니즘 관점에서 본 팬덤 연구의 성과와 쟁점〉,《언론정보연구》제55권 제33호, 서울대학교 언론정보연구소, 2018.

김윤주, 〈[속보] 미 대법원 "트럼프, 다카(DACA) 폐지할 수 없다" 판결,《조선일보》, 2020년 6월 18일 자, https://www.chosun.com/site/data/html_dir/2020/06/18/2020061805359.html

김효진, 〈'동인녀(同人女)'의 발견과 재현: 한국 순정만화의 사례를 중심으로〉, 《아시아문화연구》 제30집, 가천대학교 아시아문화연구소, 2013, 43~75쪽.

마노, 〈리포트: 김동한 "D-Day" 쇼케이스〉,《아이돌로지》, 2018년 6월 26일 자, http://idology.kr/10819.

박동미, 〈BTS, 脫백인중심주의·대안적 남성성 제시했다〉,《문화일보》, 2020년 11월 23일 자, http://www.munhwa.com/news/view.html?no=2020 112301032312056001; BBC, "Flowerboys and the appeal of 'soft masculinity' in South Korea", 5 September 2018, https://www.bbc.com/news/world-asia-42499809.

박수정, 〈팬덤의 세계⑤ 걸그룹 여덕들의 대담, "여자를 좋아하는 게 어때서요?" (인터뷰)〉,《텐아시아》, 2014년 10월 16일 자, https://tenasia.hankyung.com/topic/article/2014101604854

박주연, 〈여자가 여자를 좋아하면 다 '걸크러쉬'야?: 미디어에서 가려지는 퀴어 서사①〉,《일다》, 2019년 8월 16일 자, https://www.ildaro.com/8527.

비이커, 〈화분시점의 즐거움, 정말인가요?〉,《일다》, 2017년 5월 25일 자, http://www.ildaro.com/sub_read.html?uid=7884.

사이토 다마키,《폐인과 동인녀의 정신분석: 은둔형 외톨이 전문의가 파헤치는 '지금 여기'의 사춘기 현상학》, 김영진 옮김, 황금가지, 2005.

아시아투데이, 〈소나무 디애나 '걸크러쉬', 파격 댄스 뮤비 메이킹 공개 '색 다른 '데자뷰'〉,《아시아투데이》, 2015년 1월 23일 자, https://www.asiatoday.co.kr/view.php?key=20150123001738578.

유재부, 〈지드래곤을 향한 칼 라거펠트의 끝없는 사랑, 그 합당한 이유〉,《패션엔》, 2017년 7월 24일 자, https://www.fashionn.com/board/read_new.php?table=1004&number=21285 참조.

이보연, 〈[책]폐인과 동인녀의 정신 분석: 은둔형 외톨이 전문의가 파헤치는 '지금 여기'의 사춘기 현상학〉,《세계일보》, 2005년 6월 11일 자, http://www.segye.com/newsView/20050610000381

정길화, 〈브라질의 케이팝 수용에 관한 연구〉,《이베로아메리카》 제17권 제1호, 부산외국어대학교 중남미지역원, 2015, 93~131쪽.

정민우·이나영, 〈스타를 관리하는 팬덤, 팬덤을 관리하는 산업: '2세대' 아이돌 팬덤의 문화실천의 특징 및 함의〉,《미디어, 젠더 & 문화》 제12호, 한국여성커뮤니케이션학회, 2009.

조현준, 〈팬픽 문화와 젠더 트러블: 동성애 코드를 다루는 영화를 중심으로〉,《작가세계》통권 제80호, 작가세계, 2009.

차우진·최지선, 〈한국 아이돌 그룹의 역사와 계보, 1996~2010년〉,《아이돌: H.O.T.에서 소녀시대까지, 아이돌 문화 보고서》, 이매진, 2011.

BBC, "Flowerboys and the appeal of 'soft masculinity' in South Korea", BBC NEWS, 5 September 2018, https://www.bbc.com/news/world-asia-42499809.

BBC, "Trump's 'Make America Great Again' hats burned over Daca deal", BBC NEWS, 15 September 2017, https://www.bbc.com/news/world-us-canada-41279520.

Guevarra, A. U., "Creating a Safe Space for Queer Teens?: Some Initial Findings on Queer Teens in K-pop Cover Groups and Fan Community", *Ateneo Korean Studies Conference Proceedings*, Vol. 1, 2014, Ateneo de Manila University.

Hadas, L., "Resisting the romance: 'Shipping' and the discourse of genre uniqueness in Doctor Who fandom.", *European Journal of Cultural Studies*, 16(3), SAGE Publications, 2013.

Oh, Chuyun&Oh, David C. "Unmasking Queerness: Blurring and Solidifying Queer Lines through K-Pop Cross-Dressing", *Journal of Popular Culture*, 50(1), 2017, Bowling Green State University.

Shin, Layoung, "Queer Eye for K-Pop Fandom: Popular Culture, Cross-gender Performance, and Queer Desire in South Korean Cosplay of K-pop Star", *Korea Journal*, 58(4), 2018.

2장

케이팝, 게이팝의 디바니스[1]

상근

팝 디바들의 디바니스(divaness)

케이팝 씬이 이만큼 성장하기 이전, 소위 국내에서 말하는 '게이 디바(gay diva)'는 서구권으로 대표되는 미국의 팝 여가수(이하 '팝 디바')들이 대표적이었다. 게이 디바에 대한 정의는 다양할 수 있으나, 영문 위키피디아의 '게이 아이콘(gay icon)' 항목에서 설명하는 내용과 대동소이하다.

"게이 아이콘은 LGBT 커뮤니티 내에서 대중적으로 사랑받고 있는 공적인 인물이다. 게이 아이콘은 LGBT 커뮤니티 내의 사람일 수도 있고 이성애자일 수도 있으나, 이성애자 게이 아이콘이 LGBT 팬들과 대중 팬들에게 더 많이 지지받는 편이다."[2]

게이 디바는 게이 아이콘의 정의를 기본으로 하되, '디바(diva)'가 여성형 대명사이고 이 단어의 사전적 의미가 여성 오페라 가수를 뜻하는 것에서 알 수 있듯 '여성 가수'라는 점이 추가되는 특성이 있다.

1990년대에서 2000년대 초반까지 팝 음악이 전 세계를 휩쓸며 유행했을 때, 한국에서는 성소수자를 지지하는 아이콘으로서 액션이나 발언을 해왔던 인물들보다는 이른바 '섹시 가수'의 이미지가 강한 팝 디바들이 게이 디바의 위치를 선점했다. 당시 게이 디바로 언급할 수 있는 인물들은 대부분 게이 클럽 씬에서 인기를 얻은 인물들이며, 대표적으로 마돈나, 브리트니 스피어스, 크리스티나 아길레라(Christina Aguilera), 카일리 미노

그(Kylie Minogue), 머라이어 캐리(Mariah Carey), 케샤 등을 들 수 있다. 이들 모두를 퀴어 친화적이라고 할 수는 없는데, 퀴어 친화적이면서 상징적인 인물들이 국내에서 게이 디바로 자리잡지 못했던 이유(물론 마돈나처럼 이 두 가지를 모두 가져간 경우도 있다)는 미국 사회의 당시 배경을 설명하고 논의를 해야 할 필요가 있다.

1960~1980년대는 미국에서 사회운동이 가장 활발했던 시기였다. 1969년의 스톤월 항쟁이 기점이 되어 본격적으로 성소수자 운동이 가시화되었고 1980년대에는 HIV/AIDS 운동이 시작되었다. 사회적, 문화적 분위기가 바뀌면서 1980~2000년대에는 한국의 대중들도 알 만한 커밍아웃과 지지 발언이 나오기 시작했다. 이안 맥켈런(Ian McKellen), 데이비드 보위(David Bowie), 엘튼 존(Elton John), 안젤리나 졸리(Angelina Jolie) 등 당사자로 커밍아웃하는 사람들이 공개적으로 지지 발언을 하면서 대중들에게 메시지를 전했다. 하지만 그들의 이야기는 가십거리로 치부되기 일쑤였으며, 한국의 매체 또한 앞선 사회운동의 배경과 함께 이들의 커밍아웃이 어떤 의미를 지녔는지 심도 있게 다루지 않았다.

한국에서 2000년 9월에 배우 홍석천이 커밍아웃을 했을 때, 한국 대중은 냉담을 넘어 혐오에 가까운 반응을 보였다. 게다가 커밍아웃 이후로 홍석천의 방송 출연이 힘들어지는 것을 보고 한국의 성소수자들은 '나도 커밍아웃하면 사회에서 배척당할 수 있다'라는 인식이 팽배해졌다. 당시 언론은 성소수자

이슈에 대해서는 황색 보도나 단기성 화제 등 자극적인 보도로만 일관해왔고, 이 때문에 미국의 퀴어 친화적인 아이콘들보다는 게이들이 이입하기 좋고 그 이미지를 소비할 수 있는 팝 디바들이 게이 디바로서의 위치를 선점한다.

팝 디바들의 노래, 의상, 무대, 뮤직비디오가 합쳐져 이루어내는 분위기는 게이들이 되고자 하는, 소비하고자 하는 워너비 모델로 자리잡았다. 2000년대까지 이어진 이런 흐름은 2008년 레이디 가가의 등장으로 큰 변화를 겪게 된다. 레이디 가가가 선보이는 이색적인 비주얼들이 대서특필되면서 새로운 비주얼 양식이 대중들에게 널리 알려졌고, 케이팝 시장이 점점 커짐에 따라 국내 케이팝 아이돌 또한 이러한 양식에 영향을 받기 시작했다. 그러한 변화가 조금씩 이루어지는 과정에서 케이팝 여성 아이돌도 게이 디바로서의 지위를 조금씩 얻어가기 시작했다.

케이팝 여성 아이돌을 게이 디바로 소비하는 양식 역시 팝 디바들을 게이 디바로 소비하는 양식과 크게 다르진 않았다. 물론 아이돌 팬덤 내의 팬으로서나 그에 준하는 정도로 아이돌을 소비하는 사람도 있었다. 그러나 클럽 씬이나 대중적인 소비(음악 스트리밍 차트나 미디어에서 반짝하는 정도의 얕은 소비) 수준에서는 특정 지점에서 나타나는 워너비적인 면모를 소비하는 것이 대부분이었다. 내 아이돌을 응원하고 개별 멤버의 성격이나 비주얼, 행보, 멤버 간의 관계성을 소비하는 것이 '아이돌의 팬'으로서 소비하는 방식이라고 본다면, 게이 디바로서 아이돌을 소비하는 방식이란 앞서 열거한 것처럼 노래, 의상, 무대, 뮤직비디오, 그리고 그것들이 합쳐져 만들어내는 분위기, 콘셉트, 서사, 이미지를 '되고 싶은 나' 혹은 '내가 이입할 수 있는 내 안의 주인공'으로 치환해 소비하는 것이다. 앞으로 이렇게 소비되는 하나의 이미지를 '페르소나'라고 부르겠다.

케이팝의 디바니스

서구권에서의 디바 페르소나 구성은 한국과 다소 차이가 있는데, 우선 영문 위키피디아에서 '게이 앤섬(gay anthem)'[3] 항목에서 그 바탕을 찾아볼 수 있다.

- 뛰어난 보컬: 게이 앤섬은 어떤 특정 노래라기보다는 남성 게이들이 유달리 좋아하는 면모를 숭상하는 것에 가깝다. 이러한 면모를 지닌 디바들은 대부분 여성 게이 아이콘이며, 디바 스타일의 팝 뮤직을 부르는 보컬리스트다.
- 사랑의 역경을 극복하기: 잘못된 사랑에서 벗어나 이전보다 더 강해진 모습으로 돌아오는 것으로 구성된다.
- 넌 혼자가 아니야: 역경을 겪고 있는 사람이 자기뿐만이 아니라는 것, 그리고 그 역경을 함께 헤쳐나가는 것을 노래한다.
- 걱정 따위는 없어: 당면한 문제는 잠시 치워두고 현재를 즐기는 것에 대한 서사를 담는다.
- 고난 끝에 성취한 자존감: 어떤 노래들은 자유, 아름다움, 또는

자존감을 얻기 위해 억압과 어둠에 맞서 싸우는 이야기로 구성된다.

- 당당하게 드러내는 섹슈얼리티: 섹슈얼리티를 부끄러워하도록 가르치는 문화의 구조를 뛰어넘어, 성적 본능을 드러내는 것에 거침이 없다.
- 포용을 향한 여정: 어딘가에 소속되거나 포용되는 삶을 다루는 노래들도 있다.
- 지친 세상을 달래는 노래: 이용당하고 학대받았던 삶으로부터 생존함으로써 그때의 시절을 애도하는 서사를 담기도 한다.
- 사랑은 모든 것을 이겨낸다: 극복할 수 없는 장애물이 있더라도 사랑을 절대 포기하지 않는 이야기를 그려내기도 한다.
- 눈치보지 않는 삶: 타인이 기대하는 삶의 모습을 신경쓰지 않고, 자신이 원하는 대로 살아가는 내용도 있다.[4]

게이 앤섬의 조건을 하나씩 살펴보면, 국내에서 대중적으로 흥했던 팝 디바나 아이돌의 음악 가운데 떠오르는 것들이 몇몇 있을 것이다. 나 같은 경우는 글로리아 게이너(Gloria Gaynor)의 〈I Will Survive〉, 브리트니 스피어스의 〈Toxic〉, S.E.S의 〈Dreams Come True〉, 브라운 아이드 걸스의 〈아브라카다브라(Abracadabra)〉 등이 떠오른다. 이 노래들에서 이입할 수 있는 지점은 '퀴어로서의 어려운 삶을 극복해내는 나' '그 어떤 상대도 치명적으로 유혹할 수 있는 나' '한 사람에게 헌신적으로 사랑을 바치는 나' '금지되고 억압된 사랑에 목매는 나' 등이다.

게이 앤섬의 조건을 포함해 케이팝에서 더 두드러지게 나타나는 페르소나 구성요소는 바로 비주얼이다. 아이돌 세대론을 기준으로 2.5세대에 속하는 아이돌까지는 그들의 비주얼이 페르소나로 소비되는 가장 큰 요인이었다. 소위 '이쁘다'고 일컬어지는 아름다운 것들, 특히 주류 미디어나 대중에게 '먹힐 만한', '팔릴 만한' 요소를 지닌 아름다움은 페르소나로 소비되는 데 큰 비중을 차지한다. 그리고 이러한 상업적 아름다움이 (뮤직비디오, 무대의상, 안무, 메이크업 등으로) 여성 아이돌에게 입혀졌을 때 비로소 디바 페르소나가 완성된다.

그렇다면 왜 여성 아이돌인가? 앞서 언급한 데이비드 보위, 엘튼 존 등 성소수자로서의 정체성을 드러내며 활동했던 남성 가수들도 서구권에서는 게이 아이콘으로 소비된다. 여기서 우리는 게이들이 열광하는 아이콘을 사전적 의미로 여성 대명사의 뜻을 가진 '디바'라고 부른다는 점에 주목할 필요가 있다. 그렇다면 게이들은 왜 게이 아이콘으로 소비할 수 있는 남성 가수를 두고도 여성 가수를 디바로 소비하는가? 이는 게이 앤섬을 해석하는 것과 더불어 다음과 같이 설명할 수 있다.

우선 유성애자 시스젠더 남성 게이는 일반적으로 남성을 성적 대상화하는 존재이므로, 성별이분법 구조에서 남성을 사랑하는 성별은 여성이라는 도식에 맞추어 자신을 여성 쪽으로 위치시킨다는 것이다. 그런데 남성 중심 사회에서 늘 권력의 중심에 있는 것은 남성이므로 여성은 언제나 사회적 약자일 수밖에 없고, 게이는 사회적으로 '온전한 남성'이 아니라고 느끼는 것과 동시에 성소수자라는 정체성이 사회적으로 환영받지 못한다는 것을 알기에 스스로의 정체성을 남성보다는 여성에 더 동일시를 한다. 그리고 기존의 남성상은 이른바 마초성을 강하게 보여주는 면이 강하므로 남성을 롤모델로 삼기에는 이미 스스로 알고 있는 '마초가 될 수 없는 현실의 위치'와 '마초가 아니고자 하는 모습'이 기존의 남성상과 강한 괴리가 있기에, 남성만큼 강한 이미지를 풍기는 (하지만 마초적이지 않은) 여성의 모습을 이상적인 디바로 여기는 것이다.

요약하자면 권력구조상 약자이자 비정상으로 불리는 스스로의 존재를 권력의 외곽에 있는 여성에게 더 쉽게 대입한다는 것이다. 여기에 앞서의 논의를 합치자면, 게이 디바 페르소나는 '게이 디바의 팬'이 되는 것이 아니라 게이들이 '자신이 디바가 되는 것'에 방점을 둔다. 따라서 이런 페르소나는 '이입 가능한 모델' 중 본인에게 가장 잘 맞는 '게이스러운' 모습을 갖추고 있어야 한다.

한국 게이 씬에서 소비되는 케이팝

그러나 이러한 페르소나 소비 중 많은 내용이 '여성에게 덧씌워진 이미지를 소비한다' 점에서 여성혐오적이라는 비판을 피하기 어렵다. 똑같은 페르소나를 만들어낸다 한들 남자 아이돌을 게이 디바로 소비하는 게이는 많지 않기 때문이다. 조권의 〈Animal〉은 지금 보아도 신선하고 파격적인 무대이지만,

대부분의 게이는 오히려 하리수의 〈Temptation〉에 이입할 것이다.

굳이 '디바'라는 대명사를 쓰는 것처럼, 디바 페르소나로 소비되는 이미지는 '잘 팔리는', '먹힐 만한', '상업적인' 관점에서 바라보는 '여성'의 이미지이며 동시에 게이 자신을 여성으로 치환했을 때 이입할 수 있어야 하는 이미지다. 여러 맥락을 곁들인다 해도 결과적으로 여성들에게 덧씌워진 이미지를 소비하고 있다는 사실에서는 벗어나지 않는다. 또한 실제로 다양성이나 LGBT의 권리를 이야기하는 게이 아이콘들이 있음에도 불구하고 그들을 소비하는 것과 게이 디바를 소비하는 것은 별개로 친다는 점에서 케이팝의 게이 디바는 게이 아이콘으로서 지지받을 수 있는 위치에 있지 않다는 것도 비판받을 수 있는 지점이다. 즉, 게이 디바는 '비주얼적으로 예뻐야' 하는 것이다.

하지만 게이 디바에 대한 숭상을 이러한 맥락으로만 해석한다면 결국 게이는 '남성되기에 실패한, 여성성의 밈(meme)만을 추구하는 존재인가?'라는 의문이 생기게 된다. 게이 클럽에서 단체로 스테이지 위에 올라가 군무를 추는 이들의 모습은 언젠가 트위터에 올라왔던 말처럼 '바텀이 올라가 춤을 추고 탑이 간택하는' 것과는 전혀 관련이 없다. 여성 아이돌을 디바로 삼으면서 자신을 디바로 체화하는 것은 단순히 '남성이 여성되기'에 국한되는 것이 아니라 적극적으로 성역할을 갖고 논다는 점에서 젠더균열적이다. 서로가 걸그룹의 멤버를 자처하며 자신만의 디바를 찾는 것은 기존의 남성들이 남성 모델을 따르는 것과 별개로, 어린 시절부터 '사내애가 왜 이렇게 계집애 같니?'라는 말로 억압된 내면의 자아를 적극적으로 찾는 행위임과 동시에 기존의 남성성, 여성성이라는 이미지를 고정적으로만 사유하던 이들에게 질문을 던진다. "남성이 걸그룹 춤을 추는 것은 여성을 따라하는, 남성스럽지 못한 행동으로만 여겨져야 하는가?"

케이팝의 득세 이후 다양한 문화권에서 유튜브에 올리고 있는 케이팝 커버 댄스 영상을 떠올려보자. 수많은 걸그룹 안무를 커버한 영상이 (게이로 추정되는) 남성들을 통해서 올라오고 있다. 드랙퀸의 이미지가 기존 여성의 이미지를 과도하게 과장함으로써 '여성스럽지만 여성은 아닌 것 같은' 이미지를 만드는 것처럼 남성들이 걸그룹 커버 댄스 영상도 그런 느낌을 주는 경우가 많다. 디바의 이미지를 소비한다는 것은 스스로 디바가 됨으로써 젠더에 균열을 내는 행위도 되는 것이다.

여기에 더해, 2.5세대 일부를 포함한 3세대 아이돌부터는 이들이 게이 디바 페르소나로 소비되는 데 점점 더 중요한 비중을 차지해가는 요소가 있다. 바로 '퀴어하게 해석할 수 있느냐'다. 앞서 말했던 서구 팝 디바들로부터 차용한 페르소나는 퀴어하게 해석할 여지가 없는 경우가 많았다. 하지만 레이디 가가 이후 서구권 팝 가수들의 행보나 케이팝에서의 페르소나는 '이 노래, 무대, 의상, 뮤직비디오가 퀴어하게 해석할 여지가 있는가'에 따라 퀴어들 사이에서 회자되는 빈도나 흥행의 여지가 매우 다르게 나타난다. f(x)의 〈NU ABO〉에 서 엠버가 부른 "나 어떡해요 언니. I'm in the trance"라는 가사는 지금도 의견이 분분한 중의적인 가사이지만 많은 퀴어들이 논바이너리적인 가사라고 생각하고 있다.[5] 엠버의 〈Boders〉처럼 커밍아웃을 암시하는 노래도 있으며, 츄의 〈Heart Attack〉 뮤직비디오처럼 대놓고 여성 간의 사랑을 보여주기도 한다. 청하의 〈Stay Tonight〉의 남자 댄서들은 '커밍아웃'이라는 댄서 크루로, 이 멤버들 모두가 커밍아웃한 게이들로 구성되어 있다. 눈에 보이는 비주얼과 여성혐오적 틀에서 벗어나지 못한 페르소나 소비에서 점점 '퀴어'한 페르소나를 발굴해서 새로운 페르소나를 만들어내고 있는 것이다.

남자애가 계집애 같은 게 어때서

아이돌 산업이라는 것 자체가 성별이분법적으로 구조화되어 있으며, 시각적인 부분에 많이 의존하고 있기 때문에 아이돌의 비주얼은 페르소나의 큰 영역을 차지하고 있다. 그리고 눈에 보이기 쉬운 것은 스테레오 타입을 따르게 마련이라, 고정적 성역할의 이미지를 띠게 된다. 하지만 비주얼과 맥락은 분리해서 소비할 수 있다. 걸그룹 서바이벌 프로그램 〈컴백 전쟁: 퀸덤〉의 〈너나 해〉 무대에서 AOA가 슈트를 입고 나온 모습은 기존 여성상을 깨부숨과 동시에 '알파우먼'으로서의 이미지를 강화하는 요소 두 가지 모두로 받아들일 수 있으며, 3D 애니메이션 같은 이미지의 걸그룹 여자친구는 '소녀소녀'한 모습이지만 안무나 노래에서 박력감을 선사함으로써 성별이분법을 균열내는 방법으로 퀴어 페르소나로 해석할 수 있는 여지를 만들어낸다.

게이 디바 소비에서 주목할 만한 면은 '남성이 여성스럽게 행동하는 것'을 본인의 페르소나로 취해 '남성이 여성스럽게 행동한다'는 것을 당당하게 자신의 것으로 가져와 젠더균열을 일으키는 방식으로 소비하고 있다는 점이다. 성별이분법과 여성혐오가 주류가 된 사회에서 '남자애가 계집애처럼 행동한다'는 것은 언제나 남성에게 모욕이 되는 말이었으나, 게이 디바 소비는 '내가 계집애 같은 게 어때서?'라는 구호를 던지기 때문이다. 게이 디바를 소비하는 방식이 결국 '여성에게 덧씌워진 이미지'를 소비한다는 점에서 여성혐오적인 서사를 재생산하고 있을 수는 있으나, 사실 여성에게 덧씌워진 이미지를 소비함으로써 게이들이 스스로를 디바화하는 것과 아이돌 산업의 외모 지상주의, 성상품화와 연결되어 있는 여성혐오는 교집합을 그리고 있다. 아이돌 산업이 남녀 성별이분법을 계속해서 가져가고, 비주얼적으로 남녀를 구분하는 모습을 지속적으로 보여주는 한 말이다.

하지만 그 속에서도 수많은 케이팝 아이돌을 통해 게이들은 '디바되기'를 멈추지 않을 것이다. 그것을 소비하는 양상은 한동안 균일한 모습을 보일 수도 있지만, 적어도 근 10년간 지켜본 케이팝에서의 디바 소비는 잔잔한 변화를 이루면서 전진해왔기 때문에 언젠가 '디바라는 점에서 소비한다'는 한계를 지나 다음 단계로 진척할 날이 올 것이라고 본다.

주

1   이 글은 게이 클럽 씬과 트위터에서 나타나는 아이돌 팬덤, 게이 팬들의 양태
    를 관찰한 경험에서 쓰였고, 따라서 국내 게이 씬에서 '게이 디바'가 어떻게 소
    비되고 있는지만을 보았다. 지금 케이팝의 지형과 퀴어들이 케이팝을 소비하
    는 행보는 더 다양한 시각으로 분석할 수 있을 것이다. 다만 나의 정체성은 시
    스젠더 게이이고, 경험에 의거한 신뢰성을 확보하기 위해 내가 가장 오래 경
    험하고 장시간 관찰할 수 있었던 클럽 씬, 아이돌 팬덤만을 다루었기에, 이 글
    이 게이 디바를 해석하는 지점은 한정적일 수밖에 없다.

2   https://en.wikipedia.org/wiki/Gay_icon.

3   LGBT 씬에서 큰 영향을 끼치고 오랫동안 사랑받는 곡들을 말한다. "주로 디
    바 가수들의 노래인 경우가 많으며, 자신에게 당당하고 틀에 박힌 사랑을 초
    월하며, 범세계적인 인류애를 지향하자는 내용의 메세지를 담은 노래인 경우
    가 많다"라는 정의도 있다. https://namu.wiki/w/%EA%B2%8C%EC%
    9D%B4/%EB%AC%B8%ED%99%94#s-2.5.

4   https://en.wikipedia.org/wiki/Gay_anthem.

5   최지은, 〈엠버가 경계를 넘어 말해온 것〉, 《ize》, 2016년 4월 4일 자, https://
    www.ize.co.kr/articleView.html?no=2016040311477233867 참조.

참고 문헌

나무위키, "게이 앤썸", https://namu.wiki/w/%EA%B2%8C%EC%9D%B4/
    %EB%AC%B8%ED%99%94#s-2.5.

최지은, 〈엠버가 경계를 넘어 말해온 것〉, 《ize》, 2016년 4월 4일 자, https://
    www.ize.co.kr/articleView.html?no=2016040311477233867.

Wikipedia, "Gay icon", https://en.wikipedia.org/wiki/Gay_icon.

queer
idol/
×ogy

3장

'남성 아이돌을 사랑하는 레즈비언'을 위한 변론:

레즈비언 커뮤니티 안에서 경계받는, '지극히 레즈비언적인' 욕망에 대하여

권지미

'그런' 레즈비언들

남성 아이돌의 팬은 흔히 미디어를 통해 시스젠더 헤테로 여성으로 묘사된다. 하지만 "오빠"를 외치며 남성 아이돌에게 이성애적인 강렬한 감정을 쏟아내는 시스젠더 헤테로 여자들만이 정말로 '남성 아이돌 팬'의 전부일까? 실제로 남성 아이돌의 팬덤에 들어가보면 (어떤 남성 아이돌인지에 따라 많고 적음의 차이는 존재하지만) 어떤 남성 아이돌의 팬덤이든 퀴어들은 있으며, 레즈비언도 많다. 이 이야기를 하면 도저히 이해하지 못하는 사람들도 많을 것이다. "아니, 왜 레즈비언이 '남자'를 좋아해? 레즈비언은 여자를 좋아해야지! '남자'를 좋아하면 레즈비언이 아니지!" 어떤 사람은 무척 흥분하면서, 남성 아이돌을 좋아하는 레즈비언은 '가짜'이며, '패션 레즈비언'이고, '팬픽이반'일 뿐이라고 주장하기도 한다.

하지만 일단, 진정하고 천천히 생각해보자. 많은 게이 남성들이 여성 아이돌을 사랑하고, 여성 아이돌이 되고 싶어하고, 여성 아이돌의 춤을 추며, 여성 아이돌의 콘서트에 가곤 한다는 것은 잘 알려진 사실이다. 게이 남성들은 여성 아이돌을 사랑한다고 해서 누구에게도 "여자 아이돌을 좋아하다니 게이가 아니야!"라는 비난을 듣지 않는다. 오히려 "너는 정말 게이답구나"라는 반응을 들을 확률이 더 높다. 그런데 왜 남성 아이돌을 사랑하고, 남성 아이돌이 되고 싶어하고, 남성 아이돌 팬덤에 속해 남성 아이돌의 콘서트에 가서 응원봉을 흔드는 레즈비언 여성들은 레즈비언답지 않다며 그들의 레즈비언 정체성을 부정당하는 말을 듣는 것일까? 나는, 비난받고 부정당하는 그런 레즈비언들을 위해 글을 쓰고 싶었다.

'남성 아이돌을 사랑하는 레즈비언'의 존재: 2016~2020년 NCT 팬덤을 중심으로

일단, 한국 땅에서 '남성 아이돌을 사랑하는 레즈비언'이 존재해온 역사에 대해서 간략하게 이야기하고 시작하자. 1990년대 말부터 2000년대 초반까지, 케이팝 남성 아이돌 그룹의 '시조새' 격인 그룹 H.O.T.의 데뷔 이후 H.O.T.의 팬 중 많은 10대 여성 청소년들 사이에서 H.O.T.의 멤버들처럼 힙합바지를 입고 쇼트커트를 하고, H.O.T. 멤버 간의 동성애를 주제로 한 팬픽션을 창작하고 소비하며, 스스로도 그러한 팬픽션과 유사한 동성애적 실천을 하는 것이 유행하기 시작했다. 꼭 H.O.T.의 팬들뿐 아니라 당시 활동하던 다른 남성 아이돌인 젝스키스나 신화, god의 팬들도 비슷했다. 이러한 유행을 따르는 자들은 (그들이 레즈비언이나 동성애자 등의 퀴어 용어로 스스로의 성정체성을 정의 내렸는지 여부와 상관없이) '팬픽이반'으로 불렸다. 팬픽이반들은 기이한 현상 속의 센세이션한 존재들로 여겨져 사회적으로 이슈가 되었고, 당시 뉴스나 〈그것이 알고 싶다〉 같은 TV 르포 프로그램에서도 팬픽이반을 다루었다.[1] 많은 사람들이 팬픽이반을 그저 불안정한 성장 과정 속에서 한때 일어날 수도 있는 여성 청소년들의 일탈, 탈선 현상 정도로 여겼고, 따라서 괴상한

유행에 빠진 그들을 어서 빨리 바로잡아, 올바르고 건전한 이성
애자 여성이 될 수 있도록 계도해야 한다고 생각했다. 그 때문
에 일선의 중·고등학교에서는 교사들이 팬픽이반으로 의심되
는 학생들을 단속해 머리가 짧은 여학생들에게 벌점을 주거나
모욕을 주기도 하는 등 그들을 탄압하는 분위기를 형성했고,[2]
그러한 분위기 속에서 '팬픽이반'은 모멸감을 느끼는 멸칭이 되
었다.

이렇게 팬픽이반이 주류문화 안에서 탄압받는 와중에, 기
존의 레즈비언 커뮤니티도 팬픽이반에 선을 그었다. 당시 레즈
비언 커뮤니티는 갑자기 나타난 (것처럼 보이는) 그러한 10대 여
성 청소년들을 두고 그들이 '진짜 레즈비언'이 아니며, 남자 아
이돌을 동성애자로 그린 팬픽을 보고 흉내를 낼 뿐인 '가짜들'
이고, 그렇지 않은 이들이 '진정한 레즈비언'이라고 여기는 정
서를 공유하며 팬픽이반을 혐오했다.[3] 그렇기에 레즈비언 커뮤
니티 내에서는 때때로 남성 아이돌을 좋아한다고 대놓고 이야
기하기가 쉽지 않았으며, 그런 분위기가 당연시되다보니 팬픽
이반으로 불리던 당사자들이 몸을 사리게 되었다. 복합적인 사
회적 탄압 속에서 팬픽이반을 자처하는 이들도, 팬픽이반 느낌
을 '티 내는' 이들도 점점 사라져갔고, 이에 따라 팬픽이반에 대
한 사회적 관심도 서서히 사그러들어 2000년대 중·후반 무렵
팬픽이반은 이미 거의 유행이 지난 단어가 되어 있었다.[4]

하지만 자처하거나 티 내지 않았을 뿐, H.O.T. 이후에 데
뷔한 모든 케이팝 남성 아이돌 그룹에는 여전히 레즈비언 팬들

이 있었다. 그들은 좋아하는 남성 아이돌의 콘텐츠를 즐기고, 스스로 팬픽션 같은 콘텐츠를 창작하거나 소비하기도 하며 팬덤 안과 밖에서 다양한 활동을 해왔다. 세상에는 수많은 케이팝 남성 아이돌 그룹들이 존재하지만, H.O.T.로 일단 시작했으니 H.O.T.의 직계 후손 격인 SM엔터테인먼트의 남성 아이돌들을 중심으로 이야기하자면, 신화, 동방신기, 슈퍼주니어, 샤이니, 엑소 등의 남성 아이돌 그룹 모두 대대로 레즈비언 팬들이 많았다. 하지만 팬픽이반에 대한 경계와 혐오 때문에, 팬덤 내에서든 레즈비언 커뮤니티 내에서든 자신이 '남성 아이돌을 사랑하는 레즈비언'이라고 대놓고 밝히는 사람은 드문 편이었다. '친해지면 그제야 서로 털어놓을 수도 있는 이야기' 정도로 여겼달까. 레즈비언 커뮤니티에서 친해진 지인이 "나 사실 엑소 좋아해"라고 밝히거나, 팬덤에서 친해진 지인이 "사실 나 레즈야"라고 밝히는 것은 용인되었지만, 거기까지가 한계인 것으로 느껴졌다.

그러다가 2016~2017년경, H.O.T.의 아주 먼 후손 격 남성 아이돌 그룹인 NCT가 등장하고 나서, 이러한 분위기를 살짝 흩트리는 현상들이 등장했다. 트위터를 중심으로 활동하는 NCT의 팬덤 중 일부 그룹이, 자기 자신을 레즈비언 혹은 여성 퀴어, 비남성 퀴어 등으로 정체화하며 동시에 '남성 아이돌을 사랑하는 레즈비언'임을 긍정하는 흐름이 생겨난 것이다. 이들은 서울퀴어문화축제, 대구퀴어문화축제, 전주퀴어문화축제, 부산퀴어문화축제 등과 같은 전국의 여러 퀴어문화축제

<자료 1> 2018년 서울퀴어문화축제, 대구퀴어문화축제 팸플릿에 실린 NCT 사진 광고 중 일부. 'NCT QUEER'라는 이름 아래 자체적으로 구성된 팬덤 내 퀴어들이 자발적으로 후원금을 모금해 완성했다.

에 NCT의 응원봉을 들고 퍼레이드에 참여했다. 심지어 2018년에는 'NCT QUEER'라는 이름으로 퀴어팬덤 트위터 계정(@NCTsmtown_QUEER)을 만들고, 약 350만 원 상당의 후원금을 모금해 서울과 대구 등의 퀴어문화축제위원회에 후원금을 전달했으며, 해당 퀴어문화축제의 팸플릿에 NCT의 사진 광고를 싣기도 했다.

NCT QUEER가 퀴어문화축제에 후원을 한 최초의 팬덤은 아니다. 케이팝 팬덤 중 최초로 서울퀴어문화축제에 후원을 한 팬덤은 2017년 여성 아이돌 그룹 마마무의 퀴어팬덤인 '무지개무무', 그리고 가수 이선희의 퀴어팬덤인 '무지개홍당무'였다. 그렇지만 케이팝 '남성 아이돌' 팬덤 중에서 퀴어문화축제에 후원을 하기로 한 퀴어팬덤은 NCT QUEER가 최초다.[5] 퀴어팬덤임을 내세운 여러 계정들은 퀴어혐오적인 팬덤 내 사람들에게 사이버불링을 당하는 등의 크고 작은 수모를 모두 겪는 편이었는데, NCT QUEER의 경우 그룹명인 NCT를 그대로 퀴어팬덤 이름에 가져다 붙였다는 사실 등을 빌미로 더 큰 괴롭힘을 당한 편이었다.[6] 그렇지만 사실 이름 문제는 구차한 핑계일 뿐,[7] 실제로 NCT QUEER가 사이버불링을 당한 것은 '시스젠더 헤테로 여성으로만 구성되어야 하는 남자 아이돌 팬덤'이 사실은 그렇게 구성되어 있지 않으며, 이 팬덤에는 퀴어들, 레즈비언들, 아무튼 '시스젠더 헤테로 여성이라는 이름에 어떤 방식으로든 속하지 않는 자'들이 무수히 많다는 불편한 사실을 드러냈기 때문이다. 자신이 속한 그룹(남성 아이돌 팬덤)에서 자신이 다수자가 아닐 수도 있다는 것을 난생 처음 깨달은 듯한 시스젠더 헤테로 비퀴어 여성으로 추정되는 팬덤 내부의 어떤 이들은 굉장한 불만을 나타냈다. 그들은 적극적으로 NCT QUEER에 대한 혐오감을 수많은 트윗, 직접적인 멘션, 다이렉트 메시지 등으로 드러냈으나, 사실 그러한 움직임은 NCT QUEER의 활동에 별다른 영향을 미치지 못했다.[8]

트위터 내 퀴어들, NCT의 팬덤에 속한 이들, 전혀 상관없는 외부인들 중에서는 "어쩌다가 이렇게 NCT 팬덤에 퀴어들, 특히 레즈비언들이 많이 꼬이게 된 거지?"라고 궁금증을 드러내는 사람들이 많았다. 정말 어쩌다가 NCT 팬덤에 레즈비언을 비롯한 퀴어들이 많이 모여들게 된 것일까? 그리고 그들은 왜 자신들을 드러내게 되었을까? 나 또한 궁금했다. 왜 팬픽이반, 혹은 남성 아이돌을 모방하거나 사랑하는 것을 공공연히 드러내는 레즈비언 문화는 H.O.T. 이후 긴 공백을 거쳐, NCT 팬덤의 일부에 등장한 것일까?

이것은 소속 기획사인 SM엔터테인먼트에서 NCT를 마치 H.O.T.의 직계 후손인 양 굴리기 때문인 것도 있겠지만[9] 이러한 이들의 등장은 퀴어로서의 자긍심이 더욱 뚜렷해진 시대적 흐름에 힘입은 점이 크다고 볼 수 있다. 팬픽이반이라는 현상이 너무나도 강력하게 가시화되고 난 뒤, 그 흐름 직후의 레즈비언 혹은 여성 퀴어들은 거의 반드시 '일틱', 즉 '일반인 같아 보이는', 그러니까 레즈비언이나 퀴어 같지 않은 이들처럼 보여야만 했다. 그것이 그 사회의 구성원으로서의 예의이자 매너였다. 그리고 이런 모습은 스스로의 정체성을 부끄러워하고 수치스러워하는 동성애혐오가 뼛속 깊이 내재화되어 있는 현재의 레즈비언 커뮤니티도 거의 마찬가지라고 생각한다.

그러나 2017년부터 2018년까지, NCT 팬덤 내 레즈비언-퀴어 그룹이 최고로 활성화되었던 시기에는 그러한 수치심이 조금은 줄어들고 있었다. 이미 '페미니즘 리부트'가 일어난 뒤였고, 트위터상에서는 교차성 페미니즘과 퀴어 이론 등의 이슈를 가져오는 사람들도 꽤 있었다. 이런 분위기 속에서 적어도 트위터 속의 레즈비언 및 여성 퀴어들은 그 전과 비교했을 때 조금이나마 자긍심이 생겼고, 롤모델을 찾는 것에 부끄러움이 덜해졌고, 자신들을 드러내는 것을 수치스럽게 여기지 않게 되었던 것이다. 이러한 흐름에 적절하게 NCT가 근사한 이미지(퀴어한 것으로도 해석할 수 있는 것들)를 들고 활동을 시작했고, 어쩌다보니 NCT라는 그룹 운영 초기의 전체적인 분위기도 퀴어들이 자신을 투영해서 바라보기 쉬운, 중성적이거나 무성적인 느낌이었던 탓에 퀴어 인플루언서(트위터에서 재미있게 말을 잘해 팔로워가 많은 이)들이 하나둘 NCT의 팬 활동을 하게 되면서, 여러 가지로 참 운이 좋게도 (혹은 나쁘게도?) NCT는 점차적으로 퀴어들, 레즈비언들의 공공연한 사랑을 받는 남성 아이돌 그룹이 되었다.

어떤 이들은 NCT를 좋아하는 레즈비언들이 그저 1990년대 말~2000년대 초·중반의 H.O.T. 팬덤 속 '팬픽이반'의 재림일 뿐이라고 말하기도 했다. 나는 그런 말이 참 흥미롭다고 생각했다. 팬픽이반이라는 '멸칭'을 사용해 NCT 팬덤의 퀴어들을 모욕하려는 말이지만, 정말로 맞는 말이었기 때문이었다. NCT를 좋아하는 레즈비언들은 NCT 중 비교적 더 중성적이고 무성적인 느낌 혹은 여성적인 느낌을 주는 몇 멤버들을 레즈비언 부치 등으로 해석하면서 일명 '부치 착즙'을 하곤 했는데, 그들도 분명 그 멤버들이 사회적으로 남성임을 잘 알고 있었지만 레즈비언으로서 자신의 욕망을 투영해 그렇게 사랑하는 것이었다. 가상적 이미지를 사랑하고, 소비하며 위안받는 것. 이는 1990년대 팬픽이반들의 모습과도 굉장히 유사했다.

"댓글 중에 '당시 신촌에 문희준 머리를 한 가짜 레즈비언들이 많았다'고 써 있는데 저도 그들 중 하나였을 거예요. 물론 저는 제가 가짜 레즈비언이라고 생각하지 않지만 :) 팬픽 쓰고 팬아트 그리는 아이들과 함께 몰려 다녔고, 문희준 머리를 하진 않았지만 아이야 때 장우혁 머리는 했어요. 미장원에 가서 장우혁 사진을 내밀며 이대로 잘라달라 했죠.

[중략]

+ 당시 팬덤의 분위기도 꽤 묘했던 것 같아요. 장우혁은 일반인들에게 멤버 중 가장 남성적인 이미지로 남아있는 듯 했지만 제가 있던 팬덤에서는 장우혁의 여성적인 면들을 찾아내어 그에 열광했거든요. 그를 비유하는 단어들은 죄다 극히 여성적인 수식어들. 팬들이 만들어낸 장우혁의 상은 묘하게 퇴폐적이고 퀴어적인 분위기."[10]

이 글은 2009년에 어느 인터넷 게시판에 작성된 글의 일부로, 1990년대 말~2000년대 초반 당시의 H.O.T. 팬덤 내에서 흔히 팬픽이반이라고 불리던 이들이 어떻게 H.O.T.를 소비했는지 잘 알려주는 글이다. 그런데 2021년을 살아가는 나는, 20년도 전에 "장우혁의 여성적인 면들을 찾아내어 그에 열광했"으며, "그를 비유하는 단어들은 죄다 극히 여성적인 수식어들. 팬들이 만들어낸 장우혁의 상은 묘하게 퇴폐적이고 퀴어적인 분위기"였다고 증언하는 이 글이, 2016~2020년(그렇지만 주로 2018년도의 자료가 많다)의 NCT 팬덤의 레즈비언, 퀴어들이 썼던 글들과 연결되는 지점이 있다는 사실을 깨닫고 무척 흥미로움을 느꼈다.

　　NCT 팬덤의 레즈비언, 퀴어 들은 주로 트위터를 통해 NCT를 레즈비언 '부치' 혹은 '펨'으로 읽으며 좋아한다. 여기서 제시한 트윗들은 아주 일부일 뿐이며, 실제로 트위터 세상에는 수많은 유사한 글들, 일명 '부치 착즙'적인 글들이 넘쳐난다. '부치 착즙'은 분명 어떤 존재에게서 부치스러움, 부치니스, 여성의 남성성 등을 읽고 그것을 즐기는 행위를 말하는데, 케이팝 '남성' 아이돌에게서 부치니스를 읽는 행위를 '남성'에게서 '여성의 남성성'을 '착즙'하는 것이라고 생각하고 이를 기묘하게 느끼거나 혐오감을 드러내는 사람들도 많다. 그렇지만 그들의 반응이 어떠하든, '부치 착즙러'들은 트위터와 같은 모두에게 열려 있는 SNS를 넘어, 심지어 레즈비언 여성만 사용할 수 있는 모바일 애플리케이션인 '탑엘'에서도 NCT의 부치니스를 이야기한다(〈자료 2〉~〈자료 7〉).

　　참고로 탑엘은 가입 시 지정성별이 여성임을 인증하는 시스템을 가지고 있으며, '지정성별이 여성인 시스젠더 레즈비언'이 아닌 이용자를 배척하는 경향이 매우 강하다. 다시 말해, 저런 글을 올리면 좋지 못한 소리를 들을 것이 뻔한 공간이라는 것이다. 그렇게 극도로 '여성 중심적'인 배타적 커뮤니티에서도 남성 아이돌에 대한 이러한 기묘한 애정을 드러내며 그들의 레즈비언적 면모를 '착즙'하는 모습을 보면, 이러한 행동을 하는 일부 레즈비언들의 열정이 정말 대단하다고 느끼게 된다. 이러

ㅋㅋ■부치 진짜 라리에서 담배줄창
피는 걔 하면 아~~ 할거갓음
2018. 5. 17. 오전 2:00

〈자료 2〉 NCT의 멤버 중 하나인 M(익명)을 '부치'로 부르며 서울 홍대 인근에 실존하는 레즈비언 전용 클럽인 라브리스(약칭 '라리')에서 만날 것 같다고 표현하는 트윗.

여성애자로서 당신의 식은?
많은 투표 부탁드립니다

| ■■부치 |
| ■■부치 |
| ■■부치 |
| ■■펨 |

8표 · 23시간 15분 남음

〈자료 3〉 NCT 멤버 중 일부 멤버들의 이름에 '부치', '펨(펨)' 등 레즈비언 커뮤니티에서 통용되는 정체성 이름을 붙인 후, 여성애자로서 누가 제일 '식(이상형)'인지 투표하는 트윗.

■■부치.. 저의 완완식
2018. 5. 17. 오전 1:47

〈자료 4〉 NCT 멤버 중 C(익명)의 이름 뒤에 레즈비언 정체성인 '부치'를 덧붙이고 '완완식(완벽한 이상형)'이라는 퀴어 용어를 통해 그에 대한 감정을 표현하고 있는 트윗.

■■ 모지 오늘 레즈친구 만나서 엔시티
보여줬따 다 노관심이엇는데 ■■
보여주니까
좋댐ㅋㅋㅋㅋㅋㅋㅋㅋㅋㅋㅌㅌㅋㅋ
ㅌㅋㅋㅌㅋㅋㅋㅋㅋㅋㅋㅋㅋㅋ
ㅋㅋㅋㅋㅋㅋㅋㅋ 레즈 캣닢
■■ㅋㅋㅋㅋㅋㅋㅋㅋㅋㅋㅋㅋ
ㅋㅋㅋㅋㅋㅋㅋㅋㅋㅋ
2018. 5. 22. 오전 12:17

〈자료 5〉 NCT멤버 중 하나인 J(익명)가 '레즈 친구'에게 인기라고 말하며, '레즈 캣닢'[11]이라는 표현을 쓰는 트윗.

와...ㅋㅋㅋㅋㅋ 와 진짜 엠셔에만
몇가지st의 부치가 있는 거임
2018. 5. 22. 오전 12:51

〈자료 6〉 '엠셔'는 NCT의 '써방명', 즉 '서치 방지 이름'이다.[12] NCT에 레즈비언 부치 스타일이 많다는 트윗.

[경기/18]
나 얼굴은 ■■ 성격은 ■■ 다정함은 ■■급인
짬뽕레즈야 더 바라는거 없고 ■■레즈 좋아

〈자료 7〉 NCT 멤버 중 몇 명의 이름을 직접 언급하며 자신은 그들과 같은 타입의 레즈비언이며, 자신도 또한 NCT 멤버 같은 파트너를 만나기를 원한다는 내용이 담긴 탑엘 게시물.

한 열정이 지나쳤는지, 탑엘 내부에서는 한때 'NCT를 안 좋아하는 사람을 찾는다'는 글들이 올라오기도 했고, 작작 좀 하라는 식의 글들 또한 자주 올라왔다.[13] 그러나 이러한 탑엘 내 반발 등은 역설적으로, 당시 탑엘에서 NCT를 좋아하는 것을 드러내는 글이 그만큼 많았다는 증거이기도 했다.

어째서 어떤 레즈비언들은 이런 방식으로 남성 아이돌을 사랑하는 걸까?

'그럼에도 불구하고' 또는 '그렇기 때문에' 남성 아이돌을 사랑하게 된 레즈비언

게일 루빈은 그의 저서 《일탈》에서 이렇게 말했다.

"부치-부치 에로티시즘은 부치-펨 섹슈얼리티보다 기록이 훨씬 적고, 레즈비언들이 늘 그것을 인식하거나 이해해온 것도 아니다. 그런 관계가 흔하지 않은 것은 아니지만, 레즈비언 문화에는 그런 관계와 관련된 모델이 드물다. 다른 부치를 욕망하는 많은 부치는 게이 남성 문학과 행위를 이미지와 언어의 원천으로 보아왔다. 부치-부치 섹스의 성애적 공학은 때때로 서로 다른 종류의 남성들 사이의 성적 관계를 위한 많은 견본을 발전시켜온 게이 남성의 것과 닮아 있다. 게이 남성은 또한 성적 만남에서 수동적이거나 종속적이지만 자신의 남성성을 유지하는 남성들을 위한 역할 모델을 갖고 있다. 많은 부치-부치 커플은 자신들

을 서로에게 남성 동성애 섹스를 하는 여성들로 생각한다."¹⁴

이 글은 1990년대 말 H.O.T.와 같은 남성 아이돌을 사랑했던 팬픽이반들과, 2016~2020년에 NCT와 같은 남성 아이돌을 사랑했던 레즈비언들의 심리를 파악하는 데 큰 도움을 주리라 생각한다. 어떤 레즈비언은 전혀 공감하지 못하겠지만, 레즈비언 가운데 '부치'를 사랑하는 사람들이 많다. 여기서 '부치'란, 아주 단순하게 이야기하자면 "남성적인 특징을 지닌 레즈비언"이다.¹⁵ 그렇지만 이것은 너무 단순화한 말이다. '남성적'이라고 할 때 여기에는 서로 다른, 매우 다양한 방식이 존재하고, 남자들이 무수히 많은 다채로운 문화적 약호들로 자신의 남성성을 표현하는 것처럼 여자들도 마찬가지로 다양한 표현 양식으로 자신의 남성성을 표현할 수 있기 때문이다. 하지만 다양한 방식의 부치가 어떻게 가능한지, 어떤 여성들이 그러한 다양한 방식의 부치를 욕망하고 소비할 수 있는지를 생각해보면 게일 루빈이 말한 것처럼 그 롤모델이 턱없이 부족하다. 그 때문에 어떤 레즈비언들은 게이, 혹은 게이 같은 남성들을 자신의 롤모델로 삼게 되는데, 케이팝 남성 아이돌은 대부분 게이나 퀴어 같은 이미지들을 가지고 있기에 그러한 롤모델을 하기에 너무나도 적절하다.

어떤 사람은 이렇게 생각할 수도 있다. 그 남성 아이돌들은 대부분 본인을 남성으로 인식하고 정체화하고 있는데, 외적인 요소가 게이 같거나 퀴어하다는 이유로 레즈비언의 롤모델이 되어서 '부치'로 캐릭터 해석까지 되는 것은 너무 과하지 않은가? 외적인 요소로 사람을 이렇게 함부로 판단하고 이용해도 되는가? 비하와 모욕의 의미로 게이나 퀴어 같다고 하는 것과 여성 퀴어 혹은 비남성 퀴어인 사람들이 자신, 그리고 자신의 주변 이들과 닮은 점을 발견하고 동질감에 반가워하며 게이나 퀴어 같다고 하는 것은 둘 다 결국 외적 요소로 당사자의 생각과 다르게 자기 마음대로 캐릭터 해석을 하는 것이라고 볼 수도 있지만, 양자는 무척 다르다. 그리고 '아이돌 본인의 생각이 어떠하든 아이돌의 외적 요소로 그 캐릭터를 마음대로 해석하기'는 아이돌 덕질을 할 때 어느 정도 피할 수 없는 것이다. 아이돌 덕질뿐만 아니라 모든 인간관계는 사실 '외적인 요소로 남을 파악해서 캐릭터를 해석하는 것'을 어느 정도 기반으로 삼고 있지 않은가.

애초에 타인을 온전히 이해하는 것은 불가능하다. 타인을 이해하려고 노력은 할 수 있지만, 결국 제멋대로 타인을 이해했다고 생각하고 믿어버리는 것일 뿐, 당사자의 생각은 또 다를 수 있다. 타인을 판단하고 해석하는 데 외적 요소가 영향을 주는 것은 어쩔 수 없으니, 그 판단의 근거가 무엇인지가 중요하지 않을까. 비하와 모욕의 의미로 게이나 퀴어 같다는 말을 하는 이들은 마르고 예쁘장한 남자아이는 진정한 '남자'가 될 수 없다는 식의 허접한 남성성 신화 따위에 근거해 말하는 것이지만, 어떤 여성 퀴어 혹은 비남성 퀴어인 사람들은 동질감에 근거한 판단을 하는 것이다. 자신과 같은 것, 자신이 바라왔던 것을 목격한 사람이 환호하는 것은 그렇지 않는 사람이 단순히 야유하는 것과는 전혀 다른 것이며 똑같이 시끄러운 것일지라도 훨씬 변명거리가 많은 것이다.

《일다》에 후조시 문화연구기획을 연재했던 퀴어문예창작집단 '물체주머니'는, "남성성을 가지고 노는 것은 레즈비언 실천"이라고 한 적이 있다.[16] 나는 그 말에 깊이 동의한다. 케이팝 남성 아이돌의 남성성, 퀴어함, 게이 같은 모습, 부치니스 등을 가지고 노는 것은 레즈비언 실천이다. 게이가 케이팝 여성 아이돌의 여성성, 디바니스 등을 가지고 노는 것이 게이다운 것과 결국 마찬가지다. 퀴어한 남성 아이돌이 젠더 경계를 흐리는 실천을 할 때, 그것은 레즈비언 부치와 펨이 기존의 젠더 경계를 흐리는 실천을 하는 것과 상당히 유사하며, 이러한 유사성을 가지고 노는 것은 '퀴어함'이라는 큰 틀 안에서 우리를 연대하게 할 수 있는 가능성이 될 수 있다.

그들의 욕망은 경계받는다

그러나 이러한 '레즈비언 실천'은 많은 이들에게 비판받는다. 케이팝 남성 아이돌을 좋아하는 레즈비언에 대한 적의를 드러내는 것은 동성애혐오자뿐만이 아니다. 종종 레즈비언 당사자인 사람들도 동성애혐오와 별개로, 강렬한 적의를 드러내곤 한다. 아니, 레즈비언 당사자인 사람들 가운데 케이팝 남성 아이돌을 좋아하는 레즈비언에 대한 증오심을 드러내는 사람이 더 많은 것도 같다. 과거의 '팬픽이반'에 대한 당시 레즈비언 커뮤니티의 반응이 떠오르는 지점이다. 그들이 '진짜 레즈비언'이 아니며, 남자 아이돌을 동성애자로 그린 팬픽을 보고 흉내를 낼 뿐인 '가짜들'이고, 그렇지 않은 이들이 '진정한 레즈비언'이라고 여기는 정서였던 것과 마찬가지로, 2020년 트위터상의 레즈비언 중에서도 NCT 등의 남성 아이돌을 좋아하는 레즈비언이 진짜 레즈비언이 아니라고 주장하는 사람들이 많았다. 이는 레즈비언 커뮤니티 내에서 유구하게 반복해온 진정성, 순수성 추구의 역사와 맞닿아 있다. 내 생각에 레즈비언들은 '한때', '버려짐'에 대한 공통의 트라우마가 있다. 여성 동성애는 청소년 시기에 '한때' 잠깐하고 말 것이라는 말을 다들 너무 많이 해왔고, 실제로 레즈비언이라면 여성 동성애를 잠깐했다가 자신을 '버리고 간' 누군가를 경험했던 일이 어떤 방식으로든 흔히 있게 마련이다. 그래서 그런 공통의 트라우마를 가진 레즈비언들이 자신은 그렇게 '한때' 잠깐하고 마는 레즈비언이 아니며 너도 아니어야 한다며 진정성에 집착하는 것처럼 보인다. 진정성 있는 레즈비언은 철저하게 여성만 좋아해야 하고, 여성성을 숭배해야 하고, 여자만 중요시해야 하고…… 이래야만 그들의 진정성 테스트에 통과한 후 '가짜 레즈비언'이 아닌 '진짜 레즈비언', '찐레즈'가 된다는 것이다.

이들의 트라우마적인 진정성 집착은 '우월한 남성성'에 대한 두려움과 경계심 때문이기도 하다. 여성성보다 남성성은 무조건 우월하며, 여성성과 남성성 모두 좋아하는 존재들은 결국은 더 우월한 것, 즉 남성성을 더 좋아할 것이고, 결국에는 남성을 좋아하고 말 것이라는 두려움이다. 하지만 당연하게도, 남성성은 여성성보다 우월하지 않다. 그리고 레즈비언이 좋아하는 '남성성'은, '남성'과 연결되어 있지 않다. 앞서 말했듯 레즈비언이 좋아하는 케이팝 남성 아이돌의 남성성은 부치니스에 더 가깝다. 나는 부치니스가 '진짜 남성성'이 아닌 '가짜 남성성'이라는 이야기를 하고 싶은 것은 아니다. 부치는 '진짜 남자'가 아니라 '가짜 남자'일 뿐이라는, 유서 깊은 조롱을 하고 싶은 것도 전혀 아니다. 오히려 나는 남성에게만 '남성성'이 연결되고 발견될 수 있다고 생각하는 것에 반기를 들고, 여성에게도 얼마든지 '남성성'이 수월하게 연결될 수 있으며 발견될 수 있다고 주장하고 싶다. 잭 핼버스탬(Judith Jack Halberstam)이 《여성의 남성성》에서 말했듯, 남/여성성은 특정 젠더의 전유물이 아니며, 남성성은 남성의 전유물이 아니다.[17]

어떤 이들은 남성성을 열등하고 더러운 무언가로 취급하고 여성성을 신성시하며, 남성성을 가부장제 속에서 남성에게만 주어진 어떠한 형태의 '권력'으로만 생각한다. 이러한 이들은 여성에게서 나타나는 남성성을 부정한다. 많이 양보해서 어떠한 톰보이스러움, 부치니스 등이 여성에게서 나타난다는 것은 인정하는 사람도 부치니스 등과 남성성을 연결 짓는 것에 대해서는 거부감을 나타내며, 그것 또한 '여성'의 꾸밈이고 행동양식이니 '여성성'의 일부일 뿐이라는 주장을 하기도 한다. 하지만 이것은 내가 보기에는 너무 지정성별 중심적인 설명이며,

여성의 모든 것을 '여성성'과 연결 짓는 것은 부자연스럽다. '톰보이스러움' '부치니스' 등의 표현 양식을 내보이는 것은 '남성에 대한 선망을 담은 여성성'도 아니고 '가부장제에 부역행위를 하는 여성성'도 아니고 '여성이 저지르는 자기혐오적 여성성'도 아니다. 그냥 그것은, 여성의 남성성이다. 그리고 부치니스를 사랑하는 여성은, 그러한 여성의 남성성을 사랑하는 것이다. 여성이 '남성성'을 좋아하는 것을 '남성'을 좋아하는 것과 곧바로 연결 지을 수는 없다.

까놓고 말해서, 많은 부치들이 케이팝 남성 아이돌처럼 입고 꾸미고 행동하는데도 (당장 홍대에 있는 레즈비언 클럽, 레즈비언 바 등을 가보라) 많은 레즈비언이나 여성애자 여성 등은 부치니스와 남성성, 남성 아이돌을 연결 짓는 데 거부감과 혐오감을 표현한다. 하지만 그러한 거부감과 혐오감은 '여성의 남성성'을 배제하며 여성, 특히 레즈비언 여성의 다양한 욕망을 배제하는 것이다. 이러한 욕망의 배제는 여성혐오적, 퀴어혐오적 사회가 이미 여성의 욕망을 이리저리 배제하는 모습을 결국 비슷하게 따라 하는 것이다. 어떤 레즈비언들은 사회적으로 내재된 여성혐오, 퀴어혐오적 논리를 따라하며, '순수한 여성'을 찾는 여성혐오자들처럼 순수한 '찐레즈', 즉 남성성과 하나도 연결되어 있지 않은 순수한 레즈비언을 찾고 있다.

게일 루빈의 《일탈》에 제시된 도표들(〈그림 1〉, 〈그림 2〉)을 보자. 이 도표들은 게일 루빈이 성 위계질서를 설명하기 위해 그린 도표다. '좋은', 즉 평범하고 자연스럽고 건강하고 신성한

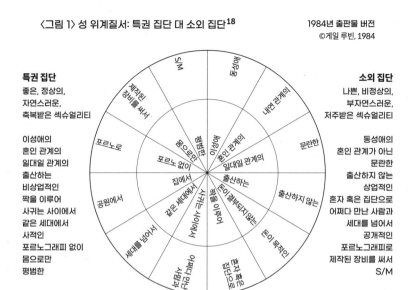

〈그림 1〉성 위계질서: 특권 집단 대 소외 집단[18]

1984년 출판물 버전
©게일 루빈, 1984

특권 집단
좋은, 정상의,
자연스러운,
축복받은 섹슈얼리티

이성애의
혼인 관계의
일대일 관계의
출산하는
비상업적인
짝을 이루어
사귀는 사이에서
같은 세대에서
사적인
포르노그래피 없이
몸으로만
평범한

소외 집단
나쁜, 비정상의,
부자연스러운,
저주받은 섹슈얼리티

동성애의
혼인 관계가 아닌
문란한
출산하지 않는
상업적인
혼자 혹은 집단으로
어쩌다 만난 사람과
세대를 넘어서
공개적인
포르노그래피로
제작된 장비를 써서
S/M

〈그림 2〉성 위계질서: 경계선 위치 설정을 둘러싼 투쟁[19]

1984년 출판물 버전
©게일 루빈, 1984

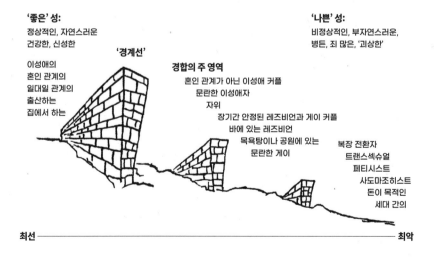

'좋은' 성:
정상적인, 자연스러운
건강한, 신성한

'경계선'

경합의 주 영역

'나쁜' 성:
비정상적인, 부자연스러운,
병든, 죄 많은, '괴상한'

이성애의
혼인 관계의
일대일 관계의
출산하는
집에서 하는

혼인 관계가 아닌 이성애 커플
문란한 이성애자
자위
장기간 안정된 레즈비언과 게이 커플
바에 있는 레즈비언
목욕탕이나 공원에 있는
문란한 게이

복장 전환자
트랜스섹슈얼
페티시스트
사도마조히스트
돈이 목적인
세대 간의

최선 ——————————————————————————— 최악

섹스들이 중심부에 있고, '나쁜', 즉 비정상적이고 부자연스럽고 불건강하고 죄 많은 섹스들일수록 중심부 멀리에 있다. 많은 사람들이 이 도표에서 더 '좋은' 안에 있을 사람을 찾으며, 이것은 레즈비언 당사자도 마찬가지다. 아니, 사실 어떤 레즈비언들은 시스젠더 이성애자들보다 더더욱 '좋은' 섹스를 하는 것, 즉 정상성에 집착한다. 이미 자신들은 이성애를 하지 않음으로써 정상성에서 한 번 탈락했으니, 다른 부분에서는 완벽하게 정상성을 모두 획득해 사회적으로 인정받고 싶다는 욕망이다. 그래서 저 도표에서 더더욱 중심부에 있으려 하고, 자신의 파트너 등도 중심부에 있기를 욕망한다. 케이팝 남성 아이돌을 사랑하는 레즈비언, 남성성을 가지고 노는 레즈비언 등은 그들이 보기에 저 도표 가장자리에 있을 법한 것으로 보여서 경멸하고 혐오하는 것이다. 그들이 보기에 그런 도표 가장자리의 레즈비언들은 '레즈비언이 아니었으면 하는 존재들'이다.

그러나 모든 사람은 레즈비언이든 아니든 완전하게 '정상적'일 수 없다. 정상을 따지고 따지다보면 아무도 '진정한 레즈비언'일 수 없다. 이렇게 서로의 진정성에 집착하고 정상성을 욕망하는 것은 무의미할 뿐만 아니라, 유해하다.

'지극히 레즈비언적이며 지극히 퀴어한', 경계를 넘어서는 욕망

어떤 사람은 내가 이렇게 긴 글을 써도, 남성 아이돌을 좋아하는 레즈비언은 레즈비언이 아니라고 할 것이다. "너는 사실 남성을 좋아하는데 자기 감정을 부정하는 것이다" "왜 이성애자라고 하지 않느냐"라고 할 수도 있을 것이다. 하지만 나는 '남성 아이돌을 좋아하는 욕망' 자체가 그 자체로도 지극히 레즈비언적일 수 있다고 생각한다.

레즈비언이면서 BL 연구가인 미조구치 아키코(溝口 彰子)는 그의 저서인 《BL진화론》에서 "BL 애호가 여성들은 '버추얼 레즈비언'"이라는 주장을 한 적이 있다.[20]

"BL 애호가들 사이에서는 실제 피부와 점막을 서로 만질 수 있는 레즈비언 섹스는 행해지지 않지만, 별개의 차원에서 욕망의 회로(팔루스) 그 자체끼리를 BL 표현물이라는 가상공간 속에서 교합시킨다는 의미로는 '버추얼 레즈비언'인 것이다."[21]

미조구치 아키코는 1980년대 초반부터 다른 여성 만화가와 콤비를 짜서 동인지 활동과 상업지 활동을 지속해온 여성 소설가의 일화를 인용하며, 그 여성 만화가와 여성 소설가는 사랑하는 사이는 아니라고 하지만 "두 사람은 텍스트 베이스의 사랑을 주고받고 있었다"[22]라고 주장한다. 나는 텍스트 베이스의 사랑을 주고받는 것이, 남성 아이돌 팬덤에서도 똑같이 일어난다고 생각한다. 아이돌 팬질을 하면서 팬픽션을 소비한다면, 만화와 소설 등의 픽션을 잘 쓰는 일명 '연성러' '존잘' 등을 볼 수 있고, 팬픽션을 소비하지 않는 형식으로 아이돌 팬질을 하더라도 아이돌을 찍어 담아내는 '찍덕' '존잘' 등을 보게 되는데, 이러한 '존잘'들을 숭배하는 '소비러'들이 있는 것은 어느 팬덤이나 다 똑같다. '존잘'과 '소비러'의 관계, 혹은 '존잘'과 '존잘' 간의 관계 등은 모두 '버추얼 레즈비언'으로 해석할 수 있는 여지가 충분한 것들이 많다. 또한 꼭 '존잘'들이 만들어낸 어떤 매개체가 없더라도, 팬덤 내에서 팬들이 서로 관계 맺고 아이돌에 관련한 이야기를 나누며 우애가 깊어지는 모습은 '버추얼 레즈비언'적일 때가 많다.

이런 이야기를 하면 어떤 이들은 그 '버추얼 레즈비언'이라는 것이 요 근래 트랜스혐오자들 사이에서 유행하고 있는 소위 '정치적 레즈비언'[23]과 무슨 차이냐고 할 수도 있다. 하지만 내 눈에는 팬덤 속 버추얼 레즈비언들이 소위 '정치적 레즈비언'으로 자신을 정체화한다는 사람들보다도 더 레즈비언처럼 보인다. '정치적 레즈비언'들이 자신은 시스젠더 헤테로 여성이지만 '머리에 힘을 줘서' 레즈비언이라고 정체화한 뒤에 어떠한 레즈비언적 실천과 수행도 하려 하지 않으며 레즈비언적 욕망을 오히려 금기시하는 것과 달리, 팬덤 속의 버추얼 레즈비언들은 레즈비언적 실천과 수행으로 읽을 수 있는 행위들을 적극적으로 행하며 레즈비언적 욕망을 드러낸다. 팬덤 속의 버추얼 레즈비언들은 '존잘님'을 '핥고' 싶어하고, 같은 장르를 파는 '트친'을 독점하거나 소유하고 싶다는 욕망을 드러내기도 하며, 서로의 욕망을 나누고 가상공간 속에서 그 욕망을 교합하곤 한다. 단적인 예시로, 트위터에 "트친페스"[24]라는 키워드로 검색해보면, 팬덤 안에서 일어나는 유사 레즈비언/퀴어적 드라마를 관찰할 수 있다.

이러한 욕망 가득한, 팬덤 속의 버추얼 레즈비언들 사이에서는, 때때로 지독한 치정극도 일어난다. 그것이 정확하게 분명한 연애 감정으로 인한 치정극이 아니더라도, 본질적으로 상대방을 향한 욕망이 가득한 공동체이기 때문에 그들은 서로 집착하고 깊은 감정을 나누었다가 '블언블'²⁵하고 서로를 향한 비방을 하고 질투를 하는 등의 유사 치정극을 찍는 것이다. 나는 이 지점이 팬덤 속 여성들(그 버추얼 레즈비언들)과 레즈비언 커뮤니티와의 유사성을 가장 잘 보여준다고 생각한다. 레즈비언 커뮤니티는 '정치적 레즈비언'들이 생각하는 것처럼 '우리 여자들의 영원한 우정'을 바탕으로 한 안전하고 평화로운 공간이 아니다. 레즈비언 커뮤니티는 기본적으로 내부에서 구성원들 간에 서로 사귀다가 헤어지고 또 다른 사람을 만나는 일이 일어날 수 있는 불안정한 공간이다. 여자들에게 '우정'이 아닌 감정을 느끼는 여자들이 모인 공간이기 때문이다. 그 때문에 '정치적 레즈비언'들이 원하는 안전한 자매애적 여성연대 공동체는 레즈비언보다는 시스젠더 헤테로 여성들 사이에서나 가능한 일이다. 불안정하고 안전하지 않은, 평화롭지 않은 여성 공동체가 모두 레즈비언 공동체라고 섣불리 말하려는 것은 아니다. 하지만 서로에 대한 욕망으로 가득 차 불안정한 여성 공동체는 충분히 레즈비언적으로 퀴어하다고 할 수 있다고 생각한다. 그런 의미에서 아이돌 팬덤 속 사람들은 그들이 인정하든 아니든 간에,

충분히 레즈비언적으로 퀴어하다.

이 글을 이쯤까지 읽고 나면, 그래서 대체 '레즈비언'이라는 게 뭐기에……, 생각하게 될 수도 있다. 너무나 늦은 말이지만, 나는 레즈비언이라는 용어를 애슐리 마델(Ashley Mardell)이 《LGBT+ 첫걸음》에서 표현한 방식으로 설명하고 싶다.

> "레즈비언(Lesbian): 흔히 다른 여성에게 끌리는 여성을 지칭한다. 그러나 스스로가 여성(womanhood)과 관련되어 있다고 느끼며 여성에게 끌리는 논바이너리 혹은 젠더퀴어인 사람들 또한 이 용어로 스스로를 정체화한다."[26]

흔히 레즈비언을 '여성에게 동성애적 감정을 느끼는 여성' 정도로 간단하게 규정하는 다른 정의들에 비해, 애슐리 마델의 정의는 더 폭넓게 열려 있다. 시스젠더 여성, 자신을 여성이라고 생각하는 사람 등을 뛰어넘어, 스스로가 여성과 관련되어 있다고 느끼는 사람들 모두에게 적용될 수 있는 이 설명을 다시한번 넓힌다면, '여성과 관련되어 있다고 느끼는 사람'이 '여성과 관련되어 있다고 느끼는 사람'에게 끌린다면 그 또한 레즈비언이라고 할 수도 있다. 그 끌림은 물론 여러 가지 방식의 욕망으로 나타날 수 있으며, 그 방식들은 우리가 이미 주목하지 못한 다양한 퀴어함으로 숨겨져 있다. 나는 무시되고 배제되어왔던, 이러한 수많은 퀴어한 욕망들을 더 주목하고 싶다. 괴상하고, 레즈비언이 아니었으면 좋겠다고 여겨지는, 이상한 욕망을 가진 여자들. 혹은 여자도 아닌 것 같은, 이상한 이들. 나는 이런 괴상한 이들을 레즈비언 문화로 받아들여서, 우리의 세계를 더 풍성하게 만들기를 바란다.

주

1 SBS, "10대 동성애의 두 얼굴", 〈그것이 알고 싶다〉, 2002년 10월 26일 방영.

2 이는 '이반검열'이라고도 불렸다. 이반검열이란, 2000년대 초·중반기의 중·고등학교에서 동성애자를 색출하는 현상을 일컫는다. 여학생이 머리가 짧거나, 여학생끼리 서로 손만 잡아도 제재를 가하고, 여학생들 간에 행해진 스킨십에 따라 벌점을 매겨 행동을 규제했다.

3 당시 팬픽이반에 대한 레즈비언 커뮤니티의 반응을 알 수 있는 글이 있다. "십대 레즈비언 커뮤니티 안에서 팬픽이반에 대한 평은 어떨까. [중략] "팬픽 이반이 이반 물을 다 흐려놓는 것 같아요. 물론 진짜 이반도 있겠지만 흉내만 내는 애들이 있어서 너무 싫어요."" 원영, 〈팬픽이 뭐길래: '팬픽 이반'을 위한 변명〉, 《일다》, 2005년 6월 20일 자, https://www.ildaro.com/2411.

4 2007년에 쓰인 한 기사를 보면, "'유행은 지나기기 마련'이라더니 정말, 팬픽 이반의 화려했던 시절도 끝났다. 아이돌계의 팬픽 창작도 원활하지 못해서, 고급 퀄리티를 보장하는 새로운 팬픽에 대한 갈증을 느낄 정도다(!) 이렇게 칼머리는 과거 속으로 사라졌다"라고 말하고 있다. 2007년경에 이미 팬픽이반은 유행이 지난 것이었다. 슬리퍼, 〈팬픽 이반? 나는 나일 뿐〉, 《일다》, 2007년 5월 17일 자, https://www.ildaro.com/3794.

5 2018년 서울퀴어문화축제의 후원을 위해 NCT QUEER의 계정이 생겨난 뒤, 얼마 지나지 않아 다른 남성 아이돌 그룹 세븐틴의 퀴어팬덤인 'QURAT' 등이 생겨났고, QURAT 또한 2018년도 서울퀴어문화축제에 후원을 했다.

6 2019년의 경우, NCT QUEER는 별다른 활동 없이 서울퀴어문화축제에 그저 깃발을 들고 행진에 참여했을 뿐이지만, "엔시티퀴어"가 당일 트위터 '실시간 트렌드'에 오르는 등 큰 화제를 낳았다. 이 중 많은 트윗은 퀴어혐오적인 내용을 담고 있었다.

7 NCT QUEER의 이름은 'NCT' 뒤에 'U', '127', 'DREAM' 등의 글자를 붙여 사용하는 NCT 고유의 작명법을 따른 것뿐이다. 그렇지만 NCT QUEER는 등장 이후, 'NCT를 참칭한다'는 얼토당토않은 비난을 무수하게 받았다.

8 2021년 5월 현재, NCT QUEER는 2018년 출범 당시와 마찬가지로 여전히 같은 계정명(@NCTsmtown_QUEER)을 사용하고 있다.

9 NCT는 특별 무대 등에서 H.O.T.의 〈늑대와 양〉을 커버하기도 했다. SM엔터테인먼트의 기획을 오랫동안 봐온 사람으로서, SM엔터테인먼트를 꾸려가는 기획자들에게 궁극적인 남성 아이돌은 H.O.T.이고, 궁극적인 여성 아이돌은 S.E.S.인 걸까 싶기도 하다. SM엔터테인먼트의 여성 아이돌 레드벨벳은 신인 시절, S.E.S.의 노래를 리메이크해 부르기도 했다.

10 hybris, "장우혁 팬이었던 시절", 〈DJUNA의 영화낙서판〉, 2009년 1월 12일 작성, http://www.djuna.kr/xe/oldmain/10378247.

11 캣닙은 고양이가 좋아하는 풀로, 누군가에게 인기가 많은 존재를 때때로 캣닙이라고 표현하기도 한다.

12 서치 방지 이름(써방명)이란, 트위터에서 쉽게 검색할 수 없도록 다양한 방식으로 그룹명, 멤버 이름 등을 변형해 부르는 것이다. 이러한 문화는 알페스의 당사자가 본인의 이름을 검색했을 때 받을 충격에 대한 고려, 팬덤 내의 분란 등을 방지하기 위한 팬덤 내의 규칙에서 비롯된 것이지만, 서치 방지 이름들이 지나치게 많이 알려지면서 지금은 써방명이 일종의 애칭처럼 느껴지는 편이다.

13 "탑엘에서 엔시티 부치 어쩌구 작작 좀 [중략] 남자 얘기 안 궁금하고 걔네를 레즈로 먹는 거 안 궁금함" 같은 게시물이 탑엘에 올라왔고, 해당 게시물을 인용해 "엔시티즌[NCT의 팬을 일컫는 말] 탑엘에서 주접 그만 떨 때 됐다"며 "맴놀['멤버놀이'의 준말로, 자신이 멤버라고 가정하며 노는 일종의 역할놀이]"하는 것을 보기 싫다는 식의 트윗도 목격한 적이 있다.

14 게일 루빈, 《일탈: 게일 루빈 선집》, 임옥희·조혜영·신혜수·허윤 옮김, 현실문화, 2015, 477~478쪽.

15 같은 책, 467쪽.

16 철가루, 〈'남성성'을 가지고 노는 후조시들〉, 《일다》, 2018년 1월 5일 자, https://www.ildaro.com/8092.

17 "이 장에서(그리고 이 책 전체에서) 남성적인 여자, 젠더 일탈자, 가끔 레즈비언 등이 우리가 '남성성'이라고 부르는 것을 만들어낸다는 사실을 보여주고자 한다. 이 때문에 남성성을 남성과 결부된 행동에 관한 일반적인 용어로 만들어버리는 것은 정확하지 못할뿐더러 사실상 퇴행적이다." 주디스 핼버스탬, 《여성의 남성성》, 유강은 옮김, 이매진, 2015, 341쪽.

18 게일 루빈, 《일탈: 게일 루빈 선집》, 임옥희·조혜영·신혜수·허윤 옮김, 현실문화, 2015, 305쪽.

19 같은 책, 307쪽.

20 미조구치 아키코, 《BL진화론: 보이즈 러브가 사회를 움직인다》, 김효진 옮김, 이미지프레임, 2018, 239쪽.

21 같은 책, 239~240쪽.

22 같은 책, 247쪽.

23 정치적 레즈비언이란 원래 1960년대 후반 제2물결 래디컬 페미니스트들 사이에서 발생한, 여성들만의 성애와 사회를 이룩하고자 하는 정치적 움직

임을 일컫는 단어였다. 이를 주장한 페미니스트들은 성적 지향이 고착된 것이 아니며 정치적으로 선택할 수 있는 것이라고 말하며, 여성과 반드시 성적으로 관계를 가져야 할 필요는 없지만 '남성'과의 관계는 모두 중단해야 한다고 주장했다. (대표적인 '정치적 레즈비언' 주창자인 쉴라 제프리스(Sheila Jeffreys)는 정치적 레즈비언을 "남성과 떡치지 않는 여성"이라고 정의했다. 그러나 '정치적 레즈비언'이라는 단어 자체가 선택 불가능한 영역이 분명히 존재하는 섹슈얼리티에 대한 이해가 부족한, 퀴어혐오적인 단어라는 의견도 있으며, 남성의 운동 참여를 완전히 배제하고 몰아내는 데 열중하는 것이 정치적으로 효용성이 있는지에 대한 격렬한 논쟁 또한 역사적으로 존재했다. 페미위키, "정치적 레즈비어니즘", https://fmwk.page.link/EG67 참조.
개인적인 의견으로는 '정치적 레즈비언'들은 남성을 몰아내는 데 열중한 나머지 성별이 모호한, 혹은 모호하다고 여겨지는 존재들에 대해 저것이 남성인지 아닌지에 대해 격렬히 토론하며 트랜스혐오를 일삼는 집단에 가깝다고 생각한다. 실제로 '정치적 레즈비언'을 주장한 대표적인 래디컬 페미니스트인 쉴라 제프리스 또한 극우적인 트랜스혐오자다. 그러나 페미니즘 리부트 이후 한국에서 등장한 래디컬 페미니스트 집단이 영미권에서는 1960년대 후반에나 유행했던 낡은 퀴어혐오, 트랜스혐오 등을 그대로 수입했고, 그 영향으로 2021년의 한국에는 '정치적 레즈비언'을 주장하는 트랜스혐오자들이 많은 편이다.

24 트친페스란 '트위터 친구(트친)'를 가지고 알페스(RPS, 즉 실존인물을 가지고 하는 커플 엮기 놀이)를 하는 것으로, 주로 아이돌을 대상으로 하던 것을 아이돌을 덕질하던 자신들에게 대입해 직접 실천하는 것이다. 최근에는 아이돌 덕후가 아닌 타 장르 덕후들도 트친페스를 하는 모습을 흔히 볼 수 있다.

25 블언블이란 트위터 내에서 블락과 언팔을 반복하여 트위터 내 관계를 끊는 행위를 말한다. 일종의 절교 행위라고 볼 수 있다.

26 애슐리 마델, 《LGBT+ 첫걸음》, 팀 이르다 옮김, 봄알람, 2017, 12쪽.

참고 문헌

게일 루빈, 《일탈: 게일 루빈 선집》, 임옥희·조혜영·신혜수·허윤 옮김, 현실문화, 2015.

미조구치 아키코, 《BL진화론: 보이즈 러브가 사회를 움직인다》, 김효진 옮김, 이미지프레임, 2018.

슬리퍼, 〈팬픽 이반? 나는 나일 뿐〉, 《일다》, 2007년 5월 17일 자, https://www.ildaro.com/3794.

애슐리 마델,《LGBT+ 첫걸음》, 팀 이르다 옮김, 봄알람, 2017,

원영,〈팬픽이 뭐길래: '팬픽 이반'을 위한 변명〉,《일다》, 2005년 6월 20일 자, https://www.ildaro.com/2411.

임근준 외,《여섯 빛깔 무지개: 본격 LGBT 휴먼 사이언스 로맨틱 다큐멘터리》, 워크룸프레스, 2015.

주디스 핼버스탬,《여성의 남성성》, 유강은 옮김, 이매진, 2015.

철가루,〈'남성성'을 가지고 노는 후조시들〉,《일다》, 2018년 1월 5일 자, https://www.ildaro.com/8092.

페미위키, "정치적 레즈비어니즘", https://fmwk.page.link/EG67. 접속일자 2021년 5월 10일.

hybris, "장우혁 팬이었던 시절",〈DJUNA의 영화낙서판〉, 2009년 1월 12일 작성, http://www.djuna.kr/xe/oldmain/10378247.

SBS, "10대 동성애의 두 얼굴",〈그것이 알고 싶다〉, 2002년 10월 26일 방영.

4장

'당사자됨'을 구성하기:
BL, 환상, 욕망[1]

김효진

더 꿈을 꾸세요.
[중략] 환상의 힘이 없으면 현실은 바뀌지 않습니다.

もっと夢を見たらいい。
[中略] 幻想の力がなければ現実は変わらない。 (치바 마사야(千葉雅也))[2]

'당사자성'과 BL 비판: 환상, 재현, 현실 사이에서

2010년대 중반 한국사회를 뒤흔들었던 '페미니즘 리부트' 이후 BL(Boys Love)은 수많은 논쟁의 중심에 있었다. 이 논쟁은 BL이 남성 캐릭터 간의 동성애[3]를 그려낸다는 점에서 여성을 배제하고 있다고 주장하며 BL에서 탈출할 것, 즉 '탈BL'을 주장하는 흐름까지 탄생시켰다.[4] 흥미로운 것은 이것이 2000년대 이후 한국의 영화 산업이 남성 간의 호모소셜(homosocial)한 관계성을 묘사하는 데 치중하면서 여성이 제거되는 상황에 대한 비판[5]과도 연결되어 있다는 점이다.

즉, BL과는 별도로 발전해온 영화 등의 한국 주류 대중문화에서 여성이 어떻게 그려지는가에 대한 문제 제기가 〈신세계〉(2012)나 〈아수라〉(2016) 등, 남성 간의 호모소셜한 관계성을 묘사하는 영화를 적극적으로 소비해온 여성 소비자들, 그리고 그들이 애호하는 BL에 대한 비판으로 연동되기 시작한 것이다. BL에 익숙한 여성 팬들이 영화에서도 남성 간의 호모소셜한 관계성을 애호한 결과, 여성들 자신이 여성 캐릭터 대신 남성 캐릭터에 감정이입을 하고 이로 인해 여성 캐릭터, 나아가 여성 독자들 자신이 점점 더 배제되는 현상이 나타났다는 것이 이런 비판의 주요한 내용이다.

그러나 BL은 여성 작가와 여성 독자가 남성 캐릭터 간의 동성애적 로맨스를 창작하고 향유하는 장르적 규칙을 가지고 성립했고, 이것이 여성혐오와 이성애 규범에 대한 안티테제로서 기능했다는 점을 고려해야 한다. 앞서의 비판은 BL의 장르적 특성이자 규칙을 간과할 뿐만 아니라 여성들의 문화적 실천이 지닌 의미와 가능성을 형해화한다는 문제가 있다.

특히 '여성 캐릭터를 배제하는 장르'로서 BL을 문제시하는 경우, 가장 기본적인 전제에서 논의를 시작할 필요가 있다. 여성 캐릭터를 배제하는 것이 현실의 여성을 배제하는 것인가. 여성 캐릭터는 곧 현실의 여성과 1 대 1로 대응되는가. BL의 남성 캐릭터는 과연 현실의 남성인가. 그리고 그 캐릭터가 동성인 남성을 성애의 대상으로 삼는다는 점에서 그를 현실의 게이로 볼 수 있는가. 이러한 질문들은 가장 기본적인 출발선이지만, 여전히 우리에게 질문으로만 남아 있다.

여기서 우리는 환상(판타지)−표상−현실이라는 세 축을 둘러싼 문화정치학을 다시 한번 논의할 필요가 있다. 이 셋은 서로가 서로에게 영향을 끼치지만, 결코 1 대 1로 대응하지도 않으며, 서로에게 환원하지도 않는 독자적인 차원을 지닌다.[6] 그러나 이런 기본적 전제에 대한 논의조차 제대로 이루어지지 않은 토양에서, 여성들이 창작하고 애호하는 다양한 콘텐츠를 두고 '여성 캐릭터의 배제'라고 비판하거나, '여성서사'라는 용어를 사용하며 오직 캐릭터의 성별을 기준(전체 서사에서 여성 캐릭터가 어느 정도 비중을 차지하며 얼마만큼 주체적으로 묘사되는가라는 기준)으로 바람직한 콘텐츠와 그렇지 않은 콘텐츠를 나눔으로써, 남성 표상을 이용하여 여성 작가와 독자가 자신의 욕망을 표현하는 것을 장르적 규칙으로 삼는 BL과 BL을 창작하고 향유하는 작가와 독자를 비판해온 것이 페미니즘 리부트 이후의 현실이다.

흥미롭게도, 한국에서는 '탈BL'이라는 흐름이 BL 작가와 독자를 공격했던 반면, 정작 아시아권을 중심으로 한 BL 팬덤은 새롭게 전개되고 있다. 예를 들어 BL 연구자인 제임스 웰커(James Welker)는 BL을 '이중의 퀴어'로 정의하면서 다음과 같은 두 가지 이유를 든다. 첫째, BL은 주된 독자층인 시스젠더 헤테로섹슈얼 여성이 향유하는 "사회규범을 거역하는, 또는 전복까지도 조금씩 가능하게 하는 젠더와 섹슈얼리티에 관련된 표현, 행위"라는 점이고, 둘째, "BL에는 독자가 동성애와 자신의 젠더를 시험하도록 조장, 권장하는 의도는 없었겠지만 시스젠더와 이성애자가 아닌 개인들은 이 미디어와 그 팬덤의 세계를 통해 안심하고 숨 쉴 수 있는 장을 찾을 수 있었다. [중략] BL과 LGBTQ 미디어 사이에는 명확한 경계선은 없다. BL은 점점 더 퀴어적으로 변하고 있다"라는 것이다.[7]

이 글에서는 일본의 BL 연구자인 미조구치 아키코가 논의하는 현실-표상-환상의 관계와 BL을 이중의 퀴어로 정의하는 제임스 웰커의 관점을 바탕으로 당사자, 특히 소수자의 표상을 둘러싼 당사자성의 문제를 어떻게 볼 것인지 BL을 사례로 삼아 고찰하려 한다. 그리고 이 글은 대중문화에서 당사자와 표상의 문제가 정치적 올바름(politically correct) 이슈와 맞물려 중요한 논쟁점으로 부상하고 있는 상황에 비판적으로 접근하기 위해 쓰였다.

특정한 콘텐츠나 표현에서 소수자를 표상할 때, '당사자성'의 문제를 어떻게 봐야 할까. 실제 현실과는 구분되는 표상과 환상에서 '당사자성'을 고려한다는 것은 어떤 방식으로 가능하며, 그로 인한 문제점은 무엇일까. 이런 문제들을 생각할 때 작가와 독자 대부분이 여성이면서 남성 캐릭터의 동성애를 그려내는 BL 장르는 매우 흥미로운 참조점을 제공한다.[8] 또한 BL이 탄생한 일본에서 BL의 창작자와 독자, 그리고 BL이 그려내는 남성 캐릭터와 대응하는 현실의 게이를 중심으로 한 당사자성을 둘러싼 논쟁이 현재까지도 이루어지고 있다는 점에서 주목할 가치가 있다.

재현의 문제와 당사자와 비당사자의 경계: 일본 성소수자 운동과 '당사자론'의 대두

섹슈얼리티와 관련하여 표상과 재현의 문제는 언제나 논쟁의 대상이었고, 지금도 여전히 현재 진행형인 이슈이다. 실제로 《셀룰로이드 클로짓(The Celluloid Closet)》의 저자인 비토 루소(Vito Russo)가 서구의 많은 대중문화 콘텐츠에서 게이는 지나치게 여성적이거나, 악역이거나, 불행한 최후를 맞는 것으로 그려진다고 지적했던 것과 유사하게[9] 일본 주류사회와 대중매체에서도 성소수자는 언제나 비가시화되거나 왜곡되어 표상되는 경향이 존재한다.

이런 일본 사회의 분위기 속에서 탄생한 BL 또한 이 비판에서 자유롭지 않다. 여성 작가와 여성 독자가 만들어내고 향유하는 환상인 BL이 그려내는 남성 캐릭터 간의 성애와 삶은 현실의 게이와 명백하게 구분되지만, 동시에 많은 부분에서 현실의 게이와 게이 문화를 참조점으로 삼아왔다는 점은 부인할 수 없기 때문이다.[10]

특히 이런 BL과 게이와의 관계는 일본에서 성소수자 운동이 본격적으로 전개되는 1990년대 이후에 명시적인 논쟁의 형태로 등장하게 된다. 전후 일본 사회에서 게이의 표상을 분석한 이시다 히토시(石田仁)와 무라카미 타카노리(村上隆則)에 따르면 에도시대 남색(男色)에서 출발하여 근대화 이후 성과학의 도입과 함께 '이상성욕'의 하나로 분류된 남성 동성애(male homosexuality)는 전후 크게 '남성을 사랑하는 남성'과 '여성화된 남성'의 이미지로 양분되었다. 이 중 전자는 이후 '호모(homosexual에서 유래한 비속어)', 후자는 '오카마(オカマ)' '뉴하프(ニューハフ)'[11] 또는 트랜스젠더로 스스로를 정의하게 되었다.[12] 특히 1990년대에 들어와 서구의 성소수자(sexual minority) 개념에 토대한 게이와 레즈비언 중심의 성소수자 운동이 시작되면서 다양한 '당사자' 집단이 형성되었다.

맥러랜드(Mark J. McLelland)는 1990년대 이후 일본 사회의 성소수자 권리를 둘러싼 논쟁에서 '당사자(当事者, tojisha)로서 말하기'가 성소수자 문화에 대해 '정확한 지식'을 확립하는 데 중요한 전략이 되어왔다는 점을 밝히면서 당사자 개념이 어떻게 도입되었는가를 역사적으로 분석한다. 맥러랜드에 따르면 당사자라는 개념은 1950년대 이전에는 제3자(비당사자)와 달리 직접적 이해관계를 가진 자라는 법률용어로서의 개념이 지배적이었다. 그러나 1970년대 일본 사회에서 당사자 개념은 여성해방 운동(우먼리브(woman lib))와 사회복지 운동, 특히 장애인 자조 운동으로 그 쓰임이 확산되었다.[13]

이때 당사자 개념은 법률용어상의 의미(특정 사건에 직접 관계된 사람, 즉 the party concerned)에서 벗어나 "공통적 특징에 기반한 주체(subject position)"로 확장되었고, "전반적으로 '당사자' 개념을 원용하는 사람들은 자신을 취약하고 종속된 약자, 혹은 차별받는 대상으로 위치시킨 반면, 비당사자는 차별의 영향력을 안다고 할 수 없다는 사람들"로 보았다.[14] 이는 1980년대에 들어서 사회적 약자, 즉 사회적 소수자들 간의 연대를 추구하는 흐름으로 이어졌고 1990년대 초반 일본의 특정비영리활동촉진법(特定非営利活動促進法, 속칭 NPO법)의 제정과 함께 다양한 사회적 소수자들이 '당사자 집단'으로 조직되는 성과를 낳았다.

그러나 이렇게 당사자성을 강조하며 단결을 모색하는 흐름은 아이러니하게도 실제로는 당사자와 비당사자 간의 갈등뿐만 아니라 당사자들 내부의 갈등을 낳는 결과를 가져왔다. 당사자성이 개인과 집단, 어느 쪽에 귀속되는지에 대한 논쟁이 발

생했고, 그 결과 당사자성을 둘러싼 배타적인 태도도 나타나기 시작했다.[15]

이 당시 일본의 게이, 레즈비언 운동가들은 서구의 '성소수자' 개념을 '전략적 본질주의(strategic essentialism)'적 입장에서 도입해 이전과는 다른 인권 운동적 관점에서 성소수자 문제에 접근하고자 했다. 즉, 그때까지 일본 사회에서 관습적으로 사용되던 성소수자를 둘러싼 다양한 속어나 멸칭 대신, 1970년대와 1980년대를 통해 사회운동으로서 확립된 서구의 성소수자 운동(게이, 레즈비언 등을 포괄)을 도입해 이 사회운동의 당사자로서 자신들을 자리매김한 것이다.

이때 "일본 성소수자운동에서 당사자라는 개념을 사용한 것은 '동일한 출발점'에서 차별 경험을 공유하고 있는 사람들 사이에서 정체성을 확립하는 과정과 밀접하게 연결되어 있었다".[16] 이는 이후 주체로서 당사자들의 경험과 당사자들의 목소리를 중시하는 '당사자학(当事者学)'의 대두 및 당사자 서사의 증가를 가져왔지만, 뒤에서 살펴볼 야오이 논쟁과 같은 당사자성을 둘러싼 논쟁을 불러일으키기도 했다.

'야오이 논쟁': 게이 당사자의 문제 제기

1992년 미니코미[17] 잡지 《쇼와지르(CHOISIR)》에 투고된 게이 남성 사토 마사키(佐藤雅樹)의 에세이 〈야오이 같은 건 죽어버리면 좋겠다〉에서 촉발된 이 논쟁은 이후 야오이 애호가를 자임하는 몇몇 여성이 이에 응답하는 에세이를 기고하면서 잡지 지면상에서 3년간 지속되었다. 논쟁이 게재된 잡지는 무료 배포지였기 때문에 당시에는 수백 명 정도만이 이 논쟁의 구체적인 내용을 실제로 볼 수 있었으나,[18] 이 논쟁에 참가했던 사람들의 회고담뿐 아니라 여러 소녀 만화 및 BL 관련 연구 서적에 기록되면서 '야오이 논쟁'은 더 널리 알려졌다.

이 논쟁을 이해하려면 우리가 파악해야 하는 중요한 맥락이 있다. 서구의 경우 1970년대 이후 성소수자 운동이 중요한 사회운동 가운데 하나로 가시화되었고 이 운동이 '슬래시 팬픽' 등의 여성의 문화적 실천과 상호작용하면서 발전했다.[19] 그러나 일본은 가족 호모포비아[20]등 동조압력의 영향 때문에 성소수자 운동이 주류 사회에서 가시화되는 시점이 1990년대 이후로 늦어졌다.

이미 1970년대부터 하위문화로서 게이 만화와 게이 잡지 등이 게이뿐만 아니라 여성들 사이에서도 유통되었고, 이 여성들은 게이 미디어와 함께 소년애 만화, 잡지 《쥬네(JUNE)》, 야오이 등을 함께 향유했다. 따라서 1990년대에 들어와 성소수자 운동이 조금씩 가시화되고 게이 당사자들이 전면으로 부각되면서 야오이/BL은 자신들이 그려온 남성 동성애의 표상들이 단순히 환상이나 망상이 아니라, 현실에 존재하고 있는 성소수자인 게이들과 조응한다는 점을 피할 수 없게 되었다.[21]

이 에세이에서 사토는 게이 당사자로서 자신의 입장성(positionality)을 강조하면서 야오이, 그리고 오코게[22]가 죽어야 할 이유를 쓰고 있는데, 주된 내용은 다음의 네 가지로 정리할 수 있다.

① "우리들 게이의 섹스를 그려서 남자들이 섹스하는 만화를 읽으며 즐거워하고 있다고 하지 않는가. 그런 기분 나쁜 녀석들을 좋아하게 될 이유도, 필요도 없다. 무엇보다 불쾌하다!"

② "야오이에서 추한 게이는 게이로 인식되지 않을 것이다. 아마도 그저 쓰레기일 것이다. [중략] 야오이에서 애초에 게이는 인간이 아닌 것이다. 그러므로 자신들의 상상력을 북돋아주는 멋진 게이와 그렇지 않은 쓰레기로만 분류될 것이다."

③ "지금 일본에서 게이로서 자신을 받아들이고 살아가는 건 힘든 일이다. [중략] 이런 상황 속에서 여자들이 게이 붐이라는 이해할 수 없는 것을 만들어냈다."

④ "게이의 섹스는 남자들에게는 혐오의 대상이고 여자들은 호기심 어린 시선으로만 본다. 우리들의 섹스를 훔쳐보고 기뻐하는 여자, 거울을 보라고, 훔쳐보는 자신들의 표정을!"[23]

특히 이 중에서도 가장 강렬한 것은 두 번째 비판이다. 야오이를 즐기는 여성들이 게이를 대상화하고 이를 통해 게이를 차별하고 있다는 지점이다. 자신들의 성적 판타지를 채워줄 대상인 야오이에 적합한 아름다운 게이만을 표상할 뿐, 현실을 살아가고 있는 평범한 게이들에게는 아무런 관심이 없는 태도는 사실상 일본 사회의 호모포비아를 그대로 체현한 태도이며, 비

판받아야 한다는 것이다.[24]

　이런 강력한 비판에 대해 야오이 애호가들은 크게 두 가지 반응을 보였다.[25] 첫째, 게이 문학 번역가이자 페미니스트인 쿠리하라 치요(栗原知代)는 자신이 야오이를 좋아하는 것은 여성성과 성욕을 인정하고 싶지 않은 자기 부정에서 왔다는 점을 확인하고, 이를 졸업할 필요성이 있다고 보았다. 이성애 여성으로서 남성의 억압에 의해 상처받은 사람들이 야오이에서 안식을 얻고 상처를 치유할 수는 있지만 언젠가는 이를 졸업하고 페미니스트로서 활동할 필요성이 있다는 것이다.

　"당사자가 되는 것. 여자이면서도 남자 간의 이야기에 도피한 자신의 사정을 말하는 것. 연애와 성에 혜택받지 못한 자신의 상황을 감추지 않는 것. 그것을 하고서야 겨우 나는 게이들, 커밍아웃한 게이들과 대등한 입장에 설 수 있다고 생각했다"[26]라는 쿠리하라의 발언에 따르면 현실의 게이를 표상하지 않는 환상으로서 여성성과 여성의 성욕을 남성의 표상에 기탁하는 야오이는 궁극적으로는 폐기되어야 하는 대상이다.

　쿠리하라 치요가 야오이 폐지론에 가깝다면 두 번째 입장의 대표인 다카마쓰 히사코(高松久子)는 야오이의 오랜 팬으로서 좀더 온건하고 현실적인 입장을 취한다. 야오이는 여성성과 여성의 성욕을 부정하는 장치이기 때문에 야오이를 폐지해야 한다는 쿠리하라와는 달리 다카마쓰는 야오이를 포기하지 않으면서도 타자로서 게이를 인식하고 타자에 대한 인식과 자신의 야오이에 대한 애호가 어떤 방식으로 양립할 수 있는지에 대한 단초를 제공한다.

"적어도 지금까지 전혀 알지 못했던 타인이 '네가 하고 있는 것이 나를 상처 입힌다'고 말했을 때, 그 타인은 나에게 있어 처음으로 얼굴을 가진 존재가 됩니다. 그리고 동시에 내가 지금까지 '좋다'고 생각해왔던 것이 지금까지 알고 있던 '좋다'와는 미묘하게 다른 것이 되어 그것을 다시 보는 작업을 동반하게 됩니다"[27]라는 다카마쓰의 발언은 이후 BL의 변모를 상징하는 중요한 단서가 된다. 성소수자의 비가시성으로 인해 그 당시까지 게이들의 존재를 인식하지 못했지만, 자신들이 애호하는 야오이의 남성 표상이 현실의 게이들에게 호응하고 있다는 사실을 깨닫게 된 이후에는 과거처럼 자신들이 향유하는 콘텐츠가 환상일 뿐, 현실과는 아무런 관계가 없다고 주장할 수는 없다는 점을 야오이 팬이 스스로의 언어로 인정한 첫 사례이기 때문이다.

여기서 주목해야 할 지점은 다카마쓰가 야오이가 표상하는 당사자로서 게이만이 '진실'을 말할 수 있다는 배타적인 본질주의와는 선을 긋고 있다는 사실이다. 사실상 야오이의 생산자와 소비자 대부분은 여성으로, 등장인물을 현실의 게이와 등치시키는 것은 표상과 현실, 판타지 간의 복잡한 관계를 단순화하고 본질화할 위험을 내포한다. 사토의 비판은 무의식적으로 패러디인 야오이를 현실의 게이와 등치시키고 있지만, 야오이를 폐기한다고 해서 현실의 게이 차별, 그리고 여성의 욕망에 대한 사회적 억압이 사라지는 것은 아니다. 오히려 타자로서 게이의 존재를 인식하고 야오이, 나아가 BL에서 좀더 나은 표상을 모색하는 것이 필요하다는 것이 다카마쓰의 입장이며, 이는 현재까지 BL이 상업장르로서 존속하고 있다는 사실에서도 잘 드러난다.

더 나아가 인류학자이자 게이 연구자인 윔 런싱(Wim Lunsing)은 야오이 논쟁을 다른 관점으로 접근한다. 그는 1970년대 미소년 만화부터 2000년대 중반까지 야오이, BL 만화의 변모를 살펴보면서 BL 만화가 좀더 현실적이고 현대 일본 사회를 반영하는 방향으로 변화한 것의 의미와 이들이 게이 만화 및 포르노그래피와 맺어왔던 관계를 구체적으로 볼 필요성이 있다고 지적한다. 특히 그는 일본인 게이 친구들이 BL을 읽으면서 자신의 상황과 연결지어 이해하고 있었다는 점, 또한 사회적 차별에 직면하여 자신의 성정체성을 숨기고 있던 게이 친구들에게 야오이와 BL이 오히려 쉽게 구할 수 있는 읽을거리로 기능하고 있었다는 점, 나아가 사토가 주장하는 당사자로서의 게이라는 입장성이 때로는 남성 동성애의 다양성을 획일화하는 위험성을 지니고 있었다는 점을 인정해야 한다고 본다.

이를 증명하기 위해 런싱은 게이 작가가 그린 게이 만화와 여성 작가가 그린 BL을 비교·분석한다. 그는 스타일의 차이는 분명히 존재하지만 게이 작가에 의한 게이 만화 또한 성적 판타지로서 현실과 일치하지 않거나 비윤리적인 묘사, 또는 게이에 대한 성적 대상화가 포함되어 있다는 점, 또 많은 미소년 만화, 야오이/BL 작가와 독자들이 게이 만화와 게이 잡지를 읽었던 것처럼 야오이/BL과 게이 만화의 독자층이 완전히 분리되어 있다고 보기는 어렵다는 점에서 볼 때 이 두 장르를 당사자성을 기준으로 엄격하게 구분하는 것 또한 인위적인 것에 지나지 않는다고 주장한다.[28]

　결론적으로 야오이 논쟁의 가장 가시적 성과는 야오이/BL 성립 초기에 많은 작품들에서 보였던 호모포비아적 표현에 대한 자성이 일어났다는 점이다.[29] 야오이 및 1990년대 BL을 대표하는 가장 대표적인 클리셰로서 '나는 호모 같은 게 아니야(우연히 좋아하게 된 게 남자였을 뿐이야)'라는 표현이 일본 사회에 팽배한 호모포비아를 반영하고 있다는 점을 작가와 독자들이 인식하게 되었으며, 대중문화 콘텐츠로서의 재미를 추구하면서도 타자로서 게이를 존중하고 야오이/BL의 주체인 자신들의 호모포비아를 자성하며 자신들이 좋아하는 작품과 캐릭터를 다시 해석하고자 하는 경우가 늘어나고 있다는 것이다. 그리고 이런 변화한 입장을 자신의 작품을 통해서 가장 성공적으로 그려내고 있는 사례가 요시나가 후미(よしながふみ)다.

BL 작가이자 '비당사자'로서의 갈등: 《사랑이 없어도 먹고 살 수 있습니다》

　요시나가 후미가 헤테로 여성이자 BL 작가로서 '타자'인 게이를 어떻게 표상해야 하는지 고민하고 있다는 점은 그의 자전적인 만화 《사랑이 없어도 먹고 살 수 있습니다》에서 잘 드러난다. 일본에서 2005년에 단행본으로 출간된 이 작품은 31세 여성이자 비혼인 만화가 Y나가 F미가 주인공으로, 그녀의 일상과 그녀가 좋아하는 음식점에 찾아가 식사를 즐기는 내용으로 구성된 9쪽 정도의 단편 총 15편으로 구성되어 있다.

이 만화책 가장 앞부분에 달린 "이 이야기는 모두 픽션으로 실존인물과는 아무 관련 없습니다. 단, 이 이야기에 등장하는 가게들은 모두 실재합니다"[30]라는 단서조항에도 불구하고, 실제 독자들은 이것이 마치 작가인 요시나가 후미의 이야기인 것처럼 느끼게 된다. Y나가 F미라는 주인공 이름과 작품에 등장하는 가게들이 실재한다는 점도 그렇지만, "남자들 간의 애널섹스 등등을 그려 생계를 잇고 있는 31세"[31]라는 주인공에 대한 설명도 명백히 데뷔 초기부터 BL 작가로 활동해온 요시나가 후미의 커리어를 연상하게 만들기 때문이다.

이 책은 요시나가 후미가 선정한 여러 레스토랑의 음식을 소개하면서 Y나가 F미가 친구나 지인들과 함께 식사를 하면서 일상을 영위하는 내용을 주로 담고 있는데, 그중 네 번째 단편인 〈#4〉는 직접적으로 게이를 그리는 (헤테로) 여성 작가와 게이의 관계를 소재로 하고 있다는 점에서 특기할 만한 작품이다. 대학 친구였던 A도가 게이였다는 사실을 뒤늦게 알게 된 Y나가 F미가 그 사실을 알게 된 것을 계기로 A도를 고급 초밥집에 초대해서 식사를 함께하며 게이로 사는 삶에 대해 대화를 나누는 내용이다.

Y나가가 게이인 사람을 알게 된 적은 있지만 "아는 사람이

게이라고 알게 된 건 처음이라서 말이야… 아- 진짜 놀랐네"라고 고백하자 지인은 오히려 그걸 몰랐던 것은 Y나가뿐이라고 말한다. 장면이 바뀌어 A도와 Y나가 식당에서 느긋하게 식사를 하며 게이 커플이 여행을 가면 주위 사람들이 어떻게 대할지 몰라 곤란해한다는 농담이 나오는 부분 이외에는 다른 단편과 동일하게 식사를 즐기는 두 사람의 모습과 맛있는 요리에 대한 소개가 주를 이룬다.

그러나 이런 분위기는 마지막에서 갑자기 바뀐다. 마지막 면에 실린 두 사람의 대화를 살펴보자.

> "Y나가 F미: … 미안! 아니, **게이인 사람과 오랜 시간 대화할 기회가 있으면 꼭 사과해야겠다고 생각했는데,** 미안해! 그동안 나, 계속 게이 만화를 그려서 먹고 살아 왔어! **그것도 순 거짓말로!**/ 이렇게 가까이 게이가 있을 거라고는 미처 생각도 못하고. **정말이지, 게이 문화도 잘 모르면서!**/ 미안해!
> A도: 아하하, 뭐야. 그래서 밥을 산거야?/ 지금까지 별로 신경쓴 적 없어. 신경썼다면 그동안 말할 기회는 얼마든지 있었잖아./ 그리고 무엇보다, **그런 데 일일이 화를 내다간 살 수가 없다구, 게이는.**"[32]

바로 앞 쪽까지 즐겁게 식사하던 두 사람의 모습에서 갑작스럽게 바뀐 어두운 골목을 배경으로 아무렇지도 않게 미소 짓고 있는 A도의 표정과 Y나가 F미의 씁쓸한 표정이 대비되는 장면이다. 이 장면은 요시나가 후미가 BL 작가로서 겪고 있는 딜레마가 잘 표현되어 있다. 게이 당사자가 아닌 자신이 게이를 소재로 만화를 그린 것은 '거짓말'이며, 잘 알지도 못하면서 게이를 그려낸 만화로 생계를 유지해도 되는지를 고민하면서도, 진심 어린 사과를 할 수는 있지만 자신이 선택한 직업을 이제 와서 그만둘 수는 없는 Y나가의 딜레마다. 이것은 자신의 만화가 게이를 소재로 하고 있다는 점에 대해 죄책감을 가지면서도 만화를 그만둘 수 없는 BL 작가들의 입장을 대변하는 것으로, 앞에서 살펴본 1990년대 야오이 논쟁 당시 다카마쓰 히사코의 입장의 연장선상에 있다.

또 하나 주목할 것은 Y나가 F미의 사과에 대한 A도의 태도이다. A도의 "그런 데 일일이 화를 내다간 살 수가 없다구, 게이란"이라는 대사는 당사자가 아니면서도 자신들을 성적으로 대상화하는 BL 작가에 대해 불만이 전혀 없는 것은 아니지만 사실은 그다지 관심이 없으며, 사회 전체의 호모포비아와 이성애 규범의 억압에 비교했을 때 BL 자체에 대한 불만은 작은 부분에 불과하다는 의견의 표명으로 해석될 수 있다. 이것은 미조구치 아키코가 1990년대 레즈비언과 게이가 함께 성소수자 운동을 진행했던 당시부터 친우였던 게이 활동가 부르본느(ブルボンヌ)에게 야오이 논쟁에 대해 의견을 묻자 그가 대답한 내용과도 일맥상통한다.[33]

물론 A도의 저 대사가 BL에 아무런 문제가 없다는 의미를 담지는 않았을 것이다. 다만 A도의 태도가 보여주듯이 야오이/

BL이 게이 표상을 약탈하는 것이 일본 사회에서 성소수자 차별의 근원이라고 볼 수는 없으며, 오히려 이는 근본적 문제를 드러내는 하나의 현상으로 보는 것이 적절하다. 야오이/BL을 애호하는 여성들이 의도적으로 호모포비아를 실천하기 위해 이 장르를 애호하고자 한 것이 아니었다는 점, 그리고 이 여성들 또한 여성을 억압하는 일본 사회에서 일종의 도피처로 야오이/BL을 만들어냈다는 점을 고려한다면 야오이/BL 장르 내부에서 이런 자각과 자성을 표명하는 작품이 등장했다는 점에 주목할 필요가 있다.

비당사자가 그리는 게이 커플의 일상과
현실적 문제의 묘사: 《어제 뭐 먹었어?》

2007년부터 연재된 《어제 뭐 먹었어?》(연재 중, 2021년 5월 현재 단행본 17권까지 출간)는 40대 게이 커플의 일상과 요리가 주제인 청년 만화다. 연령과 성별에 따라 장르가 명확하게 구분되는 일본의 만화 시장에서 BL 작가로 커리어를 쌓은 요시나가 후미가 작가 및 독자층이 대부분 헤테로 남성인 청년 만화 시장에서도 메이저 잡지에 속하는 《모닝(モーニング)》에 연재하게 되었다는 사실은 큰 반향을 일으켰다.[34] 특히 중년 게이 커플을 주인공으로 삼았다는 점에서 헤테로 청년을 주된 독자층으로 상정하는 청년 만화 시장에서 성공할 것인지 의문시하는 경우도 적지 않았으나, 2019년 4월에는 지상파 TV 드라마로 제작·방영되고

2021년에는 영화판 제작이 결정되는 등 큰 인기를 끌었다.

　이 작품의 주인공인 변호사 카케이 시로와 미용사 야부키 켄지는 게이 커플로서 오랜 기간 동안 동거를 해온 사이로, 이 만화는 요리 담당인 카케이가 매일 저녁 일상에서 흔히 볼 수 있는 음식 재료를 사용한 다양한 가정요리를 만들어 야부키와 식사를 하는 것을 주된 스토리로 한다. 이와 함께 카케이와 야부키의 동거생활, 그리고 그들을 둘러싼 가족과 친구, 지인 등의 삶이 잔잔하게 펼쳐진다. 특히 주목할 것은 카케이와 야부키는 가족들에게는 자신이 게이임을 커밍아웃한 상태이지만 커밍아웃 이후에도 여전히 이들을 잘 이해하지 못하는 가족과의 관계에서 어려움을 겪는 모습이 현실감 있게 그려지고 있다는 점이다.

　예를 들어, 어떻게든 싼 식재료를 구입해서 알뜰하게 다양한 요리를 만드는 카케이가 왜 그렇게 돈을 아끼냐는 야부키의 질문에 대해 "짠돌이가 어때서? 나중에 자식들에게 신세질 수도 없는 게이가 의지할 건 돈뿐이라는 거 몰라?"[35]라고 되받는 장면이라든지, 아들과의 통화 때마다 자신이 아는 모든 성소수자에 관한 지식을 총동원하고 "동성애자라고 해서 조금도 부끄러워할 필요 없단다!!"[36]라고 소리를 치지만, 정작 아들이 게이라는 사실을 제대로 받아들이지 못해서 카케이를 만날 때마다 어색한 태도로 트랜스젠더나 여장 등 다양한 성적 취향에 대한 지식을 외운 대로 나열하는 카케이 어머니의 모습은 가족이기 때문에 더욱 상처를 주게 되는 상황을 잘 보여준다.

또한, 게이라는 사실을 밝히자마자 자신의 직업 등은 무시 당하고 어디서든 게이로만 인식되고 불리는 경우(1권 2화)나 같은 게이니까 바로 친해질 것이라고 생각하고 카케이에게 게이 지인을 소개시켜주는 헤테로 남성 지인의 무신경함(5권 34화) 등은 일본 사회에서 게이로서 살아가는 경우 충분히 겪을 만한 사건이다. 즉, 이런 사례들을 통해서 게이로서 자신을 자각하고 커밍아웃을 했다고 해서 모든 문제가 해결되는 것은 아니며, 사회적 차별은 가장 친밀한 관계의 애정과 호의에서도 피해갈 수 없는 근본적인 문제라는 점이 묘사되어 있다.

그리고 게이의 표상과 관련해서 2권에 실려 있는 9화는 특히 흥미롭다. 《어제 뭐 먹었어?》의 표지에서도 알 수 있듯이, 주인공인 카케이와 야부키는 실제 게이 당사자가 그리는 게이 만화에서 묘사되는 게이라기보다는 오히려 요시나가 후미가 BL 만화에서 그려온 캐릭터들의 연장선상에 있다. 요시나가가 자신의 BL 만화에서 즐겨 그리는 남성 캐릭터는 근육질보다는 호리호리한 미청년 스타일로, 일반적인 게이들에게는 그다지 어필하지 않는 캐릭터에 해당한다. 《어제 뭐 먹었어?》 2권의 9화는 BL에서 좀더 일반적인 남성 캐릭터를 게이 커플의 일상을 그리는 만화의 주인공으로 내세운 점에 대해 일종의 입장 표명을 한 부분이다.

9화는 카케이와 야부키가 처음으로 알게 되어 동거하게 된 과정을 간단히 그리고 있는데, 카케이는 그 당시 전 애인을 따라 게이들의 거리로 잘 알려진 신주쿠 니초메를 처음으로 방문하게 된다. 그리고 그곳에서 카케이는 자신이 게이에게 인기 없는 스타일이라는 점을 처음으로 명확하게 알게 된다. "깜짝 놀랄 정도로 인기가 없었다"[37]라는 사실에 충격을 받은 카케이는 '게이 스타일'이라는 것이 존재하며, 자신이 전혀 그 스타일에 맞지 않는다는 것을 깨닫는다.

> "그때 시로는 순간적으로 깨달았다/ 짧은 머리, 수염/ 딱 달라붙는 옷에/ 우락부락한/ 체형이야말로// '게이 스타일'이라는 것을.// 여자로 치면 앞머리를 옆으로 내린 세미롱 헤어에 귀여운 원피스를 입는 것과 마찬가지//"[38]

본인이 그리는 게이 캐릭터가 실제 게이들과는 분명히 다른 야오이/BL이라는 기원에서 유래했고 그로 인해 실제 게이에게서는 그리 쉽게 볼 수 없는 스타일이라는 점을 카케이의 캐릭터가 (일반적인 헤테로 여성들 사이에서는 인기 있지만)[39] 게이 사이에서는 인기가 없는 스타일이라는 차이로 치환하여 표현한 것은 매우 영리한 처리 방식이다.[40]

또한 카케이는 가족에게는 커밍아웃을 했지만 회사에서는 여전히 자신의 성정체성을 숨기고 있으며, "밖에서 저러고 다니면 게이라는 게 금방 들통날 거 아냐…"[41]라고 생각하는 보수적인 게이이기도 하다. 따라서 그가 머리가 길고, 수염도 없다는 짐, 즉 "한마디로 게이스럽지도 터프하지도 않다"[42]라는 점은 그가 자신의 성정체성을 감추기 위해 일부러 선택한 스타일이라는 점도 강조된다. 이 또한 일본 사회에서 많은 게이(성소수자)가 자신의 성정체성을 숨기고 있다는 현실과 연결되어 서사적 정합성을 가지게 된다.

'당사자성'을 둘러싼 탐색:
요시나가 후미와 '자연화'된 남성 표상

이처럼 《어제 뭐 먹었어?》는 주인공 게이 커플을 BL 작가인 요시나가의 개성을 살리는 방식으로 조형하고 있고, 이를 통해 게이 내부의 다양성을 보여주는 동시에 하위문화로서 게이문화가 BL에서 그려내는 주인공들의 모습과 어떻게 다른지 묘사한다. 흥미로운 것은 이 작품이 여기에 머무르지 않고 다양한 '당사자'와 '비당사자' 간의 이분법, 혹은 런싱의 논의를 빌려오자면 'BL과 게이 만화의 이분법'을 극복하고자 하는 노력을 보여주고 있다는 점이다.

특히 주인공 카케이와 야부키 커플은 게이 커플로서 일본 사회에 잠재된 사회적 차별과 억압을 겪는 당사자로서 묘사되는 동시에, 헤테로 여성인 요시나가를 대리한 비당사자로서의 측면을 동시에 갖고 있다는 점에 주목할 필요가 있다. 그리고 이는 요시나가가 《어제 뭐 먹었어?》를 '타자로서의 게이'를 존중하고 이를 진지하게 상상하는 작업으로 자리매김했기 때문이라는 점을 미조구치의 "자연화된 '그=나 자신(이라는 여성)' 의식"[43]에 대한 논의와 연결해보려 한다.

우선 카케이와 야부키 커플에 대해 좀더 상세히 살펴보자. 카케이는 게이면서도 게이 같지 않은 취향을 지니고 있으나 꼼꼼한 성격에 요리에 능숙한 반면, 그의 파트너인 야부키는 어릴 적부터 소녀 같은 취향에 감상적이고 미용사로서 일하고 있지만 요리나 가사에는 소질이 없다. 일반적으로 여성적으로 간주되는 특성들(요리를 잘함, 감상적, 소녀 같은 취향, 미적인 부분에 관심이 있음, 태도나 말투가 여성스러움 등)이 주인공 커플 안에서 균등하게 배분되어 있다는 점 또한 BL이 특징으로 삼는 사회적 성차로서의 젠더를 유희화하는 즐거움과 연결되어 있다.[44]

BL이 남성 캐릭터 간의 동성애 서사임에도 불구하고 여성들이 주된 팬층을 이루는 데는 이런 다중동일화[45]가 가능하도록 캐릭터들에게 남성성과 여성성이 적절하게 분배되어 있다는 점을 빼놓을 수 없다. 요시나가의 또 다른 작품인《오오쿠》도 BL이 아닌 소녀 만화 장르에 속하지만, 여성과 남성의 성차를 상대화하는 작업을 주요한 주제로 삼고 있다는 점을 고려한다면《어제 뭐 먹었어?》에 대해서도 충분히 같은 방식으로 해석할 수 있다.

이와 관련하여 문화 연구자 아오야마 토모코(青山友子)는 일본의 요리 만화에서 남성이 주인공인 경우 '요리남(the cooking man)' 유형이 일반적인데 이들은 방랑하며 미식을 찾아다니는 존재로 "대량의 술과 여자(즉, 헤테로 섹슈얼한 관계)가 부록"이고 "미각은 결코 평등하지 않다는 것, 차별을 당연"하게 바라보는 태도가 내포되어 있는데 비해,《어제 뭐 먹었어?》의 카케이는 "일상생활에서 요리 그 자체와 먹는 것을 즐기는 것이 목적으로 요리 자체도 커뮤니케이션의 일환으로 생각"하고 세심하다 못해 쩨쩨할 정도로 돈을 아끼는 모습에서 오히려 주부나 세속적 의미의 '아줌마'에 가깝다는 점을 짚는다.[46] 실제로《어제 뭐 먹었어?》5권의 38화에서 또 다른 등장인물인 다이사쿠는 카케이를 두고 "그 사람은 게이 말씨는 쓰지는 않지만 행동이 아줌마 같지"[47]라고 묘사하는데, 바로 이런 지점은 게이일 뿐만 아니라 일반적인 여성의 대리인으로서 카케이라는 캐릭터가 기능할 수 있도록 조형되어 있다는 점을 뒷받침한다.

나아가 이 작품은 이들 커플이 접하는 사람들을 통해 서사가 확장되는 구조를 취하는데, 이 과정에서 만나게 되는 게이 커플들이 주인공 커플에 비해 다양한 연령대와 외모의 게이를 그려내며 이 중에 '일반적으로 인기 있는' 게이의 모습이 포함되어 있다는 점에 주목할 필요가 있다. 이 작품에서 주인공 커플인 카케이와 야부키는 둘 다 게이들이 선호하는 스타일은 아닌 것으로 그려지는데, 이에 비해 카케이에게 사건을 의뢰하는 테츠로와 요시유키라는 게이 커플은 우리가 일상에서 흔히 만나는 대머리 중년과 초로의 아저씨로 그려지며, 주인공들과 친교를 맺는 다이사쿠와 와타루라는 게이 커플은 둘 다 구레나룻을 기른 남성적인 모습으로 묘사된다(특히 다이사쿠는 "게이라면 80%는 '아, 멋있다'라고 생각할 만한 외모를 가진" 것으로 설정되어 있다).

왜 주인공 커플은 게이 커플인데도 불구하고, 작품 전체에서 다른 게이 커플들이나 게이 개개인과 비교했을 때 요시나가

후미의 다른 BL 작품에 등장하는 남성 캐릭터에 더 가깝게, 즉 나이에 비해 훨씬 젊어 보이고 호리호리한 미청년 스타일로 그려지고 있는가? 여러 가지 이유를 생각할 수 있겠지만, 미조구치의 분석에서 중요한 힌트를 얻을 수 있다. 미조구치는 요시나가 후미가 2007년에 출간한《그 사람과 여기서만의 수다: 요시나가 후미 대담집(あのひととここだけのおしゃべり:よしながふみ対談集)》의 표지가 남성 두 사람이 마주보면서 이야기하는 일러스트(〈자료 1〉)라는 점을 분석하며, BL에서 표상하는 남성의 신체가 여성 BL 팬에게 자신의 대리인으로 자연화되어 있다는 점에 주목할 필요가 있다고 지적한다.

> "여성들이 자유롭게 페미니스트적인 의견을 서로 나누는 대담집의 커버에 여성이 아니라 남성이 그려져 있다는 것은 일반적으로 확실히 기묘하다. [중략] 남성 캐릭터가 여성 대담자들의 '대리인'이란 사실 자체가 너무나 당연해서, 그것이 '외부자'에게 불가사의하게 보일 수 있다는 의식조차 하지 않고 있었다. [중략] 그렇다, 남성 캐릭터가 BL애호가 여성에게 '타인'이 아니라 '자신'이라는 사실은 한없이 자연화되어 있는 것이다."[48]

이런 관점에서 봤을 때, 카케이와 야부키 커플이 그들이 만나게 되는 다른 게이 커플과 다르게 게이들에게 인기 있는 스타일이 아닌 것으로 조형한 것이야말로 바로 요시나가 후미가 의도한 바라고 할 수 있다.

あのひととここだけのおしゃべり

よしながふみ

よしながふみ対談集

太田出版

〈자료 1〉《그 사람과 여기서만의 수다》 표지

　　나아가 요시나가는 미조구치와의 대담에서 《어제 뭐 먹었어?》의 주인공을 왜 남자 커플로 설정했느냐는 질문을 자주 받는다면서, 이유를 물어도 이것밖에는 할 수 없고, 자신이 '게이 부부가 요리하는 만화'를 읽고 싶었기 때문이라고 밝혔다.[49] 이에 대해 미조구치가 'BL뇌를 가진 사람들에게는 너무나 당연하다'고 답하는 것을 긍정하면서 요시나가는 남녀 커플이 주인공이 된다면 이 만화는 완전히 다른 이야기가 될 것(아이 없는 남녀 부부는 위상이 완전히 다르고, 양가 부모들과도 결혼 초기부터 서로 알고 지낼 것이며, 사회적인 인지도도 높고, 파트너가 있다는 점을 숨기지 않는다는 점 등)이라고 지적하면서, 'BL뇌'를 가진 독자라면 이 사실을 금방 이해할 것이며 오히려 자신에게는 이런 시각을 지니지 못한 일반 독자의 시선을 알 수 있게 되어 흥미로웠다고 밝히고 있다.

이런 두 사람의 논의 또한 작가의 성향이 헤테로 여성이라고 해서 반드시 헤테로 여성 캐릭터에만 이입하는 것이 아니라는 점을 뒷받침한다. 'BL뇌'로 비유되는 특정한 장르에 대한 감수성과 그를 통해 배양한 타자에 대한 이해를 바탕으로 작가 본인은 직접적으로 경험하지 못할 사회적 차별과 그를 경험하는 게이의 입장을 설득력 있게 그려내고 있는 것이다.

'당사자'이자 '비당사자'로서 쾌락을 향유하기

페미니즘 리부트 이후, 피해와 가해를 둘러싼 담론 속에서 환상, 재현, 현실을 가로지르는 '당사자'의 문제는 오히려 회피되고 있는 것은 아닌가? '생물학적 여성'이라는 '당사자' 범주가 한국 여성이 겪는 성적 착취의 문제와 1 대 1로 결부되면서 당사자와 비당사자의 경계가 새롭게 구성되었고, 이 경계는 절대적인 것이라는 주장이 횡행하고 있는 것은 아닌가?

이런 '생물학적 여성'이라는 '당사자성'을 독점하는 주체를 내세워서 표상과 판타지, 그리고 현실이 1 대 1로 대응하는 것이라고 간주하는 한국의 '래디컬 페미니즘'은 사실상 사회적 소수자 속의 '다수'를 생물학적 여성이 점하고 있는 상황에서 다른 타자를 배제하여 자신들의 권익을 보장받겠다는 수류에 대한 욕망에서 탄생한 움직임이라는 점이 문제적이다.

그러나 실제 많은 성소수자들은 다양한 수준에서 다양한 방식으로 자신의 성적 정체성을 탐구하고 있고, 이것이 실제적인 차원에서 변화를 만들어내고 있다. 이런 관점에서 미조구치 아키코가 증언하는 레즈비언 정체성을 수용하는 과정에서의 미소년 만화의 중요성은 흥미롭다.

"내가 BL연구를 시작한 것은 내 자신이 BL의 선조에게 구원받았다고 깨달았던 것이 계기였다. 지금보다 더 동성애자에 대한 편견이 강했던 시기에 그러나 〈24년조〉로 불리는 소녀만화가들이 1970-1980년대에 발표한 〈미소년만화〉〈소년애물〉 작품군에는 미소년 간의 긴밀한 우정과 연애가 그려져 있었다. 이들 작품에서는 미소년들은 어른이 되기 전에 죽거나 결국은 여성과 짝을 이루어 이성애자의 가부장이 되었고, 성인 동성애자가 그려지는 것은 (조역 이외에는) 없었지만, 그러나 중성적 미모의 미소년들 사이의 사랑이 긍정적으로 그려져 있었기 때문에 나는 자신이 동성애자라는 사실을 받아들일 수 있었다. 현실의 일본사회에서는 도서관에서 〈동성애〉로 검색하면 정신질환 서적밖에 없고, 예능인의 '레즈 스캔들'이 선정적으로 취급되었으며 자신의 부모를 포함한 주변 어른 전원이 대놓고 차별의식을 표명하고 있었지만, 만화라는 표상에서는 동성애가 멋지게 그려지고 있었던 것이다. 이로 인해 나는 판타지를 키우고 나아가 자기 자신이 레즈비언이라고 하는 현실의 성적 지향을 받아들일 수 있었다."[50]

또한 이와 관련하여 미조구치와 게이로 커밍아웃한 철학자 치바 마사야의 대담은 우리에게 여러 가지를 시사한다. 미조구치가 "레즈비언 당사자로서 BL을 매개로 자신의 마이너리티로서의 욕망의 형태를 긍정받았다"[51]라고 말하는 데에, 치바는 "BL이라는 망상은 새로운 게이다움(gayness)을 시사해주었다"[52]라고 밝히고 있다. 나아가 치바는 1990년대 일본의 게이 미디어가 당사자들에게 내재화된 호모포비아로 인해 게이의 삶을 고통스러운 것으로만 묘사했던 데 비해, BL에는 호모포비아적인 부분이 남아 있었지만 해피엔딩을 전제로 하고 있어서 밝게 느껴졌다는 본인의 경험을 다음과 같이 토로한다.

"야오이, BL 작품이 이만큼 범람해서 남성 동성애가 해방된 부분은 있다고 생각합니다. 혁명적이었다고 생각해요. 환상이 그만큼 정치적인 사실이었던 겁니다. 후조시가 게이 커뮤니티와 특별히 관계없이 자기 멋대로 즐거운 걸 하고 있다는 것만으로도 충분히 혁명적입니다. 나는 그렇게 생각합니다. 데모를 하는 것 외에도 길이 있어요. 욕망은 환상으로 움직입니다. 그 본질적인 부분에 관한 혁명성입니다. 미셸 푸코가 '게이는 최선을 다해 게이가 되어야 한다'고 말했던 것처럼, 발명해야 하는 겁니다. 새로운 게이다운, 레즈비언다운 존재 방식을."[53]

그리고 이런 판타지와 표상, 현실의 관계를 사실 가장 급진적으로 탐구한 사례가 일본이 아니라 한국에 있었다는 것, 그리고 그것의 주된 실천자가 여성이었다는 점을 우리는 기억해야 한다. 류진희가 분석하는 팬픽션과 팬픽이반의 존재가 그것이다. 환상으로서 남성 캐릭터 간의 성애를 그린 창작물의 세계를 통해 레즈비언임을 긍정받은 미조구치의 사례에서 더 나아가, 그것을 현실의 자신을 규정 짓는 실천으로 인식하고 행동했던 팬픽이반의 사례는 사실 그 어떤 환상, 표상과 현실의 관계보다 더 많은 것을 우리에게 시사한다.[54]

마지막으로 BL이라는 미디어에서 재현되는 환상과 재현, 현실의 문제를 생각할 때 너무나 기본적이어서 빼놓기 쉬운 지점을 지적하면서 이 글을 마치고자 한다. 남성 캐릭터의 동성애적 서사라는, 앞에서 소개한 BL의 정의에서 가장 기본적인 것은 역시 '남성'을 성적 대상화하고자 하는 욕망이자 그로 인한 쾌락일 것이다. 여기서 남성 육체에 대한 욕망은 실제적인 남성 육체에 대한 것일 수도 있고, 혹은 '팔루스(phallus)'로 불리는 상징적인 남성성에 대한 욕망 양쪽을 포괄하는 것이다.

특히 표상의 영역에서, 남성의 육체를 통해 성애를 그려내는 행위가 수반하는 '손쉬움'과 그로 인한 '쾌락'은 BL이나 팬픽션을 애호하는 팬들에게는 자명한 것이다. 특히 성애의 묘사에서 '남성 육체 간의 성행위'는 여성의 그것을 묘사하는 것보다 더 '쉽고' '명백하게' 느껴진다는 점이 중요하다. 자신의 욕망에 따라 발기하고 사정하는 성기(팔루스)는 그 자체가 이를 애호하는 팬들, 특히 여성들에게도 자신의 욕망을 구현하는 편리한 도구가 된다는 것이다.

실제로 이에 대해 BL 애호가로 잘 알려진 소설가 미우라 시온(三浦しをん)은 "BL의 독자들 간에 BL에서 표상되고 있는 '페니스'는 물론 실제 남성의 신체기관인 페니스를 기원으로 삼고 있지만 이미 BL독자의 커뮤니티 안에서는 여자의 쾌락기관으로 바뀌어 있고 그 순간에는 여자에게 있어 실제 남성 페니스보다도 더 강력한 것이 되어 있다"[55]라고까지 단언한다. BL과 남성 아이돌에 대한 팬픽션에 여성이 열광하는 이유 중 하나가 바로 이런 남성 육체에 대한 성적 대상화를 통한, 상징적 변형과 지배의 '쾌락'이라는 점 또한 명확하게 기록될 필요가 있을 것이다.

1   이 글은 연구자가 2019년에 발표한 다음 논문에서 일부를 인용해 수정 및 재구성한 것이다. 김효진, 〈'당사자'와 '비당사자'의 사이에서: 요시나가 후미 만화의 게이 표상을 중심으로〉, 《언론정보연구》, 제56권 제2호, 서울대 언론정보연구소, 2019.

2   溝口彰子, 《BL進化論[対話編]: ボーイズラブが生まれる場所》, 宙出版, 2017, p.346에서 재인용.

3   이때 BL은 남성 캐릭터들 간의 동성애, 즉 사랑과 섹스를 다루고 있다고 정의되는데 '남성 캐릭터'의 표상을 둘러싸고 다양한 해석의 가능성이 존재한다. 즉, 남성 캐릭터가 현실의 남성과는 다른 존재라면, 이를 확장하여 '남성으로 패싱되는' 캐릭터로 볼 수 있다는 것이다. 퀴어 연구적 관점에서 BL을 접근하는 연구로는 다음의 논문을 참조할 것. 이현지, 〈한국 BL 소설의 섹슈얼리티 연구: 오메가버스(Omegaverse)를 중심으로〉, 연세대학교 대학원 석사학위논문, 2019; 홍보람, 〈한국 '여성' 동인문화와 페미니즘의 관계에 대한 연구: 탈BL(Boys' Love) 담론을 중심으로〉, 중앙대학교 대학원 석사학위논문, 2021.

4   구체적인 내용은 다음을 참조할 것. 김효진, 〈보이즈 러브의 문화정치와 '여성서사'의 발명: '야오이'의 수용부터 '탈BL' 논쟁까지〉, 《원본 없는 판타지: 페미니스트 시각으로 읽는 한국 현대문화사》, 후마니타스, 2020.

5   다음을 참조할 것. 손희정, 《페미니즘 리부트: 혐오의 시대를 뚫고 나온 목소리들》, 나무연필, 2017.

6   이는 "여성들이 남성 캐릭터 간의 연애 이야기를 자신들의 판타지를 투영한 표상으로서 생산하고 수용할 수 있다는 것은 그녀들의 개인적 주체(주관성)가 사회적 주체로서의 포지션에서 자유롭다는 점을 보여주는 한편, 애초부터 여성 독자가 남성 간의 이야기를 필요로 한다는(여성이 중심인 연애 이야기는 기피한다) 사실 자체가 그녀들의 '상처'를 보여주기 때문"이라는 미조구치 아키코의 주장과 연동된다. 미조구치 아키코, 《BL진화론: 보이즈 러브가 사회를 움직인다》, 김효진 옮김, 이미지프레임, 2018, 272~273쪽.

7   ジェームス·ウェルカー, 《BLが開く扉: 変容するアジアのセクシュアリティとジェンダー》, 青土社, 2019, pp.11~12.

8   나아가 순수 창작물인 BL과 (아이돌) 팬픽션은 명백히 다른 역사와 표상의 대상을 갖는다는 점에서 각각 독립된 장르다. 하지만 그와 동시에, 한국과 일본에서 팬픽션의 역사는 BL의 전신인 '야오이'에 그 뿌리를 두고 있고, 특히 남성 아이돌을 대상으로 하는 팬픽션의 경우 BL의 문법을 상당 부분 차용하고

있다는 점에서 BL에 대한 논의는 그 차이점에도 불구하고 팬픽션에 대한 연구에도 시사하는 점이 많다.

9 미조구치 아키코, 《BL진화론: 보이즈 러브가 사회를 움직인다》, 김효진 옮김, 이미지프레임, 2018, 278~279쪽 재인용.

10 실제로 BL 역사의 초창기에 해당하는 '쥬네(JUNE)계'의 경우, 그 핵심이었던 《쥬네JUNE》 잡지에 여성 작가에 의한 남성 동성애를 그리는 작품과 함께 게이와 게이 문학, 게이 영화 등에 대한 소개 등이 실렸다. BL 장르의 창작자와 소비자 대부분이 게이가 아니었더라도, BL이 현실의 게이문화를 지속적으로 참조해왔다는 점은 명백한 것이다. 참고로 《쥬네》는 1978년 창간된 잡지인데, "남성 간의 연애를 축으로 한 이야기(만화와 소설)을 전문으로 게재하는 거의 유일한 상업지"로 이 잡지에 실린 작품들의 특징은 최근의 BL 작품들보다 비극적인 전개와 무거운 갈등을 담고 있다는 점이다. 미조구치 아키코, 《BL진화론: 보이즈 러브가 사회를 움직인다》, 김효진 옮김, 이미지프레임, 2018, 33, 36쪽.

11 오카마(おかま)는 여장 남자를 포함한 남성 동성애자에 대한 멸칭이고, 뉴하프(ニューハーフ)는 MTF 트랜스젠더가 유흥업에 종사하는 경우의 호칭이지만, 성전환 수술을 받는 대신 자신을 제3의 성으로 정의하는 경우도 존재한다.

12 Ishida Hitoshi & Murakami Takanori, "The Process of Divergence between 'Men who Love Men' and 'Feminised Men' in Postwar Japanese Media", *Intersections*, Issue 12, Asia Research Centre at the School of Asian Studies, Murdoch University, 2006.

13 MJ McLelland, "The role of the 'tojisha' in current debates about sexual minority rights in Japan," *Japanese Studies*, 29(2), 2009, pp.193-207.

14 같은 글 참조.

15 실제로 당사자성을 강조하는 순간, 체험의 배타성 및 내부 입장의 다양성으로 인해 본질주의적 경향성을 띤다는 점이 다른 소수자 운동에서도 지속적으로 지적되어왔다. 실제 유사한 논의가 한국의 장애 운동에서도 진행되고 있다. 당사자주의가 사상이나 이념이 될 수 없다는 강력한 비판에 대해 당사자주의를 지지하는 입장은 당사자주의가 논리적 설득력이 부족하다는 점은 인정하면서도 당사자주의가 근본 이념은 될 수 없으나 현실적으로 유용한 도구라는 점을 강조한다. 황현희, 〈장애운동, 당사자주의는 이념이나 가치가 될 수 있는가〉, 《웰페어뉴스》, 2017년 5월 20일 자, http://www.welfarenews.net/news/articleView.html?idxno=61389.

16　MJ McLelland, "The role of the 'tojisha' in current debates about sexual minority rights in Japan," *Japanese Studies*, 29(2), 2009, 199쪽.

17　ミニコミ. 미니 커뮤니케이션(mini communication)의 약어로, 1960년대 이후 매스 커뮤니케이션에 대항해 개인·단체가 명확한 주장을 중심을 담은 서적과 잡지 등을 발행해 불특정 다수의 독자에게 어필하고자 했던 일본 사회의 한 흐름이다.

18　자세한 설명은 다음을 참조할 것. 미조구치 아키코,《BL진화론: 보이즈 러브가 사회를 움직인다》, 김효진 옮김, 이미지프레임, 2018, 99쪽.

19　구체적인 내용은 다음을 참조할 것. 헨리 젠킨스,《팬, 블로거, 게이머: 참여문화에 대한 탐색》, 정현진 옮김, 비즈앤비즈, 2008.

20　familial homophobia. 성소수자는 헤테로섹슈얼에 비해서 가족 내부에서부터 차별에 직면하며 심리적, 육체적 학대를 경험한다는 점에 주목한 개념이다. 구체적인 내용은 다음을 참고할 것. Sarah Schulman, *Ties that Bind: Familial Homophobia and its Consequences* The New Press, 2012.

21　이에 대해 미조구치는 다음과 같이 평한다 "BL이 남성캐릭터 간의 연애를 축으로 한 이야기라는, 현실 세계에서 게이 남성 커플에 호응하는 형식을 사용하고 있기 때문이라고 해석할 수 있다. [중략] 소비자로서는 극히 소수이지만 표상되는 형식에 호응하는 사람들이기 때문에 중요시되고 있다." 미조구치 아키코,《BL진화론: 보이즈 러브가 사회를 움직인다》, 김효진 옮김, 이미지프레임, 2018, 96~97쪽.

22　おこげ. 영어로 '패그해그(fag hag)'를 가리키며, 게이를 동경해 이들을 따라다니는 헤테로 여성을 가리킨다.

23　미조구치 아키코,《BL진화론: 보이즈 러브가 사회를 움직인다》, 김효진 옮김, 이미지프레임, 2018, 100~104쪽.

24　실제로 이 당시, 야오이뿐만 아니라 일본의 여성지 다수가 아름답고 패셔너블한 게이들을 앞다투어 특집으로 다루면서 매스미디어상의 '게이붐'이 등장했다. 미조구치 아키코,《BL진화론: 보이즈 러브가 사회를 움직인다》, 김효진 옮김, 이미지프레임, 2018, 105~107쪽.

25　미조구치 아키코,《BL진화론: 보이즈 러브가 사회를 움직인다》, 김효진 옮김, 이미지프레임, 2018, 114~119쪽.

26　같은 책, 115쪽에서 재인용.

27　같은 책, 118쪽에서 재인용.

28　Lunsing, Wim, "Yaoi Ronsō. Discussing Depictions of Male

Homosexuality in Japanese Girls' Comics, Gay Comics and Gay Pornography", *Intersections* 12, 2006, http://intersections.anu.edu.au/issue12/lunsing.htmlLunsing 2006. 또한 런싱의 이런 주장은 게이로 커밍아웃한 철학자 치바 마사야의 다음과 같은 발언에 공명하는 것이다. "첫째, '진짜 게이 섹스'를 누가 알고 있는가, 라는 거죠. 애초부터 성애는 판타지이므로 과장된 판타지가 어떤 표상을 통해서 실제 판타지를 구축해 나가는 것이므로 그 이상도 이하도 아닙니다. 따라서 그것이 여성 저자가 구축한 것이라고 한들 그래서 어떻다는 거냐, 는 것이죠." 溝口彰子,《BL進化論[対話編]: ボーイズラブが生まれる場所》, 宙出版, 2017, p.353.

29 미조구치 아키코,《BL진화론: 보이즈 러브가 사회를 움직인다》, 김효진 옮김, 이미지프레임, 2018, 126~128쪽 참조.

30 요시나가 후미,《사랑이 없어도 먹고 살 수 있습니다》, 윤영의 옮김, 서울문화사, 2005, 4쪽.

31 같은 책, 5쪽.

32 같은 책, 42쪽. 강조는 필자.

33 "그 시대에 신경 쓰게 만들었다는 건 있었겠지. 심술궂게 말하자면 그건 결국 게이가 자신들 안에 품고 있는 원념을 여자를 상대로 터트린 것과 비슷하지. 그건 보이즈 러브 탓도 아니고, 그거야말로 여성성 경시라든지 호모포빅한 감정이 당사자 측에도 있었으니까. [중략] 내 기억에 의하면 그 시절의 게이들은 정말 흥미가 없었다고. 전혀 별개로 생각했고 비난할 기분조차 들지 않았다고 할까." 미조구치 아키코,《BL진화론: 보이즈 러브가 사회를 움직인다》, 김효진 옮김, 이미지프레임, 2018, 258쪽.

34 흥미로운 것은 요시나가 후미는 이 작품의 연재처로 BL 잡지를 고려하고 있었으나 40대인 주인공들의 연령대가 너무 높다는 점, 그리고 나이 든 부모의 돌봄 등 무거운 소재를 다룬다는 점이 BL 잡지 독자들에게는 적절하지 않다고 편집자가 거절한 결과, 청년 만화 잡지인《모닝》에서 연재를 하게 되었다는 사실이다.

35 요시나가 후미,《어제 뭐 먹었어?》1권, 삼양출판사, 2008, 15쪽.

36 같은 책, 19쪽.

37 요시나가 후미,《어제 뭐 먹었어?》2권, 삼양출판사, 2009, 5쪽.

38 같은 책, 6쪽.

39 요시나가 후미,〈37화〉,《어제 뭐 먹었어?》5권, 삼양출판사, 2012.

40 이와 관련해서 요시나가 후미는 미조구치 아키코와의 대담에서 연재를 시작하기 전 실제 게이 커플을 취재하는 과정에서 전혀 게이처럼 보이지 않는 커

플도 있었고 성소수자의 권리 등에 전혀 관심이 없는 경우도 만났다면서 "그 결과 최대공약수적인 게이를 그릴 필요는 없다는 결론에 도달"했고, "남녀 커플 중에도 정말 다양한 커플이 있는 것처럼 게이 커플도 다양하므로 맘대로 그리기로 했다"라고 밝혔다. 溝口彰子,《BL進化論[対話編]:ボーイズラブが生まれる場所》, 宙出版, 2017, pp.312-313.

41 요시나가 후미,《어제 뭐 먹었어?》 2권, 삼양출판사, 2009, 7쪽.

42 같은 책, 6쪽.

43 미조구치 아키코,《BL진화론: 보이즈 러브가 사회를 움직인다》, 김효진 옮김, 이미지프레임, 2018, 235~236쪽.

44 永久保陽子,《やおい小説論-女性のためのエロス表現》, 專修大学出版局, 2005.

45 multi-identification. 여기서 다중동일화란 독자가 BL을 감상할 때 주인공인 공과 수 각각의 관점에 감정이입(identify)을 할 뿐만 아니라, 이야기 우주의 외부에 선 독자로서의 시점, 즉 전지적 시점에도 감정이입하는 것을 가리킨다. 더 자세한 설명은 다음을 참조할 것. 미조구치 아키코,《BL진화론: 보이즈 러브가 사회를 움직인다》, 김효진 옮김, 이미지프레임, 2018, 80~81쪽.

46 青山友子,〈よしながふみのマンガに見る〈食〉とジェンダー〉,《お茶の水女子大学比較日本学教育研究センター研究年報》, お茶の水女子大学比較日本学教育研究センター, 2010, pp.156-157.

47 요시나가 후미,《어제 뭐 먹었어?》 5권, 삼양출판사, 2012, 107쪽.

48 미조구치 아키코,《BL진화론: 보이즈 러브가 사회를 움직인다》, 김효진 옮김, 이미지프레임, 2018, 236쪽.

49 溝口彰子,《BL進化論[対話編]: ボーイズラブが生まれる場所》, 宙出版, 2017, pp.315-316.

50 미조구치 아키코,《BL진화론: 보이즈 러브가 사회를 움직인다》, 김효진 옮김, 이미지프레임, 2018, 8쪽.

51 溝口彰子,《BL進化論[対話編]: ボーイズラブが生まれる場所》, 宙出版, 2017, p.339.

52 같은 책, p.342.

53 같은 책, p.355.

54 류진희,〈팬픽: 동성(성)애 서사의 여성 공간〉,《여성문학연구》 20권, 한국여성문학학회, 2008, 163~184쪽.

55 溝口彰子,《BL進化論[対話編]: ボーイズラブが生まれる場所》, 宙出版, 2017, p.391.

참고 문헌

김효진, 〈'당사자'와 '비당사자'의 사이에서: 요시나가 후미 만화의 게이 표상을 중심으로〉, 《언론정보연구》 제56권 제2호, 서울대 언론정보연구소, 2019.

김효진, 〈보이즈 러브의 문화정치와 '여성서사'의 발명: '야오이'의 수용부터 '탈BL' 논쟁까지〉, 《원본 없는 판타지: 페미니스트 시각으로 읽는 한국 현대문화사》, 후마니타스, 2020.

류진희, 〈팬픽: 동성(성)애 서사의 여성 공간〉, 《여성문학연구》 제20권, 한국여성문학학회, 2008.

미조구치 아키코, 《BL진화론: 보이즈 러브가 사회를 움직인다》, 김효진 옮김, 이미지프레임, 2018.

손희정, 《페미니즘 리부트: 혐오의 시대를 뚫고 나온 목소리들》, 나무연필, 2017.

이현지, 〈한국 BL 소설의 섹슈얼리티 연구: 오메가버스(Omegaverse)를 중심으로〉, 연세대학교 대학원 석사학위논문, 2019.

헨리 젠킨스, 《팬, 블로거, 게이머: 참여문화에 대한 탐색》, 정현진 옮김, 2008, 비즈앤비즈.

홍보람, 〈한국 '여성' 동인문화와 페미니즘의 관계에 대한 연구 : 탈BL(Boys' Love) 담론을 중심으로〉, 중앙대학교 대학원 석사학위논문, 2021.

青山友子, 〈よしながふみのマンガに見る〈食〉とジェンダー〉, 《お茶の水女子大学比較日本学教育研究センター研究年報》, お茶の水女子大学比較日本学教育研究センター, 2010.

ジェームス・ウェルカー, 〈ボーイズラブ（ＢＬ）とそのアジアにおける変容・変貌・変化〉, 《BLが開く扉: 変容するアジアのセクシュアリティとジェンダー》, 青土社, 2019.

溝口彰子, 《BL進化論[対話編]: ボーイズラブが生まれる場所》, 宙出版, 2017.

永久保陽子, 《やおい小説論-女性のためのエロス表現》, 専修大学出版局, 2005.

Ishida Hitoshi & Murakami Takanori, "The Process of Divergence between 'Men who Love Men' and 'Feminised Men' in Postwar Japanese Media", *Intersections*, Issue 12, 2006, http://intersections.anu.edu.au/issue12/ishida.html.

Lunsing, Wim, "Yaoi Ronsō. Discussing Depictions of Male Homosexuality in Japanese Girls' Comics, Gay Comics and Gay Pornography", *Intersections*, Issue 12, 2006, http://intersections.

anu.edu.au/issue12/lunsing.html.

McLelland, MJ, "The role of the 'tojisha' in current debates about sexual minority rights in Japan", *Japanese Studies*, 29(2), 2009, pp.193-207.

Schulman, Sarah, *Ties that Bind: Familial Homophobia and its Consequences*, The New Press, 2012.

5장

팬픽션 퀴어바디즘[1]:

퀴어문화의 다양한 체위

윤소희

퀴어팬덤과 알페스: 팬픽의 퀴어한 진화

알페스(RPS, Real Person Slash)란 실존인물이 등장하는 픽션을 의미하는데, 최초의 알페스는 서양 장르물에서 시작되었고, 수십 년이 지난 지금은 아이돌 팬덤 내에서 빠질 수 없는 하위문화가 되었다. 알페스를 창작하고 또 소비하는 이들의 심리 또한 오랜 시간에 걸쳐 변화했고 그 과정에서 BL, 즉 보이즈 러브(Boys Love) 창작물의 특성을 크게 띠었던 창작물들뿐만 아니라 퀴어서사에 가까운 이야기들이 등장하거나 성장물, SF, 전쟁물과 정쟁물, 또는 창작자가 만들어낸 새로운 세계관을 활용한 서사 등 전반적으로 창작의 범위가 넓어졌다. 그리고 그와 동시에 향유할 수 있는 선택의 폭 역시 넓어졌다. 퀴어 당사자가 만들어내는 퀴어서사의 양도 늘어났으며, 그 서사를 읽으며 정체화를 하게 되었다는 사연도 속속 등장하고 있다. 그리고 (퀴어들이 퀴어물을 늘 향유해왔음에도) '퀴어페스('퀴어'와 '알페스'의 합성어)'가 등장하면서 퀴어팬덤도 함께 가시화되기 시작했다. 그렇다면 퀴어페스는 무엇이고, 퀴어페스와 알페스의 차이점은 무엇일까.

퀴어 당사자가 알페스 퀴어 장르물을 창작한다는 것은 알페스 팬덤과 퀴어서사 양자 모두가 확장된다는 의미를 지닌다. 퀴어 당사자가 창작하는 모든 퀴어서사들은 당사자가 쓰는 것이기에 더욱 생동한다. 이 이야기들 안에는 부치템[2] 서사가 존재하고, 젠더퀴어 서사와 무성애자의 로맨스 서사, 혹은 로맨스가 배제된 완전한 무성애 서사, 그리고 퀴어 대안가족 등이 다루어지곤 한다. 아이돌 팬덤에서 이처럼 시스젠더 게이, 퀘스처너리, FTM, MTF, 쿠피오섹슈얼, 젠더플루이드, 데미로맨틱 등의 퀴어 용어[3]가 쓰인 창작물이 생산되고 소비를 시작하게 된 시기 또한 비슷하게 맞물린다. 분명 퀴어서사는 이전부터 존재했었으나 '퀴어팬덤의 퀴어서사'라고 지칭하여 분류될 만한 창작물이 손에 꼽히기 시작한 시기는 NCT 팬덤 내에서 활발히 퀴어 이야기를 나누었던 2017년경이라고 생각한다.

　퀴어페스는 누군가에게는 스스로를 정체화하는 계기가 되기도 하고, 누군가에게는 견문을 넓히는 창구가 되기도 했다. 그리고 팬들은 더 적극적으로 자신의 아이돌에게서 구체적인 퀴어함을 찾기 시작했다. 그로 인해 무엇이 변했을까. 알페스 내에서 가장 많은 수요와 공급이 이루어졌던 '집착광공×지랄수'랄지, 알페스가 '남자와 남자의 로맨스가 아닌 사람 간의 로맨스'라며 헤테로 섹슈얼을 게이 섹슈얼로 단순하게 치환한 전형적 모습에서 벗어나, 좀더 다양한 퀴어적 모습이 알페스 소비자들 사이에서 교류되고 가시화되기 시작했다.

　알페스와 알페스에서 진화한 퀴어페스 간의 차이는 모호하기도, 명확하기도 하다. 퀴어페스를 만들고 향유하는 이들은 주로 등장인물이 성별이분법에 저항하는 묘사가 등장하는지 여부에 따라 그 둘을 나누며, 이때 가장 중요한 부분은 등장인물이 자신이 정상성 바깥에 있다는 것을 인지하고 있는지다. 젠디퀴어가 등장해야만 퀴어페스라고 볼 수 있지 않느냐는 의견도 있다. 극단적인 입장이라 생각하지만 가장 원론적이면서 명백하게 분류될 수 있는 퀴어페스의 기준이라고 볼 수 있다. 하지만 퀴어 스펙트럼은 전부 외우기에 벅찰 정도로 넓고 광대한 만큼, 퀴어페스라고 명명할 수 있는 범위 역시 그만큼 넓을 수 있다.[4]

한편 유독 퀴어팬덤은 남성 아이돌 팬덤 내에서 그 세력이 큰데, 이는 자신들의 이상형 혹은 이상향이었던 부치의 형상이 남성 아이돌 멤버 가운데 있기 때문이라는 가설이 유력하며, 퀴어팬덤의 결집된 모습을 보고 찾아온 또 다른 퀴어들이 모여 그 몸집을 불렸을 것이다. 그리고 이 남성 아이돌 팬덤 내의 퀴어 팬덤이 퀴어페스의 주 생산자이자 소비자가 된다.

창작의 범주가 넓어지며 서사의 흐름 역시 새로운 양상을 띠게 됐다. 필수요소처럼 다루어지던 부분이 없기도 하고 일전에 없던 리얼리티가 등장하기도 한다. 이런 측면에서 한 가지 예시를 들자면 2차 창작물인 알페스에서 기존의 클리셰로 여겨지던 지향성 혼란 페이소스[5]가 사라지고 있는 동향을 짚고 넘어갈 필요가 있다. '나는 남자고 원래 여자랑만 사귀었는데 저 남자애가 좋아. 왜일까?' 이러한 지향성 혼란은 실제로 정체성을 확립하는 과정에서 흔히 생기는 혼란이지만 창작물에서 페이소스로 쓰이기에는 다소 낡은 소재로 느껴질 수 있다.

퀴어가 자신을 퀴어로 자각하고 있는 것이 당연한 상황과 그렇지 않은 상황에는 매우 큰 차이가 있다. 시류에 따라 공중파 및 지상파 드라마, 영화에서도 퀴어의 가시화가 진행되고 있는데, 케이팝은 드라마, 영화 등의 매체보다 직·간접적으로 퀴어한 소재를 앞서 드러내왔다. 예를 들자면 여성 아이돌 그룹 이달의 소녀의 멤버인 츄의 솔로곡 〈Heart Attack〉 뮤직비디오에서는 이브를 짝사랑하는 츄의 적극적인 구애가 표현되며, 레드벨벳의 〈세가지 소원〉 뮤직비디오에는 이주영 배우가 헤테로 여성을 짝사랑하지만, 결국 그 마음을 숨기는 서사가 담겼다. 이 외에도 몬스타엑스의 〈걸어〉 뮤직비디오에는 멤버 민혁이 욕조에서 죽어가는 또 다른 멤버 형원을 지켜보다 푸른 약을 마시고 그와 운명을 함께하려는 장면이 등장한다.

이렇듯 케이팝에서 나타나는 퀴어서사에는 지향성 혼란 페이소스가 대부분 생략된 형태로 표현되는데, 3~5분 이내의 짧은 영상이기에 서사를 축약해야 하는 시간적 한계도 있겠지만 '굳이' 페이소스를 지향성 혼란으로 선택할 필요가 없어지게 된 사회적 동향이 그 가장 큰 이유일 것이다. 이제 대중은 퀴어서사를 받아들일 때 이전에 수없이 많이 다루었던 갈등을 또다시 보고 싶어하지 않을 가능성이 높다. 또한 퀴어가 스스로를 퀴어로 명확히 자각한 상황에서 시작되는 서사에서는 좀더 많은 스토리를 담을 수 있다는 이점이 있다. 명확히 짚고 넘어가자면, 대중매체 전반에서 생산되는 퀴어서사에서는 지향성 혼란 파트가 배제된다기보다는 생략되는 형태에 가깝다고 볼 수 있다.

그들의 욕망에는 어떤 차이가 있나

그렇다면 케이팝 기반의 팬픽, 알페스 등이 퀴어하게 진화해온 흐름 속에서, 시스젠더 헤테로 여성과 퀴어가 알페스를 향유하는 방식에는 어떤 차이점이 있는지를 짚어보자. 같은 작품을 두고도 어떤 이는 그것을 단순 알페스로 받아들이고, 어떤 이는 그것을 퀴어서사로 받아들인다. 창작자가 아주 명확하게 퀴어성을 드러낸 작품이 아니라면, 해당 알페스가 퀴어서사인지 아닌지는 대개 수용자의 입장에서 갈리곤 한다. 시스젠더 헤테로 알페서[6]와 퀴어 알페서가 향유하는 알페스에는 분명한 교집합이 있다. 하지만 명확한 차이점 역시 존재한다. 시스젠더 헤테로 향유자는 알페스(혹은 BL)을 소비할 때 자신을 타자화하여 소비하는 경향이 있으며, 퀴어 향유자는 서사에 자기 자신을 투영하여 바라본다.

알페스를 소비하는 시점에서 시스젠더 헤테로인 향유자 역시 '뼈테로(뼛속까지 헤테로)'이기는 어렵다. 어떤 아이돌 그룹이건 케이팝 특유의 퀴어함이 녹아들어 있기 마련이며, 그들 간의 관계성을 가지고 서사놀이를 하게 된 시점에서 이미 그 퀴어성을 인지하고 있다는 뜻이기 때문이다. 다만 시스젠더 헤테로 향유자와 퀴어 당사자 향유자가 알페스를 수용하는 방식의 차이는 아이돌 당사자가 실제로 가진 퀴어성, 혹은 연기하고 있는 퀴어성을 받아들이고 난 뒤 캐릭터를 어떻게 다루는지에 따라 갈린다. 전자의 그룹은 대개 '우리 오빠는 실제로 헤테로이지만 이 서사 속에서는 게이다!'라는 식으로 구분 짓는다. 그들이 퀴어함을 연기하고 있다고 생각하는 것이다. 반면 후자의 그룹은 그들이 가지고 있는 부치성을 '착즙'한다. 그들의 퀴어함 자체를 수용한다. 아이돌 당사자의 실제 정체성과 무관하게 믿고 싶은 대로 믿는다.

또 다른 예를 들자면, 동인계에서 흔히 등장하는 'TS'[7]와 여성기 소재를 소비하는 방식에도 차이가 있다. '어느 날 아침 눈을 떠보니 갑자기 입고 있던 잠옷이 헐렁하고 가슴이 무거워지고 가랑이 사이가 휑해졌다!'라는 식의 판타지성이 다분한 TS 소재는 알페스에서 흔히 등장한다. '클리셰는 곧 클래식'이라는 진리에 걸맞게 성별 반전 소재는 예로부터 지금까지 어느 팬덤에서도 빠지지 않는 단골 '연성' 재료로 쓰인다. 이때 성별 반전 자체는 퀴어와 헤테로의 구분 없이 누구나 즐겁게 소비할 수 있지만, 여성기 소재에서는 다소 취향이 갈릴 수 있다. 성별 반전의 경우, 한쪽만 성별 반전이 되거나 양쪽 모두 성별 반전이 됨으로써 평범한 동성애나 이성애의 형태를 무난하게 표현할 여지가 많다.

하지만 섹슈얼한 요소가 더 섞여들어 여성기에 초점을 맞출 경우에는 일명 '후타나리'[8]라고 불리는 소재가 사용된다. 후타나리에도 크게 두 종류가 있는데, 남성의 신체에 여성의 성기만 있는 경우와 남성의 신체에 남성기와 여성기가 둘 다 있는 경우다. 이런 소재는 포르노 계열의 하위문화에서 흔히 쓰이는 소재인 만큼, 일페스 안에서도 포르노적으로 소비되는 경우가 많다. 하지만 간혹 일부 퀴어 알페서들은 성별 반전이라는 소재에 리얼리티를 더 많이 섞는다. 하룻밤 사이에 갑자기 성별이 바뀌거나 애당초의 성별 자체를 바꾸는 것이 아니라, 호르몬 조절과 시술 혹은 수술로 성별이 바뀌는, 즉 트랜지션 과정을 만들어낸다. 이런 서사에서는 등장인물들이 남성과 남성으로 만나 한쪽이 트랜지션 과정을 거쳐 여성이 된다거나, 트랜지션 과정에서 인물들이 만나는 경우도 있다. 반드시 트랜지션 과정이 필요한 것은 아니고, 등장인물의 정체성이 FTM이나 MTF인 경우도 있다.

알페스 팬덤에서 트랜지션이나 트랜스 정체성을 가진 인물이 등장하는 서사는 극도로 적기 때문에 가시화가 되지 않아 어떤 페티시를 형성하거나 러버[9]들을 모아 집단을 형성하기는 어렵다. 페티시가 가능하기 위해서는 상징적 다수여야 한다. 쉽게 말하면 뻔한 소재여야 한다는 것이다. 가터벨트를 입은 근육질의 남성이라든가, 짧은 교복을 입은 여고생이라든가. 트랜스젠더 서사는 애당초 그 양이 너무 적어서 클리셰나 페티시를 논하기에는 시기상조다.

알페스는 실존인물을 기반으로 다루어지는 문화이니 만큼 문제성이 제기되는 소재가 무수하지만, 유독 TS는 유구하게 여러 담론이 오가는 소재이기도 하다. 성별 반전일 뿐인 이 소재는 왜 헤이터, 즉 혐오자들을 이끌고 다닐까.

"BL은 여성의 다양한 욕망이 투영된 남성 캐릭터들이 '기적적인 사랑'에 빠지는 작품군으로, 여성이 가부장제 사회 속에서 부과된 여성의 역할로부터 해방되어 남성 캐릭터에 가상으로 자신을 기탁함으로써 자유자재로 사랑과 섹스를 즐길 수 있는 것이 BL이라고 할 수 있다. 즉 캐릭터가 독자와는 다른 성별이기 때문에 가능한 현실도피가 약속된 장르이다."[10]

혐오자들은 "남돌에 레즈 비비지 말라" "당신 때문에 여성서사를 빼앗기고 있다"라며 비난한다. 하지만 TS 창작자는 그저 놀고 있을 뿐, 여성의 서사를 빼앗아 '남돌'에게 쥐여준 게 아니다. 그들이 TS를 경계하는 이유는 위의 인용된 문장에서 언급된 바와 같이 서사 속 인물이 본인과 다른 성별이기 때문에 자신의 욕망을 타자화해서 보고 있던 부분에서 갑자기 당사자성이 느껴졌거나, 남성성과 여성성이라는 성별정체성에 너무 과몰입했기 때문이라고 볼 수 있다. TS 창작자의 대부분은 남성 아이돌이 가진 남성성을 여성성으로 단순 치환한다기보다는 그의 '부치니스'에 새로운 캐릭터성을 부여한 것이므로, 이에 대한 혐오자들의 '여성서사를 빼앗는다'는 의견은 다소 비약적이다.

알페서의 서사놀이

알페서들은 자신이 좋아하는 커플링의 서사를 보는 것에서 디 나아가, 서사 자체로 놀이를 만들어내거나 유희거리를 만들어낸다. 알페스 팬덤에서 이루어지는 유희는 대부분 트위터

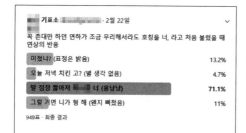

<자료 1> 상황 및 대사 등을 자신이 생각하는 '캐해석'에 들어맞는 선택지를 고르는 ○○(커플링명) 기표소 예시. 트위터 캡쳐.

<자료 2> 차악인 상황을 골라야 하는 선택지의 예시. 애스크 캡쳐.

와 같은 SNS 공간에서 이루어지는데, 이때 계정의 공개 여부 (비밀계정인지 공개계정인지)에 따라 그 놀이의 종류가 달라진다. 알 페서들은 '공계(공개계정)'상에서 단순하게는 커플의 캐해석[11]을 고르거나, 어떠한 상황을 전제한 후 더 좋거나 덜 끔찍한 선택 지를 고르며 논다(<자료 1>, <자료 2>).

어떤 상황이 제시됨으로써 알페서들은 상상할 수 있는 서 사의 범위가 넓어진다. '특정 상황에 놓인 인물이 어떻게 대답 할 것인가?'라는 몇 가지 선택지를 통해 여러 방향의 스토리텔 링을 상상할 수 있기 때문에 이러한 단순한 형태의 '초이스놀이' 는 지속될 수 있는 동력을 얻는다. 가장 대표적인 알페스 팬덤 의 놀이 가운데 '떡밥놀이'라는 것도 있다. '1차 떡밥'을 통해 자

신들이 좋아하는 아이돌들의 특정 행동과 발언 등으로 그들의
관계성을 찾아내고, 여기에 추가적 상상력을 덧붙이는 놀이다.

알페서는 자신이 쉬핑[12]하는 커플이 스킨십을 하거나 서
로에 대한 언급을 할 경우 그것을 아카이빙해 그들 간의 섹슈
얼리티 혹은 로맨틱 관계를 구체화한다. 어떤 떡밥이 가장 그
들의 관계가 긴밀함을 잘 나타냈는지 투표를 진행하거나, 나아
가 'A×B 월드컵'[13] 'A×B듀스 101'[14] 등의 콘텐츠를 직접 만들어
내기도 한다. 이런 놀이문화가 이어질 수 있는 원동력은 크게
두 가지로 분류된다. 하나는 알페서가 연성하는 커플이 실제로
그들 간의 연대감과 실재하는 서사 등을 드러내는 '1차 떡밥'이
고, 또 다른 하나는 그것을 바탕으로 창작되고 덧붙은 이야기인
'2차 떡밥'이다. 이 둘은 떼려야 뗄 수 없는 관계이기도 하며, 이
때 '소비러' '연성러' '주접러'라는 3요소가 모임으로써 알페스
팬덤의 규모가 확장된다.[15] 특정 커플의 알페스 팬덤에 소속된
이 세 주체의 많고 적음에 따라 메이저와 마이너가 갈리기도
한다.

그렇다면 그들은 자신의 팬덤을 어떻게 받아들일까? 메이
저 알페스 팬덤에 속한 사람들보다는 마이너 알페스 팬덤에 속
한 사람들의 팬덤 분석이 압도적으로 그 양이 많다. 슬프게도
마이너 알페스를 향유하는 사람들은 소비할 콘텐츠가 한정적
이라 늘 목마르고 배고픈 상태이므로, 그 무료함을 팬덤 분석
을 히는 데 사용할 시간이 있기 때문이다. 메이저 팬덤과 마이
너 팬덤을 나누는 기준선이 명확하지는 않으나, 마이너 팬덤은

원래 다들 메이저장르 잡아봤자 아 행복하다 소비러인
생 최고다 라고 말로만 그러고 결국엔 지금 치인 마이
너 본진 가서 백설기 속 검은콩 골라먹듯이 쫌쫌따리
배만 채우잖아요

오후 2:36 · 2020년 6월 30일 · Twitter for Android

〈자료 3〉 마이너 커플
링 향유자의 고찰. 트위
터 캡쳐.

도란도란 호미로 땅을 파 한땀 한땀 씨앗을 심고 손바닥에 떠온
물을 뿌려주는 식이며, 저 너머 메이저 팬덤에서 트랙터로 땅을
개간하며 헬기로 살수하는 모습을 마이너 팬덤이 지켜보는 형
태에 가깝다(〈자료 3〉).

　　비밀계정에서는 조금 더 은밀하거나 내밀한 놀이가 이루
어진다. 대표적으로는 '트친페스'가 있다. 트위터상에서 서로를
팔로우하는 '맞팔'을 하는 사이이며 친밀한 관계인 사람들을 엮
거나 자신과 상대방 간의 관계성과 서사를 만들어내기도 한다.
혹은 자신과 친밀한 무리가 아이돌 그룹으로 데뷔한다면 각각
어떤 포지션을 담당하며 어떤 이미지로 활동할 것인지를 가정
해보기도 한다. 이는 자신이 케이팝 향유자인 만큼 본인과 '트
친'에게 아이돌 당사자성을 부여하는 행위다. 자신이 생각하는
이상적인 아이돌의 모습을 구체화하거나 '이프(if) 세계관'을 만
들어 가지고 놀며 즐거움을 향유하는 것이다.

　　그리고 비밀계정은 계정주 당사자가 '믿을 만한' 사람들만
을 팔로워로 승인하기 때문에 공개적인 곳에서는 말할 수 없는
좀더 날것의 성욕을 드러내며, 여기서 더 나아가 3차 창작을 하

기도 한다. 1~2세대 아이돌 팬덤의 대표적인 유희거리였던 '멤버놀이'의 변형된 형태가 비밀계정에서 등장하는데, 2차 창작 연성물에 등장하는 인물들로 역할놀이를 하는 것이다. 2차 창작물에서 등장했던 대사와 말투 등을 활용해 서로 대화를 하기도 하고, 원작의 상황을 그대로 재현하기도 하며, 원작에 없는 장면을 새로이 만들어내기도 한다. 세계관 속에 제3의 인물을 등장시키거나 자신이 해당 작품 속에 존재하는 인물이라면 어떤 식으로 언행했을지 이야기를 나누기도 한다.

서사놀이의 또 다른 형태로는 크로스오버 창작물이 있다. 같은 그룹 내의 멤버가 아닌 타 그룹 멤버와 유성애적 관계를 만들어내거나, 배우나 스포츠 선수 등 공연성을 가진 인물과의 스토리를 만들어내는 것을 말한다. 크로스오버 창작물은 대상이 되는 인물들의 관계성보다는 그들의 '케미스트리'에 조금 더 집중된 형태로 표현된다. 두 인물 간에 특별한 접점이 있는 것은 아니지만 각각의 인물이 가진 캐릭터성을 더 극대화하거나 창작자의 입맛에 맞는 형상으로 나타난다. 보통 크로스오버 커플이나 창작물은 단발성으로 잠시 나타나는 경우가 대부분이지만, 남성 아이돌 그룹 엑소의 멤버 카이와 배우 하정우의 크로스오버 커플인 '하종'은 실제 두 인물 사이에 아무 접점도 없었으나 하종 합작 프로젝트까지 나오며 인기를 끌기도 했다.[16] 또 다른 사례로는 엑소의 멤버 백현과 NCT의 멤버 마크를 엮었던 키플링 '백믹' 커플은 SuperM이라는 그룹에 두 멤버가 편성되며 크로스오버 아닌 크로스오버가 되었다.

한편 팬덤 문화를 즐길 수 있는 최대 플랫폼인 트위터에는 실시간 대화를 할 수 있는 '스페이스'라는 기능이 추가됐다. 최대 10명의 발언자를 설정할 수 있으며 트위터 사용자라면 누구나 별다른 조건 없이 청취할 수 있다는 점에서 접근성도 매우 높은 편이다. 스페이스를 오픈한 호스트의 의사에 따라 발언자를 설정할 수 있으므로 맞팔로우 관계인 지인에게만 발언권을 줄 수도 있고, 마이크를 요청한 모든 이들에게 줄 수도 있다. 이 실시간 대화 기능은 '구글미트(google meet)'와 비슷하면서도 조금 다르다. 구글미트는 참여진의 의사에 따라 마이크를 켜고 발언할 수 있다면 스페이스는 호스트의 승인을 받아야만 발언할 수 있고, 실시간 댓글창이 없다는 점에서 다소 일방적인 소통, 즉 라디오에 조금 더 가깝다.

트위터 사용자들은 스페이스 기능을 가지고 여러 가지 놀이를 만들어내기 시작했다. 목소리를 낼 수 있다는 특징을 활용해 성대모사 대회를 개최해 이명박 전 대통령 오토바이 성대모사를 하기도 하고 스마트 스피커인 기가지니가 〈다시 만난 세계〉를 부르는 성대모사를 하기도 하는 등 온라인 친목의 새로운 국면이 열렸다(이제 '트위터 인싸'가 되려면 성대모사도 연마해야 하는지 은근한 부담감이 생기기도 한다). 그리고 누군가는 스페이스를 통해 담론을 나누기도 하고 '마피아게임'을 하기도 한다. 청취자와 소통을 하기 위해 다른 플랫폼을 빌려오기도 한다. 카카오톡 오픈채팅방을 이용하거나, '푸승'[17]을 통해 댓글을 읽고 대화를 나눈다. 알페스 향유자들은 스페이스를 통해 '밸런스 게임'[18]

을 한다. '룸메인데 침대 하나 vs 매일 끼는 둘만의 커플링' '형은 뭐가 그렇게 쉬워요? vs 너는 뭐가 그렇게 쉬워?' '형은 나한테 왜 이렇게 잘해줘요? vs 너는 다정한 거야 아니면 나 헷갈리게 하는 거야?' 등의 질문을 청취자가 올리면 발표자가 본인이 선택지를 고르고 그 이유와 더불어 캐해석을 하는 식의 서사놀이다. 밸런스 게임이지만 승자는 없다. 서로의 의견에 설득되기를 원하고 여러 방향의 해석을 듣는 게임이기 때문이다. 커플링 기표소나 A×B 월드컵과는 또 다른 양상의 놀이다.

알페스 향유자들은 자신이 쉬핑하는 커플을 소비할 때 소위 '착즙'이라고 부르는 행위를 한다. 그것은 단어 그대로의 의미로, 하나의 떡밥에서 나올 수 있는 모든 것을 다소 과도하게 쥐어짜 소비하는 것을 말한다. 애당초 떡밥이 없는데도 그 인물이 가지고 있는 성격적, 습관적 기질들을 이용해 어떤 상황을 만들어내기도 한다. 예를 들면 A가 곰돌이 캐릭터 디자인 굿즈나 아이템을 착용하고 있을 경우 A와 B를 엮는 알페서들은 B가 팬덤 내에서 아기곰이라는 별명을 가지고 있다는 점에 집중하며, "얘들아 A 오늘 곰돌이 깜찍둥이 폰케 꼈다 뭐냐 애인사랑도가 지나쳤다 사회의 편견이 지켜준다고 생각하거나 사랑에 미친 놈인 듯" 같은 식의 트윗을 올린다. 또는 아무런 일도 일어나지 않았지만 그저 분위기가 비슷하거나 상반된 두 인물의 사진을 각각 올리며 케미스트리에 심취하는 식으로 착즙하기도 한다. 누군가는 이런 예시를 이용해 단편소설을 써서 올리거나 일러스트레이션이나 만화를 그리기도 한다. 이 역시 알페서들의 서사놀이이며 일종의 인형극이라고도 볼 수 있다.

'놀이'란 영유아의 발달에도 필수적인 요소다. 놀이는 세상을 안전하게 경험할 수 있는 작은 세계, 자신의 감정을 인식하고 표현할 수 있는 통로 등으로 표현된다. 내적으로 사회와 동기화되는 자발적인 활동이며 이는 자연스럽게 이루어진다. 퀴어는 자신의 삶을 구성하는 요소가 재정립되는 과정에서 '퀴어'라는 이름으로 태어나면서 스스로를 정체화한다. 그리고 퀴어로 재사회화를 하는 과정에는 다양한 놀이들이 필요하다. 놀이란 타인들과 퀴어 커뮤니티에 소속감과 유대를 형성할 수 있는 가장 용이한 창구이기 때문이다. 알페서들의 서사놀이와 같은 놀이들은 어렵게 느껴졌던 퀴어 용어와 퀴어 분류에 접근하는 허들을 낮춰준다. 더 나아가 퀴어 커뮤니티에 쉽게 소속될 수 있는 길이 되기도 한다.

퀴어팬덤은 알페스를 어떻게 향유하는가

앞서 소개한 놀이문화는 대개 트위터 내에서 이루어지고 있으며, 단발성이 짙은 유희의 성격이 강하다. 본격적인 서사놀이는 팬픽션에서 이뤄진다. 이에 여러 팬덤의 팬픽션 혹은 썰 중 퀴어 당사자가 만들어냈거나, 혹은 인물이 명확하게 정상성 바깥에 있다거나, 퀴어문화를 다루고 있는 퀴어페스로 분류될 만한 글을 몇 편 인용하여 해설과 더불어 소개하려 한다.

"주말 내내 마음 졸였다. 혹시 A가 동네방네 소문을 냈으면 어쩌지? 거기서 아는 사람을 만나게 될 줄 생각도 못 했다. 그것도 왜 하필이면 보수기독세력청년단체에서 활동하고 있던 호모포비아를 만난 거지. 그리고 왜 걔가 내 동기인 거지. 그리고 왜 하필 하필 하필 그게 A인가. 아웃팅당하면 어쩌지? 이대로 휴학이나 자퇴를 해야 하나. 아니지 내가 왜? 내가 게이인 게 죄야? 난 내가 창피하지 않아. 난 잘못한 게 없어. B는 말로만 듣고 한번도 이해 못 했던 퀴어프라이드를 몸소 체험했다. 나는 내가 게이인 게 부끄럽지 않아. 그리고 A는 시발롬이다."[19]

이 작품에서 평범하다면 평범할 수 있는 게이였던 B는 지인의 손에 이끌려 퀴어 퍼레이드에 참가했다가 대학 동기 A를 마주치게 된다. 길 건너편 혐오세력 진영에서 동성애 반대 피켓을 들고 있는. 이 글은 주인공인 B의 입장 위주로 서술된다. 이 글에서는 퀴어 퍼레이드에서 주인공 B가 가장 큰 흥미를 느끼는 부분이 혐오세력들이라는 묘사를 하는데, 이는 퀴어 입장에서 공감하지 않을 수 없는 부분이다. 2019년 서울퀴어퍼레이드에서 "동성애는 죄악이다!"라고 외치는 혐오세력에 맞서 "동성애는 사랑이다!"라고 응수하던 퀴어와 앨라이들의 외침에서는 즐거움이 숨겨지지 않았다. 퍼레이드가 끝나고 나서도 퀴어 퍼레이드 참가자들은 그 순간을 회자했다. A는 B에게 동성애는 잘못이라 하며 고칠 수 있다며 진도를 시도하지만 당연하게도 묵살당한다. A는 동성애자인 B를 전혀 이해하지 못하는 듯했으나 그에게 섹슈얼한 감정을 느끼게 된 이후로 이제까지 고정관념 속에 눈감고 있던 본인의 비정상성을 알게 되며 학습된 정상성과의 괴리를 고민하게 된다.

"C는 D가 참 로맨틱한 사람이라고 생각하면서도 그 상황에 자기자신을 대입해본다. 아 근데 나는 막⋯ 누가 저렇게 좋았던 적도 없고 보고 싶다고 밤에 찾아가서 같이 자고 하는 일 못하겠다고 생각한다. [중략] E는 다 듣고 약간 미간을 찌푸리면서 너무 둘 다 생각이 딱딱한 거 아니냐면서 퀴어라는 사람들이 그런 거 안 해도 된다는 생각은 왜 못해? 하고 답답하다는 듯 그 친구는 그냥 그런 거 못하는 사람이잖아 자기가 연애 감정 못 느끼는 걸 왜 자꾸 부정하지?"[20]

이 글에서 C는 자신이 섹슈얼한 교류는 가능하지만 감정을 쏟아붓는 행위는 할 수 없는 것에 대해 의구심을 품어 섹스 파트너인 D에게 고민을 털어놓지만 D는 제드섹슈얼[21]이기 때문에 그 이야기를 온전히 이해하지 못해 의도치 않은 상처를 주게 된다. 이를 제3자인 E가 전해 듣고는 아주 명료하게 정리한다. C의 고민은 길지 않았다. 그냥 자신을 받아들이고 그런대로 살다가 훗날에야 에이스펙트럼에 대해 알게 되고 자신 같은 이들을 지칭하는 단어가 있다는 것을 깨닫지만 그 또한 그런가보다 하고 넘길 뿐이었다. 자신의 퀴어성을 받아들이는 것에 갈등이 없는 연유는 그것을 알기 이전에도 C 스스로가 정상성 바깥에 있는 사람이라는 것을 명확하게 인지하고 있기 때문이다.

"호칭도 처음에는 누나였다가 나중엔 오빠로 바뀌는 과정에서 가끔 F가 오빠라고 부르면서 귀 끝을 붉히면 G는 괜히 더 크게 웃으며 어~ 오빠 불렀어? 라고 대답해주었다. [중략] 호르몬 치료는 G가 더 오래 했지만 트렌지션 수술은 F가 먼저 하게 되었다. G가 본인의 수술비로 모으던 돈을 F 수술하라고 먼저 내어주고 다시 처음부터 적금을 부었기 때문이다."[22]

이 작품에서 G는 FTM이며 F는 MTF로 등장한다. 두 사람의 관계는 주류사회에서 보기에는 이성애의 형태다. 하지만 이 둘은 처음 마주했을 때는 여성과 남성이었다가 각각 남성과 여성으로 트랜지션을 마친다. 이들은 서로가 트랜지션을 마칠 때까지 함께하며 서로 감정과 변화를 공유하고 기록한다. 이러한 과정에서 두 사람의 성적 실천은 인간과 인간이 함께할 수 있는 모든 포지션을 거쳐간다. 이들에게 성기의 모양과 섹스 포지션은 완전히 별개의 문제이다. 그저 '있으니까 써보는 정도'로 치부될 뿐이다. FTM과 MTF 각각의 서사는 존재했지만 두 사람이 서로의 트랜지션 과정을 조력하는 애인의 형태로 그린 이야기가 알페스 서사로 등장할 수 있게 된 배경에는 퀴어 친화적인 팬덤과 퀴어서사를 말하는 사람들이 존재가 있다.

"한쪽 성별만 모아놓은 곳들이 많이들 그러하듯이 성균관 안에도 사실 동성커플이 꽤 많았고 프랜들리까지는 아니어도 다들 암묵적으로 눈 감아주는 분위기가 있었다. 선생들은 너희가 어리니까 그런게지 좀만 나이들면 여자가 더 좋을거다. 그런 얘길 했지만 H와 I는 지금도 여자가 더 좋아서 네에 하고 얌전히 대답하면서도 애써 웃음을 참았던 것이다."[23]

이 알페스 작품에는 다양한 형태의 퀴어들이 등장한다. 레즈비언, 트렌스젠더, 게이. 남장 레즈비언 두 사람의 '부치 투(to) 부치' 서사에서는 H가 I에게 여성 간의 연대로 먼저 손을 내밀었다가, 성적 실천의 방법을 알려주며 두 인물이 자연스럽게 성애적인 관계로 넘어간다. 그리고 H가 다른 인물과 서사를 쌓는 동안 I는 성균관 내부에 머무르며 일하는 시녀 커플에게 성적 실천의 방법을 알려주게 된다. 퀴어성을 배우고, 가르치는 묘사가 등장하지만 모두가 이미 자신의 퀴어함을 명확하게 알고 있었고, 심화된 퀴어함을 배우는 과정에서 많은 것이 바뀐다. 이 글의 또 다른 주요 등장인물 J는 여장 남자다. 그의 성적 지향성이나 정체성은 묘사되지 않는다. 하지만 그 인물의 퀴어함만큼은 어떤 인물보다도 크다. 글 속의 여성들은 누구도 억압되지 않는다. 어느 때보다 경직된 시대를 시간적 배경(이 글의 배경은 조선시대다)으로 두고 있는데도. 자신의 욕망에 솔직한 여성들이 보여주는 성적 욕구의 솔직한 표현과 제각기 가진 명확한 가치관, 적극적인 모습들은 인물들에게 더욱 생동감을 심어준다. 사랑과 우정 간의 미묘한 선과 복합적인 관계, 그리고 여성 연대. 처음에는 주요 등장인물 간의 관계성으로 서사가 진행되지만 결말에서는 누구도 이어지지 않았으며 각각의 길을 걷는다. 하지만 그것이 인물들에게는 최고의 해피엔딩이었을 것임은 명백하다.

> "사실 열에 달떠서 헥헥대는 K의 얼굴을 봤다면, L는 단번에 이 얼굴이 자신의 강경얼빠 기질을 자극했다는 걸 알아차렸을 것이다. 그게 드디어 성별을 초월해 일을 쳤구나! 하지만 이 정도 얼굴이라면 그럴만도 하지. 홀릴만 하지. [중략] "어떡해. 너 여자였으면 내가 모시고 살았다." "누나 술 마시는 내내 저한테 그 얘기 하셨어요…""[24]

위의 글에서 L은 부치, K는 바텀이다. 이 작품은 레즈비언 바를 운영하는 L이 자신의 게이 친구가 동행으로 데려온 K를 만나게 되고, K의 구애에 못이기는 척 넘어가게 되는 스토리로 구성되어 있다. 이 둘의 성관계 장면에서 'L은 K에게 해줄 수 있는 것이 많았지만 K는 L에게 해줄 수 있는 것이 별로 없었다'고 표현되는 부분이 유독 퀴어하게 느껴진다. 기존의 헤테로 커플에서 여성이 주도권을 가지고 있다 한들 남성이 여성에게 성적 만족감을 줄 수 있는 방법을 성기 이외에 고민하는 장면을 볼 수 있는 창구가 특히 적기 때문이기도 하고, L이 부치이기 때문에 나올 수 있는 묘사였기 때문이다.

'세가완삼': 폴리가미 창작물과 퀴어성

"우리 N을 보증인으로 세우면 석 달 체류할 수 있네요." "네?" M 은 3일이라는 시간제한을 들었을 때보다 더 놀라 소리를 빽 질 렀다. "외지인의 사로스 행성 체류허가 시간은 보증인과 외지인 사이의 유대감을 바탕으로 측정돼요. N을 보증인으로 세우면 석 달 정도는 머물 수 있다고 나오네요." "잠깐만요. O를 보증인으 로 세웠을 때보다 N을 보증인으로 세우는 게 더 체류기간이 길 다고요? 말도 안돼요. 저는 N보다 O랑 훨씬 더 가까운 사이라고 요." "오우, 그래요? 아, 그랬었죠!" "그랬다고요?" "우리 O가 지 금 M에게 느끼는 감정이, 저희 행성에서는 해석하기 어려운 것 이어서 말이지요. 이런 감정을 뭐라고 해야 할지 모르겠네요. 저 희 행성인들은 보통 겪지 않는 이상한 찌꺼기 같은 감정이라서 말이죠. 음, 오류의 위험을 무릅쓰고 말씀을 드리죠. 뭐랄까, 서 운한 것도 같고, 원망스러운 것도 같고, 못 미더워하는 것도 같 고 말이에요. 아아, 지겨운 것도 같네요. 환멸인가? 이걸 환멸이 라고 하나요? 이게 지금 우리 O와 M 사이에 놓여있는 감정들이 에요. 복잡하네요. 반면에… N은… M에 대해 아무 생각도 하지 않고 있어요. 어때요? 보증인을 N으로 하겠어요?"[25]

해당 글은 알페스 팬덤에서 잘 다루어지지 않는 SF 장르이 면서 주요 등장인물은 행성연방 아카데미 군사학교 소속의 학 생들이다. M는 지구인이며 O는 사로스 행성인이다. 사로스 행성은 기본적으로 폴리가미 문화를 기저에 두고 있으며 공동육아가 원칙인 곳이다. 두 사람이 연애를 하는 과정에서 지구인의 독점주의 연애관과 사로스인의 비독점적 관계 성향은 끊임없이 부딪히며 서로를 이해하기 어려워한다. O는 자신이 부재한 동안 대체재로 선물한 '러브 슬롯머신'을 사용하지 않으며 그냥 기다리겠다는 M에게 지구인들은 마조히스트라고 발언하기도 한다. 이들은 사랑으로 말미암아 서로를 이해하려 애쓴다. 사로스 행성인들이 살아가는 방식은 일관적이며 단순하다. 모든 부분에서 차별을 두지 않는다. 행성의 모든 재화는 공공의 것이다. 누구도 욕심내거나 불필요한 것을 취하지 않으며 소유하려 들지 않는다. 사랑 역시 그러하다. 모두에게 공평한 사랑을 주고받는다. 평등에서 오는 유복함을 모노가미인 M은 이해하기 어려워한다. 심지어는 누구도 불필요한 고통을 느끼지도 않는다. 각인 후 두 사람 간의 유대감이 쌓이면 인공포궁에서 아기가 자라나고 태어난다. 자신의 아이라고 더 특별해지지도 않는다. 모든 아기가 어른들의 애정과 사랑을 받으며 자라나고, 행성의 룰을 학습한다. 임신과 출산에 대한 두려움이 없으니 성생활도 자유롭고 쾌락만을 추구한다. 훗날 O가 M의 독점적인 사랑을 이해하게 되는 계기는 '그를 외롭게 하고 싶지 않다'는 감정이다.

　　지금도 이중핵가족, 실버가족, 계약가족, 수정확대가족(공동체가족) 등 여러 형태의 대안가족이 있지만 내가 주목하는 새로운 가족의 형태는 퀴어공동체 가족이다. 가족 구성원 중 자신의 퀴어성을 가감 없이 밝히고, 또 다른 구성원 역시 퀴어이거나 앨라이인. 정체성과 지향성은 참고사항일 뿐 서로를 있는 그대로, 존재하고 있는 모습대로 받아들이고 사랑하는 퀴어 가족에 대한 이야기들이 있다. 그리고 알페스 작품 내에서도 그러한 가족 이야기들이 만들어지고 있다.

> "모두가 처음 모인 그날, 거실 카페트 위에 둘러앉아 한참동안 머리들을 맞대고 말하더니 그렇게 P의 방문을 열고 아빠! 했다. 그 호칭이 너무 낯설고 제 것도 같지 않아 어떤 대꾸도 못하는 와중에 맨 아래의 Q 위로 하나씩 애들의 얼굴이 얹어졌다. 그렇게 P는 졸지에 아빠가 됐다."[26]

이 작품 내의 가족은 제각기 사연을 가진 청소년들이 하나둘씩 주인공의 집에 들어와 살게 되며 성인 1명과 청소년 7명으로 구성된 공동체 가족이다. 흥미로운 점은 청소년들이 머리를 맞대고 고민한 결과, 이 가족 내 성인의 호칭을 '아빠'로 결정한 부분이다. 어떤 아이는 부모가 이혼을 하게 되자 담당 변호사였던 주인공에게 스스로 1,000만 원을 모을 수 있게 도움을 달라고 요청하여 함께 살게 된다. 어떤 아이에게는 주인공이 찾아갔고, 제 발로 스스로 찾아온 아이도 있었으며, 이 집에 살고 있는 아이를 찾아온 아이도 있다. 주인공은 자신이 할 수 있는 선에서 '어른'의 역할을 수행한다. 아빠라고 멋대로 부르는 아이들에게 처음에는 하지 말라고 하다가 '그래 너희 좋을 대로 해라'

는 식으로 그 상황을 받아들이는 방식 또한 흥미로웠다. 청소년 입장에서는 '이리 해야 한다, 저리 해야 한다'며 별 고민 없이 삶의 방향을 지시하는 성인보다 동등한 인간으로 자신을 대해주는 주인공을 잘 따를 수밖에 없는 것이다. 주인공은 아이들이 스스로 선택한 자신의 삶에 대하여 아무런 터치도 하지 않는다. 그저 응원하고 조력할 뿐이다. 그리고 아이들은 스스로 공동체 가족이 되기를 선택했듯 자신이 선택한 때에 떠난다. 그 과정에서 주인공은 찾아온 아이들을 받아들였듯 이별 역시 막지 않았다. 떠난 아이 중 하나는 훗날 누군가 부모의 이야기를 꺼낼 때 친부모 대신 주인공의 이야기를 한다. "우리 아빠는 빨간 캐딜락 탄다" 하며. 대안가족의 핵심을 꿰뚫는 한 문장이다. 혈연으로 이어진 이들이 아니라 자신이 선택하여 꾸린 공동체를 '가족'이라고 일컫는다.

"R은 자신의 삶이 재밌고 특별하다고 생각했고 그건 정말 그렇기도 했다. 이런 멋진 보호자들과 살아가는 십대 퀴어는 매우 드물 것이기에. [중략] R은 서구에서 자란 여느 여자애들이 그렇듯 엄마를 질투하면서 연민했고 아빠를 사랑했다. 프로이트가 R의 일기장을 봤다면 엘렉트라 컴플렉스의 좋은 예라고 박수를 쳤을 것이다. 하지만 R은 생물학적 이분법으로 따지자면 모두 남성인 보호자들에게서 자라고 있었고 엄마아빠 같은 구시대적인 구분으로 나누기에는 모호했는데 그래서 '내 인생의 유일한 남성은 S일 것이다. 나는 그를 사랑한다.'라는 문장을 써놓고는 이틀도 안되서 '아 S 존나 짜증난다. 탐폰은 안보이게 잘 버리라니지가 생리하는 것도 아니면서 존나 짜증나게 구네 다른 엄마들도 이런가? 그 사람들은 생리하니까 좀 낫겠지?' 같은 말을 쓰곤 했다."[27]

이 글은 등장하는 가족을 구성하는 모든 점이 비정상성 범주에 존재한다는 점에서 아주 특별한 작품이다. 한국에서 보편적으로 정의하는 '가족'에 대한 패러다임을 깨면서도 가족 간의 정을 말한다. R의 보호자인 두 사람은 게이이며 드랙퀸이다. 드랙 공연을 위해 메이크업을 하고 있을 때면 그들의 레즈비언 딸인 R이 지켜보며 '어른이 되면 나도 메이크업을 해야 하나? 그러고 싶지 않은데' 정도의 생각만을 할 뿐이다. 보호자 둘은 이따금 성애적인 행위를 하고, 한 침대를 쓰지만 서로가 배우자나 애인은 아니다. 각자의 연애를 하며 고민 상담을 하기도 한다. 이야기의 큰 틀이 '드랙 하우스'이기에 드랙 하우스에 사는 가족이 이 작품의 주인공이지만, R과 R 친구들의 청소년 퀴어 성장소설로도 느껴진다. 할리우드 드라마에서나 일어날 법한 '막장 전개'가 이어지지만 억지라고 느껴지지 않는다. 퀴어니까 가능한 이야기이다. 보호자 중 한 사람은 자녀의 친구인 T와 연인 관계가 되는데, 나중에는 T도 그들의 견고한 가족의 틀 안에 들어선다. R과 친구들은 성인이 되어 각자의 길을 걷는다. 정상가족을 꾸리기도 하고, 커리어적으로 성공한 배우가 되기도 하고, MTF 트랜지션을 마치고 남자와 결혼하기도 한다. 보호자들은

R이 독립하고 난 뒤 새로운 자녀를 입양해 T와 함께 아이의 보호자가 셋인 특별한 가족이 된다. 세 사람은 한 집에 살며 함께 아이를 키우고 각자 연애를 하고 지낸다. 정상성의 시선으로 바라보았을 때는 이상한 가족이겠지만, 그들에게는 평이한 일상일 뿐이다. T는 가끔은 자신의 삶이 가끔은 지루하고 가끔은 이상하다고 느낀다.

> "U는 휴지통에서 발견한 다 쓴 콘돔을 보고 진심으로 큰 충격을 받았다. 최근에 본인은 V랑 섹스한 적이 없는데 이게 왜 여기있어? 둘이 결국 섹스한거야? U가 슬프고 화난 포커스는 '왜 나만 빼고 해' 였다. U는 알게 모르게 애정결핍증세가 경미하게 있었고 V는 그런 U가 안쓰러워 모든 걸 받아줬던 것이다. [중략] U은 W와 섹스하고 나서 마음속의 질투를 내려놨다. 이제 이 집에 소외되는 누군가는 없다고 생각했기 때문에."[28]

알페스 팬덤, 특히 총수덤[29]에서 만연히 쓰이는 '세가완삼'이라는 밈은 '세상에서 가장 완벽한 삼각형'의 준말이다. 기존 알페스에서 인물 간 삼각관계를 다룬 창작물은 많았지만, 대부분 개중 둘이 이어지며 끝나는 경우가 많았다. 남성 등장인물들 가운데 누가 여성 주인공과 이어질지 모르는 드라마 〈응답하라〉 시리즈의 남편 찾기와 비슷한 콘텐츠였던 것이다. 하지만 근래에는 인물 셋이 함께 이어지는 창작물도 흔치 않게 보인다. 이 이야기 역시 대안가족의 한 형태를 서술하고 있다. U와 V는 사람과 사람 사이에서 나눌 수 있는 모든 형태의 사랑을 공유하는 관계다. 그들 사이에 새로운 경험들을 보여주는 W가 등장하며 이 세 사람이 함께 사랑을 나누게 되기까지의 과정이 주된 서사이다. 대안가족이면서 동시에 폴리아모리인 서사가 많아졌다는 현상 그 자체가 팬덤 내에서 퀴어 가시화 및 전파가 이루어졌다는 것을 증명한다. 퀴어친화적 분위기가 패러다임으로 자리잡아 어느 팬덤이건 다양한 퀴어의 더욱 다양한 서사를 볼 수 있게 되기를 바란다.

쾌락의 힘

퀴어가 만들어내는 퀴어의 서사는 생동한다. 시스젠더 헤테로 섹슈얼이라는 거대한 정상성의 대척점에 존재하는 다양성의 집합이기 때문이다. 퀴어서사는 그만큼 다양한 모습과 접점을, 삶의 방향을, 성적 실천을, 퀴어 섹슈얼과 퀴어문화를 그려낸다.

그렇다면 퀴어페스는 퀴어 당사자에게 어떤 의미가 있을까. 퀴어페스는 퀴어 당사자가 당사자성을 가지고 향유하고 공감할 수 있는 서사이며, 퀴어성이 당연하게 여겨지는 설정 속에서 자신의 지향성 혹은 정체성으로 재미있는 삶을 영위할 수 있는 방향을 볼 수 있게 된다. 또한 내재적으로 정의되지 못했던 소수자성에 이름을 부여받음으로써 현재 이후의 삶을 상상할 수 있는 길이 열린다. 기존에 스스로의 퀴어성을 인지하기 위해서 학술서나 논문, 서적 등의 다소 딱딱하고 이해하기 어려운 방식을 통해야 했다면, 퀴어페스가 나타나고 난 후에는 서사를 통해 좀더 이해하기 쉬운 방식으로 그것을 알 수 있게 되었다. 쾌락의 힘이 왜 중요한지 설명할 때 예시로 들기 적절한 현상이라고 말할 수 있는 것이다. 자신과 주변의 인식에 비해 사회 전반의 인식이 느린 것에 괴리감을 느끼는 경험은 퀴어 정체성을 가진 대부분의 사람들이 겪는 것이다. 서사 속에서는 그 인식을 단숨에 확장시킬 수 있다. 이야기 속에서는 우리가 상상하는 세계를 앞당길 수 있다. 이것이 퀴어페스가 퀴어들에게 가지는 가장 큰 의의라고 할 수 있다.

여전히 알페스와 퀴어페스를 분간할 수 있는 명확한 기준을 정할 수는 없지만, 한 작품을 두고서 '이것은 퀴어페스다'라고 정의하는 것은 오롯이 수용자의 판단에 따라 갈린다. 차별을 겪어야만 차별에 반대할 수 있는 것은 아니며, 퀴어 당사자가 아니더라도 퀴어서사를 쓰거나 가지고 놀 수 있다. 또한 퀴어페스가 꼭 정치여야 할 필요도 없다. '올타임으로 무브먼트하는 무지개 뀐충'일 수는 없지 않나. 퀴어페스 향유자들이 언제나 퀴어 인권 해방을 위한 정치 성향을 띨 필요는 없다는 의미이다. 내가 알페스를 서사놀이라고 부르는 것과 같이, 퀴어들이 퀴어페스를 향유하는 행위는 근본적으로 '놀이'이다. 퀴어페스 향유자들은 사회적 고정관념에 대한 대안을 그려내는 것이 아니라 그저 가지고 놀고 있을 뿐이다. 유희는 유희로 남겨두어야 한다. 굳이 정치적 올바름에 집착하지 않기를 바란다. 누구나

'빨'은' 부분 한두 개씩은 가지고 있기 마련이니까. 퀴어들이 욕망을 드러내는 것에 대해서 실패를 많이 했으면 좋겠다는 누군가와의 대화가 뇌리에 깊이 남는다. 실패의 경험이 많아진다는 것은, 즉 시도 자체가 많아진다는 의미와 상통한다. 그런 식으로 커뮤니티 모두의 스펙트럼과 활동 영역이 넓어진다. 쫄지 말고 이야기하라. 누군가는 반드시 '하트'를 눌러줄 것이다.

1 queerbadism. 여러 형태의 신체 그리고 섹스 체위와 같이 다양한 모습으로 확장되는 퀴어문화를 의미하며, 마치 《카마수트라》와 섹스체어를 나란히 두고 새로운 쾌락을 고민하는 쾌락주의자처럼 늘 새로운 놀이와 신선한 서사를 만들어내는 알페스 향유자를 뜻하기도 한다.

2 부치×바텀의 준말.

3 시스젠더 게이란 시스젠더(cisgender, 스스로의 심리적 성별(gender)을 생물학적 성별(sex)과 같이 여기는 사람) 남성 동성애자를, 퀘스처너리(questionary)란 특별한 성정체성이나 성적 지향을 가진 사람을 의미하는 것이 아닌, 스스로의 성적 특성에 대해 '질문(question)'을 가지고 있는 경우를 모두 포함하는 개념을, FTM(female to male)이란 지정성별 여성으로 태어났으나 스스로를 남성으로 정체화하는 경우를, MTF(male to female)란 지정성별 남성으로 태어났으나 스스로를 여성으로 정체화하는 경우를 말한다. 쿠피오섹슈얼(cupiosexual)은 에이섹슈얼(asexual)의 일종으로, 섹슈얼 관계를 갈망하지만 성적 끌림을 경험하지는 않는 경우를 말하며 성적 끌림과 성욕은 다르기에, 섹슈얼 관계를 가질 수 있다. 젠더플루이드(genderfluid)란 성별이 유동적으로 전환되는 젠더로, 여성과 남성은 물론이고 안드로진(androgyne), 에이젠더(agender), 뉴트로이스(neutrois) 등과 같은 다양한 젠더 사이를 의식적 혹은 무의식적으로 오간다. 데미로맥틱(demiromantic)이란 상대와 감정적 관계를 맺기 전까지는 상대에게 낭만적 끌림을 느끼지 않는 에이스펙트럼 지향성을 말한다.

4 정상성과 비정상의 경계를 구분하는 데 게일 루빈의 '성 위계질서' 도표가 도움이 될 수 있다. 이 책의 7장을 참조할 것.

5 아리스토텔레스의 《수사학》에서는 청중을 사로잡는 방법으로 에토스(ethos, 신뢰), 로고스(logos, 논리), 파토스(pathos, 감성)를 꼽는데, 그중 파토스의 영어식 발음이 페이소스다. 문자 그대로 페이소스란 고통이라는 의미이며, 문학이나 예술 계통에서 독자나 청자로 하여금 연민이나 동정, 슬픔의 감정을 느끼게끔 하는 요소를 뜻한다.

6 알페스를 소비 혹은 소비 및 창작을 하는 사람.

7 트렌스섹슈얼(transsexual)의 준말. 자세한 설명은 이 책 7장의 주16을 참조할 것.

8 ふたなり. 남녀의 성기가 둘 다 존재하는 것을 가리키는 속어.

9 트랜스서사에 페티시적 사랑을 느끼는 사람.

10 미조구치 아키코, 《BL진화론: 보이즈 러브가 사회를 움직인다》, 김효진 옮김,

이미지프레임, 2018, 11쪽.

11   캐릭터 해석의 준말. 어떤 인물의 특징을 활용해 성격, 말투, 습관, 행동특성 등을 조합해 만들어낸 캐릭터성. 한 인물을 두고도 여러 캐릭터 해석이 존재한다.

12   shipping. 서양권 팬덤에서 주로 사용되는 단어로, 커플링을 지지한다는 의미로 쓰인다.

13   좋아하는 커플링의 주요 떡밥을 128강 혹은 64강으로 나열하여 우승을 고르는 놀이.

14   Mnet에서 방영되었던 아이돌 선발 프로그램 〈프로듀스 101〉 시리즈의 포맷을 따와 커플링의 떡밥들을 후보로 내세우고 쉬핑러들의 투표를 통해 등수를 매기는 놀이.

15   '연성러'가 소설, 썰(트위터 타래 기능을 이용해서 구어체로 서사를 풀어내는 것), 그림을 창작하면 '소비러'가 마음, 리트윗, 코멘트 등을 남겨 소비하고 '주접러'가 그 창작물에 대한 3차적인 이야기를 풀어내거나 감상을 남겨 추가적인 소비러가 유입되는 식이다.

16   합작이란 창작자들이 모여 홈페이지를 개설하고 특정 커플링의 글과 그림을 투고하여 게시하는 프로젝트를 말한다. '웹진'이라고도 한다. 하종 합작 프로젝트는 실제로는 원고 마감일을 앞두고 무산되었다.

17   pushoong.com. 익명 채팅 사이트로, 개설자 개개인별로 채팅방이 생성되며, 푸슝에 올라간 채팅은 접속자 누구나 열람할 수 있다.

18   A와 B 선택지의 밸런스를 고민하여 의견을 공유하고 더 낫거나 좋은 선택지를 고르는 게임.

19   에넥, 〈Lucky one〉, 2019.

20   몰피, 〈쿠피오섹슈얼 라이프〉, 2019.

21   zedsexual, 유성애자.

22   이경위, 〈FTM/MTF〉, 2018.

23   미미, 〈성균관 퀴어들의 나날〉, 2018.

24   섬광, 〈경로를 이탈하였습니다〉, 2019.

25   사로스, 〈Sweet Astronaut〉, 2017.

26   이모작, 〈우리 아빠는 캐딜락을 탄다〉, 2018.

27   미미, 〈드랙하우스〉, 2018.

28   이경위, 〈폴리가미 도텐런〉, 2018.

29   알페스 팬덤은 크게 네 가지로 분류할 수 있다. 탑 포지셔닝하는 멤버를 중심으로 한 총공덤, 바텀 포지셔닝하는 멤버를 중심으로 한 총수덤, A×B로 포지

선이 고정된 고정커플 팬덤, 그리고 포지션을 고정하지 않고 자유롭게 향유하는 리버시블(reversible) 팬덤이다.

참고 문헌

몰피, 〈쿠피오섹슈얼 라이프〉, 2019.

미미, 〈드랙하우스〉, 2018.

미미, 〈성균관 퀴어들의 나날〉, 2018.

미조구치 아키코, 《BL진화론: 보이즈 러브가 사회를 움직인다》, 김효진 옮김, 이미지프레임, 2018.

사로스, 〈Sweet Astronaut〉, 2017.

섬광, 〈경로를 이탈하였습니다〉. 2019.

에넥, 〈Lucky one〉, 2019.

이경위, 〈FTM/MFT〉, 2018.

이경위, 〈폴리가미 도텐런〉, 2018.

이모작, 〈우리 아빠는 캐딜락을 탄다〉, 2018.

queer
idol /
×ogy

6장

Twilight Zone:

여돌 팬픽에서의 사랑이라는 세계관-
내가 매혹당한 이야기들,
그 찬란함을 목격한 자의 증언

조우리

Dreams Come True: 여돌여덕 소설가의 기원

언제부터 소설가가 되고 싶었느냐는 질문을 자주 받는다. 왜 소설을 쓰느냐, 어떻게 소설을 쓰게 되었느냐, 언제부터 소설을 썼느냐는 등의 변주와 함께. 이제까지는 대부분의 경우에 무난한 대답을 해왔다. 또래보다 비교적 빠르게 한글을 뗀 편이라 부모님은 그런 나를 자랑스러워하며 책을 산더미처럼 사주었고, 많이 읽다보니 자연스럽게 쓰고 싶어졌고, 초등학교 때부터 문예반이었으며 곧잘 상을 탔고, 문예창작학과와 국어국문학과에 진학했고⋯⋯. 분명 사실이지만 완전한 진실은 아니다. 지금부터는 나의 진실에 대해 말하고자 한다.

1987년생인 나는 기억할 수 있는 '가장 어린 시절'을 한국의 대중문화가 다방면에서 꽃피웠다고 평가받는 시기인 1990년대 중·후반에 보냈다. 격동기였고, 황금기였다. 어린이들에게도 그랬다. 텔레비전에서는 어린이를 위한 전 세계의 다양한 콘텐츠들이 방영되었다. 디즈니가 감동적으로 재해석한 고전 동화들과 워너브라더스의 익살맞은 캐릭터들이 펼치는 깜찍함도 충분히 매력적이었지만 특별히 나를 사로잡은 것은 일본의 콘텐츠들이었다.

일본대중문화개방(1998년 10월) 이전에도 텔레비전 공중파 채널에서는 국내화한 더빙 버전의 애니메이션을 내보냈다. 그 중 〈꽃의 천사 루루〉(KBS2, 1994~1995), 〈요술천사 피치〉(MBC, 1996), 〈마법기사 레이어스〉(SBS, 1997), 〈달의 요정 세일러 문〉(KBS2, 1997) 등이 특히 나를 열광하게 했다. 운이 좋게도 서울시

광진구에 거주하고 있던 나는 주말마다 초등학생 요금 100원을 내고 마을버스를 탔다. 강변역 테크노마트로 가서 층층이 에스컬레이터를 거쳐 8층에 들어서면 가슴이 뛰었다. 그곳엔 각종 일본 콘텐츠들의 해적판과 정식 수입이 아닌 선박 탑승객의 짐을 통해 소량으로 들여온 물건들이 가득했다. 배를 이용한 보따리상들이 손에 드는 가방 속에 물건을 담아온다고 해서 그들을 '가방모찌(かばん持ち・鞄持ち)'라고 부르기도 했다. 직접 그린 그림 혹은 이미지 파일이 든 플로피디스켓이나 시디롬(CD-ROM)을 가져가면 미니쿠션, 탁상시계, 머그컵 등에 그것을 새겨주는 가게들도 많았다. 당시 '최애' 캐릭터인 〈달의 요정 세일러 문〉의 세일러 주피터의 피규어 열쇠고리를 갖고 싶어 용돈을 모았던 초등학생은 그곳에서 운명처럼 아무로 나미에(安室奈美恵)와 모닝구무스메(モーニング娘)를 만나게 된다.[1]

1997년이었다. 또래 아이들은 대부분 국내 아이돌 보이그룹에 열광하고 있었다. H.O.T.가 1996년 9월 데뷔해 1집 타이틀곡인 〈전사의 후예〉의 후속곡 〈캔디〉로 엄청난 인기를 끌었고, 1997년 4월 젝스키스가 데뷔했다. "넌 누구 좋아해?"라는 맥락 없는 질문이 학기 초 새로운 친구를 사귀기 위해 필수적이었다. 답변으로는 주로 보이그룹 멤버의 이름이 나왔다. 그때 보이그룹 멤버의 팬임을 밝힌다는 건 대부분 '○○부인(=○○빈)', '××마누라(=××마눌)'라고 자신을 선언하는 일이었다. 그런 애들은 같은 그룹의 팬끼리 무리를 지어서 '우리 오빠'가 '쟤네 오빠'보다 더 위대하다는 걸 증명하기 위해 온 힘을 쏟았다.

나는 도통 그 경쟁에는 관심이 가질 않았다. 그렇다고 해서 나에게 '△△언니부인'이 되고 싶은 욕망이 없었던 것은 아니다. 다만 보이그룹이 노래하는 사회적 정의(학교폭력을 비판한 〈전사의 후예〉, 획일화된 공교육과 사교육에 대한 문제를 제기한 〈학원별곡〉)나 헌신적 사랑(혼란스러운 세상 속에서도 기어이 사랑을 선택한다는 〈캔디〉, 사랑하는 대상을 지키기 위해서는 무엇이든 하겠다는 자기희생이 담긴 〈기사도〉) 같은 것에 좀처럼 공감이 되지 않았다. 그것은 너무나 '남성적인' 세계였고, 그 속에서 나는 그들을 지켜보고 응원해야 하는 존재(지금의 어휘로 말하자면 '타자')일 뿐이라고 느꼈다. 그렇다고 그들이 지켜주고 위해주는 '너'(역시 지금의 어휘를 쓰면 '대상')가 되고 싶지도 않았다. 지금 생각해보면 그들이 주요한 마케팅 타깃으로 삼았던 것은 나보다 윗세대인 당시 10대 후반의 여성들이었기에 더 그들의 노래를 이해하기 어려웠던 것도 같다.

　　보이그룹이 인기를 끌며 그들의 팬픽도 쏟아져 나왔다. 사랑하는 대상을 소비하고 싶은 욕망에는 언제나 한계가 없다. 사랑하는 대상의 모든 것을 알고 싶고 늘 함께 있고 싶다. 아무리 그들이 수많은 방송에 출연하고 즐겨 입는 속옷 브랜드까지 인터뷰를 해대도 팬들에게는 늘 갈증이 있었다. 공급되는 콘텐츠는 수요에 비해 언제나 모자랐고, 결국 팬들은 직접 콘텐츠를 제작하기에 나섰다. 아이돌을 주인공으로 한 소설인 팬픽과 아이돌을 캐릭터화해 그림을 그리는 팬아트(지금의 용어로 한다면 '그림 연성'이 아닐지. 팬아트가 개인들 사이에서 상품화되어 유통되는 경우도 있었는데 '비공식 굿즈'라고 할 수 있겠다)가 주로 온라인을 통해 퍼져나갔다. 인터넷 서비스가 시작(1994년)되기는 했지만 여전히 PC통신이 주요한 온라인 채널이었다. 또래 아이들이 부모님이나 언니, 오빠의 컴퓨터를 통해 접한 팬픽과 팬아트는 곧 공책과 스케치북을 통해 재생산되었다. 그중 실력이 좋은 아이들은 다른 학교에까지 이름이 알려졌다.

부러웠다. 사랑하는 대상이 가까이에서 살아 숨 쉬고 있는 그 애들이, 그래서 누구의 도움 없이도 상상을 맘껏 펼칠뿐더러 눈앞에 실재하는 무언가로 만들어낼 수도 있다니. 잡지를 오려서 다이어리에 붙이고, 팬아트를 코팅한 열쇠고리를 가방에 달고 다니는, 게 미칠 듯이 부러웠다. 일본어를 할 줄 몰랐던 나는 모닝구무스메가 부르는 노래 가사를 제대로 알지 못했다. 이이다 카오리(飯田圭織, 모닝구무스메 데뷔 멤버)의 인터뷰를 읽을 수 없었다. 애초에 그 인터뷰가 실렸다는 잡지를 구하는 것도 초등학생이 감당하기엔 너무도 거대한 모험이었다. 내 사랑은 나와 너무도 다른 세상에, 저 멀고도 먼 곳에 있었다.

그러던 1997년 11월 28일, 아이돌 걸그룹 S.E.S.가 데뷔했다. "나를 믿어주길 바래, 함께 있어. 너를 닮아가는 내 모습, 지켜봐 줘"라고 모국어로 노래하는 이들과 나는 거부할 수 없이 사랑에 빠졌다. 그리고 그와 동시에 다른 모든 팬들이 그러하듯 채워지지 않는 갈증에 시달리게 됐다.

완전한 이유: 내가 쓴 첫 번째 팬픽, 최초의 소설

2019년 10월 출간된 나의 첫 책 《라스트 러브》는 가상의 아이돌 걸그룹 '제로캐럿'의 마지막 콘서트에 얽힌 멤버들과 팬의 이야기를 담았다. 이 책의 발문을 맡은 소설가 천희란은 나를 "마음 속에는 온통 여성 아이돌뿐"인 'SM 처돌이'로 소개했다(이 소개는 너무나 적절하다. 1997년 S.E.S.가 데뷔한 이래로, 나는 SM엔터테인먼트 출신의 여성 아이돌을 사랑하지 않은 적이 없었으니). 작가의 말에서 나는 "내가 쓴 최초의 소설이 팬픽"이었다고 밝혔으며, 책 홍보를 위한 출판사 계정의 유튜브 영상 인터뷰 제목은 "S.E.S. 팬픽을 쓰던 학생이 소설가로 데뷔했다"이다. 이제는 이 명백한 진실의 문장에 디테일을 더해보고자 한다.

1998년, 내가 다니던 초등학교가 '정보화 시범학교'로 지정되었다. 별관 2층에 '컴퓨터실'이라는 낯선 공간이 꾸려졌고, '컴퓨터부'라는 이름만으로는 하드웨어 엔지니어를 양성하겠다는 것인지 소프트웨어 프로그래머를 배출하겠다는 것인지 목적을 알 수 없는 학습 동아리가 생겼다. 나는 담임 선생님의 지목으로 컴퓨터가 어떻게 생긴 물건인지도 모른 채 그곳에 입부했다. 매일 방과 후에 컴퓨터실로 가서 컴퓨터 앞에 앉았다. '한컴타자연습'을 켜고 30분 동안 열심히 키보드를 두드린 다음 1시간 동안 '도스(MS-DOS)'로 간단한 프로그램 코드를 짜는 법을 배웠다. 손이 빨랐던 나는 우수한 인재로 평가받으며 상장이 몇 개 생겼는데, 그것이 그만 내 부모가 마음 깊은 곳에 간직하고 있던 학부모로서의 어떤 버튼을 누르고 말았다.

당시 아빠의 사촌 동생이 한양대학교 기계공학과를 다니고 있었다. 그가 브라운관 텔레비전처럼 통통한 몸통을 가진 모니터와 그 아래 바위처럼 견고하게 모니터를 받치고 있는 컴퓨터를 우리집에 설치해주었다. 엄마는 내가 다가올 21세기를 선도할 '글로벌 리더'가 될 줄 알았겠지만(1994년 대전 엑스포 이후로 과학-기계-공학 등이 전도유망하다고 강조되던 시절이었으므로……) 그 컴퓨터로는 게임 '갤러그(galaga)'를 제일 많이 했다. 가끔 '한글97'로 숙제를 출력하기도 했다. 물론 그런 건 내가 진정으로 원하는 게 아니었다. 그때 나는 소설가가 아닌 기자를 꿈꾸며 한 소년신문의 어린이 기자로 활동하고 있었는데, 이메일로 원고를 송고해야 한다는 핑계로 드디어 PC통신을 개통할 수 있었다. 바로 '천리안'이었다.

처음 '새롬데이터맨98'을 켜고 천리안에 접속했던 순간. 나는 내 삶이 이전과는 돌이킬 수 없이 달라지리라는 걸 예감할 수 있었다. 아이디와 패스워드를 입력하고 엔터를 쳤다. 파란 화면에 접속 완료 안내 문구가 떴다. 나는 수없이 연습했던 바로 그 명령어를 입력하는 데에 주저함이 없었다. "/go fanses." 그곳에 내가 그토록 꿈꾸던, 나의 세상이 있었다.

S.E.S. 팬들이 모이는 천리안 '팬동('팬 동호회'의 준말. PC통신 내의 커뮤니티는 모두 '동호회'였고, 줄여서 '○○동'으로 통칭되었다)'에는 여러 게시판이 있었는데 그곳의 '창작' 게시판에 나는 내 생에 첫 번째 소실을 연재했다. 제목은 〈줄리엣과 줄리엣〉. 로미오와 줄리엣을 현대적으로 재해석한, 서로 라이벌 관계인 두 재벌 가

문의 딸 유진과 수영(슈)의 절절한 사랑 이야기였다. 아마 그 당시 방영하던 어떤 텔레비전 드라마를 흉내 냈던 것 같다. 정확히 기억나지는 않지만 10회가량 연재했던 것 같은데, 댓글은 하나도 달리지 않았다. 조회 수도 형편없었다. 그런데도 흥미를 잃거나 포기하지 않고 연재를 해내다니, 과거의 내가 새삼 대단해 보인다.

그 뒤로 무수한 팬픽을 썼다. 당시 수많은 보이그룹 팬픽들이 멤버들 간의 커플링-사랑(성애)을 그렸던 것과 마찬가지로 걸그룹 팬픽 역시 기본적으로는 멤버들 간의 커플링-사랑(성애)을 전제로 했다. S.E.S. 팬픽의 메인 커플은 '성진(성희×유진)' '유수(유진×수영)'이었는데 내가 주로 밀었던 건 마이너인 '영진(수영×유진)'이었다. 이때 커플링의 인물 표기 순서는 알려져 있다시피 매우 중요하다. 공수(攻守)라는 표현을 통해 대표되는 캐릭터의 성격은 물론 해당 팬픽의 장르와 스토리라인을 결정하기도 한다. 나 역시 '영진' 커플의 사랑을 주요한 소재로 채택하긴 했지만 반드시 그것만이 팬픽의 전부는 아니었다.

내가 쓴 팬픽 중 '독자'의 반응이 있었던 첫 번째 팬픽은 S.E.S.의 노래 제목을 딴 〈완전한 이유〉였다. 이 팬픽에는 사랑의 감정에 대한 절절한 묘사나 스킨십 장면이 없었다. 멤버들은 내 소설 속에서 007 같은 특수요원이었다. 나라를 지키고 세상을 구하느라 바빴다. '영진' 커플링 팬픽으로 분류되었지만 둘의 사랑보다는 첩보물로서의 스토리 전개에 집중했다. 내가 가장 좋아하는 멤버이자 주인공인 코드명 '슈' 유수영은 소설 끝에서 비극적인 죽음을 맞이하는데, 동료인 김유진과 최성희가 그의 죽음을 원통해하며 복수를 다짐하는 것이 마지막 장면이었다. 아마도 친구에게서 빌린 H.O.T.의 팬픽 《협객기》(이지련, 상상미디어, 1999)를 보고 고무되어서 스케일이 큰 이야기를 쓰고 싶었던 것 같다. '감상' 게시판에 요청이 들어오면 후속편을 쓸 생각이었는데, 아쉽게도 그런 글은 올라오지 않았다. 대신 "작가님, 잘 읽었습니다"라는 짧은 글과 함께 S.E.S. 멤버들의 사진을 편집한 '축전'이 올라왔는데 그걸 봤을 때가 아마 내가 '작가'로 살고 싶어한 최초의 순간이 아니었을까 싶다. 내가 쓴 글이 누군가에게 감상을 일으킨다는 것은 예상보다 훨씬 짜릿한 일이었다.

감싸 안으며: 여돌 팬픽의 특수성, '이성물'과 '동성물'

S.E.S.는 1997년 데뷔 후 2002년 해체하기까지 5년의 활동 기간 중 대부분을 일본과 대만에서도 활동하며 국내 활동의 공백기가 긴 그룹이었다. 그 때문에 팬들은 언제나 멤버들에 대한 그리움과 새로운 콘텐츠에 대한 갈증이 있었다. S.E.S. 팬들의 팬픽 창작이 활발했던 것에는 이런 이유도 있었을 것이다. 나 역시도 팬픽을 쓰는 것만큼이나 팬픽을 읽는 것에 빠져 있었다. 내가 사랑하는 캐릭터가 셀 수 없이 많은 이야기 속을 종횡무진하는 놀라운 평행세계가 그곳에 있었다. 전일 동안 계속되고도 또다시 시작되는 이야기. 해피엔딩도 새드엔딩도 존재하

지만 진짜 완결은 없는 이야기. 영원히 끝나지 않는 이야기(그중에서도 나는 '성진' 커플링을 주로 쓰는 '영혼바다™' 작가님의 팬이었는데, 장편 《마지막 조건》와 단편 〈流〉는 지금 떠올려도 재미있다).

2000년대가 시작되면서 PC통신에서 인터넷 사이트로 팬들의 온라인 활동 영역이 옮겨갔다. 팬픽 역시 '라페', '포넷', '수피아', '투민트', '어떠한 비밀도 함께 나누었던 소녀와 소년' 등의 개별 팬 사이트와 2000년대 초반에 인기를 끌었던 커뮤니티 사이트 엔티카의 '어린 연인', 포털 사이트 다음의 커뮤니티 다음카페 'S.E.S.뽀레버' 등에서 볼 수 있었다. 이러한 과정에서 보이그룹과 걸그룹 팬픽의 차이점이 뚜렷하게 드러나는데 바로 '이성물'과 '동성물'이 명확하게 구분되어 업로드되었다는 점이다. 이는 다만 S.E.S. 팬픽에서만 보이는 양상이 아닌 핑클, 베이비복스, 샤크라 등 1세대 걸그룹 팬픽에서 보편적으로 찾아볼 수 있는 현상이었다. 팬픽이 주요 콘텐츠인 팬사이트에는 '이성' 게시판과 '동성' 게시판이 별도로 있었으며, 여러 콘텐츠를 다루며 '팬픽' 게시판을 두는 곳에서는 카테고리로 '이성물'과 '동성물'을 구분했다. 이때 '이성물'은 주로 연애에서 결혼, 출산으로 이어지는 해피엔딩을 그리는 와중에도 등장인물 간의 스킨십이나 성적 묘사는 거의 없었다. '동성물'이 '19금'을 넘어 '22금', '33금' 등의 용어를 만들며 수위 높은 성적 묘사를 다룬 것과는 분명 다른 양상이었다.

보이그룹 팬픽이 '이성물'을 거의 허용하지 않는 '오빠들끼리의 사랑'만 존재하는 완고한 '동성물' 위주의 콘텐츠였던 것에 비해('이성물'이 없었던 것은 아니다) 걸그룹 팬픽은 '이성물'이 일정 비율 존재했다. 심지어는 동시대 남자 연예인을 파트너로 등장시키기도 했는데, 이것은 보이그룹 팬픽에서는 상상도 할 수 없는 일이었다(걸그룹 팬픽에 보이그룹 멤버를 걸그룹 멤버의 파트너로 등장시켰다가 보이그룹 팬들로부터 수많은 악플 공격을 받는 경우도 있었다).

이와 같은 보이그룹 팬픽과 걸그룹 팬픽의 차이점은 팬픽이 팬들의 욕망이 스타라는 현실에 실재하는 애정의 대상을 캐릭터로 등장시키는 서사라는 특징에서 기인한다. 이미 눈앞에 살아 숨 쉬며 모습을 드러내고 있는 대상에 대해 '다른 이야기'를 상상한다는 것은 그에게 부재하는 것, 결핍된 것, 금지된 것을 허락한다는 의미라고 볼 수 있다. 현실에 존재하지 않는 것이 존재하는 세상을 상상함으로써 팬픽의 창작자와 향유자인 팬들은 스타의 새로운 이야기와 캐릭터를 획득하고 소유하며 즐거움을 얻는다.

현실의 보이그룹에게 가장 금지된 것은 무엇일까. 그것은 아마도 사랑(이성애-스캔들)일 것이다. 현실의 팬들은 보이그룹의 사랑을 목도할 수 없다. 그리고 공교롭게도 그것을 금지한 것은 팬들이다. 하지만 동시에 팬들이 가장 원하는 것은 스타가 보여주는 사랑의 모습, 그 낭만적인 서사이기도 했다. 그 때문에 팬들은 자신들이 금지한 사랑이 아닌 허락하는 사랑, 보이그룹 멤버들 간의 동성애를 팬픽의 주요 소재로 설정했다. 보이그룹 팬픽에서 '사랑'은 서사의 존재 이유였으며, 이 사랑을 '동성물'로 그리는 것은 그 목적에 부합하며 욕망과 충돌하지 않는 유일한 작법이었다.

　　그렇다면 걸그룹에게 금지된 것은 무엇일까. 이 질문을 앞에 두고, 팬픽의 주요 창작자가 여성 팬임을 상기할 필요가 있다. 여성 창작자가 여성 캐릭터를 다룬다는 것은 가장 먼저 겹겹의 자기검열을 돌파하는 일이다. 현실에 엄혹하게 존재하는 여성혐오와 그 속에서 수많은 콘텐츠와 미디어가 오랜 시간 견고하게 쌓아올린 성적 대상화를 직시하는 것. 무엇보다 내 안의 여성혐오와 성적 대상화가 내재화되어 있을 수도 있음을 분명하게 인식하는 것이 필연적으로 수반되기 때문이다. 이 과정은 창작자가 미처 의식하지 못하는 사이에도 자연스럽게 작동한다. 여성 팬이 여성 아이돌을 대상으로 팬픽을 쓸 때도 마찬가지다.

　　1990년대 한국 여성 인권의 현실을 고려하면, 그 당시 걸그룹의 일상이 어떠했으리라는 것을 어렵지 않게 그려볼 수 있다. 숙소 단체생활을 통한 사생활 침해, 혹독한 체중 관리, 어디서나 계속되는 외모 평가와 성희롱, 성추행 등은 분명 팬들도 알고 있는 현실이었다. 오직 사랑만을 목적으로 달려가기엔 걸그룹에게는 금지된 것이 너무나 많았다. 그리고 그들이 팬픽 속에서 무대 밖 개인으로서의 여성이 되는 순간 더 많은 것이 금지될 터였다. 이러한 맥락에서 보면 걸그룹 팬픽 내의 사랑(성애)은 기존에 장르로 확립된 팬픽의 문법을 따르기 위한 필수요소이자 서사를 유지시키는 수단으로 기능했다. 사랑에 빠진 재벌 2세, 사랑에 빠진 마피아 보스, 사랑에 빠진 가상의 왕국 여왕 혹은 그저 동시대 한국 사회를 살아가는 한 명의 사람이 되어 팬픽에 등장한 걸그룹 멤버들은 사랑이라는 수단을 통해 현실과는 다른 인생을 살아볼 수 있었다. 그 사랑의 대상이 이성인지 동성인지는 중요하지 않았다. 이런 관점에서 걸그룹 팬픽을 읽는다면 '이성물'의 존재를 이해할 수 있다. 다만 그 대상이 동성일 경우엔 가부장적 관습에서도 벗어날 수 있는 자유까지 얻을 수 있다는 점, 그리고 후술할 거침없는 성적 묘사의 가능성이 더 많은 독자들을 매혹시켰으리라 생각한다.

걸그룹 팬픽의 '동성물'이 '이성물'에 비해 성적 묘사의 수위가 높았던 이유 역시 걸그룹이 맞닥뜨린 실재하는 현실에서 찾을 수 있을 것이다. '이성물'의 성적 묘사의 경우, 남성과 여성의 성행위에 대한 묘사는 여성에 대한 성적 대상화를 피하기 어렵다. '전통적인' 성역할에 대한 고정관념이 지금보다 훨씬 강고했던 1990년대와 2000년대 초반에는 더욱 그러했다. 또한 팬덤 외부로 퍼져나갈 경우 '야설'로 소비되거나 스캔들의 빌미가 되어 스타에게 피해를 입힐 가능성도 있다. 이에 반해 팬픽에서 그려지는 멤버 간의 동성애는 그것이 상세할수록, 구체적일수록, 수위가 높을수록 오히려 안전해졌다. 지금도 마찬가지지만 그때에는 더더욱 퀴어의 존재는 가시화되지 못했으므로 팬덤 외부의 대중은 '동성물' 팬픽을 '말도 안 되는 망상'으로 치부했다.

이러한 배경 속에서 걸그룹의 '동성물'을 향유하는 팬들은 여성과 여성의 성행위라는 관습의 틀을 깨뜨리는 성애적 관계와 성적 묘사를 통해 거칠 것 없는 해방감을 느낄 수 있었다. 이 때 걸그룹 팬픽의 '동성물'은 보이그룹 팬픽의 '동성물'과 또 하나의 차이점을 보이는데, 성행위의 묘사 방식이 바로 그것이다. 보이그룹 팬픽의 '동성물'의 경우 성기를 비롯한 신체 부위의 명시적인 지칭, 삽입성교와 체위에 대한 구체적 묘사, 다채로운 신음 소리 등이 수위 높게 서술되는 반면 걸그룹 팬픽의 '동성물'은 은유를 통한 여성 신체에 대한 찬미가 주를 이뤘다. 이는 여성 창작자가 캐릭터의 여성이라는 정체성과 완벽히 분리될 수 없기에 일어난 현상일 것이라 짐작된다.

한 폭의 그림: 여돌 팬픽을 쓰고 읽는 여덕의 마음

지금까지 1998년부터 2002년까지의 나의 경험과 기억에 근거해 수다를 늘어놓듯 걸그룹 팬픽을 쓰고 읽는 걸그룹 여성 팬의 마음에 대해 적었다. 앞서 언급한 《라스트 러브》 작가의 말에 나는 "그동안 내가 바라보았던 무대 위의 사람들을 떠올려본다. 그 빛나는 재능과 남다른 매력을. 지나가버릴 것이 분명한 순간들을 함께하고 있다고 믿었던 애틋한 마음을. 내가 목격한 찬란함을 증언하지 않고는 견딜 수 없었던 절실함을. 그 마음을 간직하고 오래도록 바라보는 일에 대해 생각한다"라고 적었다. 나는 그 마음이 스타를 사랑하고 그 사랑을 표현하는 모든 팬들의 마음일 것이라 생각한다.

《라스트 러브》를 출간한 뒤, 어떤 독자는 페미니스트라면 여성 아이돌을 '소비'하지 말아야 한다고 했다. '수요'가 산업의 '공급'을 조장한다는 논리였다. 그러면서 내 소설이 엔터테인먼트의 어두운 이면을 직시하고 있다고 했다. 소설은 아이돌 걸그룹 '제로캐럿'의 멤버들이 회사와 부당한 계약 관계에 있음을 암시하고, 멤버들이 연예계 관계자 혹은 팬으로부터 성추행을 당하는 장면이 있다. 하지만 그건 내 소설이 하고자 하는 주요한 이야기가 아니다. 무언가를 고발하거나 비난하기 위해 쓰이지 않았다. 그 소설은 내가 사랑한 무대 위의 여성들에게 바치는 팬픽이었다.

나는 아이돌 걸그룹 S.E.S.의 팬이고, f(x)의 팬이다. 또한 케이팝의 모든 여성 아이돌들을 좋아하고 응원한다. 그들의 매력에 감탄하고 그들이 보여주는 콘텐츠를 즐길 수 있음에 감사한다. 하지만 그런 한편으로 토크쇼에 출연한 여성 게스트에게 '애교'를 강요하는 남성 사회자의 모습을, 아동복에 가까운 짧은 원피스를 입고 춤을 추는 여성 출연자를 아래에서 위로 올려찍는 카메라 앵글을, 미성년자 여성에게 개인기로 '섹시댄스'를 보여달라는 요구를 아무런 문제의식 없이 반복하는 엔터테인먼트 산업의 쇼 비즈니스에 내가 일조를 하고 있다는 죄의식을 떨치기 어려웠다. 하지만 분명한 것은 내가 팬으로서 그들을 사랑한다는 것이다.

그 어떤 팬도 자신의 스타가 상처받길 원하지 않는다. 스타가 고통스럽기를 원한다면 그건 팬으로서의 욕구가 아니다. 오히려 스타가 행복하길 바라며 스타가 상처받고 고통스러워하는 현실을 직시하고 비판하는 것조차 산업 안에서 이루어질 수밖에 없다는 것이 팬의 슬픈 딜레마다. 나는 아무리 현실이 추악한 것이라도 해도, 그 안에 분명히 존재하는 찬란함을 증언하고 싶었다. 상처받을 것을 알면서도 무대 위에 서는 것을 택한 여성들을 사랑했다. 그들이 덜 아프고 더 얻기를 원했고, 내가 쓴 팬픽 속 그들에게 준 이야기들이 바로 나의 사랑이다. 그 사랑이 그들과 나를, 우리를 지킬 거라고 믿는다.

끝으로 작가도 제목도 기억나지 않지만 오랜 시간 동안 내 머릿속을 떠나지 않는 한 팬픽에 대해 이야기하고자 한다. 1998년 겨울 어느 방송국 연말 시상식이 막 끝난 새벽, 천리안 'S.E.S. 팬동'은 '핑클 팬동'에서 건너온 몇몇 유저들과 소모적인 설전을 벌이고 있었다. '핑클 팬동' 게시판들도 상황은 다르지 않을 터였다. 두 걸그룹이 한창 라이벌로 호명되던 때였고, 팬들은 서로의 이름만으로도 쉽게 날카로워지곤 했다. 그때 '창작' 게시판에 '연말특집'이라는 말머리를 달고 짧은 팬픽 하나가 올라왔다. 연말 시상식이 시작되기 전, 방송국 대기실에서 S.E.S.와 핑클, 베이비복스 멤버들이 사이좋게 둘러앉아 떡볶이와 김밥을 나눠 먹으며 매니저들의 눈을 피해 고스톱을 친다는 내용이었다.

매니저들이 무대 체크를 위해 자리를 비우면 걸그룹 멤버들은 너나 할 것 없이 뒤섞여서 신나게 패를 돌리다가 매니저가 대기실 문을 열면 무대의상인 풍성한 드레스 자락으로 판을 가리고 기도하는 척(당시 걸그룹 멤버들 중에는 천주교, 개신교 신자임을 밝힌 이들이 많았다. 음악방송 1위 수상소감에서 생물학적인 아버지가 아닌 '아버지'를 찾거나 하는 등)을 했다. 그 팬픽의 한 부분에서 누군가가 "우리가 이렇게 친하게 지내는데, 왜들 싸움을 못 붙여서 난리지?"라고 말한다. 다른 누군가는 "그러게, 팬들도 다들 사이좋게 지냈으면 좋겠다"라고 덧붙인다. 나머지들이 모두 맞장구를 친다. 곧 리허설이 시작된다는 스태프의 외침이 들려오고, 걸그룹 멤버들은 손을 흔들며 헤어진다. 기억하기로, 팬픽 끝에는 다음과 같은 작가의 말이 붙어 있었다. "p.s.언니들이 행복한 연말 보내길 바라고, 우리 팬들도 그럽시다 *-_-* 해피뉴이어." 그 팬픽을 쓴 작가의 마음이 어땠을지 지금도 가끔씩 생각해보곤 한다. 여돌 팬픽을 읽고 쓰는, 여덕의 마음을.

주

1   원고를 정리하면서 편집자로부터 아무로 나미에와 모닝구무스메를 잘 모르
는 분들이 있을 수 있으니, 설명을 조금 붙이면 좋겠다는 의견을 들었다. 나는
매우 놀랄 수밖에 없었다. 20세기 제이팝의 역사 그 자체라고 할 수 있는 여
성 솔로 아티스트 아무로 나미에와 소속사 기획형 아이돌 걸그룹의 대표적인
모델이라고 할 수 있는 모닝구무스메. 벌써 이들이 '지난 시대'의 아이콘이 되
어 설명이 필요해졌다는 게 새삼 생경했기 때문이다. 이들에 대해 더 상세하
게 설명하는 건 이 글의 취지와는 맞지 않을 것 같아서 관심 있으신 분들께서
는 따로 찾아보시길 권한다. 개인적으로는 '여성 아티스트-아이돌'이라는 존
재를 인식하게 해준 이들이었다.

7장

남성 아이돌 알페스 문화 속의 트랜스혐오:

'트랜스적인' 세계 속의 아이러니한 '트랜스혐오'에 대하여

권지미

남성 아이돌 알페스 문화 속의 트랜스혐오:
'퀴어페스'를 중심으로

'트랜스(trans)'란 '횡단하다', '초월하다', '관통하다' 등의 뜻을 가진 접두어다. 이는 당연히 젠더정체성 외에 다양한 단어와도 함께 쓸 수 있지만, 대중적으로는 '트랜스젠더(transgender)'의 준말로 많이 사용되고 있으며, 한국에서는 트랜스젠더인 사람을 그냥 '트랜스'로 지칭하기도 한다. 트랜스젠더란 젠더와 지정성별이 일치하지 않는 성소수자를 말하는데, 여성의 젠더정체성을 가진 트랜스젠더인 트랜스여성(trans women) 또는 MTF(male to female) 트랜스젠더, 남성의 젠더정체성을 가진 트랜스젠더인 트랜스남성(trans men) 또는 FTM(female to male)을 비롯한 바이너리 트랜스젠더, 여성과 남성 외의 제3의 젠더정체성을 가지고 있는 트랜스젠더인 논바이너리(non-binary) 트랜스젠더 혹은 젠더퀴어 등을 모두 포함하는 개념이다. '트랜스젠더' 혹은 '트랜스' 혹은 '트랜스젠더퀴어'[1]는 섹스, 젠더, 섹슈얼리티 논의에서 절대 빠지지 않은 중요한 개념이기도 하다. 나는 이 글에서 트랜스젠더, 혹은 트랜스젠더퀴어 등을 일단 편의상 '트랜스'로 축약해 부르기로 하겠다.

요즘(2020년) 트위터 기반의 온라인 여성 동성 사회 내에서 트랜스혐오는 '최신 유행'으로 보이기도 한다. 소위 '터프'[2]라고 불리는 트랜스혐오 성향을 띤 자칭 래디컬 페미니스트(이하 '랜펨')들은 트위터를 비롯한 여러 SNS, 여성 중심적인 인터넷 커뮤니티에서 활개를 치고 있으며, 스스로를 터프나 랜펨으로 정체화하는 것까지는 아니더라도 트랜스혐오는 어느 정도 밑절미로 깔고 그것을 유희로 즐기는 이들도 흔하다. 인터넷상의 여성 동성 사회 내에서 다양한 종류, 다양한 정체성을 가진 트랜스혐오자들은 트랜스젠더, 특히 트랜스여성을 매우 싫어하고 배제하며 적극적으로 조롱한다. 이들의 이러한 태도는 많은 성소수자와 상호교차성 페미니스트들에게 거부감을 주고 있다.

남성 아이돌 알페스 문화의 향유자들 또한 인터넷상의 대표적인 여성 동성 사회에 속한 이들인만큼 트랜스혐오를 하는 이들이 적지 않다. 아이러니하게도, 현재 트위터 등에서 트랜스혐오에 매진하고 있는 자칭 '랟펨' 계정 중에는 남성 아이돌을 좋아하는 계정 등을 '좆빨러' 등의 비칭으로 부르며 혐오하는 이들이 많다. 그들에게 남성 아이돌은 일단 '남성'이므로, 그들의 팬은 여성일지라도 남성이 돈을 버는 데 일조하는 부역자이기에 욕먹어도 싸다는 것이다. 트랜스혐오를 하는 남성 아이돌 팬은 남성 아이돌을 좋아한다는 이유로 이렇게 트랜스혐오자들에게 혐오당하면서도, 동시에 트랜스혐오를 하는 이중적인 모습을 보인다. 어디를 가든 트랜스혐오를 쉽게 볼 수 있는 지금, 남성 아이돌 팬덤 내에 버젓이 존재하는 트랜스젠더퀴어와 상호교차성 페미니스트들은 무척 고통받고 있다.

트랜스혐오를 하는 이들은 당연하게도 알페스에 좀더 노골적으로 '트랜스적' 해석을 넣는 이들도 무척 혐오하는데, 그러한 혐오는 노골적으로 '트랜스적' 해석을 하는, 일명 '퀴어페스'를 하는 이들에 대한 사이버불링으로 나타난다. 앞서 다른 장들에서 설명이 있었지만 간단히 다시 한번 알페스와 퀴어페스를 설명하자면, 우선 알페스(RPS)란 실존인물이 등장하는 팬픽션을 주로 일컫는 말로 '리얼 퍼슨 슬래시(Real Person Slash)'의 약자이다. 여기서 슬래시는 서구권의 동인계, 2차 창작계, 팬덤 등에서 어떤 커플링쉽을 슬래시(/)라고 부르는 문화에서 온 것이다. 일본과 한국 등에서는 ×라는 기표를 이용해 커플링쉽을 표현한다면(예를 들어 짱구×철수), 슬래시(/)라는 기표를 이용한다(예를 들어 짱구/철수). 한국의 동인계, 2차 창작계, 팬덤 등에서는 RPS를 '알페스'라고 부르며, '퀴어페스'는 여기에 '리얼 퍼슨(Real Person)'의 '리얼'을 빼고 '퀴어'라는 단어를 집어넣은 말이다.

여기서 그러면 의문이 생긴다. 그렇다면 퀴어는 리얼 퍼슨, 진짜 사람, 실존인물이 아닌가? 사실 알페스의 세계는 '퀴어페스'라는 단어가 발명되기도 전부터 이미 퀴어했다. 이성애자보다 동성애자가 더 많은 세상이 알페스의 세계이기 때문이다. 알페스의 주를 이루는 것은 팬픽션 등을 통해 재해석된 '실존인물'들을 가지고 그들의 성적 지향이 무엇이든 간에 동성 간 성애를 실천하게 하는 것이다. 그렇지만 한편으로는 알페스 안에서는 동성애가 당연하게 '기본값', '디폴트'처럼 여겨지기에 정작 그 세계 안에서는 동성애가 '퀴어'하지 않았던 경향 또한 있었다. 이성애가 기본값인 실제 세계와 달리 알페스의 세계 속에서는 동성애가 기본값이기에 그 세계에서는 동성애가 '퀴어'가 아니었다. 원래의 사회 규칙이 어떠하든 알페스 세계에서는 동성애가 당연했고 그것을 전시하는 것이 이상한 일이 아니었다. 그 때문에 동성애는 정상에서 벗어난, 이상한 것인 '퀴어'는 아니었다는 말이다.

기존의 알페스 팬픽 속에서 '동성애혐오', '이성애 중심주의' 등이 등장하지 않았다고 말하고 싶은 것은 아니다. 그런데 기존 알페스 문화 속의 동성애혐오는 그저 두 사람의 사랑을 방해하는 낭만화된 요소일 뿐이었다. 팬픽 속에서 등장인물들의 동성애가 다소 이상한 것으로 다루어지더라도, 등장인물들이 퀴어혐오적 폭력을 당하는 씬이 나오더라도, 사실 그것을 읽고 쓰는 이 모두가 이 동성애가 '이상하지 않음'을 무의식적으로 공유하고 있었고, 그러한 씬들 또한 알페스의 문법 속에서 안전하고 '이상하지 않게' 존재하는, 그저 양념 같은 요소들이었다는 말이다. 이렇듯 알페스의 세계가 현실 세계와 달리 동성애가 '퀴어'가 아닌 역설적으로 무척 '퀴어'한 세계라서 어떤 이들은 알페스 문화를 좀더 퀴어하게 여길 수 있었고, 어떤 퀴어들은 그렇기 때문에 그것을 즐길 수도 있었다. 하지만 알페스는 동성애를 '퀴어'하지 않게 다루면서, 즉 어떠한 알페스 문법 속의 '규범성'에 한정하여 다루면서 규범적인 동성애가 아닌 다른 종류의 '퀴어'한 것은 배제해온 경향이 있었다.

이제 "그렇다면 퀴어는 리얼 퍼슨, 진짜 사람, 실존인물이 아닌가?"라는 앞선 질문을 다시 들여다보자. 다소 공격적으로 거칠게 말하자면, 기존의 알페스 세계에서 퀴어는 리얼 퍼슨, 진짜 사람, 실존인물이 아니었다. 실제로 커밍아웃한 퀴어 인사들이 알페스의 소재로 쓰이지 않았다는 것은 아니다. 해외 연예인을 대상으로 한 알페스에서는 실제로 커밍아웃한 퀴어 연예인이 등장하기도 한다. 한국 연예인 중에는 커밍아웃한 퀴어가 거의 없지만, 그래도 자신의 퀴어함을 내뿜으며 거의 '걸어다니는 커밍아웃' 같은 아이돌들이 알페스에 등장하기는 한다. 하지만 그러한 '퀴어한' 이들은 알페스에서 주요한 인물들이 되지 못하는 일이 더 많았다.

알페스 판에서 알페스를 향유하는 이들이 보편적으로 더 '맛있게' 여긴 쪽은 시스젠더 헤테로적인 인물들이 동성 간 '케미'를 뿜내고 있을 때였지, 퀴어한 인물들이 퀴어하게 놀 때가 아니었다는 말이다. 실제로 알페스의 한 갈래라고 할 수 있는 아이돌 팬픽에서 제일 인기 있는 커플들은 대부분 좀더 '시스젠더 헤테로' 같은 멤버들로 꾸려진 커플들이었고, '진짜 퀴어' 같은 멤버들은 커플링 놀이에서는 살짝 배제되기도 했다.[3] 알페스 향유자들이 보편적으로 좋아했던 것들은 시스젠더 헤테로들의 '기만'이었지, 정말로 퀴어들이 퀴어하게 사랑을 하는 것을 보고 싶어하지는 않았던 것이다. 알페스의 세계는 여러 변수가 존재하는 아주 복잡한 세계이기에 소수의 욕망들도 때로는 불쑥 튀어나오곤 하던 재미있는 세계이긴 하지만,[4] 아무튼 메이저 알페스 향유자들의 욕망 속에서 리얼 퍼슨, 진짜 사람, 실존인물은 언제나 비퀴어였고, 시스젠더 헤테로들이었다.

퀴어페스는 이러한 알페스의 일반적인 규범을 좀더 퀴어하게 파괴한, 알페스의 일종이다. 퀴어페스가 알페스의 일반적인 규범에 맞지 않으면서도 동시에 그 장르의 일부라는 것은 꽤 흥미롭다. 어쨌든 퀴어페스는 알페스의 큰 틀, 즉 '리얼 퍼슨 슬래시'라는 실존인물로 커플링 놀이를 한다는 큰 틀에서는 벗어나지 않는다는 것이다. 그러나 알페스의 일반적 규범 속에서 '실존인물'들이 언제나 비퀴어였고, 그들의 비-퀴어성이 확대되어 그것을 뒤집는 동성애적 해석이 주가 되고 그것이 규범이 된 것과 달리, 퀴어페스 속에서는 '실존인물'이 퀴어할 가능성은 훨씬 더 크게 해석되었고, 그들의 퀴어성은 확대되어 그 확대된 퀴어성으로 인한 다양한 관계들을 탐구하며 동성애뿐만 아니라 더 '퀴어한' 커플링 놀이를 하는 것이 주가 되었다. 퀴어페스 안에서 알페스의 암묵적인 모든 규범은 파괴되었고 그 규범들은 그저 놀잇감이었다. 리얼 퍼슨, 진짜 사람, 실존인물이 퀴어이고 퀴어일 수 있는 세계. 그것이 퀴어페스의 세계였다.

거창하게 말하긴 했지만, 사실 이것은 전적으로 나의 해석일 뿐이고, '퀴어페스'라는 단어의 발명은 어쩌면 이러한 이해와는 무관했을지도 모른다. 내 기억에 퀴어페스라는 단어가 '발명'된 것은 2017~2018년경의 일이었다. 아이돌 NCT의 알페스 판에 운 좋게도 (또는 운 나쁘게도) 퀴어한 해석을 즐기는 '이상한' 이들이 많았는데, 이들의 해석과 이들이 내놓는 어떤 팬픽션과 연성 들을 누군가가 '퀴어페스'라고 부르기 시작했고, 그 뒤로 이 말이 쓰이기 시작했던 것으로 기억한다(2020년 이후 퀴어페스라는 단어는 NCT 일페스 판을 넘어 꽤 다양한 아이돌 알페스 판에서 쓰이고 있는 것으로 알고 있다). 어떤 이들은 '퀴어가 창작하는 퀴어들의 이야기'를 퀴어페스라고 생각하기도 하고, 이는 어느 정도 맞는 말이기도 하다. 퀴어페스의 주 향유자들은 퀴어 당사자들이고, 사실 이런 이야기에 재미를 느끼려면 어느 정도 퀴어적 감수성이 밑바탕에 깔린 상태여야 하기에 퀴어페스는 퀴어 당사자들의 놀이가 아닐 수 없다. 어떤 이들은 좀더 단순하고 좁게, '창작물 내에서 아이돌이 트랜스젠더퀴어 등의 정체성으로 등장하는 팬픽션 창작물'을 퀴어페스로 이해하기도 한다. 이는 맞는 말이긴 하지만 아주 완전한 대답이라고는 볼 수 없다. 아이돌을 시스젠더 동성애자보다 트랜스젠더퀴어로 해석하는 것이 '더 퀴어한 해석'으로 취급받기 때문에 그러한 팬픽션들이 '퀴어페스'로 자주 분류되곤 하지만, 그런 종류의 것만이 반드시 퀴어페스는 아니다. 하지만 그런 종류의 퀴어페스는 여전히 드물어서 트랜스젠더퀴어 당사자 팬들이 트랜스젠더퀴어가 등장하는 작품에 "와, 퀴어페스다!" 하고 더 환호하는 경향은 분명히 있으며 (〈자료 1〉), 그런 환호와 반가움에 대하여 분명한 트랜스혐오적인 적의를 내비치는 자들도 많다.

　　퀴어페스를 비웃고 경멸하고 욕하고 괴롭히는 트윗 등은 정말로 많았다. 퀴어페스를 하는 사람의 트윗에 악의적인 말을 담은 인용 알티(RT, 리트윗)를 하거나, 대량의 비계 멘션[5]을 다는 등의 사이버불링은 수도 없이 이어졌다. 그런데 2021년, 18년도에 특히 흥행했던 퀴어페스를 욕하던 계정들은 그 뒤 대부분 졸렬하게 자신의 계정을 삭제하고 도망갔기 때문에, 남아 있는 자료들이 많지 않다. 하지만 자료가 많이 남아 있지 않더라도,

■■■ 판 떠나기 아까운 건 이렇게
퀴어 많은 팬덤 진짜 드문데다
시스레즈가 아닌 나까지 쉽게
섞일 수 있어서 편했고 알페스
맨날 호모섹슈얼 서사만 보다가
에이로 에이섹슈얼 ftm부치 데미걸
드랙퀸 젠더플럭스 등등의 캐해가
가능해지고 퀴어들이 경험을 녹인
서사를 만들고 그런 게 넘좋앗다
2018년 11월 02일 · 3:04 오전 · 에 Twitter Web App
앱을 통해

312 리트윗 55 마음에 들어요

〈자료 1〉 퀴어페스 판이 "시스레즈[시스젠더 레즈비언]가 아닌 나까지 쉽게 섞일 수 있어서 편했고, "퀴어들이 [자신의] 경험을 녹인 서사를 만나서 너무 좋았다"라고 표현하는 트윗.

"나 진짜 퀴어페스로 싸불[사이버불링]당한 거 생각하면 레알 한 트럭 되는데", "진짜 당했던 적 많은데 캡쳐한 적은 없네요"라고 말하는 주변의 수많은 퀴어페서들의 증언들은 그 괴롭힘들이 정말로 실재했다는 것을 알려준다. 나 또한 퀴어페스를 하던 사람으로서, 퀴어페스를 한다는 이유로 괴롭힘을 당한 적이 많다. 괴롭힘을 당한 사람이 그 괴롭힘을 기억해내고 증명해내는 과정을 거쳐야 한다는 것이 또한 나를 괴롭게 하고, 한편으로는 '그 괴로움을 굳이 다시 재현하는 것이 올바른 것인가?' 하는 생각도 든다. 그렇지만 우리는 그들의 혐오에 대하여 반드시 짚고 넘어가야 할 부분이 있다.[6]

퀴어페스에 대한 많은 비난 중 제일 주요한 것은 퀴어페스가 '시스젠더 헤테로'인 남성 아이돌을 가지고 감히 '레즈비언' 등의 정체성을 붙이며 논다는 것이다. 하지만 이 책의 3장에서 설명했듯이, 다양한 표현 양식을 가진 레즈비언 혹은 부치 롤모델이 너무나도 부족하기 때문에 남성 아이돌에게 레즈비언적인 면모를 '착즙'하는 것은 어찌보면 자연스럽다. 퀴어한 남성 아이돌이 젠더 경계를 흐리는 실천을 할 때, 그것은 레즈비언 부치와 펨이 기존의 젠더 경계를 흐리는 실천을 하는 것과 상당히 유사하며, 이러한 유사성을 가지고 노는 것은 '퀴어함'이라는 큰 틀 안에서 우리를 연대하게 할 수 있는 가능성이 될 수 있다. 남성 아이돌에게 '감히' 레즈비언의 이름을 붙이는 행위는 레즈비언의 서사를 잃게 하는 것이 아니라, 오히려 더 풍부하게 만드는 일일 수 있다는 것이다.

　　많은 이들이 '퀴어페스가 여성서사를 빼앗은 것' 혹은 그 비슷한 말들로 비난을 일삼았다. 하지만 그들이 말하는 '여성서사'라는 것이 대체 무엇인가? 남성 아이돌을 가지고 하는 인형놀이, 알페스는 그 '여성서사'가 될 수 없는가? (남성 아이돌 알페스는 남성의 것이었나?) 그 '여성서사'라는 것의 협소한 정체성이 정작 많은 여성들, 비-남성들의 하고 싶은 이야기를 가로막고 있지는 않은가? 그리고 여성서사를 빼앗긴 것이라면 무엇이 어디론가 이동했다는 것인데, 대체 어디에서 어디로 그것이 이동된 것인가? '여성성' 혹은 '남성성'을 가지고 노는 것이, 여성 인권에 해가 되는 것인가? 피해가 간다면 누가 누구에게 피해를 주는 것인가? 우리는 정말로 많은 질문들을 던져볼 수 있다. 퀴어페스가 '여성서사'를 가져간 것처럼 보인다면, 그것은 퀴어페스가 어느 정도는 '여성서사'이기 때문일지도 모른다. 어떤 이들에게는 퀴어페스가 절대로, 위대하고 흠결 없이 '클린한', '갓'여성서사가 되지 못할 것이다. 하지만 어째서 그러한가를 생각해 보면, 결국은 트랜스혐오의 맥락과 그것이 닿아 있을 수밖에 없다는 결론이 나온다.

'생물학적'[7] 여성이 쓴 '생물학적' 여성에 대한 정치적으로 올바른 재현, 그리고 '생물학적' 여성의 '신자유주의적 성공서사'만을 '여성서사'로 규정하려는 본질주의적 주장은 표상, 판타지, 현실의 일체화를 전제하고 있으며, 이는 '페미니즘'과 '재현'의 정치적인 가능성을 오히려 해로울 정도로 협소하게 만들고 있다.[8] 페미니즘의 이름으로 시도되는 이 반(反)-문화적이며 한없이 교조적인 의지에 맞서서, 퀴어 페미니스트이면서 동시에 알페스 문화의 향유자인 이들이 자신들의 욕망을 지속적으로 펼칠 수 있는 용기를 낼 수 있기를 바란다. '생물학적' 여성에서 미달되는, 미끄러지는, 거부당하는 이들이 지속해서 자신의 욕망과 기쁨을 찾아나가고, 자신들의 세계를 트랜스적으로 해석하는 해방적 혁명을 해내기를 바란다. 그리고 그것을 가능케 만들기 위해서는 '트랜스'에 대한 인식론적인 이해가 필요할 것이다.

트랜스라는 렌즈

아주 널리 쓰이는 표현은 아니지만 트랜스젠더, 트랜스섹슈얼, 트랜스베스타잇, 젠더리스, 바이젠더, 젠더퀴어 등을 모두 포괄하는 개념으로서 '트랜스*(trans*)'라는 단어를 사용하기도 한다. '*'라는 표현은 컴퓨터에서 명령어를 줄 때 *가 '전부'라는 의미를 갖는 것에서 착안한 것으로, 이 표현은 섹스/젠더의 이분법적 적용을 문제시하고, 섹스/젠더의 주변부를 지식이 생성되는 장소로 놓는 지식체계를 만드는 데 기여한다.[9] 사실 흔히 섹스는 염색체, 호르몬, 성기의 구조 및 모양 등 생물학적인 차이에 기인하는 신체적 차이로서의 여성과 남성의 구분으로 이해되고, 젠더는 사회문화적으로 구성된 성(별) 정체성으로서의 여성과 남성으로 이해되지만, 섹스와 젠더에 대한 도식적인 구분에 대해서는 끊임없이 문제가 제기되어왔다. 저명한 퀴어 연구가인 주디스 버틀러(Judith Butler)는 섹스는 언제나 이미 젠더였다고 주장해왔다. 당연한 해부학적 운명처럼 보이는 섹스조차도 그것에 부과된 인식론 없이는 섹스일 수 없기 때문에 젠더만큼이나 문화적 구성물이라는 주장이다.[10] 섹스 역시 사회가 요구하는, 사회에서 정해진 규범의 범주 내에서 반복적인 성행동, 성적 표현 등을 통해 형성되므로 섹스와 젠더의 구분은 의미가 없다는 것이다. 섹스와 젠더 범주에 대한 이러한 경계의 모호함은 '트랜스' 혹은 '트랜스젠더', '기타 등등 트랜스 어쩌구들'의 개념에 대한 이해를 더 복잡하게 만든다. 그리고 트랜스는 트랜스젠더의 준말로 '섹스-젠더를 해체하고 초월하는 존재'라는 고정된 범주일 수도 있지만, 넓게 보자면 트랜스는 어떠한 삶과 사람 사이의 관계를 다르게 상상하는 방법, 인식론이 될 수도 있다.

　　김효진은 《잡지 후조》의 창간사에서 잡지 제호의 '후조'에 주목해 이런 글을 썼다.

"독자분들도 이미 잘 알고 계시겠지만 잡지 후조에서 '후조'는
야오이, BL을 애호하는 여성들을 가리키는 일본의 용어인 후조
시를 줄여 부르는 이름이기도 합니다. [중략] 다만 개인적으로 잡
지 후조, 그리고 잡지 후조의 독자분들과 공유하고 싶은 입장은
하나 있습니다. 그것은 바로 '후조시'가 어떤 사회적 집단—예를
들자면 특정한 연령대, 특정한 성별 등—을 가리킨다기보다는
오히려 어떤 특정한 '태도'이자 '시선'이라고 생각해보자는 것입
니다. 쉽게 말하자면 주위를 살피는 '렌즈' 혹은 '안경' 같은 것이
라고 간주하면 어떨까라는 것이죠. [중략] 쉽게 풀이하자면 현실
의 남성이라고 할지라도 만약 그가 BL과 브로맨스를 즐기고 애
호한다면—후조시의 '렌즈'를 통해 세상을 바라본다면—그는 명
예 후조시라고 할 수 있습니다. 이 렌즈를 착용하는 순간 성별과
는 상관없이 우리는 모두 '후조시'가 되는 것입니다. BL의 사회
적 인지도가 높아지고 점점 더 주류 콘텐츠에서 브로맨스가 빈
번하게 등장할수록, 그리고 LGBT커뮤니티의 가시성이 강화될
수록 성별과는 관계없이 후조시의 렌즈를 지니고 사는 사람들이
늘어날 것입니다."[11]

김효진은 '야오이, BL을 애호하는 여성'을 가리키는 이름
인 '후조시'를 어떠한 사회적 집단이 아닌 하나의 '렌즈' 혹은
'안경'과도 같은 인식론적 개념으로 간주하는 것을 제안하고 있

다. 나는 '트랜스'의 개념도 마찬가지로, 어떠한 사회적 집단이 아닌 어떠한 특정한 '태도'이자 '시선'으로 생각하는 것이 어떨까 제안하고 싶다. 트랜스적인 '렌즈'를 통해 기존의 섹스-젠더, 섹슈얼리티, 그리고 젠더 이분법적인 세상을 바라본다면 어떨까? 트랜스적인 렌즈를 끼고 젠더 규범 등의 한계를 폭로하거나 규범 너머가 가지고 있는 가능성을 상상하는 것은 어떨까?

섹스, 젠더, 섹슈얼리티는 개인의 정체성이기도 하지만, 개인을 한 인간으로 인식하고, 개인들 간의 권력 위계를 설명하는 유용한 분석틀이기도 하다. 우리는 '트랜스'라는 렌즈를 통해, 그 괴상한―'퀴어'한―렌즈를 통해 보이는 세상에 대하여 이야기할 수 있을 것이다.

알페스 문화는 본질적으로 트랜스적인 세계다

앞서 설명했듯이 알페스는 동인계, 2차 창작계, 팬덤 등에서 주로 쓰이는 언어로, 실존인물이 등장하는 팬픽션을 주로 일컫는 말이다. 우리가 흔히 생각하는 전형적인 '트랜스' 혹은 '트랜스젠더'의 이미지나 서사를 빌려 쓴 것 같지 않더라도, 알페스 문화에는 사실 본질적으로 굉장히 트랜스적인 면이 있다. 남성 아이돌 알페스 문화의 향유자들(이하 '알페서(RPSer)'로 지칭한다)이 팬픽션을 통해, 자신이 좋아하는 인물을 어떤 존재로 변화(트랜스)시키는 것이 알페스의 본질이기 때문이다. 알페스 문화가 번영한 SNS 매체인 트위터 속에서, 남성 아이돌 중 하나의 인물 A(익명)가 이 알페스의 세계 속에서 어떤 식으로 다양하게 정체성이 전환되는지 한번 살펴보자.[12]

① 언더그라운드에서 활동하는 래퍼인 B(실제 세계에서 그는 A와 같은 아이돌 그룹 멤버다)와 로맨틱한 관계인 '대학생' 정체성의 인물 A(이 서사 속에서 공은 B이며 수는 A다). 2017년 12월 6일 작성.

② 20대의 대학생 C(역시 실제 세계에서는 A와 같은 그룹 멤버다)와 로맨틱한 관계(동거 중)인 '직장인' 정체성의 인물 A(이 관계에서 공은 A이며 수는 C다). 2021년 2월 21일 작성.

③ 대학생 D(실제 세계에서는 역시 같은 그룹 멤버다)와 로맨틱한 관계인 '유치원 교사' 정체성의 인물 A. 유치원 내에서의 로맨틱한 상황을 묘사한다. 2020년 6월 24일 작성.

④ 고등학생 D와 로맨틱한 관계인 '고등학생' 정체성의 인물 A. 독서실 내에서의 로맨틱한 상황을 묘사한다(여기에서 공은 D, 수는 A다). 2020년 6월 24일 작성.

⑤ 미국에 있는 고아원에 있다가 한인 부부에게 입양 간 '입양아' 정체성의 인물 A. D와 A는 미국의 고아원에서 붙어 다니다가 헤어진 후 서로를 그리워한다(이 서사에서 D는 공, A는 수다). 2017년 10월 14일 작성.

⑥ 뷰티 관련 영상을 찍는 '유튜버'(일명 '뷰튜버') 정체성의 인물 A. 인물 D는 조연처럼 등장한다. 2019년 12월 29일 작성.

⑦ 대학을 다니는 '뱀파이어' 정체성의 인물 A. 인물 A는 뱀파이어 정체성을 유지하며 대학을 다니다가 인간인 인물 E(실제 세계에

서는 A와 같은 그룹 멤버다)를 만나 자신의 정체를 밝힌다(이 서사에서 A는 공, E는 수다). 2020년 6월 10일 작성.

⑧ '토끼 수인' 정체성의 인물 A. 토끼로 변한 모습의 A(트윗에는 하얀 토끼가 입을 벌리고 있는 사진이 함께 첨부되어 있다)는 인간 외형의 D에게 주스로 추정되는 것을 마시게 해달라고 조르고 있다. 이 서사에서 D는 공, A는 수다). 2020년 6월 12일 작성.

⑨ '형'이라고 불리면서, 동시에 임신 7개월인 '임신한 주체'의 정체성을 가진 인물 A. 인물 D는 임신한 인물 A("허리가 눌리는 기분에 죽겠"다는 묘사가 등장한다)의 허리를 주무르다가 섹슈얼한 의미를 담은 터치를 시도한다. 2020년 6월 20일 작성.

이처럼 아이돌 멤버들은 팬픽션의 세계 속에서 쓰는 사람 마음대로 '대학생'도 되고 '고등학생'도 되고 '직장인'도 되고 '뱀파이어'도 되고 '입양아'도 되고 '동물'도 되고 남성이지만 '임신하는 주체'도 되는 등 다양한 변신을 한다. '공'과 '수'의 변화 또한 알페서의 해석에 따라 다양하다. 이러한 정체성 변화를 가지고 노는 것이 바로 알페스이며, 이는 당연하게 트랜스적인 면모를 가지고 있다고 할 수 있다.

하지만 이것을 '트랜스적인 것'이라고 말하는 것이, 최근 트랜스혐오자들이 흔히 하는 트랜스혐오적 조롱 표현인 '트랜스 고양이' 등과 무엇이 다르냐고 물을 수도 있다. 최근 트랜스혐오자들은 "네가 트랜스젠더라면 나는 '트랜스 흑인' '트랜스 스칸디나비아인' '트랜스 고양이' '트랜스 돌멩이' 등이다"라는 식으로 트랜스젠더의 정체성을 망상으로 치부해버리는 비열한 조롱을 일삼고 있기 때문이다. 그들의 인식체계 속에서 젠더정체성을 변화시키는 일은 사람이 인종을 변화시키고, 사람이 동물이나 사물로 정체성을 변화시키는 것처럼 불가능하고, 말도 안 되고, 조롱할 만한 일인 것이다. 이러한 인식론을 밑바탕에 깔고 '트랜스 고양이' 등의 표현을 트랜스젠더혐오세력이 남발하고 있기 때문에, 최근의 퀴어 진영에서는 SNS 등 온라인 매체에서 트랜스젠더를 조롱하고 비하하는 의도로 사용되는 '트랜스'라는 표현에 대해서 무척 분노하고 있으며, 그것은 끔찍한 혐오표현이라는 인식을 공유하고 있다.[13]

하지만 나는 아무 데나 '트랜스'라는 표현을 붙이는 것을 '혐오세력의 혐오표현'으로만 생각하고, 아무 데나 '트랜스'라는 표현을 붙이는 것을 '혐오 세력만의 권력'으로 생각해버리는 것은 무척 위험하다고 생각한다. 다양한 정체성으로 끊임없이 변화시키는 태도를 트랜스로 독해하는 작업과 '트랜스 고양이'와 같은 작업은 완전히 다른 작업이다. 후자가 트랜스 범주를 부정하기 위한 의도라면, 전자는 새로운 인식론적 가능성으로 트랜스에 접근한다는 점에서 차이가 크기도 하다.

그리고 사실, '트랜스'라는 표현을 아무 데나 붙이는 것(혹은 그렇게 보이는 것)은 트랜스혐오세력이 먼저 한 것도 아니다. '트랜스(trans)'라는 말은 '횡단하다', '초월하다', '관통하다' 등과 같은 뜻을 가진 접두어이며, 이는 당연히 젠더정체성 외에 다양한 단어와도 함께 쓸 수 있다. '트랜스'라는 표현이 대중들에게 의미의 다양성을 확보하지 못한 것과 달리, 한국의 인문학 학계 등에서는 일찍부터 '트랜스'라는 표현을 다양하게 써먹고 있었다. 예를 들어 한국예술종합학교 영상원은 2003년 '트랜스아시아영상문화연구소'를 설립하여 "아시아를 횡단하는 대중문화 연구"를 주도해오고 있으며, 2008년 한양대 비교문화역사연구소는 한국연구재단의 인문한국(HK) 사업을 수행하면서 '트랜스내셔널 인문학(Transnational Humanities)'라는 명명을 통해 "지구화 시대를 근원적으로 성찰하는 새로운 사유와 상상력을 추구하고, 이에 기반한 인문학 패러다임의 전환을 지향"한다고 밝힌 바 있다. 최근의 한국 학계에서는 '트랜스'를 세계를 인식하는 데 특정한 대상을 공고한 분류체계 속에 위치시키려고 했던 가치 선택을 부정하면서 새로운 가치로서 대상들 간의 횡단과 초월을 논의하고자 하는 의미로 쓰고 있다.

그중 최근의 한국 학계에서 우리가 주목할 만한 개념을 제기한 사람은 임대근이라는 학자다. 임대근은 트랜스 아이덴티티(trans-identity) 스토리텔링이라는 새로운 개념을 제기했는데, 그 개념은 인류가 창조하고 향유해온 수많은 서사체에 트랜스 아이덴티티 캐릭터, 즉 정체성 전환 인물 형상이 존재하며, 바로 그 인물 형상에 의해 이야기가 구성된다는 전제에서 출발하는 것이다. 그는 "우리가 듣고 읽고 보아왔던 세상의 많은 이야기는 '정체성 전환'이라는 문제와 관련된다"라고 주장했다. 임대근은 〈단군신화〉를 곰과 호랑이가 사람이 되(고자 하)는 이야기라는 정체성 전환 서사로 읽고, 〈춘향전〉은 춘향이가 이도령에 대한 연인 정체성을 전환할 것을 강요받음으로써 사건이 전개되고 이도령이 암행어사로 정체성 전환에 성공하면서 사건이 해결되는 이야기라는 정체성 전환 서사, 즉 트랜스 아이덴티티 서사로 읽는다. "우리가 익히 듣고 보아왔던 수많은 이야기들 속에서 이러한 정체성 전환 캐릭터를 찾아보는 것은 그리 어려운 일이 아니다. 사례 목록을 계속 이어간다면, 그 길이가 어디까지 늘어날 수 있을지 예단하기 어려울 정도다."[14]

임대근은 트랜스 아이덴티티 개념을 서사체 내부의 인물과 서사 전개 방식을 설명하기 위한 것으로 이용했지만, 알페스의 세계는 더 본질적으로 그 세계를 향유하는 이들이 실존하는 인물들을 자신이 원하는 서사로 집어넣어서 그 인물을 변화시키는 방식을 취하고 있기 때문에, 팬픽션의 서사 속에서 등장하는 인물의 정체성이 다시 한 번(혹은 여러 번) 전환되지 않더라도, 알페스 팬픽션은 장르 자체가 본질적으로 '트랜스 아이덴티티'를 가지고 있는 장르라고 할 수 있다.

임대근은 "우리는 어쩌면 '모든 인간의 궁극적 욕망은 자신의 정체성을 바꾸는 것'이라는 명제에 동의하게 될지도 모른다"[15]라고 말했다. 나는 그 명제에 동의한다. 모든 인간은 어떤 방식으로든 자신의 정체성을 (그것이 어떠한 것이든 간에) 바꾸고 싶은 욕망을 가지고 있다. 그리고 어떤 이들에게 알페스는 그러한 욕망을 적극적으로 대리 실천할 수 있는 무궁무진한 세계인 것이다. 유독 '정체성 전환'에 대한 욕망이 더더욱 강한 집단 중 하나인 트랜스젠더퀴어 집단에 속한 이들 중 일부는, 그러한

'정체성 전환을 가지고 노는 것'에서 자신의 욕망을 더 강하게 투영하며 놀기도 한다.

> "A[모 남성 아이돌 그룹명]에서는 B[멤버명]를 좋아했는데, B를 좋아했던 이유가 데뷔 초에, 알페스에서 처음에 좋아했던 게 C×B[커플명]인데 중국에서 C[멤버명]가 용이었고 B가 주작, 봉황이었어요. 그게 황제와 황후의 그거였거든요. 거기에 꽂힌 거예요. 황후. 이게 뭐 팬픽에서 '른'이라고 지칭되는 사람들의 여성화나 헤테로의 답습이라기보다는 성별이분법을 무너뜨리는 지칭이었잖아요. 그게 좀 좋았고."
> —〈NCT QUEER 케이팝 퀴어팬덤 인터뷰〉(2018) 중 S(익명) 님의 인터뷰.

> "D[모 남성 아이돌 그룹명] E×F[커플명]이 한국의 레즈비언 스테레오타입에 너무 부합하잖아요. 예대 레즈랑 사회학 레즈. 이걸 '여성 서사 빼앗기'라고 하는 건 오해에서 이루어진 거 같아요. [중략] 저희가 소비하는 거는 '자지' 뭐 이런 게 아니라 그들이 미디어에서 드러내는 얄팍한 이미지를 가지고 와서 팬픽을 쓰는 건데. 젠더가 있고 뭐가 어쩌구가 있어요. 얄팍한 이미지일 뿐인데."
> —〈NCT QUEER 케이팝 퀴어팬덤 인터뷰〉(2018) 중 N(익명) 님의 인터뷰.

이 인터뷰는 케이팝 내 퀴어팬덤 연구의 선작업으로 시행했던 인터뷰의 일부로, 모두 알페스 문화를 즐기던, 트랜스젠더 퀴어 스펙트럼에 속한 이들의 인터뷰 중 일부를 발췌한 것이다.

어떤 트랜스젠더퀴어들은 알페스 문화라는 '캐릭터 정체성 가지고 놀기'에서 자신에게 더 즐겁게 다가오는 지점, 즉 더 '퀴어'해지는 지점을 찾고, 자신이 더 즐거울 수 있는 서사로 바꾸어 나가는 것을 좋아한다. 알페스 문화가 본질적으로 트랜스적이므로 이런 것도 '팬픽적 허용'[16]으로 넘어갈 수 있지 않을까 생각한 것이다. 하지만 그러한 트랜스젠더퀴어들의 욕망, 퀴어페스 등은 상대적으로 조금 더 보편의 영역에 있는 알페스 문화의 메인스트림에서 배제당하고 멸시당한다.

알페스 속의 '전통적인' 트랜스적 연성[17]: 'TS'와 '여성기 연성', '임출육'과 '오메가버스'

퀴어페스를 하는 이들을 주로 욕하는 내용은 '남성(아이돌)을 여성으로 (트랜스하여) 소비한다'는 것인데, 이런 시도는 퀴어페스를 하는 이들이 처음 한 것도 아니다. 퀴어페스가 등장하기 훨씬 전부터 노골적으로 트랜스적인, 그러니까 남성 아이돌의 젠더를 여성으로 트랜스(변화)시키는 팬픽션들은 전통적으로 존재했다. 그것은 흔히 'TS'[18]라고 불렸는데, 이는 남성 캐릭터를 완전히 '여성화'한 이미지로 그려내는 것이다. 남성 아이돌 판에서 TS 팬픽션은 소설 등의 팬픽 형태의 창작물보다는 팬아트로 많이 창작되는 편이었다.[19] 팬아트뿐만 아니라, 여성 연예인의 몸에 남성 아이돌의 얼굴을 합성하는 등의 '연성'들도 H.O.T. 등의 1세대 아이돌 시절부터 지금까지 무척 흔하다.

그런데 남성 아이돌 판에서 보통 TS는 그저 조금 호불호가 갈릴 수 있는 취향 정도로 취급받았고, 집요한 사이버불링 등과 같은 괴롭힘의 대상은 아니었다. 누군가 이런 것을 그리거나 만들더라도 대부분 귀여워하며 소비되는 경우가 많았다. 왜냐하면 그 정도는 그저 남성 아이돌들이 콘서트 등 행사장에서 이벤트로 '여장'을 하고 나오는 느낌의 '한번 하고 말 것', '일시적인 장난'으로 여겨졌기 때문이다. 물론 언제나 그런 '장난'을 진심으로 사랑하고 마는 '이상성욕자'들도 언제나 조금씩은 항상 있었을 테지만, 지금까지 그런 존재들은 비가시화되어왔다.

TS와는 조금 다르지만 유사한 지점이 있는, 알페스 세계에서 종종 보이는 '남성 아이돌에게 여성의 젠더를 입히는' 또 다른 연성으로는 일명 '여성기 연성'이라는 것이 있다. 여성기 연성이란, 남성 캐릭터에게 버자이너(보지)를 달아놓고 생리를 하게 한다거나, 버자이너를 통해 (때로는 비자발적인) 삽입 섹스를 당하거나 하는 상황이 들어간 팬픽션들을 말한다. 여성기 연성은 메이저한 취향으로 취급받지는 못하고, TS보다도 호불호를 많이 타는 것으로 취급되지만 "여성기 연성"을 트위터에 검색해보면 많은 글이 나온다. 여성기 연성을 하는 사람은 남성 아이돌 알페스 팬덤에서 소소하지만 은근히 있다. 하지만 그렇다고 해서 이런 연성들이 진지한 인터섹스에 대한 성찰이나 젠더 퀴어적 묘사를 담은 것으로 취급되는 것은 전혀 아니었다. 이것은 그저 시스젠더 헤테로 남성 오타쿠들이 오토코노코,[20] 쉬메일[21] 등을 소비하는 것과 마찬가지의 기제다. 오토코노코나 쉬메일을 소비하는 시스젠더 헤테로 남성이 근본적으로 오토코노코나 쉬메일이 (페니스가 달렸기에) '결함 있는 여성'이어서 좋아하는 것처럼, 여성기 연성 또한 어떠한 '결손'에 페티시를 느끼는 것이라고 여겨졌다. (버자이너가 달려서) '결함 있는 남성'이 괴롭힘당하거나 사랑을 받는 상황을 소비하는 것으로, 퀴어한 지점이 아예 없다고는 할 수 없겠지만 여성기 연성은 '시스젠더 헤테로 여성의 욕망' 선에서 이해될 수 있는 것으로 여겨져왔다.

또 흔히 여성의 것으로 생각되는 임신, 출산, 육아 등의 재생산 행위를 캐릭터에게 부여하는 일명 '임출육'물도 남성 아이돌 알페스 판에서 일종의 여성성을 남성에게 입히는 연성들이라고 볼 수 있다. 임출육은 남성 아이돌 알페스 판에서 흔히 이루어지고 있다. 그러한 연성 속에서 그들이 자궁 등의 신체적 기관을 가지고 있다는 묘사는 거의 나오지 않지만, 어찌됐든 그들은 남성으로 패싱되는 몸을 가지고, 어떤 방식인지 자세히는 모르겠지만 분명하게 '임신'을 하고 (대개 해당 팬픽션 속 커플의 얼굴을 꼭 닮은) 아이를 낳아 키운다. 하지만 많은 이들이 이 임출육 연성들을 '전통적으로' 여성의 경험이라 불려왔던 것을 해체하고 여성과 남성이라는 틀 자체를 부수어 누구든 임신 가능한 당사자라는 새로운 틀을 만드는 연성이라고 말하지 않는다. 임출육 연성은 그저, 여성이 전통적으로 겪어왔던 임신과 출산과 육아의 괴로운 지점들을 간편하게 삭제하고 즐거운 지점만 골라 볼 수 있도록 만든, 사회적 정상성에 복무하는 연성에 가깝기 때문이라고 여겨지기 때문이다.

그리고 BL장르 중에서 '오메가버스'라고 불리는 알파/오메가 세계관은 현실 세계에서 존재하는 여성과 남성뿐만 아니라 가상의 젠더, 섹슈얼리티인 알파와 오메가를 부과함으로써 일어나는 이야기를 다루고 있는데, 이 오메가버스는 요즘 남성 아이돌 알페스 판에서도 아주 흔하게 등장하는 편이다. 알파/오메가 세계관에서 오메가 남성은 임신이 가능한 자궁이 존재하며, 많은 경우 기존의 남/녀 성기를 모두 가진 것처럼 묘사되는 젠더트러블적인 존재이지만,[22] 남성 아이돌 알페스 판을 포함하여 오메가버스를 소비하는 많은 곳들에서는 이 세계관의 젠더트러블적인, 트랜스젠더퀴어적인 면을 무시하거나 간과하는 경향이 있다. 오메가버스는 그저, 임출육물과 마찬가지로 여성적 섹슈얼리티를 좀더 간편하게 즐길 수 있도록 하는, 사회적 정상성에 복무하는 연성으로 취급되는 것이 대부분이다.

이렇게 보니 TS와 여성기 연성, 임출육과 오메가버스 등은 시스젠더 헤테로 여성의 욕망에 (아슬아슬하게나마) 복무하기 때문에 용서받으면서, (솔직히 기존에 있는 알페스 연성보다 훨씬 정치적으로 덜 '빻을' 때도 많은) 퀴어페스가 후려쳐지는 것은 그저 그것이 트랜스젠더퀴어의 욕망에 더 적극적으로 복무하고 있기 때문이 아닌가 싶다. 하지만 이미 이 알페스 세계라는 것은 근본적으로 트랜스적이었으며, 트랜스적인 창작물도 무척 많았고, 그 사실을 주 소비자로 치부되는 시스젠더 헤테로 여성들이 눈치채지 못했을 뿐이다. 사실 모든 것은 이미 굉장히 트랜스적이었다.

알페스 문화는 트랜스-퀴어하다:
'팬픽적 허용'의 틀을 넓히자

애니메이션 영화 〈뮬란〉을 '트랜스적'으로 해석할 수 있다는 한 유튜브 영상[23]을 두고, "말도 안 되는 이야기하지 말아라", "여성서사인 〈뮬란〉을 트랜스젠더들이 어떻게 빼앗아갈 수 있느냐"라며 트랜스혐오적인 말을 트위터에 올리는 트랜스혐오자들이 많았다. 하지만 어떤 하나의 이야기가 트랜스서사이면서 여성서사일 수도 있는 것이고, 〈뮬란〉이 트랜스서사가 된다고 해서 여성들이 그 서사를 '빼앗기는' 것도 아니다. 그냥, 그렇게도 읽을 수 있는 것이다.

국내 트위터에서 유명한 오픈리 트랜스여성 창작자인 데이지는, 또 다른 애니메이션 영화인 〈인어공주〉를 언급하며, "〈인어공주〉의 에리얼이 트랜스 젠더 캐릭터가 아닐까?" 등의 대사가 담긴 만화를 올렸다는 이유로 심한 사이버불링을 당하기도 했다. "자신이 인어인 것에 대해 디스포리아를 느끼고, 인간 세상에서 인간들과 함께 살고 싶어하고, 왕자님과 사랑에 빠져서, 가족들을 버려가면서까지 '트랜지션'을 하고 자신의 삶을 살아가는 모습에서 나는 공감을 했고, 왠지 큰 위로를 받았다"라는 가슴 뭉클한 고백이 누군가에게는 '여성서사'인 〈인어공주〉를 빼앗아서 훼손시키는 트랜스젠더의 몹쓸 짓으로 보여서 화가 나 견딜 수 없는 일이고, 그래서 그런 말을 한 사람을 괴롭히기까지 한다는 것을 나는 이해하기 어려웠다. 에리얼에 대한 캐릭터 해석이 자신과 다르기에 당황스럽거나, 황당한 마음이

〈자료 2〉데이지, "#76 인어공주", 〈페이보릿 데이지〉, 2020.

들 수는 있다. 하지만 그렇다고 해서 에리얼이 훼손되는 것인
가? 어떤 트랜스젠더가 에리얼을 트랜스여성으로 본다고 해서,
에리얼이 에리얼이 아니게 되는 것이 아니다. 자신의 당사자 정
체성을 자신이 좋아하는 캐릭터에게 비춰보고 그것을 좋아한
다는 것이, 욕하고 저주할 일인가?

　어떤 이들은 또 다른 애니메이션 영화인 〈겨울왕국〉시리
즈를 엘사의 벽장 탈출 퀴어서사로 읽고 좋아하고, 어떤 이들은
소설 《프랑켄슈타인》을 트랜스서사로 읽는다(사실 이미 나온 논문
들도 많다). 그렇다고 해서 〈겨울왕국〉이, 《프랑켄슈타인》이, 〈인

어공주〉가, 〈뮬란〉이, 훼손되거나 어딘가에서 어딘가로 '빼앗기는' 것도 아니다. 그것은 여전히 우리의 (그렇다. 이렇게 서로 싸우고 이해하지 못하더라도 '우리'는 '우리'이다) 〈겨울왕국〉이고 《프랑켄슈타인》이고 〈인어공주〉이고 〈뮬란〉이다. 제발 모두가 같기를 바라지 말자. 마음을 넓게 가지도록 해보자.

모든 사람에게는 각자의 사정이 있고 각자의 역사가 있으며 각자의 욕망이 있다. 모든 것은 단순하지 않고 복잡다단하다. 모든 사람이 각자의 개인성과 독특함을 서로 존중하며 '캐해석'을 하고 '연성'을 하길 바라는 것은 너무 어려운 부탁인 것일까? '팬픽적 허용'이 상대적으로 자신과 같은 이들을 미디어에서 만나기 어려운 트랜스젠더퀴어에게 조금 더 열려 있기를 바라는 것은 무리한 욕망일까?

하지만 아무튼 사실 우리의 문화는 이미 퀴어하며, 오래전부터 퀴어했으며, 누구의 취향이든 (퀴어페스를 열심히 욕하던 사람마저도) 곰곰이 생각해보면 어느 정도는 어떤 방향으로든 '퀴어'한 면이 있고, 그것은 나쁜 것이 아니다. 아니, 애초에 나쁜 것과 나쁘지 않은 것을 누가 판단하는 것인가? 그리고 우리는 그러한 것에 왜 그렇게 집착하는가? 무언가에 대한 부정적인 태도, 어떤 것을 처벌하려는 욕망, '도덕성'을 완전무결하게 인정받아 정상 세계 안에 편입되고자 하는 욕망 같은 것만을 단단히 가지고 살아가는 것은 사람을 지치게 만드는 법이다. 도덕성을 버리고 비도덕적으로 살자는 것이 아니다. 단지 나는 앨퍼서들이 쓸데없는 데 지나치게 에너지를 소비하는 것을 그만하고, 다양한 자신들의 욕망을 탐구하는 데 더 몰두했으면 좋겠다. 그게 서로의 마음이 더 편해지는 길이고, 재미도 있기 때문이다.

이 글을 마무리하면서, 퀴어페스를 직접 했던, 그 문화 속 콘텐츠를 생산하고 소비했던 내 이야기를 잠시 해보고 싶다. 내가 퀴어페스를 한 것은 당연히 퀴어페스를 통해 조국의 성소수자들을 위해 대단한 무언가를 하려는 마음은 전혀 아니었고, 그저 나에게 익숙한 인물 유형들로 캐릭터를 읽고 쓰는, 순전히 나의 쾌락을 위한 일이었다. 그런데 퀴어페스를 쓰고 나서 지금까지도 (퀴어페스를 하지 않은 지도 약 2년여의 시간이 흘렀음에도) 트랜스여성, 트랜스남성, 젠더퀴어, 논바이너리 등 다양한 사람들에게 감사 인사를 받고 있다. 그들은 내가 쓴 퀴어페스에 묘사된 트랜스젠더퀴어 정체성 등을 보면서 위로를 받았다고 말해주었다. 아니, 내 연성이 뭐라고? 사실 그것은 제대로 된 소설 형식의 글도 아닌, 트위터 '썰' 형식의 토막글과 엽편뿐이었고, 솔직히 그저 여러모로 포르노에 가까웠던 것도 많았는데 말이다.

그런데 세상에는 퀴어서사가 정말 너무나도, 너무나 너무나도 드물었던 것이다. 특히 한국은 미디어에서 오픈리 퀴어한 이야기들을 거의 강박적으로 배제하며 '정상적인 이성애'에 광적으로 집착하고 있기 때문에, 그나마 조금은 다른, 대안적인 이야기가 나올 수도 있는 알페스 문화에 퀴어들이 모여서 퀴어함을 찾아 헤맸던 것이었다. 트랜스여성인 사람에게 남성 아이돌이 트랜스여성으로 나오는 연성은 감동을 줄 수도 있고, 트랜스남성(혹은 FTM) 게이 스펙트럼에 속한 사람에게 남성 동성애 팬픽은 대리만족을 제공할 수도 있다. 젠더퀴어들이 파트너십을 가지고 섹스를 하는 연성을 보고, 누군가는 '이건 내 얘기야!' 하고 생각할 수도 있는 것이다. 아무도 '트랜스' 이야기를 하지 않는 이 '트랜스적' 세계에서, 그냥 트랜스젠더퀴어인 나 자신의 쾌락을 위한 것을 했을 뿐이어도 누군가는 쾌감과 위로를 느끼고, 심지어 자신의 정체성을 찾아나가며 변화—'트랜스'—해나갈 수 있는 하나의 기회를 얻게 된다(〈자료 3〉).

끝으로, 감사하게도 누군가가 나의 퀴어페스 글을 읽고 써주신 감상 트윗들을 소개하며 이 글을 마치고자 한다. 알페스라는, 한없이 '트랜스적'인 세계를 탐험하는 모든 이들이, 이 문화의 본질 자체가 트랜스적인 것을 이해하고, 그 다양성을 좀더 즐길 수 있기를 바라며.

"제가 그때 젠퀴페스를 접하지 못했다면 시스 세상에 갇혀가지고 정체화하는 길까지 정말 먼 길을 돌고 돌아갔을 것 같아서."

"꼬마퀴어였던 저는 지미님의 작품들 덕에 엄청 엄청 성장할 수 있었어요. 정체화도 하고! 퀴퍼[퀴어 퍼레이드]도 가보고! 커밍아웃도 하고!!!"

"저 퀴어로 정체화하기 전에 미미님 썰[퀴어페스를 할 당시에 나는 '미미'라는 닉네임을 썼다. '미미님 썰'이란 나의 퀴어페스 이야기를 뜻한다] 보면서 아 너무 좋다 이거 내 마음이랑 똑같아 나도 이렇게 하고

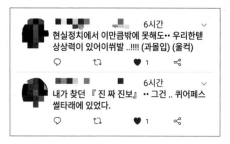

〈자료 3〉 퀴어페스 감상글
트윗 캡쳐.

싶다 너무 좋아! 하면서 [중략] 지금은 저에 대해 더 잘 알게 돼서
기뻐요."

"의도하신 건 아닐지도 모르지만 청소년 퀴어인 저는 살아서 공
부할 동기 부여도 많이 받는답니다."

"미미님의 썰과 트윗을 구독하면서 제 스스로 호모포빅한 발언
이나 행동들을 하고 있지는 않은지 한 번 더 돌아보게 되었어요.
아직도 많이 배우고 개선해야 하지만, 변해가는 제 모습이 좋아
요. 알티 해주신 덕분에 요번에 NCT-Q[NCT QUEER] 존재도 알
게 되고, 퀴퍼 관련해서 생애 처음으로 후원도 했답니다!"

1 트랜스젠더퀴어는 '트랜스젠더'와 '젠더퀴어'를 합친 용어인데, 트랜스젠더와 젠더퀴어를 분명하게 구분하기 힘든 현실을 반영한 용어이다. 루인은 이 용어를 다음과 같이 설명했다. "트랜스젠더퀴어는 이성애-이원 젠더 규범 및 몸 정상성에 저항하는 지속적 삶의 태도, 경험, 인식론과 정치학 및 그와 관련한 정체성을 지칭한다." 루인, 〈젠더 개념과 젠더 폭력〉,《미투의 정치학》, 교양인, 2019, 149쪽.

2 TERF. 트랜스를 배제하는 급진 페미니즘(Trans-Exclusionary Radical Feminism)이라는 뜻을 가진 약어이나, 사실상 이들은 '페미니스트'라고 불릴 자격조차 없다고 여겨지기 때문에 그냥 트랜스젠더혐오자, 혹은 '파트(FART)' 즉, 페미니스트라고 자칭하는 반동분자 트랜스포비아(Feminism Appropriating Reactionary Transphobe)로 부르는 것이 적절하다는 의견도 있다.

3 퀴어 같은 아이돌 멤버들이 팬픽에서 모두 인기가 없었다는 것은 아니다. 어떤 퀴어 같은 멤버들은 인기 커플링에 소속되어 있기도 했다. 그러나 그럴 때에도 많은 경우 그들이 등장한 팬픽을 읽어보면 그들의 '퀴어함'이 희석되어 묘사되었다고 느낄 때가 많았다.

4 여기에서 지금까지의 팬픽사, 알페스의 역사를 퀴어페스의 시선으로 다시 바라보았을 때 흥미로운 결과가 나올 것이라는 분석을 해볼 수도 있지만, 이것은 다음 기회로 남겨두자.

5 비계 멘션이란, 트위터의 '비계', 즉 '비밀계정'('잠금계정' 등으로도 불린다)으로 멘션을 다는 행위를 말한다. 비계와 서로 트위터 팔로우가 되어 있지 않으면 해당 비계가 무슨 말을 하고 있는지 알 수 없는데, 그 알 수 없음을 이용하여 '너는 알 수 없지만 너에 대한 비방(혹은 그럴 것이라 추측되는 말)을 하는 사람이 많다'는 것을 어필하는 것으로, 정신적인 압박을 가하는 사이버불링의 일종이다.

6 퀴어페스를 많이 했던 특정한 트위터 유저를 지목하며 "정신병자" "사회악"이라는 악의적인 말을 하거나, 퀴어페스를 두고 "헤테로 남자 가지고 헤녀 부치 하는 게" 말도 안 된다며 욕설을 퍼붓거나, '너네 오빠'한테 보지가 달렸냐며 비방을 하는 트윗들도 직접 목격했다. 퀴어페스 썰 타래를 쓴 내 계정에 "복부를 걷어차고 싶다"는 멘션을 달아둔 계정을 본 적도 있다. 이는 아주 일부에 불과한 사례다.

7 섹스는 생물학적 본질, 젠더는 사회문화적 구성이라는 구분 공식으로 섹스와 젠더를 분명하게 구분하는 논의는 아직까지도 꾸준히 유지되고 있다. 하지만

이러한 구분 공식은 여러 페미니스트와 생물학자, 심리학자 등에 의해 1980년대 이후 상당히 비판받아왔으며, 섹스를 지정하는 것 자체가 이미 사회문화적인 해석이라는 주장도 있다. 즉, 누군가가 태어났을 때 여자 혹은 남자로 지정받았다는 점은 엄밀하게 '생물학적' 사실을 밑절미 삼는 판단이 아니라 의사 혹은 의료진이 갖는 문화적 해석체계의 반영일 뿐이라는 것이다(실제로 우리 중 스스로의 유전자 정보, 염색체 정보를 정확하게 아는 사람은 거의 없다). 문화적 해석을 생물학적 사실로 믿고, 특정 해석을 유일하고 객관적인 사실이자 유일하게 여기는 인식체계는 인간을 여성 아니면 남성으로 이해하고, 이것이 당연하고 자연스럽다고 여기도록 하는 토대다. 하지만 이러한 토대는 곧 트랜스젠더퀴어를 향한 사회적 차별 혹은 폭력의 출발점이기도 하다. 나는 이러한 인식하에, 성별 앞에 '생물학적'이라는 표현을 붙이는 것을 가급적 지양한다.

8 오혜진 외, 《원본 없는 판타지: 페미니스트 시각으로 읽는 한국 현대문화사》, 후마니타스, 2020, 19쪽.

9 에반 T. 테일러·메리 K. 브라이슨, 〈암의 가장자리: 트랜스＊ 및 젠더 비순응자의 지식 접근과 암 건강 경험, 의사결정〉, 《여/성이론》 제36호, 전혜은 옮김, 여이연, 2017, 60~95쪽.

10 조현준, 《주디스 버틀러, 젠더 트러블》, 커뮤니케이션북스, 2016, 7쪽.

11 김효진, 〈창간사: 비밀의 화원에서 공론화의 장으로〉, 《잡지 후조》, HUJO, 2015, 3~6쪽.

12 제시한 사례는 모두 트위터상에서 직접 작성된 여러 트윗의 내용을 정리한 것이다.

13 트랜스젠더 인권 단체인 '트랜스해방전선'은 MBC의 〈마이리틀텔레비전 시즌 2〉에서 '트랜스 대한 가나인'이라는 표현을 사용한 것에 대하여, 〈트랜스젠더 혐오는 공양방송의 법도가 아니다: MBC 마이리틀텔레비전 시즌2의 혐오 표현 자막을 규탄한다〉라는 성명문을 2019년 6월 29일 트랜스 해방전선의 트위터 계정(@freetransright)에 올렸다. 성명문 속에서 트랜스해방전선은 "MBC는 스톤월 항쟁 50주년 이와 같은 끔찍한 혐오 표현을 자행한 것에 대해 반드시 책임을 져야 할 것이다"라며 '트랜스 대한 가나인'이라는 표현을 "끔찍한 혐오 표현"이라고 규정했다.

14 임대근, 〈트랜스 아이덴티티의 개념과 유형: 캐릭터, 스토리텔링, 담론〉, 《외국문학연구》 제62호, 한국외국어대학교 외국문학연구소, 2016, 6쪽.

15 같은 글, 14쪽.

16 팬픽적 허용이란, 흔히 현실적으로는 불가능한 일일지라도 팬픽 내에서는 당

연하게 허용되는 다양한 것을 말한다. 쉽게 예를 들자면, 팬픽 속에서는 주인공이 직장을 다니든 학교를 다니든 상관없이 일과 공부 대신 로맨스와 섹스에 매진하는 것(그리고 그것을 모두가 당연하게 여기는 것), 갑작스럽게 아무 준비물 없이 하는 섹스도 팬픽 속에서는 아주 부드럽고 깔끔하고 로맨틱하게만 묘사되는 것 등을 말한다.

17 연성이란, 만화 《강철의 연금술사》에서 등장인물인 연금술사 캐릭터가 연금술을 통해 물건 등을 연성해내는 행위를 본떠 만들어진 동인계 은어로, 주로 동인 창작물(글이나 그림 등)을 창작해낼 때 '연성한다'는 표현을 쓰고, 창작된 창작물들을 '연성'이라고 표현한다. 연성을 하는 사람을 '연성러'라고 부르기도 한다.

18 TS물(trans-sexual fiction)이란, 성전환, 특히 남성과 여성간 젠더가 변하는 요소를 다루는 창작물을 통칭하여 뜻하는 말이다. 주로 일본어권 동인계에서 쓰이는 용어이며, 영어권 동인계에서는 '젠더 벤딩(gender bender)', '젠더 스왑(gender swap)' 등의 용어가 쓰인다. 한국 동인계에서는 여러 용어가 다양하게 쓰이는 편이며, (남성 캐릭터가 여성으로 패싱되는 몸으로 바뀔 때) '여체화', (여성 캐릭터가 남성으로 패싱되는 몸으로 바뀔 때) '남체화' 등으로 부르기도 한다.

19 아마도 그러한 이미지(완벽한 여성성?)을 만들어낼 때 글보다는 그림이 더 강한 이미지적 자극을 주기 때문인지도 모른다.

20 오토코노코(男の娘)란 겉모습은 완벽하게 여성-소녀로 패싱되면서 동시에 페니스가 달린 캐릭터를 뜻하는 일본어 표현이다. 일본어에서 '남자아이'를 뜻하는 '오토코노코(男の子)'라는 단어에서 파생되어 독음은 같지만 본래의 아들 자(子)를 여자 랑(娘)으로 바꾼 것이다.

21 서양 포르노 산업에서 비롯된 트랜스여성에 대한 멸칭으로, 여성을 나타낼 때 명사 앞에 붙이는 쉬(she)에 메일(male)을 붙인 단어이다. 오토코노코와 마찬가지로, 성기를 수술하지 않은(즉, 페니스를 제거하지 않은) 트랜스여성 등을 지칭한다. 오토코노코와 쉬메일 모두, 트랜스여성에 대한 모욕적인 단어라고 생각하며 불쾌감을 표현하는 이들이 많다.

22 장민지, 〈BL 장르 세계관 분석을 통한 가상적 섹슈얼리티 생산 가능성 연구: 알파/오메가 섹슈얼리티의 페미니즘적 해석을 중심으로〉, 《미디어, 젠더 & 문화》 제35권 제1호, 한국여성커뮤니케이션학회, 2020, 103~140쪽.

23 Dreamsounds, 〈Disney's Mulan, Reflection, and Trans Identity〉, 2020년 3월 25일, https://youtu.be/vF086-dBu2g.

참고 문헌

권지미·연혜원·윤소희·은서, 〈NCT QUEER 케이팝 퀴어팬덤 인터뷰〉, 2018.

김효진, 〈창간사: 비밀의 화원에서 공론화의 장으로〉,《잡지 후조》, HUJO, 2015.

데이지, "#76 인어공주",〈페이보릿 데이지〉, 2020.

루인,〈규범이라는 젠더, 젠더라는 불안: 트랜스/페미니즘을 모색하는 메모, 세 번째〉,《여/성이론》제23호, 여이연, 2010.

루인,〈젠더 개념과 젠더 폭력〉,《미투의 정치학》, 교양인, 2019.

에반 T. 테일러·메리 K. 브라이슨,〈암의 가장자리: 트랜스* 및 젠더 비순응자의 지식 접근과 암 건강 경험, 의사결정〉,《여/성이론》제36호, 전혜은 옮김, 여이연, 2017.

오혜진,〈원본 없는 판타지: 서문을 대신하여〉,《원본 없는 판타지: 페미니스트 시각으로 읽는 한국 현대문화사》, 후마니타스, 2020.

임대근,〈트랜스 아이덴티티의 개념과 유형: 캐릭터, 스토리텔링, 담론〉,《외국문학연구》제62호, 한국외국어대학교 외국문학연구소, 2016.

장민지,〈BL 장르 세계관 분석을 통한 가상적 섹슈얼리티 생산 가능성 연구: 알파 / 오메가 섹슈얼리티의 페미니즘적 해석을 중심으로〉,《미디어, 젠더 & 문화》제35권 제1호, 한국여성커뮤니케이션학회, 2020.

조심선희,〈섹슈얼리티〉,《여/성이론》제14호, 여이연, 2006.

조현준,《주디스 버틀러, 젠더 트러블》, 커뮤니케이션북스, 2016.

8장

전형적이지 않은 여자 가수들의 계보:

톰보이, 걸크러시 그리고 여덕의 퀴어링

한채윤

여자 가수를 왜 여자 팬들이 좋아하는가라는 질문

사람들은 질문한다. 여자가 왜 여자 가수를 좋아하느냐고. 신기한 일이라도 되는 듯 놀라워하다가 재빨리 답안지를 꺼낸다. 그건 '톰보이(tomboy)'와 '걸크러시(girl crush)'때문이야, 라고. 그 가수가 보이시한 중성적인 매력을 가지고 있어서, 같은 여자가 보기에도 멋지게 보일 만큼 강하고 쎈 이미지를 가져서 좋아하는 거라고 설명한다. 언뜻 그럴싸하게 보이지만 과연 그럴까. 나는 질문 자체가 애당초 틀린 것이 아닌가 하는 생각을 한다. 이미 여자는 원래 남자를 좋아하기 마련이고 여자가 여자에게 끌리는 일은 거의 없다고 전제한 질문이니까. 모든 팬심이 연애 감정인 것도 아니거니와 설사 연애 감정이라고 하더라도 이 세상엔 이성애만 있는 건 아니다. 동성 간에도 깊은 끌림, 애정, 설렘, 동경 등 다양한 감정이 있다는 것을 염두에 둔다면, 여자 가수에게 여자 팬들이 많은 것은 특별히 신기한 일이 아니며, 남자 가수에게 여자 팬이 많은 것 역시 신기한 일로 봐야 한다. 무엇보다도 특정한 한 사람을 두고 수많은 사람들이 동시에 같은 호감을 갖는다는 것 자체가 가장 놀라운 일이 아니고 무엇이겠는가.

순순히 세상의 고정관념에 응하지 않으면 우리는 새로운 질문을 만들어볼 수 있다. 사람들은 왜 여자 팬들이 여자 가수에 열광하는 것을 이상하고 신기하게 생각하지? 왜 남자 같은 여자를 다른 여자들이 좋아할 거라고 쉽게 생각하지? 톰보이 스타일의 아이돌이 가진 매력을 과연 '보이시'라는 한 단어로

다 담아낼 수 있을까? 톰보이 스타일의 아이돌이 더 늘어날 수는 없을까? 왜 톰보이 아이돌은 걸그룹에 단 한 명씩만 있는 걸까? 이런 의문들이 꼬리에 꼬리를 물고 일어난다.

이성 간에만 호감과 사랑이 가능하다는 이성애 중심적인 전제를 버리면 동성애만 남는 게 아니라, 사람과 사람 사이의 폭넓은 교감을 볼 수 있다. 당연하다고 여긴 것들을 당연하지 않을 수도 있다고 생각하고 다시 바라보면 미처 눈치채지 못한 아름다움을 발견할 수 있을지도 모른다. 기존에 넘쳐났던, 마치 아이돌의 성별이 그 자체로 특정한 매력을 만들어내고 대중이 그에 반응한다는 식의 분석은 너무 안이하다. 그 대신 우리가 사랑하는 아이돌들, 대중에게 사랑받은 스타들이 스스로 만들고 가꾸고 지켜온 매력을 통해 그들에 대한 수많은 사람들의 사랑을 분석하는 것이 가능하지 않을까. 이 글은 이런 바람과 기대로 시작한다. 톰보이 스타일을 고수해온 여자 가수들과 그들을 사랑한 팬들의 성별과 성적 지향을 의심하는 눈초리("너는 남자니? 여자니? 동성애자니? 트랜스젠더니?"라는 공격적인 질문들)를 잔뜩 보내며 여성다움과 정상성을 강요하는 이 세상에서, 어떻게 하면 꿋꿋하게 나의 위치를 잡으며 살 것인가를 모색하기 위해.[1]

소녀다움의 위반이자 상실로서의 톰보이와 걸크러시

2009년에 엠버의 등장과 더불어 2010년대 초반에 '톰보이' '보이시' '중성적' 등의 단어가 연예계 뉴스를 휩쓸었고,

2010년대 후반엔 '걸크러시'가 그 자리를 차지했다. '톰보이'란 무엇일까. 영한 사전에서 찾아보면 "말괄량이" 혹은 "선머슴" 정도로 풀이되는데[2] 남자와 비슷하게 행동하거나 그런 외모를 가진 여자아이라는 의미다. '걸크러시'는 옥스퍼드 사전을 참고하면 "여성이 다른 여성에게 느끼는 강렬하고도 전형적이지만 성적 끌림은 없는 호감"을 의미한다. 톰보이와 걸크러시는 사전적 의미로는 서로 겹침이 없는 말이지만 흔히 유의어처럼 다루는데, 특히 걸그룹이 여자 팬들의 환심을 얻고 싶을 때 사용하는 동일한 전략으로 본다.

2009년에 한 스포츠 신문에 실린 기사를 보자. "걸그룹 내에 남자 멤버가 있다"며 2NE1의 멤버 CL(씨엘), 포미닛의 전지윤, 카라의 니콜, 소녀시대의 수영 등을 톰보이로 지칭한다. 솔직하고 털털하며 수더분한 이미지를 선보인다거나 다른 멤버들에 비해 바지를 더 많이 입는다는 게 그 근거다. 기사의 말미에는 한 연예 관계자의 입을 빌려 이러한 현상은 "걸 그룹의 남성 팬 포화상태에 따른 블루오션 개척의 일환"이며, 앞으로 톰보이들이 더 늘어날 것이라는 추측까지 덧붙였다.[3]

걸그룹의 남성 팬들이 포화 상태에 이르렀으므로 새로운 팬층을 개척해야 한다는 말은 결국 여성 팬을 끌어오겠다는 의미이고, 즉 대부분의 여성 팬은 원래 걸그룹의 팬이 아니라는 의미다. 걸그룹에 관심 없던 이들의 관심을 끌기 위해 기존의 걸그룹에 없었던 존재인 '보이(boy)'에 해당하는 톰보이를 활용하는 전략을 쓴다는 주장이다. 이런 분석은 이성애 중심주의에 기반해 성별이 그 자체로 특정 매력을 불러온다는 전제에 기댄 대표적인 사례다. 대체 톰보이에 끌려서 갑자기 걸그룹의 팬이 되는 그 여성들을 누구란 말인가. 이성애자 여성 팬이 '짐승돌' 같은 야성적 남성미가 아닌 좀더 다정하고 공격적이지 않은 소년미를 원해서 톰보이를 좋아한다고 하기엔 이미 그런 이미지를 충분히 재현하는 보이그룹들(예를 들면 샤이니)이 있다. 걸그룹과 보이그룹의 음악과 춤, 의상 스타일 등이 다르다는 점까지 고려한다면 팬의 취향이 '소년과 유사하다'는 것만으로 옮겨질 까닭이 없다. 아니면 톰보이 스타일을 좋아하거나 혹은 그 스타일을 닮고 싶어하는 레즈비언들을 염두에 둔 것일까? 레즈비언을 위해 연예기획사에서 톰보이 전략을 썼다면 그야말로 대단히 감사한 일이지만 이마저 수긍하긴 어렵다. 성소수자에게 너무나 척박한 한국의 현실을 견디고 있는 레즈비언들의 마음을 '털털하고 수더분한 이미지'나 '바지만 입는' 정도로 훔치는 건 어림도 없는 일이다.

걸크러시도 살펴보자. 어떤 남자가 얼마나 괜찮은지를 표현할 때 "남자인 내가 봐도 괜찮은 놈이다"라는 말을 보증수표처럼 쓰는 경우가 흔하다. 그렇다면 '여자가 봐도 멋진 여자'도 그만큼 남자들에게 어필하는 말이 되어야 한다. 하지만 걸크러시의 사용례를 보면 어필은커녕, 남자는 걸크러시를 별로 좋아하지 않을 것이라는 뉘앙스마저 풍긴다. 여자도 봐도 멋진 여자, 걸크러시의 이미지는 여자다움이 더 넓고 다양하게 확장된다는 의미를 내포하지 않는다. 여자다움이 줄어들어서 남성과 유사해지는 것이라고 여기거나, 청순하고 다소곳한 여성은 지을 수 없는 웃음기 없는 무심한 표정, 과감한 노출,[4] 벽에 손을 기대고 서거나 당당하게 선 자세만 잡아도[5] 걸크러시가 된다.

예를 들어, 소녀스러운 이미지를 내세웠던 걸그룹 러블리즈가 2020년에 이전과 다른 분위기의 화보를 찍자 언론에선 일제히 (아마도 소속사에서 뿌린 보도자료에 의한 것이겠지만) "러블리즈, 러블리 벗은 걸크러쉬",[6] "러블리즈, 카리스마 걸크러쉬"[7] 등의 제목으로 기사를 쏟아냈다. 이런 현상은 그 이전부터 있었는데 걸크러시란 단어가 한국에 본격적으로 등장하기 시작한 2015년의 기사 몇몇의 제목은 이렇다. "소녀시대, 걸크러쉬+러블리 2色 매력(SBS가요대전)"[8] "'음악중심' 여자친구, 두 마리 토끼 잡았다 '청순+걸크러쉬'"[9] 등이다.

즉, 사랑스러움이나 청순함, 귀여움의 반대편에 놓인 것이 걸크러시다. 여자가 여자에게 강렬하게 끌리는 것을 걸크러시라고 한다는 정의를 다시 떠올려보자. 결국 청순함이나 귀여움 등은 여성에게 어필하는 매력이 아니라는 뜻이 된다. 파격적인 노출 등 섹시함을 강조하는 것도 걸크러시로 즉각 호명되는데, 이는 모든 여성들이 과감한 섹시함을 갖길 원하지만 쉽게 용기를 내지 못한다는 점에 비추었을 때 여느 여성들과 달리 당당하고 용감한 남성적 측면을 가졌다고 보기 때문이다.

걸크러시가 톰보이와 사전적 의미에서 겹침이 없음에도 결국 비슷한 위치에 놓이는 것은 이 때문이다. 핵심은 '소녀다움'에 있다. 소녀는 대한민국 남성들이 열광하는 이상형이고 소녀다움은 환상적인 미덕이다. 그런 소녀를 사랑하는 것, 그런 소녀에게 사랑받는 것은 남자의 특권이다. 이를 건드리지 않으면서 허용할 수 있는 선은 소녀가 남자를 선망하듯 톰보이를 선망하고, 남자를 동경하듯 걸크러시를 동경하는 것까지다. 하지만 그것이 진짜 사랑이어선 안 된다.

우리는 엠버의 50대를 상상할 수 있는가

톰보이를 소녀다움의 위반으로, 걸크러시를 소녀다움의 소멸이나 상실된 상태로 다루는 점을 지적했지만 좀더 관심을 가져야 할 문제는 따로 있다. 우리는 주로 10대와 20대 초반의 여성 아이돌을 '요정' 같다고 부르곤 하는데, 동화나 신화에 등장하는 예쁘고 신비로운 요정은 나이가 들면 어떻게 될까? 이 요정이 성장하고 성숙해지면 '섹시퀸'이나 '여신'으로 업그레이드된다는 서사 구조는 우리에게 익숙한 상상이다. 그렇다면 톰보이는? 톰보이는 나이가 들면 어떻게 될까? 무엇이 될 수 있을까? 톰보이는 나이가 드는 순간 더 이상 소년일 수 없다. 우리는 나이 든 톰보이를 상상하지 못한다. 그래서 톰보이로 이미지가 굳어진 가수는 나이가 들면 아무리 활동을 계속하더라도 대중의 시야에서 보이지 않는 존재가 된다. 아니면 '톰보이에서 이제는 성숙한 여인으로 돌아온……'과 같은 묘사가 가능한 수준으로 어느 정도는 외모와 이미지를 바꿔야 한다.

걸그룹 f(x)의 멤버 엠버는 대표적인 톰보이 이미지의 아이돌이다. 데뷔 초기에 엠버는 보기 드문 매력을 가진 존재이자 '잘생쁨(잘생기고 예쁨)'의 대명사였다. 하지만 엠버가 나이가 들어가고 걸그룹 멤버가 아닌 솔로로 활동을 하면서도 톰보이의 모습을 버리지 않자 사람들은 당황하기 시작했다. 엠버가 콘셉트를 훌륭하게 소화해내고 있을 뿐이라고 생각했던 사람들은 엠버에게 이제 본래의 모습으로, 여성으로 돌아와도 된다고 말했다. 이에 엠버는 지금 모습이 '원래의 나'라고 답했다.[10] 하지만 엠버가 아무리 '나답게 살겠다'며 자신의 생각과 입장을 SNS 계정으로 거듭 밝히고 나아가 '당당한 여성'으로 살겠다는 메시지를 던지는 광고를 찍어도, 방송에 출연하면 사회자는 엠버에게 남자친구를 언제 사귈지, 치마를 입을 생각은 없는지 집요하게 물을 뿐이었다.[11]

지금까지 일관되게 유지해온 모습으로 자연스럽게 그 사람의 미래를 그리는 대신, 지금까지 여자답지 않게 살았으니 언제쯤 '진짜 제대로 된 여자'처럼 살 것인지 궁금해하는 것이다. 사람들은 엠버의 50대를 상상하지 못한다. 지금 있는 그대로, 그렇게 나이가 들어도 여전히 가수로 활동하는 모습을 상상하지 못한다. 그래서 계속 묻는다. 사실은 너에게도 숨겨진 여성스러움이 있는 거지? 대체 언제쯤이면 그걸 드러낼 거야? 그리곤 계속 걱정한다. 설마 동성애자는 아니지?

이런 질문과 걱정은 네가 정말 동성애자라면 톰보이 스타일로 사는 것을 이해해주겠다는 의미가 아니다. 왜 이토록 평범해 보이지 않는지 그 의아함을 풀고 싶을 뿐이다. 그다음 반응은 어차피 '그렇게 살지 마'로 귀결된다. 결국 성적 지향이 무엇이든 엠버의 50대를 상상하지 못하는 사회에서 엠버는 엠버인 채로 살기 힘들다. 톰보이 가수가 거의 없음을 아쉬워하기엔 우리 사회는 톰보이 가수를 가질 준비도, 자격도 없는 것 같다.

이선희와 엠버, 보이시한 여자들의
대체 불가능한 매력

1984년에 데뷔한 이선희가 가요계 사상 처음으로 '언니부대'라고 불리는 열성적인 여성 팬을 대거 형성했을 때 한국 사회는 신기해했다.[12] 통상 여성 가수의 팬은 남성인데 어째서 이선희에게는 여성 팬이 더 많은지, 게다가 그 팬들이 콘서트장에서 '언니'를 목놓아 부르다가 혼절하는 일까지 벌어지는지 놀라워했다. 가요평론가들은 저마다 의견을 냈는데 이선희의 이웃집 언니 같은 친근한 이미지, 바지와 넥타이를 고수하는 보이시한 매력 등을 답으로 내어놓았다. 그렇게 40년 가까이 시간이 흘렀다. 그 사이 '언니부대'는 '여덕'이 되었고, 1980년대와 달리 '톰보이'라는 표현도 등장했다. 이선희는 지금도 현역 가수로 활동 중이고, 전국 투어 콘서트을 열면 전석이 매진되는 막강한 팬덤을 여전히 가지고 있다. 과거에 비한다면 이젠 블라우스도 입고 예전만큼 짧은 머리를 유지하고 있지는 않지만 바지 정장, 넥타이, 옅은 화장과 안경 등 기본적인 스타일엔 변함이 없다. 50대에 접어든 여성 가수에게 더 이상 '톰보이'라는 말을 붙이진 않는다 해도 이선희는 여전히 또래의 다른 여성 가수들과는 확연히 구분된다. 돌이켜보면, 이선희는 30대에 결혼을 하고 한 아이의 엄마가 되었을 때도 방송에 출연하고 공연장에 설 때는 변함없이 바지 정장과 넥타이를 맸다. 흔히 선머슴 같은 여자도 결혼하면 여성스러워진다는 세간의 공식이 이선희에겐 적용되지 않은 셈이다. 가수로서 무대에서 한결같은 가창력, 일관된 모습을 보여주려고 노력했고 이선희의 팬들 역시 이런 가수의 모습을 무척 사랑한다. 가수와 팬이 오랫동안 나누어온 깊고 넓은 교감과 신뢰, 그리고 애정을 감안한다면 이선희가보이시한 외모로 여성 팬들에게 인기가 높았다는 식의 평가는얼마나 하찮은가.

그러니, 톰보이를 '소년 같은 소녀'로 정의하면 오히려 톰보이 아이돌의 미래를 지워버리게 된다. 곰곰이 생각해보면 이상하다. 왜 우리는 '남자 같다'는 말 자체를 어떤 의미값이 있는것처럼 받아들일까. 대체 '남자 같다'라는 말은 무엇일까. 누군가를 '보이시하다'고 할 때 원본이 되는 그 '보이'는 누구인가. 가령 마마무의 문별을 가리켜 보이시하다고 할 때 혹시 문별처럼 행동하고 말하며, 문별처럼 생긴 소년을 본 적이 있는가. 포미닛 시절의 전지윤이나 f(x)의 엠버처럼 생긴 소년은?

엠버와 문별의 매력을 보이시하다라는 말로만 설명하기에는 부족하다. 다른 보이그룹의 멤버들에게서는 엠버나 문별의 매력을 찾을 수 없다. 누구와 닮은 것인지도 모르는데 왜 보이시하다고 하는 것일까. 엠버와 문별의 매력이 그 자체로 인정받을 수 있는 고유한 자리를 내어줘야 하지 않을까. 그 매력을 '대체 불가능한 매력'으로 다루어야 하지 않을까. 여자가 애써 흉내 내는 남성스러움이 아니라 여성이 여성이라는 틀 안에 갇히지 않는 자유로움으로 해석할 수도 있지 않을까. 군웅할거하는 걸그룹 전성시대에 다른 걸그룹과의 차별성을 만들어내기 위해 투입된 기획품이 아니라, 남다른 매력을 가진 자기만의 색깔이 강한 여자 가수의 등장으로 볼 수 있지 않을까.

만약 톰보이를 전형성에서 벗어난 여자 가수로 정의 내리는 것이 가능하다면, 지금 톰보이들의 위치를 한국 가요사에서 사회가 요구하는 여성성을 순순히 따르지 않은 가수들의 계보로 엮어내는 것도 가능할 것이다.

전형성을 벗어난 여자 가수들의 계보

2021년 현재, 여성 아이돌의 머리카락 길이가 귀를 드러내거나 목선을 드러낼 정도만 되어도 당장 기사가 쏟아진다.[13] 여자 머리가 짧아지면 큰일이라도 날 것처럼 굴지만, 늘 그랬던 것은 아니다. 1980년대엔 쇼트커트가 전 세계적 유행이었고, 장덕, 윤시내, 이은하, 최진희, 김연자,[14] 방미, 김지애, 주현미, 최진희 등 당대 최고 인기 가수들의 머리는 대체로 쇼트커트였다. 오히려 그 시절 여자 가수들에게 금기시되었던 것은 안경이었다.

안경은 16세기에 이미 조선에 들어왔고 종로에 안경점이 있을 정도였지만 모두에게 허락된 것은 아니었다. 신하들은 임금 앞에서는 안경을 쓰지 않았다고 하니 안경은 남자들 사이에서도 서열을 확인하는 물건이었다. 지금은 모두가 편하게 안경을 착용하는 시대가 된 듯하지만 안경 쓴 여성은 호감의 영역에서 비켜나기 쉽다. 2018년 4월 12일에 MBC 〈뉴스투데이〉에서 임현주 아나운서가 안경을 쓰고 뉴스 진행을 한 것이 화제가 된 것만 봐도 알 수 있다. 오래된 방송계의 암묵적인 금기를 젊은 여자 아나운서가 깼다며 거의 모든 매체에서 한껏 호들갑을 떨었다. 그리고 몇 달 뒤 임현주 아나운서가 안경을 벗고 찍은 사진 한 장을 자신의 인스타그램에 올리자 바로 한 매체에서 "안경 벗으니 연예인 못지않은 비주얼" 운운하는 기사를 냈다.[15] 안경이 여성의 미모를 깎아내린다는 편견이 그대로 작동한 결과다.[16] 지금도 '여자가 똑똑하면 인기가 없다' '똑똑한 여자를 남자들은 싫어한다'는 말이 공공연하게 도는 걸 보면, 대중 앞에 서서 노래를 불러야 하는 여자 가수가 안경을 쓴다는 것이 얼마나 여성에게 강요되는 전형성을 벗어나는 일인지 짐작할 수 있다.

대중가요 역사에서 선글라스나 알이 없는 안경을 멋으로 가끔 쓰는 정도가 아니라 시력 교정용으로 항상 안경을 쓰고 무대에 오른 여자 가수는 1970년대와 1980년대에 활동했던 전영,[17] 박은옥,[18] 신형원,[19] 그리고 이선희 정도가 전부다. 그래서 근래에 등장한 밴드 새소년의 황소윤을 이 계보의 계승자로 꼽을 수 있다. 황소윤의 안경은 앞선 가수들과 달리 일상에서 쓰는 시력 교정용 안경이라고 보기엔 어렵지만, 안경을 아이템으로 쓰는 여성 가수들이 거의 없었다는 점에서 충분히 이 계보에 속할 만하다.[20]

안경에 이어 또 무엇을 기준으로 삼을 수 있을까. 여자라고 하면 응당 단아하거나 섹시해야 한다는 공식을 깨고 "어떻게 여자가 저럴 수 있냐"는 말을 들을 만큼 자신만의 개성으로 무대 위에서 몸을 움직이고, 노래를 부르고, 의상과 헤어스타일을 일관되게 유지한 여자 가수들이 있다. 이 계보의 시작은 1970년대에 활발한 활동을 했던 김추자와 1978년에 데뷔한 윤시내로 볼 수 있다. 김추자는 당시 사람들이 쉬이 상상할 수 없었던 몸을 크게 흔드는 독특한 춤동작을 선보였는데, 특히 〈거짓말이야〉를 부를 때의 독특한 손동작이 북한에 보내는 신호라는 루머가 돌 정도였다. 윤시내가 〈공연히〉라는 노래를 처음 선보였던 데뷔 무대는 지금 봐도 가히 충격적인데[21] 윤시내의 무대는 종종 괴기스럽다는 평까지 들을 정도였다.[22] 하지만 윤시내는 〈KBS 가요대상〉에서 최고의 여자 가수상을 두 번(1982년, 1987년)이나 수상할 정도로, 자신만의 매력을 대중에게 각인하는 데 성공했다. 69세였던 2020년에 한 방송에 출연했을 때, 왜 결혼을 하지 않았느냐는 질문을 받자 "주부 팬들이 워낙 많아서"라고 답해버리고 마는 사람이 윤시내다.[23] 이런 계보를 이어가는 다음 세대의 여성 가수로는 리아, 서문탁, 마야, 춘자를 꼽을 수 있다.

1996년에 데뷔한 리아는 '삭발한 최초의 여자 가수'로 유명했는데, 고등학교 졸업 후 머리를 짧게 자르고 싶어 미용실에 갔으나 거부당해 이발소를 찾아가 여군에 입대한다고 말하고 삭발에 성공했다고 한다.[24] 〈개성〉〈눈물〉 등의 히트곡을 발표한 리아는 40대 후반인 지금도 짧은 머리를 유지하고 있고, 카레이서로 활동하기도 하며, 오지 전문 여행사를 운영한다. 서문탁은 1999년에 데뷔해 꾸준히 활동을 이어오고 있는 흔치 않은 여성 락커다. 뮤지컬 배우로도 활약했으며(〈헤드윅〉에서 이츠학 역할을 10년간 맡았고 〈록키호러쇼〉에도 출연했다) 아마추어 복서이기도 하다.[25] 2003년 〈진달래꽃〉으로 데뷔한 마야는 〈나를 외치다〉 〈쿨하게〉〈위풍당당〉 등 노래 제목만으로도 알 수 있듯 당당하게 살아가자는 메시지를 담은 노래들을 주로 발표해왔다. 2009년의 한 인터뷰를 보면 혼자 오토바이로 전국 일주를 한 뒤 "말리는 사람이 많았지만 혼자 오토바이 여행을 다녀오니 인생에 자신감이 생겼어요. 여자라고 못할 것도 없고요. 군대 가라면 군대도 가겠던데요"라고 거침없이 말한다.[26] 배우로도 활동했고 무에타이 유단자이기도 하다. 이 계보에는 춘자도 빠질 수 없다.[27] 대중적으로 큰 인기를 끈 가수는 아니지만, 데뷔 당시 삭발을 하고 등장했고 과감한 패션으로 강렬한 인상을 남겼으며, 남성 중심적인 DJ계에 뛰어들어 여성 DJ로 안착하는 성과도 올렸다. 레즈비언 클럽에서도 디제잉을 한 적이 있다고 밝혀 화제가 되기도 했다.[28]

이 계보를 지금 이어간다고 할 만한 가수로는 힙합계의 슬릭(SLEEQ)이 있다. 2012년에 데뷔해 래퍼로 활동 중인 슬릭은 스스로를 페미니스트라고 밝힘에 주저함이 없었다. 2020년 Mnet에서 방영된 음악 프로그램 〈GOOD GIRL: 누가 방송국을 털었나〉 1화에서는 무대 뒤에 성소수자들을 상징하는 프라이드 플래그를 걸어놓고 공연을 하기도 했다.

여성스럽지 않다는 이유로 따가운 시선을 받기도 하고 뛰어난 실력에 걸맞은 평가를 받지 못한 적도 있지만, 그렇다고 세상의 기준에 적당히 맞추어 살려고 하지는 않은 여자 가수들의 계보에 또 다른 갈래가 있다. 성별표현의 경계를 훌쩍 뛰어넘은 이들이다. 이 계보는 1984년에 데뷔한 이선희로 시작할 수 있다. 이선희는 치마가 불편하다며 넥타이와 바지 정장, 그리고 안경을 고수했는데 이런 의상을 고집하는 여자 가수는 전례가 없었다. 1988년에 〈담다디〉란 노래로 등장한 이상은[29] 역시 176센티미터에 달하는 큰 키로 청자켓, 멜빵바지, 가죽점퍼, 후드티, 각종 모자 등을 활용하여 이전의 여자 가수들이 무대에서 쉽게 연출하지 못했던 자유분방한 패션을 선보였다.

이상은의 뒤를 이은 가수로는 1989년에 데뷔한 혼성 그룹 세대교체에서 활동한 임주연이 있다. 임주연은 두 명의 남성 멤버와 완전히 동일한 안무와 무대의상을 소화했는데, 3인조 남성 그룹으로 종종 오해받곤 했다. 1996년에는 혼성 그룹 유피(UP)의 멤버 이정희[30]와 여성 락밴드인 미스미스터(Mis=Mr)[31]가 등장했다. 미스미스터는 팀명 때문에 혼성그룹으로 오해받기도 했지만 기타리스트 김민정은 과묵하게 긴 머리를 휘날리고, 보컬 박경서는 허스키한 목소리와 짧은 머리(좀더 정확하게 표현하자면 당시 H.O.T. 멤버였던 문희준의 헤어스타일이자 '팬픽이반'의 상징이도 했던 '칼머리')를 한 대조적인 모습 때문에 그 오해가 증폭되는 일도 잦았다. 2005년엔 톰보이로만 이루어진 그룹으로 카사앤노바(Casa & Nova)가 데뷔한다. 기획사에서 처음부터 톰보이 스타일을 전면에 내세우겠다는 기획으로 시작한 콘셉트 그룹으로, 멤버들이 태권도 유단자라는 점과 뛰어난 춤 실력으로 두각을 나타냈으나 2집까지 발표하지 못하고 활동이 유야무야되었다.[32]

보이그룹과 걸그룹이 가요계를 양분하는 2000년대 후반이 되자, 톰보이들은 걸그룹의 멤버로 돌아왔다. 대표적으로 2009년에 데뷔한 f(x)의 엠버가 있고, 2010년대 이후 마마무의 문별[33]은 긴 머리를 한 톰보이로 등장했으며, 근래엔 공원소녀[34]의 미야 등을 이 계보의 가수로 손꼽을 수 있다.

여덕과 퀴어팬덤, 걸크러시의 남용과 보이크러시의 실패

전형성을 거부하고 뛰어넘는 것은 아이돌만이 아니다. 여자는 남자를 좋아하고, 남자만 좋아해야 한다고 정해놓은 세상에서 여자 아이돌의 열성 팬을 자처하는 '여덕' 역시 마찬가지다. 여자가 여자에게 반하고 열광하는 것, 여자가 여자를 흠모하고 지지하고 환호하는 것, 여자가 여자를 동경하고 선망하며 가슴이 뜨거워질 수 있다는 것을 보여준다는 점에서 그렇다.

사실 여덕이 되는 데는 수많은 이유가 있다. 그 여성 아이돌이 노래를 잘해서, 너무 예뻐서, 춤을 잘 춰서, 말을 잘해서,

열심히 성실하게 퍼포먼스를 보여줘서, 다정해서, 멋져서, 작사와 작곡을 잘해서, 별 이유 없이 한눈에 반해서……. 예기치 않게 발생하는 교통사고처럼 어느 순간 내 심장을 뺏겨버린 듯한 강렬한 '덕통사고'가 벌어지는 것이다. 논리적으로 설명할 수 있지 않기에, 애당초 동성애와 같은 사랑의 감정이 아니라거나 성적 끌림이 아니었다고 하는 종류의 설명이 붙을 필요도 없다. 그저 '내가 보기에 좋더라'는 감탄과 만족감이면 충분하다.

여자가 여자의 팬이 된다는 것, 여자가 여자의 마음을 홀릴 수도 있다는 것, 그런 팬심을 동성애로 상상하든 말든 아랑곳하지 않고 무한한 사랑을 표현할 수 있다는 것을 세상에 드러내고, 과시하고, 증명하는 것은 중요하다. 여자가 왜 여자 가수를 좋아하냐며 혹시 레즈비언이냐는 의심을 받을 때 "레즈비언은 아니지만 그냥 좋아한다"라는 말로는 대항할 수 없다. 얼마나 진심으로 좋아하는지를 설명하기 전에 항상 내가 레즈비언은 아니라는 것부터 증명해야 하는데, 레즈비언이 아님을 증명하는 가장 간단한 방법은 여자 아이돌을 좋아하지 않는 것이니 이율배반적인 상황에 놓이는 셈이다.

이런 이유에서라도 우리는 톰보이가 보이시해서 인기 있다는 주장을 거부해야 한다. 성별이분법에 기반한 이성애의 세계로 어떻게든 밀어넣으려는 함정에 빠지지 않고, 전형적인 여성상에서 벗어나 자기다움을 지키려고 하는 아이돌의 손을 맞잡고, 역시 자신이 가장 사랑하는 것을 지키려고 하는 팬심으로 세상에 부딪쳐 균열을 내고, 끝내 자유로워지길 꿈꿀 수 있으니까.

걸크러시가 뜨자 아니나 다를까 성별 반전으로 보이크러시는 왜 없냐는 말이 나왔다. 실제로 2016년에 보이그룹인 소년공화국이 '섹시함을 겸비한 보이크러시'로 어필하려 했지만 실패했다.[35] 애당초 성공할 수 없는 전략이었다. 남자가 다른 남자에게 끌린다는 것을 동성애를 배제하고 설명할 방법이 없는데, 동성애적 이미지를 드러내면 보이크러시가 아니게 된다. 남성이 다른 남성에게 품어도 되는 감정은 어른에 대한 존경이나 영웅을 향한 동경, 대단한 업적에 대한 감탄 정도인데 이를 젊은 보이그룹이 성취해내거나 표현하기란 대단히 어렵다.

사실 걸크러시가 전형적인 여성상을 벗어나는 모습을 보여주는 것만으로도 멋있다고 찬사를 받을 수 있는 것은 전형적인 여성상의 범주가 좁고 억압적이기 때문이다. 하지만 전형적인 남성상은 실제론 꽤 폭이 넓다. 대표적으로 최민수나 마동석과 같은 마초 이미지의 남성을 떠올리겠지만 유재석이나 박보검, 태민에게 남성성이 없다고 하지는 않는다. 돈이 많거나 힘이 세거나 말을 잘하거나 유머 감각이 뛰어나거나 잘생겼거나 운동을 잘하는 등 남성다움의 가용 범위는 넓다. 그래서 전형적인 남성이 아닌 존재는 금세 '여자 같은 게이'로 낙인찍힌다.

이렇게 보면, 미국의 어느 레즈비언 칼럼니스트가 걸크러시라는 말이 오히려 동성애를 부정하기 때문에 걸크러시란 말을 쓰지 말자고 지적했다는 것도 무리가 아니다.[36] 미디어에서는 여성 연예인의 몸짓 하나하나를 묘사할 때마다 걸크러시라는 표현을 그야말로 아낌없이 쓴다. 이런 남용은 여자가 여자에게 반할 수 있고 여자가 여자를 홀릴 수도 있다는 가능성을 믿어서가 아니라 오히려 그것을 진심으로 부정하고 있기에 가능하다. 걸크러시의 남용과 보이크러시의 실패엔 동성애혐오가 깔려 있다.

더욱더 적극적인 퀴어링을 위하여

걸그룹 원더걸스의 멤버이기도 했던 가수 선미는 한 방송에서 "추운 겨울에 무대 위에서 친분도 없고 말도 안 해본 그야말로 처음 보는 사이인데 네가 나를 패딩으로 감싸주지 않았냐. 그때 나는 얇은 블라우스 하나만 입고 떨고 있었는데 그게 너무 고마웠다. 아직도 너무 고맙다"라며 걸그룹 EXID 멤버인 하니에게 고마움을 전한 적이 있다.[37] 선미가 언급한 상황은 2017년 11월 4일에 열린 평창 드림콘서트에서의 일이다. 콘서트의 마지막, 모든 출연자가 무대에 올라 마지막 노래를 함께 부를 때, 하니는 다른 사람에게 롱패딩을 건네받자 그 롱패딩으로 추위에 떨고 있던 선미를 뒤에서 감싸 안았다.[38] 이런 장면에 대한 언론의 반응이라는 건, 예쁜 두 사람이 나누어 입었던 평창 롱패딩이 바로 품절되었다고 호들갑을 떠는 기사 따위였다.[39] 과감하고 파격적인 노출 운운하며 여자 아이돌의 의상을 찬양하거나 비난하는 기사는 실어도, 살을 에는 듯한 추위에 그대로 노출되었지만 카메라 앞이어서 추워하는 모습마저 참아야 하는 여자 아이돌의 처우 개선에 관한 언급은 없는 것이 현실이다.

하지만 이 장면을 여덕들과 국내외 퀴어 팬들은 놓치지 않았다. 여성 가수 선후배들이 서로를 어떻게 챙겼는지 살폈고, 자신을 감싸줄 패딩을 입자마자 다른 사람에게 다가가 선뜻 온기를 나누는 모습은 아름다운 장면으로 기억되었다. 하니의 팬이 아니어도 그 장면을 놓치지 않고 '멋있다', '내가 심쿵했다'는 식의 찬사를 보낸다. 이를 레즈비언 씬으로 해석하며 호들갑을 떤들 그 역시 어떠랴(패딩 품절 기사보다는 훨씬 더 의미 있다). 아이돌은 대중 앞에 훤히 드러난 채 자신의 의지와 생각으로 자신의 삶을 살아내고 있고, 팬들은 아무리 짧고 사소한 찰나의 장면이라도 놓치지 않고 자기만의 의미와 서사를 부여하고 재해석하며 즐긴다. 이것이 교감이고 서로를 향한 지지일 테니까.

2016년에 마마무가 〈음오아예〉 비디오로 큰 인기를 끌자 하재근 문화평론가는 "마마무 팬덤이 최근 1년 사이 6배 이상 늘어난 것으로 추산되는데, 이런 것을 통해 걸크러시의 위력을 기획자들이 실감했다"라고 평가했다.[40] 그러면서 〈음오아예〉 뮤직비디오에서 남장을 한 문별의 잘생쁨(잘생긴 예쁨)이 큰 역할을 했다며 톰보이 콘셉트를 대중의 이목을 끌기 위한 용도로 다뤘다. 하지만 〈음오아예〉가 퀴어팬덤을 자극할 수 있었던 건 정말 톰보이 콘셉트 덕분이었을까.

흔히 뮤직비디오에서 문별이 남장을 했다고 하지만, 엄밀히 말하자면 문별은 남장을 하지 않았다. 예를 들어 박지윤의 〈난 남자야〉나 이효리의 〈미쳐〉의 경우엔 남자들의 잘난 척을 비꼬는 연출을 위해 가수가 남장을 했고 그러함에도 오히려 충분히 남자처럼 보이진 않는다. 그런데 〈음오아예〉에서 문별은 꽤나 자연스럽다. 뮤직비디오의 화자는 다른 사람이 문별을 '언니'라고 부르는 것을 듣고서야 문별이 여성임을 알고 놀란다. 이 장면으로 인해 극 중 문별이 남자라서, 남자로 보이기 위해 남자의 옷을 입은 것이 아니라, 자신의 스타일대로 옷을 입고 행동했을 뿐임이 드러난다. 즉, 평소에 늘 입던 대로 입었지만 사람들이 남자로 오해한 상황이다. 이와 유사한 일을 실제로 숱하게 겪어온 퀴어들에게 이 뮤직비디오는 묘한 통쾌함과 위로를 주었다. 또 남자로 분장했다고 생각하던 이들에게는 뒤통수를 한 대 맞은 듯한 반전의 즐거움을 주었다. 〈음오아예〉 뮤직비디오의 퀴어함은 걸그룹 멤버들이 남장을 했다는 데 있는 것이 아니라, 남장을 하고도 그것을 남장이 아닌 것으로 만들었다는 데 있다.

케이팝의 톰보이를 분석하겠다고 시작했던 이 글의 결론은 참으로 단순하다. 보이시하다는 것, 단지 남자 같다는 이유만으로 선망과 동경의 대상이 될 수 있다는 세간의 추측이 우습다는 것이다. 사실 남자 같다는 것이 뭐 그리 대단하단 말인가. 보이시함 자체가 매력인 게 아니라 성별이분법에 뿌리를 둔 성별 고정관념이 강력한 사회에서 여성이 전형적인 여성성을 따르지 않았다는 것 자체가 매력적인 것이다. 여자가 왜 치마를 입지 않느냐고, 여자가 왜 머리를 기르고 꾸미지 않느냐고, 여자가 왜 섹시한 모습으로 남성에게 어필하려는 노력을 하지 않느냐고 물어대는 숱한 질문에도 아랑곳하지 않고 자신의 개성과 색깔을 유지하는 고집이 사랑스럽고 자랑스럽다. 연예인으로서 모두에게 사랑받아야만 한다는 강박적 요구와 거리 두기를 하는 결단에 반한다. 세상이 이런 특징들을 '남자 같다'는 말로 표현하기에, 우리는 톰보이라는 말을 쓸 수도 있고 자신을 톰보이라고 말하며 톰보이로 평생 살 수도 있다. 톰보이라고 말하는 것은 여성성을 지우거나 부정하거나 축소하지 않는다. 사회가 규정한 성역할의 거부일 뿐 여성이 아니고자 하는 거부가 아니다.

톰보이를 사랑하는 팬덤 역시 이성애의 흉내가 아니다. 그렇다고 나의 '최애'가 반드시 동성애자나 양성애자, 무성애자, 트랜스젠더일 필요는 없다. 애당초 그의 성적 지향이나 성별 정체성 때문에 사랑하는 것이 아니니까. 중요한 것은 상상력이다. 익숙한 것에 길들지 않고 다른 길을 찾는 것, 이상하고 낯선 것을 내치지 않고 그 안에서 다른 가치를 부여하는 상상력이다. 우리는 기존 젠더 규범의 전복, 저항 혹은 재전유라는 퀴어링을 통해 아티스트로서 아이돌이 펼쳐 보이는 모든 것을 자신의 느낌대로 해석하며 상호작용할 수 있다. 우리가 퀴어링을 멈추지 않을 때, 우리는 더 행복해질 수 있을 것이다. 그리고 세상도 조금은 더 변할 것이다. 이것이 우리가 덕질을 멈출 수 없는 이유이기도 하다.

주

1   가수 이선희를 중심으로 톰보이 가수들에 대한 사회적 시선이 1980년대와
    1990년대 이후가 어떻게 달라지는지, 왜 달라졌는지에 방점을 맞춘 다음 필
    자의 글도 관심이 있다면 찾아보길 권한다. 한채윤, 〈톰보이와 언니부대의 퀴
    어링: 1980년대 '이선희 신드롬'과 '치마가 불편한 여자들'〉,《원본없는 판타
    지》, 후마니타스, 2020.

2   ET-house 능률 한영사전.

3   박은경, 〈걸그룹 안에 보이 멤버 있다?〉,《스포츠경향》, 2009년 9월 17일
    자, http://sports.khan.co.kr/entertainment/sk_index.html?art_
    id=200909172035146&sec_id=540101.

4   유병철, 〈소유, 파격 뒤태 노출…건강미 넘치는 '걸크러시 매력'〉,《한국경
    제TV》, 2021년 4월 27일자, https://www.wowtv.co.kr/NewsCenter/
    News/Read?articleId=A202104270170&t=NN.

5   김은정, 〈티아라 지연, 매너다리+카리스마 '치명적 걸크러시'〉,《TVREPORT》,
    2021년 6월 7일자, https://www.tvreport.co.kr/2071113.

6   김유림, 〈[★화보] 러블리즈, 러블리 벗은 걸크러쉬 매력〉,《머니S》, 2020년
    5월 19일 자, https://m.moneys.mt.co.kr/article.html?no=20200519
    11108000223&type=4&code=w1202&code2=.

7   박병철, 〈[화보] 러블리즈(Lovelyz), '카리스마 걸크러쉬'〉,《연예투데이
    뉴스》, 2020년 5월 21일 자, http://www.tvj.co.kr/news/articleView.
    html?idxno=60025.

8   신나라, 〈소녀시대, 걸크러쉬+러블리 2色 매력(SBS가요대전)〉,《YTN star》,
    2015년 12월 28일 자, https://star.ytn.co.kr/_sn/1406_2015122800
    42020063.

9   박민희, 〈'음악중심' 여자친구, 두 마리 토끼 잡았다 '청순+걸크러쉬'〉,《전자
    신문》, 2017년 3월 18일 자, https://www.etnews.com/20170318000
    056?m=.

10 2015년 7월 26일, 엠버는 자신의 인스타그램에 글을 올렸다. 여기서 엠버는
    자신은 평생 톰보이로 살아왔다며 이런 자신을 싫어하는 사람도 있을 수 있지
    만, 면전에 대고 욕을 하는 건 아주 다른 이야기라고 지적한다. 여자와 남자가
    한 가지 스타일로만 제한된다고 생각하지 않으며 다양한 모습을 존중해달라
    는 내용이었다.

11 주로 남자 사회자들이 엠버에게 집요하게 이런 질문을 하는 장면은 종종 볼
    수 있다. MBC 〈나 혼자 산다〉(2015년 3월 6일 방영)에 출연한 엠버에게 진

행자인 전현무는 연애를 하고 싶지 않은지, 언제 했는지, 왜 헤어졌는지를 추궁하듯이 물었다. 이날 방송에서는 엠버가 자신의 인스타그램에 올렸던 짧은 바지 위에 짧은 치마를 덧입고 하이힐을 신은 채 에일리의 〈손대지마〉에 맞춰 춤을 추는 14초짜리 동영상도 소개했다. 방영 후 신문에는 〈엠버 "나도 여자랍니다." 치마+하이힐 신고..각선미 자랑〉(http://en.seoul.co.kr/news/newsView.php?id=20150308500007)과 같은 제목의 기사가 실렸다.

12 한국 가요사에서 오빠부대의 시초가 조용필인지, 남진이나 나훈아인지에 대해서는 가요평론가들마다 의견 차이가 있지만 이선희가 언니부대의 시초라는 것엔 거의 이의가 없다. 1980년대 당시의 상황은 강헌의 글을 통해서도 확인할 수 있다. 강헌, 〈강헌의 가인열전 14-이선희〉, 《동아일보》, 2011년 10월 10일 자, https://www.donga.com/news/article/all/20111010/40967226/1.

13 포털사이트에서 "걸그룹, 숏커트(쇼트커트)" 정도의 검색어만 넣어도 관련된 기사가 쭉 뜬다. 너무 사례가 많아서 출처를 따로 밝히기가 어려울 정도인데 주로 "변신, 파격, 심경변화, 미소년, 보이시, 카리스마" 등의 수식어가 함께 붙는다.

14 〈아모르파티〉를 부른 가수로 1974년에 데뷔했고 1980년대가 전성기라고 할 수 있지만 지금까지 꾸준히 활동하고 있다. 특히 1970년대부터 일본에서도 동시에 활동했고, 양국에서 모두 큰 인기를 누렸다.

15 권미성, 〈임현주 아나운서, 안경 벗으니 연예인 못지 않은 비주얼… 딱 붙는 원피스 '완벽 소화'〉, 《톱스타뉴스》, 2018년 11월 14일 자, http://www.topstarnews.net/news/articleView.html?idxno=524198.

16 콘택트렌즈 광고에 주로 젊은 여성 연예인들이 등장하는 것을 보아도 알 수 있다.

17 1977년 〈어디쯤 가고 있을까〉로 데뷔해서 1978년에 MBC 〈10대 가수 가요제〉 10대 가수상까지 받을 정도로 인기를 모았다. 사각 금테 안경을 쓰고 활동했는데, 1978년 MBC 〈10대 가수 가요제〉에는 턱시도 바지 정장에 나비넥타이를 매고 출연했다.

18 1979년에 〈회상〉으로 데뷔했다. 남편인 정태춘과 함께 부른 노래가 많은데, 대표곡으로는 〈윙윙윙〉, 〈봉숭아〉 등이 있다.

19 1982년 〈불씨〉와 〈유리벽〉으로 데뷔했다. 1987년에 〈개똥벌레〉가 크게 히트했다.

20 이 계보에 개그맨이자 가수이기도 한 송은이도 포함할 수 있다.

21 f(x)의 멤버 루나는 KBS2TV에서 방영한 〈불후의 명곡〉에서 윤시내의 〈공연

히〉를 재해석한 무대를 선보였다. 같은 그룹의 엠버가 찬조 출연해 랩을 했는데, 정장에 중절모를 쓰고 나온 엠버가 루나에게 자신이 썼던 중절모를 씌워주고 퇴장을 하면, 흰 와이셔츠를 자연스럽게 걸쳐 입는 루나의 퍼포먼스로 이어진다. KBS2TV, 〈불후의 명곡: 전설을 노래하다〉, 2012년 9월 15일 방영.

22 윤시내의 〈난 모르겠네〉 무대도 매우 인상적이다. 유튜브에서 찾아볼 수 있으니 감상해보길 권한다.

23 강경윤, 〈가수 윤시내 나이 거스른 파격미…"결혼하지 않은 이유는"〉, 《SBS 연예뉴스》, 2020년 8월 18일 자, https://ent.sbs.co.kr/news/article.do?article_id=E10009998241&plink=ORI&cooper=NAVER.

24 이채윤, 〈리아 "과거 삭발, 여군 간다 거짓말하고 밀었다"〉, 《스포츠투데이》, 2016년 5월 10일 자, http://stoo.asiae.co.kr/article.php?aid=27844469679.

25 뛰어난 가창력으로 인정받으며 지금도 꾸준히 활동하고 있다. 히트곡으로는 〈사슬〉, 〈사미인곡〉 등이 있으며, 2021년에는 엑소의 백현과 함께 〈Hurt〉를 발표했다.

26 오미정, 〈마야 "부족함 때문에 끙끙대지 않는 게 당당함"(인터뷰①)〉, 《노컷뉴스》, 2009년 11월 8일 자, https://www.nocutnews.co.kr/news/649882.

27 2004년에 〈가슴이 예뻐야 여자다〉로 데뷔했고 3집 앨범까지 발표했다.

28 정은나리, 〈춘자 "여자 좋아한다고? 레즈비언 클럽서 일한 적 있지만…"〉, 《세계일보》, 2016년 6월 16일, http://m.segye.com/view/20160616000788.

29 이상은의 톰보이 스타일은 1988년부터 1990년대 초반까지만 유지되었다.

30 1996년에 결성해 1999년에 해체한 혼성그룹 유피는 1997년 〈뿌요뿌요〉와 〈바다〉 등을 크게 히트시켰는데, 이정희는 1997년에 2기 멤버로 합류해 유피의 전성기를 함께 누렸다. 데뷔 당시 이정희는 16세의 중학생이었다.

31 1996년 〈널 위한 거야〉로 데뷔했으며, 록밴드 넥스트(N.EX.T)의 김영석이 이 노래의 작사·작곡을 하고 신해철이 제작 지원을 한 것으로 유명하다. 밴드 멤버인 박경서는 2015년 jtbc 〈투유 프로젝트: 슈가맨〉, 2017년 MBC 〈복면가왕〉에도 출연했다. 2인 밴드로 데뷔했으나 이후 3인조 밴드로도 활동했다.

32 멤버들의 보이시함은 원래 자연스러운 본인들의 모습이었다. 어쩌면 기획사가 억지로 '콘셉트'를 만들려고 한 것이 실패의 요인일지도 모른다.

33 마마무는 2014년 데뷔한 걸그룹으로, 마마무의 멤버 문별은 춤 실력과 출중

한 작사 실력으로도 유명하다.

34 2018년 9월 5일에 데뷔한 7인조 걸그룹으로 한국인, 대만인, 일본인으로 구성된 다국적 아이돌 그룹이다.

35 2013년에 데뷔했고 2014년에 대한민국 연예예술상 시상식에서 신인가수상을 탄 보이그룹이다. "소년공화국, 보이크러시(쉬)"로 검색을 하면 뜨는 기사 제목만 봐도 〈소년공화국 안무에 녹여낸 섹시함, 우리는 보이크러시〉, 〈컴백 소년공화국 "걸크러시가 대세, 보이크러시 선보일 것"〉, 〈야수 돼버린 그룹 소년공화국, 다 바꿨다 "남자들도 반할 것"〉 등이 뜬다.

36 황효진, 〈걸 크러쉬/ ① 여자가 여자를 좋아한다는 것은〉, 《IZE》, 2015년 3월 10일 자, https://m.ize.co.kr/view.html?no=2015030821477291834.

37 Mnet, 〈달리는 사이〉, 2020년 12월 16일 방영.

38 이 장면은 앞뒤로 함께 봐야 할 맥락이 있다. 무대 밖의 모든 스태프는 롱패딩을 착용한 추운 날씨에 여성 아이돌들은 몸을 드러내는 얇고, 짧은 옷을 입고 있어야 했다. 남성 아이돌들이 바지 정장과 패딩까지 입고 무대에 오른 것과는 대조적이었다. 이를 보고 가수 백지영이 가수 천성훈에게 롱패딩을 벗어 하니에게 주라고 요청했고, 하니는 그걸 입자마자 바로 선미를 찾아가 감싸 안았던 것이다.

39 황승빈, 〈선미x하니 '예쁜 애 투샷' 보니 …평창 롱패딩 품절 "이해되네"〉, 《스타투데이》, 2017년 11월 16일 자, https://www.mk.co.kr/star/hot-issues/view/2017/11/761203/.

40 하재근, 〈'걸크러쉬(Girl Crush)' 여성들이 여성에 빠졌다〉, 《시사저널》, 2016년 8월 26일 자, https://www.sisajournal.com/news/articleView.html?idxno=157106.

참고 문헌

강경윤, 〈가수 윤시내 나이 거스른 파격미…"결혼하지 않은 이유는"〉, 《SBS 연예뉴스》, 2020년 8월 18일 자, https://ent.sbs.co.kr/news/article.do?article_id=E10009998241&plink=ORI&cooper=NAVER.

강헌, 〈강헌의 가인열전 14-이선희〉, 《동아일보》, 2011년 10월 10일 자, https://www.donga.com/news/article/all/20111010/ 40967226/1.

권미성, 〈임현주 아나운서, 안경 벗으니 연예인 못지 않은 비주얼… 딱 붙는 원피스 '완벽 소화'〉, 《톱스타뉴스》, 2018년 11월 14일 자, http://www.topstarnews.net/news/articleView.html?idxno=524198.

김아름, 〈'걸크러쉬' 열풍이 거세다…소녀시대부터 마마무까지〉, 《뉴스

웨이》, 2015년 9월 19일 자, http://m.newsway.co.kr/news/
view?ud=2015091810203383423.

김은정, 〈티아라 지연, 매너다리+카리스마 '치명적 걸크러시'〉, 《TVREPORT》,
2021년 6월 7일자, https://www.tvreport.co.kr/2071113

댕댕군, 〈왜 걸그룹은 "BAD"를 외치게 되었는가 〉, 《아이돌레》, 2020년 4월 15
일 자, https://post.naver.com/viewer/postView.nhn?volumeNo=27
998723&memberNo=47077221&vType=VERTICAL

박병철, 〈[화보] 러블리즈(Lovelyz), '카리스마 걸크러쉬'〉, 《연예투데이뉴
스》, 2020년 5월 21일 자, http://www.tvj.co.kr/news/articleView.
html?idxno=60025.

박수정, 〈팬덤의 세계⑤ 걸그룹 여덕들의 대담, "여자를 좋아하는 게 어때
서요?"(인터뷰)〉, 《한국경제》, 2014년 10월 16일 자, https://www.
hankyung.com/entertainment/article/2014101604854.

박은경, 〈걸그룹 안에 보이 멤버 있다?〉, 《스포츠경향》, 2009년 9월 17일
자, http://sports.khan.co.kr/entertainment/sk_index.html?art_
id=200909172035146&sec_id=540101.

박주연, 〈여자가 여자를 좋아하면 다 '걸크러쉬'야?〉, 《일다》, 2019년 8월 16일
자, https://www.ildaro.com/8527.

오미정, 〈마야 "부족함 때문에 끙끙대지 않는 게 당당함"(인터뷰①)〉, 《노컷뉴
스》, 2009년 11월 8일 자, https://www.nocutnews.co.kr/news/649
882.

유병철, 〈소유, 파격 뒤태 노출…건강미 넘치는 '걸크러시 매력'〉, 《한국경제TV》,
2021년 4월 27일자, https://www.wowtv.co.kr/NewsCenter/News/
Read?articleId=A202104270170&t=NN.

이채윤, 〈리아 "과거 삭발, 여군 간다 거짓말하고 밀었다"〉, 《스포츠투데이》,
2016년 5월 10일 자, http://stoo.asiae.co.kr/article.php?aid=2784
4469679.

정은나리, 〈춘자 "여자 좋아한다고? 레즈비언 클럽서 일한 적 있지만…"〉, 《세
계일보》, 2016년 6월 16일, http://m.segye.com/view/201606160
00788.

하재근, 〈'걸크러쉬(Girl Crush)' 여성들이 여성에 빠졌다〉, 《시사저널》, 2016
년 8월 26일 자, https://www.sisajournal.com/news/articleView.
html?idxno=157106.

한채윤, 〈'톰보이'와 '언니부대'의 퀴어링: 1980년대 '이선희 신드롬'과 '치마가

불편한 여자들'〉,《원본 없는 판타지: 페미니스트 시각으로 읽는 한국 현대문화사》, 후마니타스, 2020

황승빈, 〈선미x하니 '예쁜 애 투샷' 보니…평창 롱패딩 품절 "이해되네"〉,《스타투데이》, 2017년 11월 16일 자, https://www.mk.co.kr/star/hot-issues/view/2017/11/761203/.

참고 영상

2017년 평창 드림콘서트 장면, "[4K] 171104 Ending Event Dj doc와춤을 EXID FOCUS @ 드림콘서트 IN 평창 By Sleeppage", https://www.youtube.com/watch?v=JkhzUADBQOo.

리아의 〈개성〉 무대, "리아-'개성' Riaa-'Presonality' [KBS 가요톱10]", https://www.youtube.com/watch?v=jYyI8Fu87HU

마야의 〈위풍당당〉 무대, "[열린음악회] 마야-위풍당당 /10.12.05", https://www.youtube.com/watch?v=qbcJ2jDyvSI.

윤시내의 〈공연히〉 무대, "윤시내와 사계절 〈공연히〉 서울국제가요제(1978)", https://www.youtube.com/watch?v=hUiiDei5XS0.

윤시내의 〈난 모르겠네〉 무대, "[1982] 윤시내-난 모르겠네", https://www.youtube.com/watch?v=5cF_jjC38Ok.

이상은의 〈담다디〉 무대, "이상은-담다디(stage mix)/Lee Sang Eun-Dam Dadi", https://www.youtube.com/watch?v=9THl7rSFiEY.

전영의 〈어디쯤 가고 있을까〉 무대, "전영 어디쯤 가고있을까 78년 10대가수 가요제", https://www.youtube.com/watch?v=Fh1LPSyEiVk.

9장

여성-퀴어 페미니스트가
걸그룹을 사랑하는 법

아밀

여성 아이돌을 좋아하는 페미니스트의 딜레마

이 책에 여러 의미가 있을 수 있겠지만, 나는 무엇보다도 이 책이 케이팝을 향유하는 퀴어 페미니스트 향유자 당사자들의 이야기라는 점을 중요하게 생각한다. 이 글이 나의 경험에서 출발한 것임을 명확히 하기 위해서 우선 나 자신을 소개하고자 한다. 나는 퀴어고, 페미니스트다. 그리고 케이팝 여성 아이돌을 좋아한다. 내 '본진'이라면 러블리즈와 이달의 소녀라 할 수 있다. 러블리즈는 〈Destiny(나의 지구)〉 때부터 스며들듯 팬이 되었고, 이달의 소녀는 고원이라는 멤버를 관심 있게 보다가 〈Butterfly〉에서 결정적으로 반했다. 그리고 2020년에는 여자친구의 〈Apple〉에 깊이 감명을 받아서 관련 콘텐츠들을 열심히 찾아보았다. 취미로 춤도 배우고 있어서, 〈애플〉의 댄스 커버를 하기도 했다.

그런데 솔직히 나는 내 취향에 죄의식이 있다. 앞서 열거한 걸그룹들은 물론 저마다 고유한 개성을 갖추고 있지만 모아놓고 보면 다들 '소녀스럽다'는 공통점이 있다. 그리고 소녀 콘셉트의 여성 아이돌은 페미니즘의 적으로 치부되는 경우가 많다. 남성 팬들의 롤리타 콤플렉스를 겨냥한 마케팅이라든지, 주체적이고 강한 여성이 아닌 어리고 수동적인 여성의 이미지를 재생산한다든지 하는 이유로 말이다. 실제로 러블리즈와 여자친구는 남성 팬이 많은 편이기도 하다. 그래서 이런 걸그룹을 좋아하는 '여돌여덕(여성 아이돌을 좋아하는 여자 덕후)'들은 여성 당사자로서 여성주의를 지지해야 함에도 불구하고 도리어 반여성주의적 문화에 동참하는 배신자라는 의미의 비난을 사곤 한다. "네가 여성 인권 다 망친다" 같은 말들로.

사실 어느 걸그룹의 팬덤이든 사정은 다 비슷할 것 같다. 페미니스트로서 여성 아이돌을 좋아하는 것이 과연 바람직한가 하는 고민을 한 번도 안 해본 페미니스트 팬은 없을 것이다. 정도의 차이는 있지만, 어떤 여성 아이돌이든 사회에 통용되는 여성의 미에 관한 왜곡된 스테레오타입을 반영하게 마련이다. 한국 사회에서 여자들은 무엇보다도 예쁘기를, 그리하여 남성에게 바람직한 욕망의 대상이 되기를 요구받는다. 이런 의미에서 예쁨이란 어림, 청순함, 섹시함이라는 특질로 요약될 수 있다. 그래서 여성 아이돌은 많은 경우 청소년 시기에 데뷔하고, 이후에도 가급적 소녀처럼 보이게끔 연출되며, 청순하거나 섹시하게끔, 때로는 청순하면서도 동시에 섹시하도록 기획된다. 이런 신체 이미지를 만들어내기 위해 연예기획사들은 어린 여성들에게 살인적인 다이어트와 반복적인 성형수술을 요구하며, 그 신체를 이용해 최대한 많은 이윤을 남기기 위해 그들을 가혹한 노동조건에 몰아넣는다.

여성 아이돌들은 인기를 얻고 성공해야 한다는 목표를 위해 고통을 참아야 한다. 대중의 외모 평가도, 원치 않는 성적 대상화도, 인기를 위해서는 불가피한 것이므로 응당 견뎌야 한다. 신체적으로나 정신적으로나 상시 위협에 노출되면서도 화면 속에서는 고통이나 불만을 드러내는 것을 삼가야 한다. 그들은 조신하고 선량한, 그러면서도 소탈하고 꾸밈없는 1등 신붓감처럼 보이기를, 깡말랐으면서도 건강하며 육체적 한도를 시험하는 안무까지 소화해내는 비장애인으로 보이기를 주문받는다. 그리고 나이가 들어 더 이상 소녀로 보이기 어려워지고 인기를 잃게 되면, 즉 상품으로서의 가치가 떨어지면, 극소수의 예외를 제외하고는 가차없이 외면당하기에 이른다. 이렇게 젊은 여자들을 착취하는 산업, 그리고 이런 착취로 만들어진 왜곡된 여성상을 사회에 재생산하는 산업이 케이팝 여성 아이돌 산업이라면, 이것을 좋아하고 소비하는 나는 이런 산업구조에 기여하는 사람이 아닌가?

그런데 여기서 짚고 넘어가고 싶은 부분이 있다. '기여'한다는 것이 도대체 뭘까? 우리는 정확히 어떻게 이 산업에 기여하고 있나? '소비'라는 것은 도대체 무엇인가? 무언가를 좋아하는 행위는 곧 '소비'가 되는 것인가?

소비자로서의 팬덤

물론 오늘날 아이돌 팬덤은 무엇보다도 적극적 소비자로서의 위치를 갖는다. 팬들은 좋아하는 아이돌의 성공을 위해 음반을 수십 장씩 구매하고, 음원을 하루 종일 반복 재생하고, 관련 굿즈들을 품절시킬 수 있는, 브랜드에 대한 절대적인 충성도와 구매력을 갖춘 핵심 고객이다. 이제는 범대중에게 어필하는 음악을 만드는 것도, 그런 음악만으로 사업을 안정적으로 지속하는 것도 어려워진 시대이니만큼, 아이돌 본인들과 소속 기획사가 수익을 창출하기 위해서는 팬이라는 충성고객을 확보하는 것이 필수적이다. 그러므로 자본주의 사회의 맥락에서 팬덤-소비자가 아이돌 산업을 유지시키는 핵심 동력이라는 점에는 이견의 여지가 없을 듯싶다.

2015년 '페미니즘 리부트' 이후 한국 페미니스트들은 소비자의 위상을 아주 잘 알고 있으며, 특히 미디어 분야에서 그것을 운동의 수단으로 적극적으로 활용하는 듯하다. 개그팀 '옹달샘'이 팟캐스트 방송에서 여성혐오적 코미디를 자행한 데 대해 페미니스트들이 그들이 출연한 프로그램과 광고의 보이콧 운동을 벌여 사회적 파장을 불러일으킨 일은 대표적 사례다. 이 사회에서 여성의 존엄과 견해가 함부로 무시되는 것에 대한 반발로써, 페미니스트들은 소비자로서의 구매력을 증명해 보이는 방식으로 각계에서 보이콧 운동을 개진해오고 있다. 그것은 정치적 주장임과 동시에, 나와 내가 속한 동질 집단에 해로운 영향을 미치는 무언가에 의존하는 생활 양식을 스스로 중단할 수 있다는 주체적 결단이기도 하다. 그러니 여성 아이돌 산업의 소비에 대해서도 같은 방식을 동원할 수 있다면 그렇게 하는 것이 이상적일 듯 보인다.

그런데 사태는 그리 간단하지 않다. 무엇보다도 여성 아이돌은 여성혐오적 콘텐츠의 생산자이기도 하지만 동시에 피해자이기도 하며, 이들을 착취적 환경에 처하게 추동하는 소비자층이 언제나 존재할 것임을 무시할 수 없기 때문이다. 페미니스트 소비자가 이 산업이 충분히 여성주의적이지 않다는 이유로 이탈한다고 해서 그 산업이 '근절'되는 것이 아니다. 오히려 그 자리에 더욱 견고한 코어 남성 소비자층(정확히는 대다수 남성을 중심으로 이루어진, 여성주의적 비판 의식이 없는 소비자층)만이 남을 것이다. 그러면 소속사는 까탈스러운 페미니스트 팬을 붙잡기보다는 더 충성도 높은 팬층의 입맛에 맞는 상품을 내놓고 마케팅하는 것이 더 합리적이라고 판단할 가능성이 높다.

아이돌 산업의 소비자는 단순히 상품이 판매될 시장인 것만이 아니다. 존 피스크(John Fiske)는 문화 산업의 팬덤이란 "파급 상품을 대량으로 구매해주는 부가적 시장일 뿐 아니라, 시장의 트렌드와 선호에 대한 가치 있는 피드백을 무료로 제공"하는 존재라고 지적했다.[1] 아이돌 기획사는 팬들이 무엇을 어떻게 즐기고 욕망하고 있는지를 지속적으로 모니터링하며, 그에 걸맞은 서비스 및 상품을 제공하기 위해 이미지메이킹 전략을 끊임없이 수정하고, 판매 방식을 다변화하고, 파생상품을 개발한다. 그리고 어린 여자들을 '연습생 교육'이라는 미명하에 통제하고 일상 전반까지 관여하는 케이팝 기획사들의 특성상, 팬덤의 반응은 여성 아이돌의 생활에까지 영향을 미친다.

가령 어떤 걸그룹의 팬들이 몸매가 많이 드러나는 멤버의 사진과 직캠[2]을 돌려보며 열광한다면, 소속사는 멤버들이 노출 있는 의상을 입고 춤추는 영상 콘텐츠를 더 많이 생산하고 그런 종류의 사진들이 들어 있는 사진집을 발매해 수익을 창출할 것이다. 팬들이 팬 사인회나 악수회에서 자신에게 살갑게 대해주는 여성 아이돌의 모습에 설레하며 연애 감정을 느낀다는 이야기를 나눈다면, 소속사는 그 아이돌의 실제 연애 생활을 티 나지 않게 규제하거나 심지어는 (그 아이돌이 어릴 경우) 연애 자체를 금지하는 통제력을 행사할 것이다. 팬들이 '귀엽고 섹시한', 이른바 '커펙'³이라는 밈을 통해 자신들의 선호를 표현한다면, 소속사는 여성 아이돌이 음악적 커리어에 집중한다든지 다양한 개성을 표현하는 것을 허락하기보다는 귀엽거나 섹시한 이미지를 표현하는 활동에 주력시킬 것이다. 여성 아이돌을 손쉬운 연애 대상으로 여기고 싶어하는 팬들이 너무 비싼 옷이나 가방을 좋아하는 아이돌에게 경멸감과 배신감을 드러낸다면, 소속사는 여성 아이돌을 환상적인 셀러브리티처럼 연출하기보다는 평범하고 소박한 의상과 화장을 이용해 풋풋한 대학 신입생처럼 보이게 할 것이다. 여성 아이돌에게 너무 비싼 선물을 하면 '버릇이 나빠지기' 때문에 일부러 저렴한 선물을 해주고, 뚱뚱하다거나 멍청하다는 등의 '후려치기'식 발언으로 친근감을 표시하는 팬들이 팬덤의 중심을 이룬다면, 소속사는 여성 아이돌이 도도한 행동을 하거나 너무 뚜렷한 자기주장을 해서 팬들의 심기를 거스르지 않도록 관리할 것이다. 여성 아이돌이 페미니즘 관련 도서를 읽는다는 이유로 '탈덕'하는 팬들이 다수라면, 소속사는 여성 아이돌이 페미니즘을 지지하는 발언을 하지 않도록, 더 나아가 책을 읽는 행위 자체를 공공연히 과시하지 않게끔 주의시킬 것이다. 왜냐하면 그들의 소비자층은 '설치고 말하고 생각하는' 여성 아이돌을 좋아하지 않는다는 것이 명백하기 때문이다.

이 사례들이 단지 나의 상상적 가정만이 아니고, 상당 부분 실제로 일어났던 사건들을 바탕으로 하고 있다는 점은 새삼 놀랍다. 그렇다면 페미니스트 팬들이 여성 아이돌이 처한 억압적이고 착취적인 노동환경을 개선하기 위해 소비자로서 할 수 있는 일은 최소한 전면적인 보이콧이 아니라는 점은 분명해 보인다. 오히려 '여기에는 우리 같은 소비자도 존재한다. 우리는 여성 아이돌이 건강하게 주체적으로 생산한 상품일수록 더 좋아하고 적극적으로 소비한다'는 의미의 메시지를 기획사에 다각적으로 전달하는 것이 더 효과적일 듯하다. 그리고 실제로 이러한 시도들이 긍정적인 변화를 이끌어내는 사례들을 더러 보기도 했다. 그런데 이 방법에는 맹점이 있다.

상품으로서의 팬덤

우리는 정말로 '여성 아이돌이 건강하게 주체적으로 생산한 상품'을 좋아하는가? 이 질문에 선뜻 "그렇다"라고 대답할 수 있는 팬은 많지 않을 것 같다. 우리는 분명 아이돌의 거식증과 우울증을 걱정하고, 겨울에 지나치게 노출이 심한 의상을 입고 무대에 서는 것을 우려하며, 기획사에 자기 견해를 관철시키지 못하는 아이돌의 무력한 처지에 유감을 느낀다. 하지만 한편으로는 아이돌의 마른 몸에 매혹을 느끼고, 철저히 기획사의 구상으로 만들어진 음악과 콘셉트에 환호하며, 비인간적이다시피 완벽한 '칼군무'에 전율하고, 아이돌의 서툰 작사·작곡 때문에 기존의 완벽한 콘셉트가 무너지면 내심 아쉬워하기도 한다. 애초에 우리가 독립 레이블의 싱어송라이터가 아닌 케이팝 아이돌에게 사랑에 빠지는 것은 그들이 자본에 의해 기획된 상품이기 때문일 것이다. 우리가 아무리 정치적으로 올바른 성향을 강조하더라도 연예기획사들은 우리가 말하지 않는, 그럼에도 돈으로 정직하게 표현되는 욕망을 너무 잘 꿰뚫어보는 듯하다. 이에 페미니스트 팬들은 무한한 자기검열의 수렁에 빠지곤 한다. 특히 여성 아이돌을 섹슈얼한 의미로 사랑하기도 하는 여성애자 퀴어 팬들은 자신이 '한남' 소비자와 다를 바가 무엇인가 하는 자괴감에 시달리기도 한다.

이 책의 출발이 된 '2020 퀴어돌로지' 세미나를 준비하면서 나는 2020년 4월 트위터에서 여성 아이돌 퀴어팬덤을 상대로 소비 양상을 묻는 익명 설문조사를 진행했다. 총 191명이 참여했고 그중 대다수가 스스로의 성정체성을 여성 또는 논바이너리라고 답했으며, 페미니스트로서의 자각이 있었다. 통계학적으로 유의미한 지표를 제공할 수 있는 설문조사는 아니었지만, 여성-퀴어[4] 팬들의 솔직한 이야기와 고민을 들을 수 있는 소중한 경험이었다.

설문조사 및 응답에서 많이 다루어진 주제 중 하나는 여성 아이돌을 소비하는 딜레마의 고충과 이에 대한 대처 경험이었다. 많은 응답자들이 스스로가 '빻은(비윤리적인)' 것 같아서 자책감이 든다거나, 좋아하는 여성 아이돌의 안위가 걱정되는데 할 수 있는 일이 별로 없다보니 괴롭다고 토로했다. 그래서 너무 괴로우면 덕질을 잠시 쉬기도 하고, 어떻게든 할 수 있는 일을 고민하기도 한다고 이야기했다. 올바른 소비를 위한 적극적인 노력도 많았다. 퀴어 페미니스트 팬들은 여성 아이돌이 당하는 부당한 대우에 대해 SNS에서 목소리를 내고, 소속사나 방송사에 클레임을 넣고, 여성 아이돌이 대중으로부터 여성혐오적 비난에 휘말릴 때면 악플을 신고하거나 검색어에 노출되지 않게끔 연관 검색어 정화 운동(이른바 '연검정화')을 벌이기도 하고, 공개적으로 여성 아이돌의 외모를 평가하는 발언을 하지 않으려 자중하고, 출근길이나 공항 등에서 찍힌 사생활 사진을 소비하지 않는 등의 다양한 노력을 하고 있었다.

그런데 여기에서 알 수 있는 한 가지 진실이 있다. 아이돌 산업에서 팬은 결코 소비자의 위치만을 점하지 않는다는 것이다. 팬은 단지 상품을 구매할 뿐만이 아니라, 아이돌의 성공과 안위와 인기를 고취하기 위해 다양한 활동을 벌임으로써 사실상 노동 및 생산을 하고 있다. 예컨대 팬들은 아이돌이 긍정적인 이미지로 대중에게 알려질 수 있도록 '연검정화'를 하거나 포털 검색어를 조직적으로 만들기도 하며, SNS에서 아이돌의 매력적인 사진, 영상, '움짤'을 유포하는 등의 홍보 활동을 하고, 실제로 기획사는 이로부터 홍보 효과를 누린다. 여성 아이돌에게 가해지는 인터넷상의 악플과 모욕, 성희롱, 딥페이크 영상 등을 수집해 기획사에 제출하는 활동 역시, 기획사가 자사 아이돌의 상품성을 유지하기 위해 해야 할 관리 업무를 일정 부분 팬덤에 의탁하는 것이다. 팬들이 아이돌을 가요 프로그램 순위에 올리기 위해 음원 및 뮤직비디오를 연속 스트리밍해 조회 수와 재생 수를 높이고, 각종 시상식에서 상을 탈 수 있도록 광고를 시청함으로써 투표권을 취득하는 등의 활동에도 결코 적지 않은 시간과 정성이 소요된다. 팬들은 아이돌을 소비하고 향유하는 만큼이나 아이돌을 위해 노동 및 생산을 하며, 그 두 가지는 어디까지는 소비이고 어디부터는 생산이라고 분별하기 어려울 만큼 뒤섞여 있다. 예컨대 팬들이 SNS에서 개인적으로 아이돌을 찬미하는 글을 올린 것은 향유의 방식이라 할 수 있겠지만, 그것이 밈(meme)이 되어 인터넷에 전파되고 대중적인 즐길 거리가 된다면 이미 기획사는 그로부터 수익 효과를 누리는 것이다. 그렇기에 팬들이 온라인 및 오프라인에서 수다를 떠는 행위조차도 불가피하게 생산성을 띤다.[5] 기획사들은 이러한 팬들의 노동력을 상품으로 다루고 체계적으로 관리한다. 신인 아이돌의 초기 팬 형성을 위해 타 아이돌의 팬덤에서 유명 팬을 '스카우트'해오는 사례도 있을 정도다.[6] 케이팝이 전 세계적인 현상이 된 오늘날에는 해외 팬덤, 특히 서구권 팬덤을 많이 보유하는 것 자체가 아이돌의 저명성을 홍보하는 수단이 되기도 한다.

그러나 여기서 중요한 것은, 팬덤의 생산성은 어디까지나 상품으로 가치가 있을 때에만 받아들여진다는 것이다. 기획사들은 각종 행사를 진행할 때 팬클럽과 협업하고, 방송가는 아이돌 서바이벌 프로그램에 투표하는 팬들을 '프로듀서'로 명명하지만, 그렇다고 팬덤이 기획사나 방송사의 경영의 층위에 실제로 개입해 결정권을 행사할 수 있는 것은 아니다. 예컨대 기획사들은 팬들이 생산하고 유포하는 아이돌 직캠이나 직찍 사진이 아이돌의 홍보에 도움이 되기 때문에 늘 의도적으로 묵인하지만, 명목상으로는 촬영을 금지하기 때문에 이들 '찍덕'들은 어디까지나 허가받지 못한 하위 생산자들의 위치에 고정된다. 기획사들은 여성 아이돌의 딥페이크 영상물에 대한 페미니스트 팬들의 제보를 접수하여 이를 이용해 법적 조치를 취하지만, 페미니스트 팬들의 정치적 요구가 수익 추구에 도움이 되지 않을 경우에는, 예컨대 노출 있는 옷을 입히지 말라든지 다이어트를 시키지 말라든지 하는 요구는 대체로 무시한다. 또한 기획사들은 여성 아이돌 팬덤에 여성-퀴어 계층이 있다는 것을 인지하고 있으며, 알페스가 팬들의 주요한 향유 방식이라는 것 역시 아주 잘 알고 있고, 그래서 멤버 간 '케미스트리'를 고려해 그룹을 짜고 이들이 스킨십을 하거나 로맨틱한 교감을 나누는 장면을 방송이나 자사 콘텐츠를 통해 끊임없이 내보내 팬덤에게 '떡밥'을 제공한다. 그러나 이것은 어디까지나 '걸크러시'나 '워로맨스' 같은 헤테로섹슈얼 규범에 부합하는 우회적인 언어로 표현되거나, 언니가 동생을 사랑한다든지 리더가 막내를 챙겨준다든지 동갑내기 친구의 우정이라든지 하는 한국의 가족주의적 정서에 걸맞은 명분으로 포장되며, 레즈비언 팬덤의 존재나 멤버들이 실제로 레즈비언일 가능성 같은 것은 언급되지 않아야 할 금기 사항에 해당한다.

아이돌 산업 내에서 팬덤이 차지하는 이러한 모순적 위치,

특히 여성-퀴어 팬들의 위치는 여성 아이돌 당사자들의 위치와 묘하게 닮아 있다. 여성 아이돌들은 엔터테인먼트 산업에 종사하는 노동자이기도 하지만 무엇보다도 그 스스로가 판매되는 상품이기도 하며, 그 상품성을 유지하기 위해서는 정작 본인이 생산하는 콘텐츠들에 대한 결정권으로부터 소외되는 경우가 많다. 이와 마찬가지로 팬들은 기업에 노동력과 홍보 효과를 제공하는 상품으로 다뤄지지만 이것은 스타에 대한 자발적 '사랑과 지지'의 활동으로 여겨지기에 노동에 대한 보상은 받지 못하는 한편, 기획사에 이윤을 창출하지 않는 방식의 '사랑과 지지'는 자본의 논리에 따라 철저히 배제되는 모순에 처한다. 당연하게도 여성-퀴어 팬들의 성정체성 및 성적 지향이 대외적으로 표출되는 것은 호모포비아적인 사회에서 여성 아이돌의 긍정적 이미지 형성에 도움이 되지 않기에, 이들은 자아정체감 측면에서 이중의 소외를 경험하게 된다.

케이팝이 서구권 시장으로 확산되면서 특히 비백인 성소수자 계층의 열광을 받는 것은 주지의 사실이다. 이들은 케이팝을 주류 팝 외부에서 자기들의 정체성을 발견하고 표현할 수 있는 하위문화로 받아들여 넓고 탄탄한 소비자층을 형성했고, 한국의 엔터테인먼트 업계는 이것을 환영하면서도 다소 떨떠름하게 경계하는 모호한 태도를 취하는 듯하다. 자사의 상품이 세계적으로 뻗어나가고 빌보드차트에 오르는 것은 분명 자랑할 만한 일이지만, 이 팬들이 성소수자로 구성되어 있다는 것은 가급적이면 숨겨야 할 일이라고 생각하는 것이다. 그래서 뉴스에는 어느 걸그룹이 무슨 차트에 올랐다는 둥, 해외 투어가 매진을 기록했다는 둥, 이제는 걸그룹도 세계적으로 여성 팬층의 지지를 얻고 있다는 둥 하는 소식이 연일 보도되지만, 콘서트장에서 휘날리는 LGBT 깃발이라든지 퀴어 퍼레이드에서 울려퍼지는 케이팝 아이돌 노래 메들리 같은 것은 화면에서 주도면밀하게 삭제된다.

걸그룹 이달의 소녀는 국내보다도 해외에서 인기를 구가하는 걸그룹들 중 하나로 알려져 있다. 특히 이달의 소녀의 ⟨Heart Attack⟩이라는 노래와 그 뮤직비디오는 레즈비언 성애를 연상시키는 내용으로 전 세계 레즈비언 팬들에게 즉각적인 열광을 끌어냈다. 해당 곡에 참여한 한 멤버는 2019년 4월에 MTV에서 진행한 인터뷰에서 자신들이 그 곡을 레즈비언 성애로 해석하는 성소수자 팬층의 존재를 인지하고 있으며 이에 감사한다고 말하고, 젠더, 인종, 국가를 넘어서고 싶다는 포부를 밝힘으로써 사실상 성소수자를 지지하는 발언을 한 바 있다.[7] 여성 아이돌의 정치적 발언이 금기시되는 케이팝 업계에서 이는 상당히 이례적인 사례다. 이는 해당 기획사가 성소수자 팬층을 주요 고객으로 인식하고 이들의 소비 및 생산 활동을 수익 창출의 수단으로 활용하고 있다는 하나의 방증이라 할 수 있다.

그런데 이와 대조적으로, 2020년 2월 아리랑TV의 ⟨After School Club⟩이라는 프로그램에 이달의 소녀가 출연해 팬들과 화상 통화로 대화를 나누는 이벤트를 했을 때, 한 팬이 "Lesbians Love Loona(레즈비언들은 이달의 소녀를 사랑해)"라는 문구가 적힌 팻말을 들어올린 행동은 그다지 환영받지 못했다. 아리랑TV 측의 스태프는 해당 팬에게 "어째서 그런 팻말을 들어보였느냐"고 추궁했으며, "이달의 소녀를 지지하는 것과 무관한 견해는 드러내지 말라고 리허설에서 고지하지 않았느냐",[8] "그런 행동을 하기 전에 우리와 미리 상의했어야 했다"며 나무랐다고 한다. 해당 팬은 이 메시지를 주고받은 화면을 캡처해 트위터에 게시했고[9] 즉시 팬덤 내외에서 큰 파장이 일었다. 퀴어 팬들은 아리랑TV 측의 언사가 성소수자혐오라고 지탄했으나, 일각에서는 해당 팬의 경솔함을 비난하기도 했다. 그런 행동은 이달의 소녀의 평판을 깎아내리고 멤버들을 곤란하게 하는, 따라서 멤버들을 진정으로 아끼는 팬이라면 해서는 안 될 몰지각한 행각이라는 이유에서였다(정작 그 멤버는 진작에 성소수자 팬층을 긍정하는 발언을 한 바 있는데도 말이다!).

　　팬이라면 아이돌의 안위를 돌보고 상업적 성공을 보조해야 한다는 믿음하에 그에 위배되는 팬들의 행동을 배척하는 경향은 케이팝 아이돌 팬덤 내에서 일반적으로 나타나는 현상이다. 팬덤 구성원들은 아이돌의 안위 및 성공에 부정적 영향을 미치는 언행을 자중하기를 서로에게 권고하고, 그런 언행을 하는 사람을 각종 수단으로 제지하며, 이러한 불문율을 따르지 않는 팬은 가짜 팬이라고 낙인찍는다. 체계적인 팬클럽이 존재하는 곳에서는 아예 그러한 규칙을 명문화하고 그 규칙을 어긴 팬들에게 활동 중지나 탈퇴 같은 징계를 내리기도 한다. 아이돌의 집에 찾아가고 스토킹을 하고 전화번호를 알아내는 등, 아이돌의 사생활을 쫓아다니는 '사생팬'은 지탄의 대상이 된다. 입국하거나 출국하는 아이돌에게 격려를 보내기 위해 공항에 가는 것 정도는 묵인되지만 그런 장소에서 아이돌에게 지나치게 밀접한 접촉을 하는 이른바 '붙덕'들은 주류 팬층의 분노를 산다. 아이돌에게 민감할 수 있는 사안에 대해 SNS 같은 공개된 장소에서 이야기할 때는, 그 아이돌의 이름으로 검색되지 않도록 은어를 사용하는 것, 이른바 '써방(서치 방지)'을 하는 것이 팬덤 내에서 일반적으로 통용되는 규율이자 예의이다. 아이돌의 음악, 뮤직비디오, 무대에 대한 부정적인(그리고 합리적인) 비평 역시 '써방' 없이 공개적으로 SNS에 게시하는 것은 규율에 어긋난다. 이런 이들은 '까빠(빠순이·빠돌이인 척하면서 아이돌을 까내리는 짓을 하는 사람)'라는 이유로 비방을 사며, 때로는 까빠를 침묵시키기 위해 대대적인 사이버불링도 일어난다.[10]

페미니즘에 입각한 비판도 마찬가지다. 예컨대 여성 아이돌의 딥페이크 영상물을 신고하고 문제시하는 것은 아이돌의 안위를 지켜주는 데 필요한 일이므로 팬다운 행동으로 인정되고 장려되지만, 아이돌의 여성혐오나 퀴어혐오 발언을 SNS에서 지적하고 시정을 요구하는 것은 그 아이돌의 명예를 실추시키고 대중의 논란을 불러일으켜 아이돌의 심리적 안위를 파괴하는 행위에 해당하기 때문에 규제의 대상이 된다. 하지만 페미니스트 팬들은 대체로 여성혐오적인 아이돌 산업에 대해 끊임없이 불만을 제기할 수밖에 없는 부류이므로 까빠라는 혐의를 피하기 어렵다. '더쿠'[11] 같은 아이돌 커뮤니티 사이트에서는 페미니스트 팬들을 혐오하는 견해가 일반적으로 관찰되며, 아예 페미니즘 관련 언급이 금지되어 있기도 하다.

스토킹 범죄에 가까운 행동을 하는 '사생팬'에서부터 페미니즘 관점의 비판을 제기하는 '까빠'까지, 언뜻 보면 서로 전혀 다른 도덕적 층위에 존재하는 개개인들을 아울러 동일한 제재의 대상으로 취급하는 주류 팬덤의 규제적 실천(때로는 집단적 폭력성까지 띠는 실천)이 성립하는 명분은 단 하나다. 팬이라면 응당 아이돌의 성공과 안위를 위해야 한다는 명분이 바로 그것이다. 그런데 결국 개인의 성공과 안위라는 것은 그 사회에서 일반적으로 통용되는 규범에 상당 부분 달려 있는 것이므로 팬덤의 규제적 실천은 보수적인 경향을 띨 수밖에 없다. 즉, 아이돌 팬덤은 자본주의, 성이분법 이데올로기, 이성애 규범에 지극히 충실한 정치적 집단이 된다. 비록 주류 팬덤 커뮤니티가 페미니즘 같은 정치 관련 언급을 금지하며 정치 논리에서 최대한 발을 빼려 할지라도, 정치혐오는 언제나 그 자체로 정치적 의미를 내포하는 것이며, 더욱이 그러한 정치혐오를 사이버불링과 같은 집단적 실천으로 이행하는 경우는 무엇보다 적극적인 정치적 행동 그 자체이다. 나는 여기서 팬들의 보수적 성향 자체를 섣불리 비난하고 싶지는 않다. 나 역시 아이돌을 사랑하는 팬으로서 아이돌이 잘 살기를 바라는 마음에는 공감하기 때문이다. 다만 우리가 아이돌의 성공과 안위에 그토록 집착할 수밖에 없는 배경에 무엇이 있는지 생각해보기를 요청하고 싶다.

우리는 어째서 아이돌이 성공하기를, 안락하기를 바랄까?

너무 당연한 질문일까? 우리는 아이돌을 '아티스트'라 부르고 싶어하며 "아티스트 대우 좀 잘해주세요!"라며 기획사와 방송사를 질책하곤 한다. 하지만 만약 그들이 정말로 예술가(아티스트)라면, 즉 자신의 개성과 소신과 세계관을 자기가 선택한 방식대로 표현하고 이 표현물로 인한 정당한 수익을 거두고 그에 대한 사회적 책임을 스스로 지는 주체적 개인으로서의 예술가였다면, 우리는 그들의 음악방송 순위라든지 행복한 얼굴 같은 것에 이렇게까지 연연하지 않았을 것이다. 만약 그들을 예술가라고 생각했다면 우리는 다른 무엇보다도 그들의 작품 세계를 지지했을 것이고, 그 작품 세계가 자본과 대중의 옹호를 받지 않는다 하더라도 가치 있음을 이해했을 것이고, 더 나아가 예술가가 본연의 작품 세계를 추구하기 위해 때때로 '안 팔리는' 선택을 한다거나 논란의 도마에 오르는 것을 감수한다거나 안락한 생활과는 거리가 먼 싸움에 뛰어드는 것도 (염려하긴 하겠지만) 지지했을 것이다. 그러나 아이돌은 그런 선택들을 스스로 내릴 수 없고, 자신의 작품 세계를 스스로 구축할 수 없다. 아이돌은 기획사에 의해 차출되고 기획되고 육성되고 관리되는 상품이고, 아이돌의 작품과 커리어에서 이루어지는 거의 대부분의 결정이 그를 상품으로 효율적으로 착취하기 위한 엔터테인먼트 산업의 논리에 기반해서 이루어지기 때문이다.

그러므로 우리는 언제나 걱정하게 된다. 그들의 작업, 커리어, 활동 하나하나가 그들이 정말로 원해서 그렇게 한 것이었는지 확신할 수 없기 때문에 우리는 언제나 노심초사한다. 그들에게 쏟아지는 대중의 비난과 조롱과 멸시를 그들은 감당하려고 의도하지 않았을 것이기 때문에 우리는 억울해한다. 그들의 음악이 잘 안 팔린다면 그것은 그들이 독자적인 음악 세계를 추구했기 때문이 아니라 기획사로부터 안 팔리는 종류의 음악을 받은 탓이기 때문에 우리는 화를 낸다. 심지어 그 안 팔리는 종류의 음악을 우리의 '아티스트'들이 마음에 들어 할지라도 우리는 화를 내곤 한다. 요컨대 우리는 그들이 상품의 처지이기 때문에 그들의 성공과 안위 외의 다른 것을 바랄 수 없게 되는 것이다. 그리고 역설적으로, 우리가 그들의 성공과 안위 외의 다른 것을 바라지 않기 때문에 우리는 그들을 무엇보다 상품으로 대하고 있는 셈이다. 이 산업 시스템에서 아이돌-개인의 성공이란 곧 아이돌-상품의 부가가치이고, 아이돌-개인의 안위란 곧 아이돌-상품의 안정성과 지속성이며, 이는 아이돌이 상품으로서 존재할 때 가지는 의미의 전부이기 때문이다.

'아티스트'라는 표현이 '아티스트 대우'라는 연어(連語)로 이어지는가 하면, '아티스트 관리'라는 표현도 흔히 쓰인다는 것은 의미심장하다. 우리는 "아티스트 대우 좀 잘해주세요"라고 말하는 만큼이나 "아티스트 관리 좀 똑바로 하세요"라는 말도 자주 한다. '관리'라는 말은 예술의 영역에서보다는 경영의 영역에서, 상품에 대해서나 쓰이는 말이다. 이처럼 아이돌을 지지하는 팬들의 다양한 생산적 활동들은 아이돌-상품을 '관리'하기 위한 활동으로 환원된다. 팬덤은 아이돌이 잘 팔리는 상품이 될 수 있게끔 스트리밍 노동을 하고, 아이돌의 탁월한 상품성을 널리 홍보하고, 소속사가 아이돌의 상품성을 떨어트리는 선택을 하지 않게끔(안 예쁜 의상을 입힌다거나, 적절한 시점에 예능 프로그램에 출연시키지 않는다거나 등등) 감시하거나 항의하고, 아이돌의 뮤직비디오가 트렌드에 잘 맞고 대중에 어필할 수 있는지 심사하고, 아이돌이 상품성을 유지할 수 있게끔 '지나친' 다이어트는 하지 않기를, 그리고 정신과에 방문하기를 권유한다. 아이돌의 상품성 제고 및 수익 창출에 기여하지 않는 방식의 지지 활동을 하는 팬들은 제지하고 탄압하며 더 나아가 팬덤 외부로 축출한다. 그러면서도 이 모든 헌신적 노동에 대한 상업적 보상이나 합리적 크레딧은 주어지지 않으며, 이들이 생산하는 담화 및 콘텐츠 중에서 무엇이 상품에 반영되고 무엇이 반영되지 않는지에 대해 이들이 행사할 수 있는 권한은 아무것도 없다. 아이돌과 마찬가지로, 팬덤은 자신이 수용하고 향유하는 아이돌의 작품에 관해 자기 개성과 소신과 세계관을 자기가 선택한 방식대로 표현하거나 그 표현물로 인한 정당한 수익을 거두거나 그에 대한 사회적 책임을 지기가 매우 어렵다. 아이돌과 마찬가지로 팬덤 역시 상품화되고, 상품으로서 착취되기 때문이다.

이렇게 아이돌과 팬덤은 상품으로서 한 공간에서 만난다. 케이팝 산업은 아이돌과 팬덤이라는 두 상품을 상호 착취적 관계로 설정해놓고 이 관계에서 이득을 본다. 최근 SM엔터테인먼트에서 론칭한 '버블'이라는 서비스는 그 단적인 사례라고 할 수 있다. 버블은 팬들이 일정한 구독료를 내고 애플리케이션을 통해 아이돌과 메시지를 주고받을 수 있는 서비스다. 정확히 SM엔터테인먼트 소속 아이돌들이 버블 메시징을 통해 수익을 어떻게 가져가는지는 나로서는 알 수 없지만, 친밀한 대화라는 환상을 판매해야 하는 이러한 형태의 서비스가 아이돌의 일상과 감정이라는 사생활의 영역을 침해할 소지는 다분해 보인다. 그러나 팬들은 돈을 내고 구독권을 구입한 이상 그만큼 정당한 서비스를 받기를 바라게 되고, 이로써 착취적 시스템에 동참하게 된다. 하지만 이것이 노동 착취일 수 있음을 지적하는 견해를 어떤 팬들은 받아들이지 못하는 것 같다.[12] 이는 아마 팬들 스스로도 아이돌을 위해 다양한 형태의 노동을 일상적으로 그리고 감정적으로 제공하고 있기 때문에, 그에 대한 보상 내지는 보답을 아이돌에게서 돌려받는 것이 마땅하다고 믿기 때문인 듯하다. 이렇게 친밀감, 응원, 지지, 보답을 명분으로 한 아이돌-상품과 팬-상품 사이의 상호 '호혜'에서 가장 큰 이득을 보는 것은 다름 아닌 아이돌 기획사이다.

　나는 이 자리를 빌려 묻고 싶다. 우리는 도대체 누구를 위해 고통을 나누고 있나? 우리가 믿는 사랑은 과연 누구에게 이용당하고 있나? 우리는 사랑하는 아이돌들이 아티스트로서 존중받기를 바라고, 우리 역시 팬으로서 존중받기를 원한다. 하지만 아이돌들은 방송사 PD가 '팬들이 좋아하는' 프로그램 제작을 이유로 요구하는 애교를 수행해야 하고, 팬들은 그 아이돌이 출연하는 음악방송을 방청하기 위해 길바닥에서 밤을 지새우다가 경호업체 직원이나 매니저에게 폭행을 당하고도 '아이돌의 얼굴에 먹칠'할 수 있기 때문에 침묵하기도 하는 상황에서, 팬과 아이돌은 도리어 서로가 서로에게 존중받지 못할 빌미를 제공하는 것만 같다. 이런 악순환을 끊으려면 어떻게 해야 할까?

나는 그것이 우리 스스로가 산업 논리에 포획되기를 멈출 때에야 가능하다고 생각한다. 즉, 아이돌과 팬 양자 모두가 스스로를 상품화하는 아이돌 산업 기제를 거부하거나 그 기제에서 벗어날 때에야 비로소 서로가 평화롭고 존엄한 형태의 사랑과 지지를 주고받을 수 있을 것이다. 이것은 일견 비현실적인 이상으로 보이지만, 꼭 그렇지만도 않다. 이러한 거부 또는 벗어남의 순간은 의외로 지금까지도 늘 있어왔다.

주체적 생산자로서의 팬덤

앞에서 살펴보았듯이, 아이돌과 팬은 어떤 차원에서는 비슷한 입장에 처해 있다. 그리고 여성 아이돌과 여성 팬은 산업 내 위치성에서만이 아니라 젠더의 측면에서도 비슷한 곤경을 공유한다. 2020년 4월 내가 진행한 설문조사에서 여성-퀴어 페미니스트 팬들은 이런 경험을 털어놓았다.

> "디시인사이드 등의 커뮤에서 쩍년들[트위터하는 여성팬들]은 '불만만 많다', '말만 많다' 등의 이야기를 들었다. 정당한 것에 소속사를 향해 항의를 한 것이었는데 내 항의는 그냥 여자들의 [사소한] 불만 정도로 여겨졌다."

"[여성 아이돌의] 예전 연습생 때 사진을 찾아서 귀여워하는 마음으로 개인 공간에 올렸는데 비남성 블로거란 이유로 성형을 까는 여적여[여성의 적은 여성]의 상징 취급당해서 악플을 받은 적 있음. 가볍게 파는 남돌을 같이 올렸더니 빠순이라고 욕함. 의상이나 컨셉을 아쉬워하면 예쁜데 [괜히] 질투한다고 생각하고 불편해하는 걸 예민하게 봄."

디시인사이드는 남성 팬의 비율이 높은, 이른바 '남초' 온라인 커뮤니티다. 이 사례들을 보면 남초 팬덤에서 여성-퀴어 페미니스트 팬들의 비판적 견해는 "그냥 여자들의 불만", "여적여"에 의거한 질투, "예민"한 반응 등으로 사소하게 치부되고 있다는 것을 알 수 있다. 이런 사례들은 비판적 견해를 개진하는 팬이 아이돌의 상품성에 도움이 되지 않는다는 이유로 가짜 팬으로 낙인찍혀 규제되는 경우와는 또 다른 기제에서 비롯된다. 이들은 단지 여성(또는 비남성)이기 때문에, 남성 팬들에 의해 여성으로서 대상화되고 업신여겨지고 있는 것이다. 남초 팬덤의 남성 팬들이 생각하기에, 여성 아이돌을 좋아하는 팬은 당연히 헤테로 남성이어야 하고, 여자가 여성 아이돌을 좋아한다는 것은 그 자체로 어딘가 이상하고 예외적인 일이다. 가부장적 사회에서 남자(man)는 일반적인 인간이고 여자(woman)는 인간(man)에서 열외된 존재로 여겨지듯이, 남초 팬덤에서 일반적인 팬은 오로지 남성 팬이고, 여성 팬은 그들과 대등한 팬이라기보다는 '여덕'이라는 어떤 특수한 존재다. 이런 환경에서 여성 팬은 호기심 어린 시선, 성희롱, "왜 여자가 여돌을 좋아해? 설마 레즈야?"라는 호모포빅한 질문에 부딪히곤 한다.

다음의 사례는 독립잡지 《소녀문학》에 실렸던, 남초 팬덤으로 추정되는 곳에서 한 '여덕'이 겪은 경험에 대한 고백이다.

"여덕은 덕질 방식에 있어서도 간섭받고 평가절하당한다. 여덕이 생산하는 직찍, 직캠은 분위기 연출을 위해 색감을 조정했다든지 아이컨택이 아니라는 이유 등으로 좋은 작품이 아니며 그저 '여덕 감성'이라는 이름으로 희화화당한다. 촬영 기법, 편집, 카메라 장비에 대한 맨스플레인 역시 피할 수 없다. 아무리 혼자 다니고 숨어 다닌다고 해도 사진의 주인이 여자라는 사실이 발각되었을 때는 가차 없다. 심지어 모두가 그녀의 외모를 궁금해한다. 그냥 덕후가 아닌 '여'덕임을 들키는 순간부터 평가 또 평가 속에 내던져지는 것이다. [중략] '익룡충', '언니충' 등 다양한 여덕 혐오 언어들도 존재한다. 여덕은 무대를 응원할 때 비교적 고음으로 소리를 질렀다는 이유로 익룡충이 되고 'ㅇㅇ언니! ㅁㅁ언니!'를 불러대서 언니충이 된다. [중략] 디시인사이드 여성 아이돌 갤러리에 '여덕'을 검색하면 신세계를 만날 수 있다. 오늘 어떤 머리에 뭐 입고 온 여덕 누가 예뻤다는 둥 온갖 여덕 품평회 파티가 벌어진다. '어떻게 하면 여덕이랑 사귈 수 있을까?' 여덕을 잠재적 연애 대상 취급하는 망상 파티가 펼쳐진다."[13]

이 사례는 여성 아이돌들이 겪는 여성차별적 경험과 놀라울 정도로 비슷하다. 여성 아이돌들 역시 그들이 여성이기 때문에 음악적 전문성을 의심받거나 남성 아이돌에 비해 덜 중요한 것으로 치부당하곤 하며, 그들의 춤은 '여자 춤'이라고 불리며 남성 아이돌의 그것보다 열등한 것으로 취급받거나 희화화의 대상이 된다. 미디어와 대중이 여성 아이돌에게 궁금해하는 것은 그들이 작사·작곡에 얼마나 참여했고 어떤 메시지를 전하려 하는가보다는 늘 외모에 관한 것이다. 여성 아이돌 '품평회 파티'는 남자들뿐만이 아니라 거의 전 국민의 유희인 듯하고, 여성 아이돌과의 유사 연애를 원하는 남성 팬들은 자신에게 절대로 싫은 소리 하지 않고 성경험을 티 내지 않고 늘 웃어주는 순수한 천사의 망상을 재현해주기를 요구한다.

이런 측면에서 여성 아이돌과 여성 팬은 공통분모로 묶인다. 불법촬영 카메라가 장착된 안경을 쓰고 팬 사인회에 참석하는 남성 팬을 마주하고도 대놓고 면박을 줄 수 없는 여성 아이돌의 처지[14]에 분개하는 우리는 그들이 겪는 고통이 무엇인지 너무나 잘 알고, 그렇기에 그들을 연민하고 사랑하고 지지한다. 설령 그 연민과 사랑과 지지를 보내기 위한 팬 활동을 하는 과정에서 우리가 또다시 같은 종류의 고통에 노출될지라도 말이다. 아마 여성 아이돌들도 그런 우리의 노력을 알고 있을 것이다. 이런 공통분모는 여성 아이돌과 여성 팬 간 연대의 가능성을 담고 있다. 예컨대 여성 아이돌은 여성 팬들의 주체적 삶을 응원하는 노래를 부르고, 여성 팬은 여성 아이돌이 외모보다 음악성으로 인정받을 수 있도록 그와 관련된 담화를 많이 생산해낼 수 있다.

　그러나 앞서 살펴보았듯이, 아이돌과 팬덤의 그러한 생산 활동은 본의가 무엇이었든 간에 결국 자본의 논리에 포획되어서 결과적으로 여성을 상품화하는 시스템에 매끄럽게 흡수되기도 한다. 예컨대 여성의 주체적 삶을 응원하는 노래로 인기를 얻은 여성 아이돌은, 여자들에게 페미니스트 전사가 되도록 선도하고 사회에 분란을 조장하는 운동가라기보다는 '걸크러시로 여성 소비자들의 마음을 사로잡는' 매력적인 상품 정도로 받아들여질 수 있다. 또한 여성 아이돌 음악의 화성, 리듬, 장르, 보컬, 가사 등에 대한 전문적 담론이라든지, 여성 아이돌의 퍼포먼스를 그 극적 형식과 안무 및 동작에 대한 구조적 비평으로 접근하는 담론 등은 물론 대중문화 산업 내에서 그들이 가진 직업적 전문성을 올바르게 조명하는 시도로서 분명히 의미가 있으나, 여성 아이돌의 성상품화 자체를 불식시킬 수 있는 것은 아니다. 그것은 때로는 오히려 더욱 은근한 방식의 성상품화를 위한 알리바이, 즉 여성 아이돌이 너무 노골적으로 성적 유희거리로만 비춰질 경우 여성의 성경험을 금기시하는 한국 사회에서 브랜드 가치가 떨어지는 역효과를 낳으므로 이에 대한 완충장치를 제공하는 역할로 기능할 수 있다.

　애초에 상업적 가치로 변환 불가능한 생산활동은 엔터테인먼트 산업 시스템에 아예 포섭되지 않으므로(마치 해외 케이팝 열풍을 보도하는 화면에서 LGBT 깃발은 삭제되듯이), 여성 팬의 생산이든 여성 아이돌의 생산이든 일단 그것이 산업 내에서 가시화되었다면 그것은 아이돌 및 팬의 상품성에 궁극적으로 악영향을 미칠 수 '없기' 때문에 가능했다는 의미가 된다.

그러므로, 아이러니하게도, 아이돌의 생산물과 팬의 생산물을 완전히 상품화 기제 외부에 위치 짓는 순간은 바로 콘서트장에서의 LGBT 깃발이나 퀴어 퍼레이드에서의 케이팝 메들리와 같이 산업 내부에서 가시화되지 않는 사건들로부터 발생한다. 우리가 콘서트장에서 무지개 깃발을 흔들고 아이돌을 향해 내뻗을 때, 그리고 아이돌이 그것을 집어들어 호응해줄 때, 그 아이돌도 우리도 이 장면이 "성소수자들도 감싸주는 아이돌 아무개의 모습, 춤선만큼이나 아름다운 마음씨 빛나다" 같은 헤드라인이 박힌 보도자료로 나갈 리가 없다는 것을 아주 잘 알고 있다. 오히려 콘서트 비디오에서 해당 장면이 삭제되지 않는다면 놀라운 일이고, 그 일 때문에 해당 아이돌이 페미니스트라든지 레즈비언이라든지 하는 혐의로 욕을 먹지나 않으면 다행이다. 그런 돌발 행동을 하는 팬은 팬덤 내 규율 때문에 집단 린치를 당할지도 모른다는 두려움마저 감수해야 한다. 어느 모로 보나 아이돌의 상업적 성공에도 팬 스스로의 안위에도 도움이 되지 않을 텐데도 불구하고 팬이 그런 행동을 하는 이유는, 자신이 퀴어로서 그 아이돌을 사랑하고 있으며, 아이돌의 음악과 무대 덕분에 자신과 자기 주변의 퀴어들이 스스로를 긍정하고 삶을 살아갈 원동력을 얻고 있음을 어떻게든 표현하고 싶기 때문이다. 즉, 사랑의 진실을 말하고, 그로써 자기 자신과 아이돌 모두를 존중하고 싶기 때문이다. 또한 아이돌이 거기에 명확하게 화답하는 모습을 보여주는 것은 그 진실을 존중하고 그로써 스스로를 존중하고 싶기 때문이다. 그것을 위해 스스로의 상품성을 훼손할 용기마저 내는 것이다.[15]

이 외에도 수많은 다양한 실천이 있을 수 있다. 예컨대 퀴어들의 아이돌 댄스 커버와 같은 생산물은, 아이돌 산업이 재생산하는 이성애 중심적 원본을 퀴어적으로 전유하는 일종의 드랙(drag)과 같은 효과를 낸다. 귀여운 이미지의 여성 아이돌의 춤을 짧은 머리에 훤칠한 부치 레즈비언이 춰서 자연스러운 여성성의 개념에 의문을 제기한다든지, 남성 아이돌과 여성 아이돌이 협업해 만든 섹슈얼한 이성애 로맨스 콘셉트의 안무를 부치와 펨이 재현함으로써 이성애적 성역할을 재배치하는 순간들을 예로 들 수 있겠다.[16] 이러한 영상의 제작자들은 아이돌-상품을 둘러싼 아우라에 기여하는 부가 콘텐츠 상품을 생산하고 있다기보다는, 오히려 원본의 아우라(헤테로 규범 내 여성의 스테레오타입)를 깨뜨리는, 그래서 때로는 (헤테로 중심적 시야로 본다면) 원본에 대한 조롱이나 희화화로까지 받아들여질 수도 있는 텍스트를 생산하고 있다. 그렇기에 이 텍스트들은 주류 산업 내부에 흡수되는 데에 대체로 실패하지만, 또한 그렇기 때문에 그것은 아이돌의 작품을 재해석하고 그에 대한 독자적 관점을 제시하는 하나의 비평이 될 수 있을 뿐만 아니라, 생산자들 자신의 개성, 소신, 세계관을 표현하는 창작물로서 기존의 지배적 산업 시스템에 포획당하기보다는 오히려 하위 산업 시스템을 창조하고 새로운 수용자층을 포획할 수 있다. 즉, 해당 아이돌의 원본 콘텐츠에 대해서는 돈을 내고 구매할 만큼의 관심이 없는 퀴어 소비자들이, 오히려 이 댄스 커버 영상들은 즐겁게 소비하고, 광고를 시청하거나 후원금을 지불할 수도 있고, 이들끼리의 문화경제를 구축할 수 있다는 것이다. 이런 자립적 문화경제 안에서 원본의 힘은 사실상 그 의미를 잃는다.

댄스 커버 같은 본격적인 작품을 생산한다거나 무지개 깃발을 들어올리는 용감한 운동을 할 때에만 이러한 전유가 가능한 것은 아니다. 앞서 적었듯이 팬들 사이에서 오고 가는 단순한 담화조차도 일종의 생산물이라고 본다면, 퀴어팬덤이 여성 아이돌에 대해 온·오프라인상에서 나누는 이야기 하나하나가 새로운 가능성을 담지할 수 있다. 예컨대 내가 앞서 진행한 설문조사에서, "당신이 좋아하는 여성 아이돌의 '여성스러운' 속성들 중 무엇에 끌리는가"라는 질문에 대해 다음과 같은 응답들이 있었다.

- 여성으로서의 자신을 자신있게 어필할 때 무엇이든 그 태도에 끌린다.
- 진중한 성격.
- 소위 '수동적이고 얌전하다'고 여겨지는 특질들이 가부장적 사회와 불화하면서 돌출된다고 느껴서 매력적임. 이 세계에 존재할 수 없을 것 같은 환상을 재현한다고 느낌.
- 인스타 헤녀[헤테로 여성] 같으면서도 여성애자들 혹은 이성애자 여자들에게 너무 잘 어필하는, 여왕님 같은 말투 표정 태도……

어떤 여성성을 너무 잘 표현해내는데 잘 연기하는 것처럼 보인
다기보다도 그게 캐릭터와 너무 매끈하게 착 달라붙어 있는 듯
이 보인다는 점.

- 남의 말을 잘 들어주고 잘 챙긴다. 그런데 이성애 관계에서는 이
런 점이 여성스러운 거지만 레즈비언 관계에서는 부치스러운
점인 것 같다.
- 여자다운 야망에 끌립니다.
- '여성적인' 외향과 착장을 하지만 힘이 있는 안무나 섹시한 분위
기를 소화할 때, 또는 그러한 표정을 지을 때, 소위 '부치'스러운
느낌에 끌림.

여성-퀴어들이 떠드는 '최애'들에 대한 이런 수다들을 보
다보면, 무엇이 여성스러운 것인가에 대한 개념이 해체되어서
사실상 의미 없는 수준까지 가는 것 같다. 이들에게 여성다움이
란 때로는 그냥 인간다운 것이다. 때로는 여성성을 연기하는 여
성의 매력을 메타적으로 사랑하기도 한다. 때로는 이성애 관계
에서 '여성스러움'이라고 해석되는 특성을 레즈비언 관계에서
는 '부치스러움'으로 느끼기도 한다. 상대방의 말을 잘 들어주
고 잘 챙겨주는 여성성을 인자한 어머니, 모범적인 아내, 참한
며느리의 특성으로 두는 남성적 권력 의미화 구조가 여기서는
자연스럽게 탈권력화되는 것이다. 여성 아이돌에 대한 지배적
독해에 반하는 이러한 대안적 의미를 생산하는 팬들은 여성 아
이돌-상품의 생산자들이 의도한 일련의 전략들과 필연적으로

반목하면서, 그 스스로 또 다른 위상의 생산자로서 산업에 간섭한다.

어떻게 그럴 수 있는지 더 구체적으로 살펴보자. 문화상품 생산자란 기존에 사람들이 갖고 있던 욕망을 '충족'시켜주는 상품을 제공한다기보다는, 오히려 사람들에게 새로운 욕망을 만들어내고 그것으로 구매를 유인하는 존재라고 할 수 있다. 케이팝 아이돌 산업의 창작자들도 정확히 그런 역할을 한다. 이 산업은 여성 아이돌을 헤테로 남성에게 사랑받을 만한 이상적인 여성상으로 제시하고, 남성에게 사랑받고 싶은 여자라면 저 여성 아이돌을 모방해야 한다는 욕망을 만들어낸다. 그리고 이 욕망으로 인해 생긴 결여를 메우기 위해서는 여성 아이돌의 다이어트법이나 피부 관리법이나 화장술 등의 파생상품을 구입해야 한다고 끊임없이 여성 소비자들을 유혹한다.

그러나 남성의 사랑을 받는 데에 하등의 관심이 없는 레즈비언들이 여성 아이돌을 사랑한다고 선언하고 모방하고 이러한 선언과 모방을 SNS나 유튜브에서 전시하고 공유하고 즐기는 활동은 여성이 남성의 사랑을 받기 위한 존재, 더 나아가 남성의 욕망의 대상으로서'만' 국한되는 존재가 아니라는 사실을 환기시킨다. 이 사실이 내포하는 것은 물론 여성이 욕망의 대상이 아닌 욕망의 주체일 수도 있다는 의미임과 동시에, 여성이 남성만이 아닌 여성의, 또는 더 많은 성별의 욕망을 받는 대상일 수도 있다는 의미이기도 하다. 여성 아이돌-상품에 이러한 대안적 의미를 부여하고 거기에서 즐거움을 느끼는 2차 생산자들의 의미화 작업은 여성 소비자층 사이에서 새로운 욕망의 언어를 만들어낸다. 이를테면 '남성에게 사랑받기 위해 저 여성 아이돌을 모방하고 싶은' 욕망이 아니라, '저 여성 아이돌을 갖고 싶은' 욕망이라든지, '저 여성 아이돌의 사랑을 받고 싶은' 욕망이라든지, '저 여성 아이돌처럼 여자들에게 사랑받는 존재가 되기 위해 저 여성 아이돌을 모방하고 싶은' 욕망을 생산하는 것이다. 이 욕망을 공유하는 소비자들은 서로의 욕망을 확인하고 긍정하는 즐거움을 느끼고, 그 즐거움의 표현물을 다양한 방식으로 생산하는 데에서 즐거움을 느끼며, 더 나아가 1차 생산자들에게서 주어진 것을 그대로 받아들이지 않고 '나만의 것' 또는 '우리의 것'으로 읽어내는 행위 자체에서 자아실현의 기쁨과 동시에 서로 간의 유대감도 느낀다. 이 유대감은 친밀성의 관계망 안에서 또 다른 소비자들을 발생시키고, 이 소비자들은 또다시 2차 생산자가 되고……

이 소비-즐거움-생산의 연쇄작용은 끊임없이 일어나면서 언어, 의례, 상품, 이데올로기 등을 포괄하는 폭넓은 문화경제를 형성하고, 이로써 대중문화의 양상 자체를 전체적으로든 부분적으로든 결정 짓는다. 여기서 애초의 1차 생산자들이 의도한 바가 무엇인가 하는 것은 (작품 내재적 의미의 측면에서든, 산업 논리의 측면에서든) 굉장히 사소한 문제가 된다. 대중문화 생산의 주체는 기업이고 소비자는 그것을 수용하는 존재라는 도식적 역학 관계는 이 지점에서 전도된다. 이제 기업은 다만 문화적 자원들을 제공할 뿐이고, 그것을 대중문화로 만드는 주체는 어디까지나 소비자라는 이름의 2차 생산자들, 즉 팬덤이다.

저항하는 팬덤

2차 생산자들 간의 유대감과 그로 인한 동질 집단의 형성
은 아이돌 팬덤 문화, 특히 여성-퀴어팬덤 문화를 가능케 하는
동력의 차원에서 아이돌 그 자체만큼이나 중요한 기제다. 실제
로 어떤 팬들은, '덕질'을 어느 정도 깊이까지 하다보면 결국 아
이돌 본인보다도 자신이 덕질하면서 만난 친구들과의 관계라
든지 그 안에서 성장해나간 자신의 서사가 더 소중해진다고 고
백하곤 한다. 이 시점에서는 아이돌의 상품성이나, 그것을 고취
시키는 팬의 역할 같은 것은 큰 의미가 없게 된다. 이런 팬들은
아이돌의 '성공(상품의 부가가치)'이나 '안위(상품의 지속성)'에 자기
욕망의 실현을 의탁한다기보다는, 아이돌을 매개로 자기 본연
의 욕망을 발견하고, 표현하고, 그것을 친구들과 나누는 데에서
더 큰 의미를 찾는다(그리고 그런 경향 때문에 주류 팬덤으로부터 '가짜
팬'이라는 눈총을 받기도 한다). 여기서 한 퀴어 여성 청소년의 경험
담을 소개하고 싶다.

"나는 여성 아이돌을 동경하는 것에서 시작해서, 지금은 그들에
대한 사랑을 갖고 있다. 이 말은 곧 나를 사랑하게 되었다는 말
과도 크게 다르지 않다. 내가 동경한 것은 닿을 수 없는 영상 속
의 아이돌이면서, 곧 나에게도 요구되었던 모습들이었기 때문이

다. 그래서 아이돌은 내게 나 자신이었고, 또 오늘을 함께 살아 가는 내 친구들의 모습이기도 했다. 여성 가수, 여성 배우, 여성 아이돌 덕질을 거치면서 나는 그들의 모습에 나를 비춰보고 그들을 좋아하는 나 자신을 돌아보았다. 나는 끊임없이 자신에게 질문하는 사람이 되었다. 사랑, 흥미, 자존감, 소비, 관계에 대해 덕질과 함께 생각하고 고민해 나갔다. 덕질의 순기능이었다.

나는 여성을 덕질하는 여성으로서 사람들 사이에서 소수였고, 주변에서는 나를 이상한 사람이라고 생각하기도 했다. 하지만 그 경험은 나와 비슷한 고민을 하는 사람이 많음을 알게 해주었고, 내가 부정하던 나 자신을 바로 보게 만든 계기가 되었다. '혹시 나는 성소수자가 아닐까?', '왜 나는 친구들과 다르지?'라는 질문이 시작이었다. 디나이얼 시기를 거쳐, 나는 나 스스로를 어떤 정체성으로 정립했다. 내가 정립한 내 정체성은 숱하게 들어왔던 '레즈비언'은 아니었다. 나의 정체성에 대한 질문과 성소수자에 대한 관심 덕에, 나는 세상에 얼마나 다양한 성소수자가 존재하는지도 알 수 있었다."[17]

여성 아이돌을 좋아하면서 "너 혹시 레즈야?"라는 질문을 끊임없이 듣고 "나는 남들과 왜 다를까?"라고 끊임없이 자문하며 괴로워했던 청소년이 결국 퀴어로 재정체화하고 스스로를 사랑하게 되었다는 고백은, 같은 퀴어들에게는 지극히 감동적인 자기 긍정의 기록으로 받아들여질 것이다. 그러나 이것이 혹자들에게는 감동적이기보다는 불쾌하고 위험한 이야기로 느껴질 수 있다. 예컨대 보수적인 호모포비아 부모에게 이는 '케이팝이 당신의 자녀를 레즈비언으로 만들 수도 있다'라는 무시무시한 경고와도 같을 것이다. 10대 연습생들의 꿈과 열정을 이루어 준다며 청소년들을 누구보다도 잘 이해하고 지지한다는 듯이 말하는 기획사들도, "언니 덕분에 제가 퀴어가 됐어요. 고맙습니다" 같은 말을 감히 자사 홍보 콘텐츠에 싣지는 않을 것이다. 아이돌이 대중의 옹호를 받고 인기의 정상에 오르기를, 불필요한 논란에 휩싸여 추락하지 않기를 염원하는 주류 팬덤에게도 이런 청소년 퀴어 팬의 존재는 불편한 눈엣가시일 수밖에 없다.

그렇다. 그들의 염려는 일정 부분 사실이다. 우리가 자꾸만 이런 이야기를 하면 할수록, 우리의 존재를 드러내면 낼수록, 우리가 좋아하는 아이돌의 상업적 성공은 지체될 수도 있다. 우리 때문에 그들은 언론 앞에서 곤란한 입장에 처할 수도 있다. 하지만 여기서 우리가 속단하면 안 될 것은, 그 아이돌 본인이 정말로 상업적 성공과 아무에게도 비난받지 않는 안전한 입지만을 원할까 하는 문제다. 앞서 논했듯이 아이돌은 노동자이면서 상품이기 때문에, 스스로가 생산하는 상품의 결정권에서 소외되기 때문에, 그들은 자기표현을 자유롭게 할 수 없고, 섹스어필을 하고 말고의 선택도 자유롭게 할 수 없고, 정치적 소신을 밝힐 수도 없고, 커밍아웃을 할 수도 없다는 것을 우리는 알고 있다. 그렇기 때문에 그들의 속내를 자의적으로 상상하려는 시도들, 예컨대 그들의 성적 지향을 유추한다거나 하는 시도들은 '궁예질'이라는 이유로 주류 팬덤의 비난을 사곤 한다.

하지만 그렇게 치면, 그들이 공중파 음악 프로그램에서 1위를 하고 전 국민의 무조건적인 사랑을 받는 것만을 원하리라고 상상하는 것은 '궁예질'이 아니라고 할 수 있는가? 그것을 우리가 대체 어떻게 아는가? 가령 그들은 좋아하는 노래를 하고 춤을 추고 싶을 뿐인데, 자신에게 자꾸 1위를 하라고 부추기고 "꽃길만 걸으라" 말하는 팬들 때문에 오히려 곤란해하고 있을 줄 어떻게 알겠는가? 우리는 결국 아무것도 모른다. 아이돌 본인들의 진짜 삶과 생각과 감정에 대해 속속들이 알 수도 없고 알 권리도 없는 우리가 할 수 있는 일은 결국, 우리 자신이 아이돌에게서 발견하는 긍정적인 의미들을 충실히 추구하고, 우리가 바람직하다고 믿는 소신들을 정직하게 표현하는 것뿐이다.

이쯤에서 하나의 유명한 사례를 언급하고 싶다. 소녀시대의 〈다시 만난 세계〉 말이다. 2007년 〈다시 만난 세계〉로 데뷔한 소녀시대는 명확히 제이팝 걸그룹을 벤치마킹한 사례였다. 이전의 1세대 걸그룹들도 '소녀'들이었지만, 그때의 아이돌 산업(특히 SM엔터테인먼트)이 표현했던 소녀성이란 어디까지나 앳되긴 하되 섹스어필은 하지 않는, 한국의 성 엄숙주의를 거스르지 않는 순결한 소녀들이었다. 순수하거나 귀엽거나 요정 같은 이미지를 강조한 그 시대 소녀 아이돌들은 몸의 윤곽을 드러내지 않고 노출이 제한된 의상을 입곤 했다. 반면 소녀시대는 전혀 달랐다. 성 엄숙주의보다는 성상품화가 한국의 시대정신이 되었음을 증명하기라도 하듯, SM엔터테인먼트는 '멤버 전원 미성년자'라는 기치 아래 이 소녀들에게 스쿨룩이나 마린룩을 입혀 어린 나이를 강조하면서도, 짧은 치마와 몸매를 강조하는 일본풍 스쿨룩 스타일로 이들이 성적인 대상이라는 것을 동시에 강조하는 파격을 시도했다. 안무나 노래 가사의 측면에서도 이들은 이전 시대의 걸그룹보다 훨씬 더 성적으로 상품화되어 있었고, 이런 경향은 점점 더 심해졌다.[18]

SM엔터테인먼트의 총괄 프로듀서 이수만은 소녀시대가 30~40대 남성 소비자층을 겨냥해 만들어진 그룹이었다고 명시적으로 밝히기도 했다.[19] 표면적으로 드러난 소녀시대의 상품화 전략만 보자면, 소녀시대는 순수하되 성적 매력을 발산하던 어린 소녀들이 점차 성장하며 완연한 성적 대상으로 거듭나는 환상을 구현해, 경제 활동을 하는 성인 남성 소비자층의 지갑을 공략하는 상품이었다고 할 수도 있다. 이러한 전략은 실제로 시장에서 주효하기도 해서, 어린 여자들을 성적으로 욕망하면서도 스스로를 '삼촌팬'이라 명명하며 도덕적 정당성을 얻으려 하는 남성 팬들이 대거 등장한 바 있다. "특별한 기적을 기다리지마/ 눈앞에 선 우리의 거친 길은/ 알 수 없는 미래와 벽 바꾸지 않아/ 포기할 수 없어"라고 노래하는 〈다시 만난 세계〉의 도전적 메시지나, 각자의 꿈을 찾아가는 소녀들의 모습을 담은 뮤직비디오의 서사는 이들 '삼촌팬'들에게는 큰 의미 없는 양념이었거나, 페티시의 대상이었거나, 자신들에게 도덕적 명분을 부여할 알리바이에 불과했을 것이다. 하지만 소녀 팬들에게는 그렇지 않았다. 소녀 팬들에게, 그리고 여성-퀴어 팬들에게 그것은 자기 자신의 이야기였다.

2016년 여름, 이화여대에서 '미래라이프' 단과대학 설립 문제를 두고 학교 측에 항의하기 위해 본관을 점거한 학생들이 〈다시 만난 세계〉를 부른 순간, 오래전부터 늘 존재했던 진실이 별안간 가시적인 현상으로 드러났다. 그 노래를 다른 누구도 아닌 자기 자신의 이야기로 받아들였던 소녀들이 청년이 되어 한 공간에 모여, 자신들을 가로막고 선 경찰들을 마주하며, 투쟁을 위해 그리고 서로에 대한 격려와 지지를 위해 〈다시 만난 세계〉를 불렀을 때, 바로 그 순간에 소녀시대를 둘러싼 여성혐오, 청소년 성상품화, 이성애 중심 이데올로기의 혐의는 (그것들이 늘 합리적으로 타당한 비판점이었음에도 불구하고) 모조리 무색해졌다. 왜냐하면 그때 대중은 SM엔터테인먼트의 〈다시 만난 세계〉 상품화 전략을 그 작품의 지배적 의미로 받아들이지 '않기로' 결정했음을 사실상 '천명'했기 때문이다.

이것은 어린 여성의 성상품화 문화에 조응하면서도 그것을 은폐하기 위해 '삼촌팬'이라는 가족주의적 개념을 끌어오는 기만적 의미화 경제와는 다르다. 이것은 어린 여성의 성상품화 문화 자체를 '기각'하고, 그 문화의 문법 안에서 언제나 피동적인 위치에 존재해왔던 어린 여성들의 목소리를 전면으로 내세우는 의미화 경제로서 작동한다. 이화여대 시위 현장에서 그 노래가 울려퍼졌을 때, 이화여대생들뿐만이 아니라 이제까지 〈다시 만난 세계〉를 꿈과 도전과 투쟁과 연대와 성장에 관한 노래로 받아들이고 사랑해왔던 수많은 사람들이 자신의 존재를 자각했고, 그것이 단지 개인의 사적인 경험이 아니라 수많은 소녀들과 연결된 공통의 경험이었음을 인지했고, 그 거대한 자각의 순간을 전 세계의 수많은 사람들이 목격했고, 그것을 두 번 다시 돌이킬 수 없게 된 것이다. 그 이후로 〈다시 만난 세계〉는 퀴어 축제를 비롯한 여성 및 소수자들의 수많은 시위와 집회 현장에서 불리는 새 시대의 민중가요가 되었고, 소녀시대를 언급할 때마다 '척수반사적'으로 남성 팬만 호명하던 언론마저도 더 이상 이 큰 흐름을 무시하기 어렵게 되었다.

물론 이것은 애초에 〈다시 만난 세계〉가 그만큼의 잠재성을 갖고 있는 작품이었기에 가능했다. 성공한 작품은 언제나 그 안에 불확정적이고 다층적인 의미의 가능성들을 내재하며, 대중이 그 의미를 다양하게 해독하고 산출할 수 있게끔 유도하는 열린 구조를 갖고 있다. 그러므로 어떤 사람은 〈다시 만난 세계〉에서 저항의 메시지를 보고 긍정할 수도 있고, 어떤 사람은 짧은 치마를 보고 비판할 수도 있다. 그 의미들은 때로 상호 충돌하기 때문에, 우리는 그 안에서 헤게모니의 점유권을 놓고 의미의 각축전을 벌일 수도 있으며, 그러한 각축전은 건강한 문화적 생산과 비판의 상호작용으로 이어질 수 있다. 그런데 문제는 작품과 그 '아티스트'들을 보호한다는 미명하에, 더 정확하게는 그들의 '상품성'을 옹위하고자 하는 목적하에 그러한 생산 및 비판 자체를 가로막으려 할 때 벌어진다.

이화여대 시위 당시에도 일부 팬들은 (아마도 소녀시대의 성공과 안위를 염려해서인지) 〈다시 만난 세계〉가 저항가요로 사용되는 것을 우려하며 그 노래를 정치적 목적에 '오용'하지 말 것을 당

부한 바 있었다. 그러나 2017년 여름 소녀시대 멤버들이 직접 인터뷰에서 〈다시 만난 세계〉가 정치적 운동의 현장에서 활용되는 것에 큰 영광과 감동을 표하면서 그 의견들은 무색해졌다. 《더블유 코리아》에 실린 이들의 발언은 여성 아이돌이 정치적 소신을 일말의 완곡어법조차 없이 명확하게 밝힌 흔치 않은 사례로서, 나도 이 지면에 그들의 말을 여과 없이 인용하여 마땅한 존중을 표하고자 한다.

> "[시위] 영상을 몇 번이나 봤고, 가슴이 벅차서 울기도 했다. 가수로서 큰 자부심을 느낀 순간이었다. 내가 이 일을 통해서 전하고 싶은 메시지였고 음악이나 퍼포먼스로 전달했던 영감이 실현된 거니까 남다를 수밖에 없었다. 데뷔 당시에는 가사를 완전히 이해하지는 못했지만 시간이 지나고 나서 노래를 들으니 가사들이 와닿았다." (소녀시대 유리)

> "소녀시대로서 자랑스러운 순간이었다. 지금은 페미니스트들의 시대고, 여성이 다른 여성에게 힘을 실어주는 메시지가 중요한 시기 같다. 우리 노래가 그런 역할을 한 것 같아서 기쁜 마음이 들었다." (소녀시대 티파니)[20]

이처럼 소녀시대는 자신들의 작품에 담고자 했던 메시지가 바로 그러한 것, 즉 '페미니즘'이었음을 밝힐 뿐만 아니라, 그 메시지가 수용자들 사이에서 마침내 실현되었다는 데에서 자부심을 느낀다고 말하고 있다. 이것은 예술가가 자신의 소명을 추구하는 가운데 느낄 수 있는 최대의 보람이라고 할 수 있다. 이 순간 소녀시대는 그들을 상품화하는 자본의 논리를 뛰어넘어 완전한 '아티스트'로서 존재할 수 있게 된 것이다. 나는 이것이 〈다시 만난 세계〉를 시위 현장에서 부름으로써 정치적으로 '오용'한 청년들의 시도가 아니었다면 결코 가능하지 않았으리라고 생각한다. 유리가 말했듯, 바로 그 시도를 통해서야 그들의 메시지는 비로소 '실현'되었기 때문이다.

그러므로 우리는 계속 '오용'하자. 우리가 사랑하는 아이돌이 아티스트로서 자신의 가치를 실현할 수 있도록, 우리도 우리가 믿는 가치를 추구하기 위해 그들의 작품을 적극적으로 오독하고 오용하자. 그들이 아이돌 산업 내 상품으로서 안전하게 지속적으로 성공적으로 팔리고 있는가에 전전긍긍하는 것을 넘어서, 그들의 작품이 우리에게 전하는 의미를 발견하고, 우리의 욕망을 솔직하게 인정하고, 그것을 우리가 믿는 윤리에 걸맞은 방식으로 표현하자.

물론 이런 시도들이 언제나 잘되지는 않을 것이다. 여성 아이돌의 노동과 성을 착취하려 하는 이 산업의 기제는 힘이 세고 끈질기기에, 우리의 진심들을 게걸스럽게 포획해 이윤으로 산출하거나 아예 배제하곤 한다. 하지만 그에 맞서는 우리의 이야기들이 모여서 또 우리의 문화를 만들고 반향을 일으킨다면, 수많은 〈다시 만난 세계〉들이 생겨나 그 안에서 아이돌과 팬이 서로를 초대할 수 있으리라고 나는 믿는다.

주

1   정민우·이나영, 〈스타를 관리하는 팬덤, 팬덤을 관리하는 산업〉, 《미디어, 젠더 & 문화》 제12호, 한국여성커뮤니케이션학회, 2009, 211쪽에서 재인용.

2   주로 팬들이 직접 찍은 공연 영상을 뜻함.

3   '귀엽고 섹시하다'에서 '귀'를 '커'로 바꾸고, '섹'을 혀짧은 소리로 '떽'이라고 읽어 조합한 표현.

4   레즈비언, 여성 바이섹슈얼, 여성 에이섹슈얼, 논바이너리 여성애자, 데미걸 (demigirl) 등, 여성으로서의 젠더 정체감을 완전히 혹은 부분적으로 가지고 있는 성소수자들을 느슨히 묶어서 여성-퀴어로 지칭하고자 한다.

5   존 피스크는 팬들의 수다를 통해 의미가 발화되고 공유되며 문화경제를 구축하는 현상을 '발화적(enunciative) 생산성'이라고 명명했다. 김수정, 〈팬덤과 페미니즘의 조우〉, 《언론정보연구》 제55권 제3호, 서울대학교 언론정보연구소, 2018, 58쪽 참조.

6   정민우·이나영, 〈스타를 관리하는 팬덤, 팬덤을 관리하는 산업〉, 《미디어, 젠더 & 문화》 제12호, 한국여성커뮤니케이션학회, 2009, 213쪽 참조.

7   http://www.mtv.com/news/3119421/loona-k-pop-interview-butterfly-lgbtq/.

8   "레즈비언들은 이달의 소녀를 사랑한다"라는 말이 어째서 이달의 소녀를 지지하는 것과 무관하단 말인지 반문하지 않을 수 없다.

9   https://twitter.com/tzuyeojin/status/1229620083070316545/photo/1.

10 김수정, 〈팬덤과 페미니즘의 조우〉, 《언론정보연구》 제55권 제3호, 서울대학교 언론정보연구소, 2018, 77쪽 참조.

11 theqoo.net.

12 웹진 《아이돌로지》(idology.kr)에서 이러한 요지로 2020년 12월에 발행한 비판 기사는 트위터에서 다수 아이돌 팬 계정들의 공분을 샀다. 다음의 기사를 참고할 것. 아이돌로지, 〈결산, 2020: 필진 대담〉, 《아이돌로지》, 2020년 12월 28일 자, http://idology.kr/13196.

13 少女X, 〈살아남아라! 여덕〉, 《소녀문학》 2호, 소녀문학, 2016년 11월, 73쪽.

14 2017년 3월, 걸그룹 여자친구의 팬 사인회에 초소형 캠이 달린 안경을 쓰고 온 팬을 여자친구 멤버가 적발한 사건이 있었다. 이때 그 멤버는 매우 우회적인 화법("눈이 참 예쁘다. 안경 좀 벗어보라")으로 문제를 발견해내고 스태프를 통해 조치를 취하게끔 했으나, 일부 남성 팬층에서는 이러한 방식마저도 충분히 부드럽지 못했다며 불만스럽다는 의견을 보였다.

15 물론 아이돌이 이런 행동을 하면 퀴어 소비자층을 얻을 수 있겠지만, 그만큼 보수적인 소비자층은 잃어야 할 것이다. 케이팝 아이돌 산업은 아이돌이 퀴어 소비자들에게 은근히 어필하면서도 그것을 퀴어와는 무관한 것처럼 포장해 호모포비아 소비자들도 만족시키는 방법을 얼마든지 알고 있다.

16 오렌지캬라멜의 〈까탈레나〉 댄스를 스탠퍼드 XTRM(Stanford XTRM) 팀이 커버한 영상, https://youtu.be/U_PQCehfJfM?t=2; 현아·장현승의 〈트러블메이커〉 댄스를 골든 윙스(Golden Wings) 팀이 커버한 영상, https://youtu.be/LBQFGdx9ifc?t=1을 참고.

17 달아, 〈나를 보는 새로운 방법〉, 《걸 페미니즘: 청소년인권×여성주의》, 교육공동체벗, 2018, 272~273쪽.

18 "소녀시대는 순백색 의상과 긴 머리와 같은 소녀 이미지에 안무의 변화 및 허벅지를 다 드러낸 치마와 같은 의상을 통해 성애적 코드를 가미하였다. 여전히 사랑을 노래하긴 하지만 상처받은 자신을 사랑이 지켜달라는 가사와 함께 등장하는 사랑은 이전 소녀들이 노래하던 순수한 사랑과는 달랐다. ……소녀시대의 막대 사탕 이용 및 군복을 연상시키는 의상과 다리를 강조하는 안무 등, 소녀들이 점차로 미성년에서 벗어나면서 발표하는 곡과 콘셉트에서는 성애적 코드는 점차로 강화되고 있다." 김수아, 〈소녀 이미지의 볼거리화와 소비 방식의 구성〉, 《미디어, 젠더 & 문화》 제15호, 한국여성커뮤니케이션학회, 2010, 92쪽.

19 Chosunilbo, "Who Is the Real Midas in Korean Showbiz?", Chosunilbo, 5 November 2008, http://english.chosun.com/site/data/html_dir/2008/11/05/2008110561003.html.

20 최소현, 〈소녀시대, 이화여대 시위 떼창 언급 "큰 자부심을 느낀 순간"〉, 《매일경제》, 2017년 7월 22일 자, https://mk.co.kr/news/home/view/2017/07/492709/.

참고 문헌

김수정, 〈팬덤과 페미니즘의 조우〉, 《언론정보연구》 제55권 제3호, 서울대학교 언론정보연구소, 2018.

달아, 〈나를 보는 새로운 방법〉, 《걸 페미니즘: 청소년인권×여성주의》, 교육공동체벗, 2018.

少女X, 〈살아남아라! 여덕〉, 《소녀문학》 2호, 소녀문학, 2016년.

아이돌로지, 〈결산, 2020: 필진 대담〉, 《아이돌로지》, 2020년 12월 28일 자, http://idology.kr/13196.

정민우·이나영, 〈스타를 관리하는 팬덤, 팬덤을 관리하는 산업〉, 《미디어, 젠더 & 문화》 제12호, 한국여성커뮤니케이션학회, 2009.

최소현, 〈소녀시대, 이화여대 시위 떼창 언급 "큰 자부심을 느낀 순간"〉, 《매일경제》, 2017년 7월 22일 자, https://mk.co.kr/news/home/view/2017/07/492709/.

Chosunilbo, "Who Is the Real Midas in Korean Showbiz?", Chosunilbo, 5 November 2008, http://english.chosun.com/site/data/html_dir/2008/11/05/2008110561003.html.

10장

케이팝의
젠더퀴어한 미학

연혜원

두 가지 언어에 갇힌 젠더

"'Butterfly"의 안무에는 이른바 '남자춤'의 본질이라 할 과시적이고 위협적인 면모(속칭 '후까시')가 없다. 오히려 끊임없이 우아하고 유려한 선을 그려내기 위해 매우 절제된 움직임을 허락할 뿐이다. 그럼에도 '남돌춤 같다'라는 반응이 나오는 것은, 이 안무가 신체의 탁월한 기동을 효과적이고 극명하게 드러내는 데 성공했다는 뜻이다. 다시 말해, 이 곡의 무대에서 멤버들은 남성을 흉내내지 않고도 육체 이상의 무엇, 즉 인간으로 제시된다."[1]

이 글은 이달의 소녀의 〈Butterfly〉를 비평한 한 대중음악 웹진에 게재된 글 중 한 단락이다. 이 짧은 글에서도 대중 혹은 이 사회가 케이팝 '춤'을 어떻게 성별화하여 인식하고 있는지 읽을 수 있다. 남성 아이돌의 춤은 '과시적이고 위협적인' 제스처를 취하지만 여성 아이돌의 춤은 절제된 춤선으로 신체를 탁월하게 이용하기만 해도 '남돌춤' 같다는 평가를 받을 수 있다. 이 짧은 단락은 한편으로는 큰 공감대를 사기도 하지만 다른 한편으로는 두 가지 질문을 던지기도 한다. 케이팝은 정말 이와 같게만 성별화되어 있는가. 여성 아이돌이 남성 아이돌 같은 퍼포먼스를 펼친다면 그것을 '남자 아이돌' 같다고 표현하는 것 외에는 적절한 설명이 없을까. 사람들은 흔히 고전적인 젠더관에 부합하지 않는 수행과 마주했을 때 새로운 언어로 표현하기보다는 "여자 같지 않다", "남자 같지 않다"는 말로 표현하는 것을 더 간편하게 생각한다. 아무리 새로운 젠더표현이 발명되어도 이를 다시 성별이분법적인 언어에 가두게 되는 오류가 반복되는 것이다. 우리는 이미 성별이분법을 초과한 사회에 살고 있고, 젠더는 언제나 스펙트럼이었다. 알래스카에서는 눈을 수십 개의 언어로 지칭하지만 어떤 곳에서는 눈을 눈이라고 밖에 표현하지 못하는 것처럼 이 사회가 젠더를 두 가지 언어에 가두는 데 익숙해져 있을 뿐이다.

'젠더퀴어'는 일반적으로 이분법적인 성별로 설명되기를 거부하는 젠더정체성을 지칭한다. 이렇게 성별이분법으로 설명되기를 거부하는 젠더퀴어의 이미지를 이야기할 때 사람들이 무엇보다 간편하게 생각하는 방법은 아동기의 몸을 떠올리는 것이다. 그만큼 대부분의 사람들이 2차성징을 겪기 이전의 몸을 제외하면 성별이분법으로부터 벗어난 몸을 상상하는 것을 힘들어 한다. 이는 어떤 의미에서 또다시 성별에 따라 이분화되어 동일시되는 몸에 대한 환상을 반증하는 것이기도 하다. 몸은 여성의 형태와 남성의 형태로 나뉘어 있으며, 따라서 여성의 몸과 남성의 몸은 각자 동일한 몸의 형태를 가지고 있을 것이라는 환상 말이다.

하지만 사실 대부분의 비트랜스젠더들도 성별에 따라 서로 동일한 몸의 형태를 가지고 있지 않다. 그러므로 동일한 남성의 몸, 여성의 몸이라는 것도 존재하지 않으며, 따라서 그 중간적인 몸이 존재한다는 것도 환상이다. 또한 젠더퀴어는 여성과 남성 사이에 있는 젠더도 아니고, 그 중간자를 지향하는 정체성도 아니다. 젠더퀴어의 이미지는 사회가 여성과 남성을 가르는 2차성징의 표준적인 차이만으로는 설명되기를 거부하는 더욱 풍성하고 다양한 젠더표현들의 합이다.

이 글은 이분법적인 성별로 설명되어왔던 이미지들을 더 구체화해, 젠더퀴어를 대명사로 고착시키기보다 젠더퀴어의 몸, 혹은 이미지가 투영될 수 있는 자리를 마련해보고자 한다. 페미니즘 영화 이론가 테레사 드 로레티스(Teresa de Lauretis)는 이분법적인 성차로 뭉뚱그려지지 않는 젠더 개념의 필요성을 강조하며 다양한 권력관계의 생산물로서의 젠더를 주장했다.[2] 드 로레티스에게 젠더는 다양한 사회적 위치를 가진 개인들 간의 상대적인 관계 속에서 구성되고, 이렇게 젠더를 구성하는 담론들, 그러니까 현실을 설명하는 언어 및 이미지, 상징 기표를 생성해내는 행위들을 '젠더 테크놀로지'라고 말한다. 드 로레티스가 젠더 테크놀로지의 예시로 영화를 가져온다면, 케이팝 또한 흥미로운 젠더 테크놀로지이다.

역전되는 시선 속에서 새롭게 발명되는 젠더

마찬가지로 '영상'이 점차 더 큰 비중을 차지하고 있는 케이팝은 현재 대중문화 가운데 시각과 청각을 가장 복합적으로 이용하는 문화 산업이다. 감각은 흔히 다섯 가지로 분류되고, 모든 감각이 젠더화되어 있지만 그 가운데 가장 젠더화되어 있는 감각 또한 시각과 청각이라고 할 수 있다. 청각적인 속성이 케이팝이라는 장르를 음악이라는 장르에 포함시키도록 하는 기본적인 장르 속성이라면, 시각은 케이팝을 음악이라는 장르 안에서 가장 케이팝답게 하는 감각요소일 것이다. 이 글은 젠더표현의 스펙트럼을 넓히는 가능성을 지닌 케이팝의 이미지들에 집중하기 위해 케이팝의 시각적 요소인 퍼포먼스와 뮤직비디오에 집중한다. 이에 더해, 가사가 전달하는 메시지들이 이미지를 설명에 도움이 된다면 함께 해석하려 한다. 케이팝이 무엇보다 크게 영향을 받은 것은 1981년 MTV의 개국과 함께 시작된 음악과 퍼포먼스가 결합된 형태의 '보는 음악'의 탄생이다. MTV가 개국한 다음 해인 1982년 그래미상은 뮤직비디오 부문을 신설했다. 1980년 정식 컬러텔레비전 방송이 개시된 한국에서도 MTV는 큰 충격을 안겨주면서 한국의 젊은 뮤지션들도 점차 퍼포먼스에 열을 올리기 시작했다. MTV의 영향력으로 일본에서는 '아이돌 팝'이 탄생했다. 미국에서 보는 음악이 실력을 중심으로 편성되었다면, 일본에서 보는 음악은 '아이돌'의 어원처럼 우상시될 만한 스타성을 가진 비주얼을 중심으로 편성되었다. 그리고 두 국가의 영향 아래서 미국식 팝과 힙합의 영향을 받은 사운드, 우상화되는 비주얼과 동시에 팬덤과의 강한 유착관계를 추구하는 스타성을 동시에 지향하는 한국식 보는 음악 '케이팝'이 탄생했다.

케이팝은 언제나 흥미롭고 역동적인 젠더의 경합장이었다. 케이팝은 자신의 소비자들에게 말 그대로 '팔리는' 젠더 이미지를 생산해내고 아이돌은 이를 캐릭터처럼 수행해낸다. 케이팝 아이돌이 젠더를 수행하는 가장 큰 이유 중 하나는 팬덤과의 유사 연애적 관계를 판매하기 때문이다. 젠더를 표현하기 위해 로맨틱한 관계가 필수적인 것은 아니지만, 로맨틱한 관계성은 필연적으로 양자의 젠더를 구성해낸다. 케이팝에서 팬의 역할은 단순히 케이팝을 지금의 위상으로 끌어올려준 소비력 그 이상이다. 과거에는 아이돌이 존재해야 팬덤이 존재할 수 있었지만, 이제는 아이돌을 기획하는 과정에서 팬덤이 선택권을 가질 정도로 팬덤의 힘은 커지고 있다. 팬덤은 케이팝 아이돌 기획을 가능하게 해주는 자본의 공급처이자, 지지 공동체이고, 따라서 아이돌이 전적으로 팬덤을 대상으로 기획된다는 사실은 부정할 수 없다. 그러므로 이러한 관계의 주도권은 아이돌에게만 있지 않게 된다. 관계의 주도권은 아이돌과 팬덤 양쪽이 함께 쥐고 있으며, 때론 팬덤이 더 큰 주도권을 쥐기도 한다는 점에서 아이돌은 언제나 팬덤과의 관계 속에서 구성된다.

케이팝 산업과 팬덤 중 어느 쪽이 더 실질적으로 관계의 주도권을 가지고 있는지 판별해내는 것은 어려운 일이지만, 표면적으로 케이팝 산업 안에서 아이돌과 팬덤의 관계 속에서 주도권을 쥐는 쪽은 팬덤이다. 팬덤은 아이돌을 '아이돌'이게끔 위치시킬 수 있는 힘의 합이기 때문이다. 팬덤의 영향력은 그간 남성 중심적인 생산자의 시각에서 구성되어온, 이미지를 포함한 광범위한 영역에서 대중문화의 서사를 편성하는 주도권 일부를 팬덤에게로 이양시키는 효과를 발생시킨다. 이때 대중문화 산업 안에서도 케이팝 팬덤에 10~20대 여성의 비율이 압도적으로 높게 포진되어 있다는 사실은 케이팝에서 페미니즘 영화 이론가인 로라 멀비(Laura Mulvey)가 말하는 '메일 게이즈 (male gaze)', 즉 남성적 응시의 역전을 일으킨다. 로라 멀비는 성적으로 불균형한 세계에서 '본다'는 쾌락은 능동적인/남성과 수동적인/여성으로 나뉜다고 말한 적이 있다. 여성의 육체는 남성 관객들의 응시를 받아 에로틱하고 수동적인 대상으로 한정지어지면서 여성은 언제나 '응시됨'을 의미한다는 것이다.

하지만 케이팝의 퍼포먼스와 뮤직비디오에서 로라 멀비의 이 같은 고전적인 주장이 균열을 일으키는 순간들을 빈번하게 목도할 수 있다. 응시되는 남성과 시선의 주도권을 잡는 여성이 탄생하는 것이다. 응시되는 남성은 새로운 남성성일까? 여전히 남성이기는 한 것일까? '새로운 남성성'과 '남성으로 설명할 수 없음' 사이에는 어떤 차이가 있을까? 시선의 주도권을 가진 여성 또한 새로운 여성성일까? 여성이 아닌 방식으로 설명할 수는 없을까? 어쩌면 이를 가르는 가장 큰 차이는 당사자가 자기 몸을 경험하고 설명하는 방식일 것이다. 그 사람이 자신을 어떤 젠더로 경험하고 있는지 말하기 전까지 우리는 응시되고 있다는 것만으로 그의 정체성이라는 '사실'을 판단할 수는 없다. 다만 고전적인 젠더적 응시를 탈피하거나 역전시킨 이미지에서 스스로를 젠더퀴어로 정체화하고 있는 관객이 자신을 투영할 수 있는 틈새를 발견하게 될 수 있을 것이다. 어떤 이의 경우에는 이전까지는 몰랐던 자신의 젠더퀴어한 욕망을, 장르를 경유하는 방식으로 발견해낼 수도 있다.

멀비는 영화를 예시로 들며 영화를 보는 데 세 가지 시선이 있다고 제시한다. 첫 번째는 영화화되기 이전의 현실에 대한 카메라의 시선, 두 번째는 최종 영화 생산물에 대한 관객의 응시, 세 번째는 인물들의 상호 시선이다. 서사 영화들은 관객들로 하여금 카메라를 잊게 만들어 남성 주인공이 관객의 대리자로 행위하게끔 지휘한다는 것이다. 이러한 서사 구조 속에서 남성은 이야기를 전개시키는 반면, 여성은 수동적인 역할을 담당하며 볼거리로 기능한다고 멀비는 말한다.[3] 팬덤에게 주도권이 있다고 지속적으로 암시해야 하는 아이돌의 뮤직비디오와 퍼포먼스는 아이돌의 성별과 관계없이 아이돌을 적극적으로 볼거리로 만드는 경우가 허다하다. 아래 기술할 사례들은 오히려 카메라를 드러내거나 프레임 안에서 여성을 응시하는 존재로 세운다. 이런 방식으로 관객이 남성 아이돌을 관객의 대리자로 행위하게 하는 것을 방해하고, 주인공인 남성 아이돌이 응시되고 있음을 적극적으로 인지시킨다. 반면 여성 아이돌의 뮤직비디오는 기존 남성 관객에게 쥐어주었던 주도권을 화면 속 여성으로 되찾아오거나, 여성 간 상호 시선 속에서 남성 관객의 자리를 빼앗아버리는 식의 사례들인데, 이 안에서 여성 아이돌은 멀비가 말하는 성별화되어 있는 응시로부터 탈피한다.

응시되는 남성들

2015년에 공개된 〈View〉의 뮤직비디오는 시작부터 인파에 둘러싸여 수많은 카메라의 플래시를 받으며 밴에 탑승하는 샤이니를 비추면서 시작한다.[4] 여기까지는 흔히 많은 비디오 속에서 스타를 조명할 때 차용하는 방식과 다를 것이 없다. 그런데 여성들의 등장과 함께 화려한 조명을 받는 샤이니의 지위가 역전된다. 영상 속에서 팬으로 추정되는 여성들은 복면을 쓰고 등장해 밴에 올라탄 샤이니를 납치한다. 뮤직비디오 속에서 납치된 샤이니는 자신들을 납치한 여성들로 인해 공식적으로는 행방불명이 되면서 스타라는 지위에서 벗어나 일탈했다는 일종의 해방감을 느끼며 행보의 주도권을 자신들을 납치한 여성들에게 맡긴다. 영상 속에서 여성들이 샤이니를 납치한 이유는 사뭇 자명해 보인다. 영상 속에서 여성들은 자신들이 원하는 장소로 샤이니를 데리고 다니며, 샤이니로부터 자신들이 원하는 로맨틱 수행을 이끌어내려고 한다. 샤이니 멤버는 때론 이를 거부하기도 하지만 대체로 이들과 함께 보내는 시간을 즐거워한다. 이는 많은 여성 팬들의 판타지를 재현한 것이기도 하다. 나와 시간을 보내면서 내가 원하는 대로 움직여주는 남성 아이돌을 재현한 것이다.

이는 능동적인 남성과 수동적인 여성이라는 고전적인 선입견이 직관적으로 역전되어 있는 형태이기도 하다. 영상에는 욕망뿐 아니라 응시의 주도권 또한 여성에게 있음을 직접적으로 드러낸다. 샤이니가 응시하는 주체가 아니라 응시의 대상이라는 점이 가장 잘 드러나는 부분은 샤이니가 작은 펍에서 자신을 납치한 여성들 앞에서 춤을 추는 장면이다. 영상은 줄곧 샤이니를 관람하는 여성들의 뒷모습을 비추며 화면 속 여성의 시선에 관객이 이입하도록 구성하면서 줄곧 샤이니를 대상화하겠다는 의도를 드러낸다. 한 가지 더 짚고 넘어가고 싶은 점은 이 안의 여성들의 인종이 백인이 아니라는 점이다. 일반적인 통념상으로 젠더, 인종적 위계에서 샤이니가 뮤직비디오 속 여성들보다 우위를 점하고 있지만 뮤직비디오는 샤이니가 아닌 여성들에게 능동성을 쥐어준다.

샤이니의 멤버이기도 하지만 솔로 아티스트로도 왕성하게 활동하고 있는 태민이 직접 젠더리스(genderless)한 미학을 추구했다고 인터뷰했던[5] 2017년에 발매된 곡 〈Move〉의 뮤직비디오도 줄곧 카메라가 태민을 관음하고 있다고 암시한다.[6] 뮤직비디오는 시작부터 화면에 노이즈를 띄우면서 이것이 비디오 화면이라는 사실을 직접적으로 드러낸다. 이어 영상의 시점이 마치 CCTV인 것처럼 CCTV 화면으로 태민과 태민이 있는 장소를 비춘다. 중간에 다시 한 번 태민이 응시되고 있음을 드러내는데, 빗속에서 춤추는 태민을 응시하는 시선이 마치 주차된 차의 운전석에 있다는 듯이 차 안에서 차창 밖으로 보이는 태민을 촬영하여 보여주는 것이다. 이 뮤직비디오는 마무리 또한 CCTV 화면으로 끝내며 태민이 카메라에 의해 응시되고 있었음을 강조한다. 뮤직비디오는 태민을 볼거리로 전시하고 있음을 적극적으로 드러내면서 태민이 아니라 카메라가 관객을 대리하도록 유도한다.

시선뿐만 아니라 태민의 역할 또한 고전적인 남성성을 벗어난다. 카메라에 비친 태민은 여성 댄서들과 함께 춤을 추면서 기존의 남성 댄서들처럼 여성 댄서와 섹슈얼한 상호적 관계를 가지는 퍼포먼스를 하는 것이 아니라 여성 댄서와 같은 퍼포먼스를 하면서 카메라가 대리하는 시선에 대상화되는 인물로서 익명의 시선과 관계를 구축해내며 관람객들을 유혹한다. 이는 로라 멀비의 이론에서 영화 속 여성들이 전형적으로 맡아온 역할이었다.

2019년의 발매된 태민의 〈Want〉 뮤직비디오 또한 돋보기를 매개로 영상 속 태민이 끊임없이 관찰되고 있다는 암시를 준다.[7] 영상에서 태민은 돋보기에 둘러싸여 등장하는데 돋보기 렌즈로 태민을 비추면서 본격적으로 퍼포먼스가 시작된다. 돋보기에 둘러싸여 있는 태민은 영상 중간중간 끊임없이 등장하는데, 뮤직비디오 내내 태민의 신체가 분절적으로 클로즈업되어 화면에 담기는 것과 조화를 이루며 태민을 페티시의 대상으로 만들고, 대상화 자체를 뮤직비디오의 콘셉트로 가져간다. 신체를 전시하고 볼거리가 되는 것 자체가 뮤직비디오의 콘셉트인 것이다. 태민이 이러한 퍼포먼스들을 두고 남자 같지 않다거나, 여성스러운 퍼포먼스가 아닌 '젠더리스'한 퍼포먼스였다고 짚은 점이 재미있다.[8] 기존의 여성 퍼포머들이 맡아왔던 퍼포먼스를 남성이 맡았다고 해서 남성스럽지 않은 퍼포먼스가 되거나, 여성스러운 퍼포먼스가 되는 것이 아니라, 그 자체로 새로운 젠더표현일 수 있음을 태민도 인지하고 있다.

응시하는 여성들

남성 아이돌이 적극적으로 응시의 대상이 되는 방식을 통해 젠더퀴어 신체를 재현할 수 있는 가능성을 열었다면, 여성 아이돌은 응시의 주체가 되거나 응시를 차단하는 방식으로 그 가능성을 연다. 2017년 공개된 이달의 소녀 멤버 츄의 솔로곡 〈Heart Attack〉의 뮤직비디오[9]는 관객의 여성인 츄가 관객의 시선을 대리할 뿐 아니라, 영상 속에서 동성애적인 시선으로 또 다른 여성을 응시하면서, 응시하는 주체가 여성이면서도 동시에 그 주체에게 응시되는 대상 또한 여성일 수 있다는 점을 보여주며 로라 멀비의 전형적인 메일 게이즈 개념을 전복시킨다.

뮤직비디오 속에서 츄는 등장부터 카메라를 들고 나타난다. 츄는 도입부터 같은 이달의 소녀 멤버인 이브의 뒤를 밟는데 츄는 뮤직비디오가 진행되는 내내 망원 카메라로 이브를 관찰한다. 이때 이브의 모습은 이 카메라 렌즈의 시선으로 잡히기도 하는데 이브가 츄의 렌즈를 향해 눈을 맞추고 미소를 띠는 순간 츄는 사랑의 화살을 맞고 넘어가면서 사랑에 빠진 제스처를 취한다. 츄는 이브에게 끊임없이 이브를 상징하는 사과를 건네주며 애정공세를 펼친다. 뮤직비디오가 절정으로 향해 갈수록 츄는 이브를 위해 춤을 추기 시작하는데, 이때 츄가 추는 춤의 관객은 뮤직비디오를 관람하는 사람이 아니다. 오직 이브만을 바라보며 춤을 추고 있으므로 이 춤의 관람객은 이브여야만 하는 것이다. 여기서 남성 관객과의 상호적인 관계는 차단되고, 영상 속 시선은 츄와 이브 사이에만 집중된다. 이때 남성도 여성도 츄에 대입하여 츄의 시선으로 이브를 바라보고 열망할 수 있다는 점에서 츄는 젠더퀴어의 시선의 대리자가 될 수 있다.

f(x)의 멤버 엠버와 루나의 듀엣곡 〈Lower〉의 뮤직비디오 또한 〈Heart Attack〉만큼 직접적이지는 않아도 엠버와 루나 사이의 상호 시선에 초점을 맞추고 있다는 점에서 메일 게이즈 만으로는 설명할 수 없는 이미지를 만들어낸다.[10] 이 곡의 뮤직비디오는 두 화면으로 나뉘는데, 하나는 도시의 밤길을 담은 컬러 화면과 댄스 퍼포먼스가 펼쳐지는 흑백의 공간이다. 컬러 화면에서 엠버와 루나는 분명 같은 길을 걷고 있는 것처럼 보이지만 길 위에서 둘은 끝까지 함께 보이지 않고, 마치 한 명이 다른 한 명을 따라가고 있거나, 한 명이 다른 한 명을 찾고 있는 것처럼 카메라가 따라간다. 엠버는 끊임없이 누군가를 찾고 있는 듯 두리번거리고, 루나는 누군가를 의식하는 듯이 길 위에서 포즈를 취한다. 길 위에서 두 사람이 한 프레임에 잡히는 장면은 각자의 씬이 편집을 통해 잠시 중첩될 때뿐이다. 그럼에도 이 곡은 듀엣곡이기에 둘 사이의 어떤 사건이 일어난 것처럼 느껴진다. 오히려 이 둘을 만나지 못하게 함으로써 더 몽환적이고 애절하게 보이도록 하는 효과마저 가진다.

댄스 퍼포먼스가 이뤄지는 흑백의 화면에서도 엠버와 루나는 마지막 장면에서 단 한 번 함께 퍼포먼스를 펼치는데 이는 둘의 만남을 결국 성사시킴으로써 해프닝을 종결짓는 것에 가깝다. 이때 둘의 퍼포먼스 또한 화면 밖 관객을 위한 것이라기보다 페어로서의 퍼포먼스에 가깝다. 마지막 퍼포먼스를 잘 들여다보면 엠버와 루나를 제외한 댄스 페어들은 남녀로 구성되어 있다는 사실을 알 수 있다. 오히려 그러한 혼성페어들과 함께 하기에 혼성페어가 전형적으로 암시하는 상징성에 기대 엠버와 루나의 관계는 한편으로는 로맨틱하게 느껴지고, 혼성페어들 사이에서 둘만 혼성이 아니기에 한편으로는 둘의 관계를 비전형적으로 보이게 한다는 점에서 젠더퀴어는 루나와 엠버 어느 쪽에도 자신을 투영해 로맨틱한 관계를 상상을 할 수 있게 된다.

이 뮤직비디오는 엠버가 직접 연출과 핸드헬드 촬영, 편집을 맡은 작품이다. 엠버는 솔로곡 〈Borders〉와 〈Countdown〉 등 꾸준히 자신이 발표하는 곡들의 뮤직비디오를 직접 연출해 왔다. 이 중 〈Borders〉는 엠버가 직접 작사, 작곡, 편곡까지 한 곡으로, 남을 흉내 내지 않고 나의 길을 걸어갈 것이며, 한계를 넘어서기를 두려워하지 않을 것이라는 메시지를 담고 있다. 많은 이들이 미국에서 어린 시절을 보낸 대만계 미국인으로서 엠버가 가졌던 인종 정체성과, '톰보이'로서 당하는 차별과 혐오에 대한 소신으로 이 곡을 해석했다. 실제로 엠버는 소셜미디어에 "남자와 여자가 한 가지 겉모습에 한정된다고 생각하지 않습니다. 누군가 단지 다르다는 이유만으로 함부로 재단하지 말아주세요"라는 글을 남긴 적이 있고, '모든 동성애혐오, 인종차별주의자, 성차별주의자에 반대한다'는 구호가 적힌 티셔츠를 입고 찍은 사진을 올리기도 했다. 엠버는 한국에서 아이돌이 자신의 뮤직비디오를 직접 연출한 첫 번째 사례다. 그리고

〈Borders〉는 엠버의 첫 뮤직비디오 연출작인데, 여기서 그가 자전적 이야기를 풀어내고 있다는 것 역시 영상 속에서 수동적인 볼거리가 되는 비남성, 혹은 소수자와 이를 응시하는 능동적인 남성 관객이라는 고전적 틀에서 벗어난다.[11] 〈Countdown〉에서 엠버는 뮤직비디오가 진행되는 내내 다양한 인종과 다양한 체형의 친구들과 함께 성별화되지 않은 춤을 춘다. 이렇게 그의 일련의 연출작들을 살펴보면 엠버는 항상 고전적으로 성별화된 응시와 볼거리로부터 벗어난 뮤직비디오를 연출해왔다는 것을 알 수 있다.[12]

캐릭터 산업으로서 케이팝, 그리고 드랙

케이팝의 중요한 특징 중 하나는 이것이 캐릭터 산업이라는 점이다. 케이팝 퍼포먼스에서 가장 두드러지는 특징은 '캐릭터'이다. 케이팝은 어떤 음악 장르보다도 퍼포먼스와 비주얼을 앞세우는 팝 장르인데, 케이팝이 내세우는 이미지가 단순히 댄스 퍼포먼스를 보여주는 것을 넘어서 아이돌 개인의 비주얼과 인격을 적극적으로 활용한다는 점에서 아이돌은 케이팝의 이미지 안에서 독자적인 캐릭터가 되고, 곡과 앨범의 콘셉트가 변화할 때마다 아이돌의 캐릭터 또한 다양하게 변주된다. 나아가 케이팝은 어느 순간부터 자신들의 콘셉트를 설명하는 데 픽션에서 흔히 사용하는 '세계관'이라는 언어를 쓰기 시작했다. 케이팝이라는 장르에서 '세계관'의 보편화는 아이돌의 캐릭터가 단순히 퍼포먼스를 연기하는 장치일 뿐만 아니라 서사를 가진 존재라는 데까지 확장되었다. 케이팝은 아이돌의 캐릭터가 가진 서사의 배경까지 제시함으로써 캐릭터 간의 연속성까지 부여하기 시작한 것이다. 아이돌의 경력이 쌓일수록 세계관은 확장을 거듭하며 구체화되고, 이와 함께 아이돌의 캐릭터 또한 점점 더 구체화된다.

아이돌의 세계관 놀이는 구체적인 세계관을 제시하지 않는 아이돌에게까지 영향을 미치며, '콘셉트'를 지니는 것을 케이팝 아이돌 장르의 가장 큰 특징 중 하나로 만들었다. 그런데 이러한 아이돌의 캐릭터는 흥미롭게도 드랙을 연상시킨다. 주디스 버틀러의 방식으로 설명하자면 드랙은 젠더를 연기하는 패러디적 수행이다.[13] 드랙은 젠더를 모방할 수 있음을 제시함으로써 젠더 그 자체도 원본이 없는 우연적이고 모방적인 구조라는 사실을 폭로하는 놀이다. 케이팝 아이돌의 콘셉트가 드랙보다 캐릭터와 캐릭터를 연기하는 인물의 거리가 좁아 보인다는 차이가 있지만, 이 둘은 욕망을 구체적인 캐릭터로 보여준다는 데 가장 큰 공통점이 있다.

드랙 퍼포먼스의 목적은 젠더를 패러디하는 것뿐만 아니라 젠더에 기입되어 있는 욕망을 구체적인 캐릭터로 보여주는 것에도 있다. 드랙은 젠더를 패러디한다는 점, 구체적인 욕망을 연기한다는 점에서 젠더퀴어의 욕망이 투영될 수 있는 자리를 확보한다. 드랙킹은 단순히 남성적이고, 드랙퀸은 여성적이라고만 설명하는 것은 드랙이 젠더를 패러디함으로써 원본으로부터 미끄러져 젠더의 우연성과 모방성을 폭로하는 놀이라는 버틀러의 해석을 간과하는 것이다. 드랙킹과 이를 연기하는 인물 사이의 간극에서 우리는 필히 이분법적인 성별로 설명할 수 없는 젠더표현을 발견할 수 있게 된다.

나아가 욕망은 구체화될수록 퀴어해진다. 사회는 욕망마저 이분법적으로 성별화한다. 남성은 능동적이고 사디즘적이며, 여성은 수동적이고 마조히즘적이라는 식으로. 이를 해체하는 가장 좋은 방식은 욕망을 구체화하고, 욕망의 대상 또한 구체적으로 설정하는 것이다. 퀴어정체성 또한 시스젠더 헤테로적인 사회에서 주입하는 욕망으로부터 벗어나 자신의 성별정체성과 성적 지향성을 구체화하는 과정이듯 말이다. 드랙은 이러한 구체적인 욕망을 하나의 서사를 지닌 캐릭터로 제시함으로써 젠더퀴어들의 욕망을 가장 잘 재현할 수 있는 도구로 기능할 수 있다.

케이팝의 드랙퀸과 드랙킹

케이팝에는 직접적으로 드랙을 은유하거나 실제로 드랙과 구분하기 힘든 퍼포먼스들이 존재한다. 2012년에 발표한 2AM의 멤버 조권의 솔로곡 〈Animal〉과 2015년 발표한 마마무의 〈음오아예〉, 그리고 마마무의 멤버 문별이 2020년 발표한 솔로곡 〈Eclipse(달이 태양을 가릴 때)〉이다. 케이팝에서 드랙킹과 유사한 퍼포먼스로 가장 크게 인기를 끈 팀은 마마무일 것이다.

마마무는 2015년 발표한 〈음오아예〉의 가사는 남자인 줄 착각했는데 알고 보니 여자였다는 내용으로, 뮤직비디오에서는 멤버 솔라를 제외한 멤버 문별, 화사, 휘인이 모두 남장을 하고 출연해 각자 다른 캐릭터의 남성을 연기한다.[14] 문별은 남자인 줄 알고 솔라가 반했지만 알고 보니 여자였던 역할을, 화사는 솔라에게 반한 무례한 마초적인 남성을, 휘인은 조금 어눌해 보이는 안경 낀 남성으로 매 씬마다 감초 같은 역할을 연기한다. 뮤직비디오 중간중간 솔라를 제외한 세 멤버들은 여성의 복장과 남장을 번갈아 입고 같은 안무를 추면서 같은 인물들이 다른 젠더를 오가는 연기의 재미를 배가한다. 마마무 멤버들은 뮤직비디오뿐만 아니라 공중파 음악방송의 무대에서도 남장을 하고 나와 솔라와 헤테로 커플처럼 합을 맞춰 퍼포먼스를 한다.

이 뮤직비디오의 비하인드 영상 가운데 멤버들이 남장을 하기 위해 분장하는 과정을 보여주는 영상에서 마마무 멤버들은 분장을 할수록 스스로 태도가 달라진다는 말을 한다.[15] 그리고 한 라디오 프로그램에서는 왜 솔라를 제외한 세 사람이 남장을 했냐는 질문에 자신들이 해보고 싶었다는 이야기와 함께, 남장이 정해진 이후에 스스로 캐릭터를 만들었다는 이야기도 한다.[16] 그리고 각자의 남자 캐릭터 이름도 정했다고 말했다(화사의 경우 리키, 문별은 율, 휘인은 쿠쿠라고 했다). 이 과정은 드랙킹이 자신의 캐릭터를 정하고 드랙 네임을 정하는 과정과 다를 바가 없다. 〈음오아예〉 활동 이후 마마무는 실제로 퀴어 팬들에게 큰 호감을 샀을 뿐 아니라 여전히 큰 지지를 받고 있다(국내 퀴어문화축제에 최초로 후원한 케이팝 팬덤이 마마무 팬덤이었다).

　이보다 앞서 조권은 〈Animal〉 무대를 통해 드랙퀸을 연상시키는 퍼포먼스를 보여준 적 있다. 이 무대에서 조권은 깃털로 거대하게 장식된 갑옷 같은 케이프를 입고 스터드로 장식된 몸에 달라붙는 가죽 바지 아래 반짝이는 하이힐을 신고, 채찍을 휘두르면서 디스코 사운드에 맞춰 퍼포먼스를 선보인다. 이 퍼포먼스가 무엇보다 드랙을 연상시키는 건 하이힐일 것이다. 이전까지 발라드 장르를 주력으로 해왔던 2AM의 멤버 조권이 강렬한 디스코 사운드를 들고 온 것도 파격이었지만, 무대 위에서 여성 퍼포머의 전유물로 여겨진 하이힐을 신고 퍼포먼스를 펼친 것이 가장 파격적이었다.

　하이힐의 기원은 고대 이집트 남성들의 굽 높은 신발이다. 이후 16세기 피렌체의 대부호 가문이었던 메디치 가문의 카트린 드메시스(Caterina de'Médicis)가 프랑스 왕 앙리 2세와의 결혼식에서 당시 이탈리아리식 하이힐이었던 초핀느를 신으며 여성들 사이에서도 하이힐이 유행하기 시작했다. 이렇게 남녀 모두가 즐겨 신던 하이힐은 점차 업무 능력에 악영향을 미친다는 이유로 남자들과는 멀어지고, 여성의 몸매를 아름답게 강조해줄 수 있다는 이유로 19세기 이후 완전히 여성의 전유물이 되었다. 그런 의미에서 치마와 스타킹, 브래지어만큼이나 하이힐은 젠더화되어 있는 패션이다. 드랙에서도 하이힐은 여성성을 패러디하는 큰 장치로 활용되어왔다. 하이힐을 신은 걸음은 걸음걸이도 젠더화되어 있음을 가장 잘 보여줄 수 있는 장치이기 때문이다.

조권이 여성의 전유물인 하이힐을 신고 퍼포먼스를 펼쳤다면 마마무의 멤버 문별은 첫 솔로곡 〈Eclipse〉에서 본격적으로 남성성을 퍼포먼스의 전면에 내세운다.[17] 남성 아이돌들의 전유물과 같은 바지 제복을 입고 나와 남성의 또 다른 전유물인 '너를 구해준다'는 서사로 남자 아이돌에 가까운 댄스 퍼포먼스를 펼친다. 이때 남자 아이돌과 같은 퍼포먼스를 구성하는 핵심 요소 중 하나는 소위 말하는 '꾸러기' 표정이다. '꾸러기' 표정은 온라인 커뮤니티를 중심으로 명명된 케이팝 퍼포먼스 표현 양식으로 흔히 악동 같은 캐릭터를 연기하면서 개구지게 웃거나, 혀를 내미는 등의 표현을 일컫는다. 이는 쿨한 반항기를 재현하는 것으로 이 같은 반사회적인 기질을 가진 캐릭터는 남성이 독식해오다시피 했다. 나아가 '꾸러기' 표현 양식은 아무리 반사회적인 행동을 해도 사랑받을 수 있으리라는 믿음을 전제한 표현 양식으로, 한편으로는 과잉된 자의식을 내포하고 있기도 하다. 과잉된 자의식 또한 오랫동안 남성 퍼포머들의 전유물이었다. 문별은 이와 같이 남성성의 전유물이었던 '꾸러기' 표현 양식을 전유함으로써 드랙킹과 같은 방식으로 남성성을 성공적으로 패러디해낸다.

케이팝 퀴어 커뮤니티 내에서는 〈Eclipse〉 퍼포먼스를 하는 문별을 부치 캐릭터로 해석하는 팬들도 상당히 많았다. 부치와 드랙킹의 차이를 분명하게 분리해내는 것이 가능할까. 최초의 드랙킹 콘테스트는 1994년 샌프란시스코에서 이뤄졌다고

하는데, 부치들이 매력을 뽐내는 경합의 장이었다고 한다. 드
랙은 단순히 다른 젠더를 흉내 냄, 소위 '남장'과 '여장'만으로는
설명될 수 없다. 젠더를 모방하는 패러디를 통해 남성성과 남성
을, 여성성과 여성을 분리해내는 과정은 남성성, 여성성이라는
것을 연속된 스펙트럼으로 보여준다. 이때 드랙을 통해 젠더표
현을 섬세하게 구체화해냄으로써 남성성과 여성성 각각이 동
일하다는 신화를 무너뜨린다. 그런 의미에서 부치와 드랙킹은
스펙트럼의 연속일 수 있다. 동시에 어떤 게이 남성의 특성과
드랙퀸 역시 스펙트럼의 연속일 수 있으며, 킹과 퀸으로만 설명
될 수 없는 젠더표현과 욕망 역시 드랙을 통해 표현할 수 있게
된다. 젠더가 여성과 남성이라는 이분법에서 더 구체화될수록
이분법은 점점 흐려지고, 젠더퀴어는 그 스펙트럼 사이를 횡단
하며 자신의 욕망을 탐구할 수 있게 된다.

소년, 무해한 남성성 드랙

드랙킹은 마초적인 남성성뿐만 아니라 페티시화되는 남
성성을 패러디할 수도 있다. 케이팝에서 각광받는 소년이라는
캐릭터 또한 그런 의미에서 남성성의 패러디일 수 있다. 소년에
대한 동경의 역사는 깊다. 케이팝에서도 예외는 아니다. 케이팝
에서 '소년'은 가장 인기 있는 캐릭터 중 하나이다. '소년'에는 다
양한 정의가 있겠지만 기본적으로 성인이 되지 않은 남성을 지
칭한다. 여기서는 더 섬세하게는 소년과 청년을 분리해내보고,

더 나아가서는 청소년과도 분리해내보려고 한다. 소년과 청소년을 분리하게 되면 위에 내렸던 일반적인 소년에 대한 정의인 '성인이 되지 않은 남성'이라는 정의 또한 다시 짚고 넘어가게 될 것이다.

먼저 소년과 성인 남성의 가장 큰 차이점은 외적으로는 2차성징의 과정 중에 있는 외형과 2차성징 이후의 외형일 것이고, 권력의 측면에서는 섹슈얼리티의 자율성의 확보 여부일 것이다. 비성인 남성은 성인 남성과 달리 사회적으로 섹슈얼리티 자율성으로부터 격리되어 있다. 그렇다면 소년과 청년의 차이는 무엇일까. 청년은 사실 소년을 포함해서 쓰이기도 하는 용어다. 그럼에도 어법상에서 청년에는 이 사회의 미래를 견인한다는 발전적인 의미에 방점이 찍혀 있다면, 소년은 미숙함에 방점이 찍혀 있다는 차이가 있다. 그렇다면 청소년과 소년의 차이는 무엇일까. 청소년이라는 표현은 일단 소년과 소녀를 포괄하는 단어이기도 하지만, 동시에 단어의 용례가 미숙함이라는 상징성 가운데서도 더 구체적으로 법률적인 '나이'와 연결된다. 보통 법적으로 보호받아야 할, 비성인으로서 특정한 권리를 지닌 연령을 강조해야 할 때 '청소년'이라는 용어를 쓴다. 이에 비해 '소년'이라는 용어의 의미는 조금 더 문학적이고 상징적이다. 소년이라는 단어에는 일반적으로 성인 남성에게는 기대되지 않는 미숙함과 순수한 남성성이라는 '긍정적인' 의미가 담겨 있다.

그런데 왜 미숙함과 순수함은 긍정적인 남성성으로 동경

받게 되었을까. 이 시대에 '소년'이라는 캐릭터가 각광받는 큰 이유는 아마도 '무해한 남성성'에서 찾아볼 수 있을 것이다. '남성성'이 독소조항이 된 이유는 고전적인 남성성 내의 능동성이 폭력성으로 쉽게 이어지는 현실에서 찾아볼 수 있다. 성인 남성의 능동적인 섹슈얼리티는 권력을 가지고 상대를 제압하는 무례함과 폭력의 상징이 되어가고 있다. 이를 마초적인 매력으로 소비하기도 하지만, 그만큼 공포스러운 대상이기도 하다. 소년은 능동적인 섹슈얼리티로부터 격리되어 있다는 점에서 사회적으로 안전하다는 암시를 준다.

하지만 소년을 더욱 매력적으로 만드는 것은 자유로운 섹슈얼리티로부터 격리되어 있지만 그렇다고 완전히 섹슈얼리티로부터 배제되어 있지는 않다는 점이다. 소년은 사회로부터 섹슈얼리티를 억압당하고 부정당한다는 점에서 소녀와 같은 지위에 있다. 하지만 동시에 성인 남성으로 가는 과정 중에 성숙하지 않은 능동적인 섹슈얼리티를 내포하고 있을 것이라는 암시가 있고, 이것이 소년을 더욱 매혹적으로 만든다. 이렇게 성숙하지는 않지만 잠재성을 가진 소년의 섹슈얼리티는 소년을 바라보는 대상이 성인 남성에게서는 해소하기 힘든 능동적인 위치에서의 섹슈얼리티를 실천할 수 있으리는 환상을 일으키도록 한다. 이는 완전불가결한 무해함이라기보다 언제든 균열을 일으킬 여지를 가진 무해함이다.

이 시점에서 뜬금없이 시몬 드 보부아르(Simone de Beauvoir)를 떠올린다. 시몬 드 보부아르의 오래된 격언처럼 '남성'은 언제나 인간 일반이었던 반면에 '여성'은 언제나 태어나는 것이 아니라 만들어져왔다. 그런 의미에서 한 번도 만들어지지 않은 여성은 대중문화에서 쉽게 용인된 적이 없었다. 우린 만들어지지 않은 여성, 인간으로서 여성이 어떤 존재인지조차 잘 알지 못한다. 반면 남성은 언제나 처음부터 인간이었고 무엇이든 용인되었다. 하지만 '소년'은 여성의 시점에서 만들어진 남성이라는 점에서 젠더의 패러디가 일어난다. 여성이 통제할 수 있고, 철저히 여성의 욕망에 부역하는 속성만을 남기고 소거된 남성성으로서의 소년은 여전히 남성인 것일까? 퀴어들이 소년에게 부치 레즈비언을 투영하여 바라보거나, 일부 부치 레즈비언들이 소년을 자신의 롤모델로 삼는 것 또한 이러한 질문을 더욱 의미심장하게 만든다.

　　이런 소년상이 국내 대중문화 속에서 매력적인 캐릭터로 등장하기 시작한 지는 얼마 되지 않았다. 케이팝에서 소년이라는 콘셉트는 이제 고전적인 레퍼토리 중 하나가 되었지만 사실 케이팝에서도 소년 캐릭터가 각광받기 시작한 것은 그리 오래되지 않았다. 케이팝에서 처음 무해한 소년의 신호탄을 쏜 것은 2009년 〈누난 너무 예뻐〉라는 곡을 들고 데뷔한 샤이니다. 이는 10대가 아닌 성인 여성들이 케이팝의 소비 타깃이 된 지 얼마 되지 않았다는 것을 말해주기도 한다. 이 시점에 아이돌 소속사들은 '누나 팬'을 부각하며 본격적으로 경제력 있는 성인 여성 팬들을 호명하기 시작했다.[18] 이 시기는 성인 여성들이 미디어의 주목을 받기 시작한 시점이기도 하다. 이는 2000년대

중반부터 여성이 모든 소비 분야에서 주도권을 장악했다는 보고서들이 나오기 시작한 것이 미디어 시장에서 유의미하게 작동한 결과이다.[19] 이때부터 본격적으로 연상 여성에게 매력을 어필하는 연하 남성들이 '꽃미남'이라는 이름으로 미디어에 등장하기 시작했다. 샤이니는 2008년 청소년들로 팀을 구성하고, 이를 전략적으로 판매하면서 본격적으로 연하남을 소년의 연령까지 끌어내렸다.

샤이니는 〈누난 너무 예뻐〉로 시작해 〈아미고〉, 〈줄리엣〉으로 이어지는 내내 어떤 한계에 직면해도 상대만 바라보고 열렬하게 구애하는, 전형적인 순정만화 속의 순정적이고 로맨틱한 소년의 이미지를 구현해냈다. 샤이니는 멤버들이 모두 성인이 된 이후에도 성인 남성에게 기대되는 마초성이나 주도적인 섹슈얼함을 내세우지 않으면서 소년의 이미지를 변주해 가져간다. 오히려 이 지점에서 샤이니의 소년성이 더욱 드랙 같은 효과를 가진다. 더 이상 소년이 아님에도 소년을 하나의 캐릭터, 콘셉트로 삼으면서 끊임없이 소년을 모방하기 위해 새로운 소년성을 발명해나가는 것이다. 순정적인 소년(〈Love Sick〉〈1 of 1〉〈I Want You〉)의 캐릭터를 기본적으로 그대로 가져가면서 세상이 이상하다고 말하는 것을 특별하다고 말해주는 다정한 반사회성(〈View〉〈Odd Eye〉)과 같은 면모를 변주해나가는 식으로, 연차가 쌓일수록 샤이니라는 소년의 이미지를 구체화해나가면서 전형적인 남성성으로부터 캐릭터를 분리해낸다.

샤이니가 구축한 소년 이미지의 계보를 가장 직접적으로

이어나가기 시작한 것은 같은 소속사 SM엔터테인먼트의 아이돌이 아닌 오히려 빅히트 엔터테인먼트의 투모로우바이투게더(이하 'TXT')이다. TXT는 샤이니가 구축한 소년의 이미지 가운데에서도 다정한 반사회성, 사회가 알아주지 못하는 우리의 특별함을 가져와 이름의 뜻 'tomorrow by together'가 직접적으로 의미하듯, 고립으로부터 벗어나 관계를 통해 연대하는 성장 서사의 일부로 가져간다(⟨어느날 머리에서 뿔이 자랐다⟩, ⟨9와 4분의 3 승강장에서 널 기다려⟩). 그 과정에서 샤이니의 소년들보다는 로맨틱한 면을 덜어내고 좀더 '성장'에 초점을 맞춘 소년 이미지를 구축하며 샤이니보다 방대한 세계관을 구성한다. TXT는 전형적인 소년의 이미지인 교복을 입고 데뷔하지만 점점 크롭티, 긴 머리 등을 과감하게 활용하며 소년과 톰보이의 이미지 사이의 경계를 모호하게 만들기 시작한다(⟨5시 53분의 하늘에서 발견한 너와 나⟩).[20]

'성장하는 소년들'은 성적으로 순수한 소년들만큼이나 전형적인 소년의 클리셰다. 반면 소녀들에게는 소년들과 같은 성장이 허락되지 않는다. 소년은 이미 한 인간으로서 완전한 주체성을 가지고 스스로 성장할 수 있지만, 소녀는 언제나 로맨스를 경유해서만 완전해질 수 있기 때문이다. 소년 만화는 언제나 성장 드라마였지만 순정 만화는 언제나 소녀가 프린스를 만나서 완결되는 것과 같은 것이다. 아이돌도 마찬가지다. 남성 아이돌의 서사에서 남성 아이돌은 처음부터 서사의 주체인 경우가 많은 반면, 여성 아이돌은 성장하기 이전에 일방적인 대상화에서 벗어나 주체가 되는 과정부터 시작해야 하는 경우가 많다. 남성 아이돌은 첫 등장부터 성장서사를 쓸 수 있었던 반면, 이달의 소녀와 오마이걸의 경우처럼 2010년대 후반에 와서야 여성 아이돌 그룹도 비로소 성장서사를 가져올 수 있었던 것은 이러한 맥락과 닿아 있다.

젠더퀴어들의 정체화 과정은 프린스를 찾아 삶이 완성되는 과정보다 끊임없는 성장서사와 더 많은 교집합을 가진다. 성별이분법적인 사회가 알아주지 못하는 논바이너리한 젠더정체성을 깨닫고, 소수자성을 기반으로 한 연대를 통해 사회적인 고립으로부터 벗어나는 과정은 흡사 케이팝 소년들의 성장서사와 유사하다. 이미지와 퍼포먼스뿐만 아니라 세계관이 가진 서사, 정체화 서사의 유사함으로도 퀴어 정체성은 스스로를 투영할 수 있는 틈새를 발견해낼 수 있다. 서사는 드랙의 가장 중요한 부분 중 하나다. 관객은 드랙의 이미지와 퍼포먼스에 환호하는데, 그 이미지와 퍼포먼스의 서사가 탄탄할수록 드랙 자아는 더 입체적이고 매력적인 것이 된다. 성장하는 세계관을 통해 점점 더 입체감을 덧입어가는 소년 캐릭터는 남성과 소년 사이의 간극으로 젠더를 패러디하는 데서 나아가 소년이 남성이 아니라면 무엇으로 성장할 수 있을지 그 과정을 보여준다는 점에서 젠더의 생애주기에 대한 또 다른 패러디가 될 수 있다.

TXT가 성장하는 소년들이라면 NCT DREAM(엔시티 드림)은 쇼타 콤플렉스를 직접적으로 셀링하는 방식으로 소년을 판타지 안에 가둔다. 쇼타 콤플렉스는 롤리타 콤플렉스의 대응어로 롤리타 콤플렉스가 소아여성성애를 의미한다면 쇼타 콤플렉스는 소아남성성애를 의미한다. NCT DREAM은 데뷔 당시(2016년) 케이팝 남성 아이돌 가운데 데뷔 연령이 가장 어렸던 것만으로도 화제가 됐지만, 그만큼 대중이 쇼타 콤플렉스를 이야기할 때 제시하는 이미지들을 적극적으로 콘셉트로 삼아 NCT DREAM이 보여주려는 소년의 방향성을 더욱 확고히 했다. NCT DREAM은 짧은 교복 반바지와 세일러복, 한 치수는 커 보이는 제복 등의 의상으로 소년을 더욱 적극적으로 페티시로 제시한다. 페티시란 보통 일부분이 성적인 대상으로 부각되어 떠받들어지는 특징이나 대상을 의미한다. NCT DREAM은 소년이라는 콘셉트에 페티시까지 입혀 더더욱 실재하지 않는 소년을 그려냄으로써 남성과 소년 사이의 젠더 패러디를 가속화한다. 소녀 페티시가 성인 여성에게까지 강요되는 사회에서 소녀와 여성 사이의 젠더 패러디는 극적이지 않은 반면, 주체적이고 능동적인 인간 일반으로 '남성'이 제시되는 사회에서 소년의 페티시화는 소년과 남성 사이의 패러디를 극적으로 만든다.

미소년 페티시의 역사는 고대 그리스까지 거슬러 올라간다. 그때 미소년 페티시는 성인 남성들의 것이었지만, 근대에 들어서서 미소년은 레즈비언들의 페티시이기도 했으며, 여전히 많은 부치 레즈비언들의 롤모델이자, 부치 레즈비언에 대한 페티시를 가진 이들이 부치 레즈비언의 이미지를 투영하는 대상이기도 하다. 실제로 톰보이와 미소년의 이미지는 남성과 여성 한쪽으로만 판독하기 어렵다는 점에서 매우 유사하다. 이 점에

서 소년의 페티시화된 이미지는 쇼타 콤플렉스뿐 아니라 성애
화된 젠더퀴어 이미지로도 해석할 여지를 제공한다.

창녀와 성녀 구분에서 벗어난
여성 아이돌의 가능성

드랙이 젠더를 패러디함으로써 젠더가 두 가지로 이뤄져
있다는 해부학적인 편견의 허구성을 드러내고 젠더를 스펙트
럼으로 펼쳐낸다면, 한편으로 타자에 의해 패러디되어오기만
했던 소수자성을 당사자의 목소리로 발화함으로써 소수자성을
구체화하는 것 또한 젠더를 구체화해 젠더의 허구를 드러내는
방식이 될 수 있다. 여성 아티스트들이 자신의 목소리를 내기만
해도 여성적이지 않은 인격으로 해석되는 것은 그동안 여성이
얼마나 대상으로만 머물러 있었는지를 반증한다.

창녀와 성녀라는 오래된 구분은 대중문화에서 여전히 유
효하다. 남성 아티스트들은 처음부터 주체의 위치에서 퍼포먼
스를 펼치기에 다양한 선택지 사이에서 세심하게 인격을 선택
해 연기할 수 있다면, 여자 아티스트들의 캐릭터 선택지는 여전
히 소녀와 팜므파탈, 창녀와 성녀 사이에 갇혀 있다. 케이팝 남
자 아티스트들이 비교적 빠르게 젠더리스를 선택할 수 있었던
반면, 여자 아이돌에게 젠더리스는 여전히 고르기 쉽지 않은 선
택지다. 여자 아이돌이 제3의 선택지를 선택해도 '걸크러시'와
'보이시' 등으로 수렴되는 등 그 선택을 여성성 안으로 가두려

는 대중문화의 가부장성이 여전히 공고하기 때문이다.

케이팝에도 드물게 톰보이들이 존재한다. 톰보이란 보통 외형적으로 남성적인 표현 양식을 지닌 여성을 일컫는다. 톰보이라고 해서 성지향성이 무조건 레즈비언인 것도 아니며, 헤테로섹슈얼 톰보이가 존재한다. 젠더정체성에서도 논바이너리 젠더퀴어, 혹은 트랜스 정체성을 가진 톰보이도 많다. 2000년대 후반 이후 케이팝에 f(x)의 엠버와 공원소녀 미야 외에 눈에 띄는 다른 톰보이 아티스트가 존재하지 않는다는 사실은 케이팝이 여자 아티스트에게 허용하는 이미지가 얼마나 한정되어 있는지 보여주는 증거다. 대중문화는 언제나 톰보이에게 모호함을 벗어나 설명될 것을 강요했다. 머리를 언제 기를 것인지, 남자 이상형은 무엇인지를 묻는 질문을 끊임없이 이어가는 방식으로 말이다. 그들이 스스로를 설명하기를 유예해도 대중문화는 언제나 이들이 지금은 톰보이지만 언젠가는 머리를 기르고 남자를 만나 '여자'가 될 미성숙한 존재로 해석하려 애써왔다. 이들은 그 과정에서 모든 질문과 설명, 수사가 그들의 젠더정체성과 성지향성으로 집중되면서 그들이 전하려 하는 다른 메시지는 묵살되는 효과까지 가진다.

림 킴(Lim Kim)은 아이돌로 분류되는 아티스트는 아니다. 하지만 림 킴의 작업을 통해 우리는 창녀와 성녀라는 이분법을 넘어서는 다른 가능성이 어떻게 가능할 수 있는지 엿볼 수 있다는 점에서 이 글에서 림 킴의 작업을 짚고 넘어가고 싶다. 림 킴은 2019년 직접 디렉팅한 앨범 《GENERASIAN》를 발표한다.

그는 이 앨범의 타이틀인 〈YELLOW〉를 통해 국내에서 누구보다 효과적으로 아시안 여성들에게 던져지는 오리엔탈리즘적인 시선을 비틀었다.[21] 림 킴은 직접 작사·작곡한 이 곡으로 이미지와 가사, 동양풍의 사운드를 복합적으로 이용하는데, 이를 통해 젠더를 인종과 복합적으로 사유함으로써 자신을 과대 대표하는 아시안이라는 인종과 여성이라는 인종의 교차 지점, 그리고 그 교차 지점에서 정작 자신의 목소리는 제외되고 대상으로만 물화되어 패러디되기만 하는 현상을 당사자의 목소리로 발화한다. 이는 자신의 위치를 자신의 목소리로 재정립하려는 시도다.

케이팝은 북미 시장에서 각광받기 시작하면서부터 오리엔탈리즘의 큰 수혜자가 되고 있다. 케이팝은 새로운 동양의 미학을 제시하기보다 서구에서 잘 팔리는 오리엔탈리즘의 스테레오타입 그대로를 주력상품으로 판매하는 방식으로 산업을 성장시켰다. 서구가 만들어낸 오리엔탈리즘은 서구에서뿐만 아니라 동양에서도 각광받는 이미지다. '아름다운 허구'로서 충분히 매력적이기 때문이다. 다만 오리엔탈리즘의 스테레오타입을 그대로 재생산하는 것은 아시아에 대한 상상력을 계속 제한시킨다는 점에서 한계가 있다. 스테레오타입의 오리엔탈리즘을 케이팝 아티스트가 재현하는 것은 스테레오타입에 현실감을 부여하기는 하지만 새로운 아시안 미학을 제시해주지는 못한다. 림 킴은 오리엔탈리즘의 전형적인 대상인 아시안 여성으로서 직접 오리엔탈리즘에 대해 발화하는 형식의 곡과 그 곡의 이미지를 직접 디렉팅해, 대상으로 머물러 있기를 거부하고 주체로 나서 아시안 여성의 새로운 미학을 창조해내려는 의지를 보여준다. 이때의 아시안 여성은 더 이상 오리엔탈리즘의 대상이 되었던 아시안 여성과 같은 젠더가 아니다. 림 킴의 의지를 통해 우리가 발견할 수 있는 것은 아시안 여성도 얼마든지 다양한 이미지와 다양한 젠더로 펼쳐질 수 있다는 가능성이다. 이때 여성은 당사자의 입장에서 사회적 위치를 구체화시킴으로써 창녀와 성녀, 소녀와 팜므파탈이라는 이분법 어디에도 갇히지 않을 수 있다.

성별 없는 저항과 꿈

케이팝에 세계관이 등장하기 시작하면서 젠더정체성 및 성지향성과 무관하게 펼쳐지는 세계관 서사는 퀴어로 하여금 자유롭게 자신을 투영할 수 있는 의미의 장소로 기능하기도 한다. 케이팝에서 세계관 서사는 멤버들을 한 그룹으로 조직하는 과정에 필연성을 부여하고, 나아가 아이돌과 팬덤과의 만남까지 필연으로 엮으면서 팬들이 '덕질'에 더 몰입할 수 있게 유도하는 장치로 활용되기 시작했다. 케이팝의 세계관 서사가 주력하는 멤버들 간의 관계성은 팬픽을 비롯한 2차 창작의 소재로 팬들을 끌어들이기도 하지만, 멤버들 간의 관계가 가능하게끔 하는 가상 세계가 확장되는 세계관은 그 자체로 SF와 판타지를 넘나드는 장르의 기능을 하며 팬들을 몰입시킨다. 그 과정에서 현실을 다르게 상상하거나, 새로운 현실을 상상할 수 있는 공간이 열릴 수 있다. 케이팝에 세계관이 등장하기 시작한 초창기에는 그룹의 각 멤버를 자연현상과 물질에 은유하거나(엑소), 마법 세계에서 만나는 설정(우주소녀)을 제시하는 등 케이팝 세계관은 판타지적이었으나, 이는 점점 그 세계를 구체적으로 제시하는 데 초점을 맞추기 시작한다. 그 과정에서 가장 두드러지는 변화는 물질성은 점점 희미해지는 반면 가치는 점점 더 강조되기 시작했다는 점이다. 이러한 변화는 아이돌의 젠더가 가진 기존의 해부학적 물질성을 희석시킨다. 이는 팬덤이 아이돌이 내세우려는 메시지에 내포한 가치에 집중하도록 함으로써, 다양한 정체성의 팬들이 아이돌 캐릭터와 아이돌 서사에 더 수월하게 자신을 이입할 수 있도록 만든다. NCT와 이달의 소녀는 이러한 세계관을 가진 대표적인 그룹이다.

NCT의 경우 꿈을 매개로 확장되는 동시에 하나가 될수 있다는 메시지를 전하기 위해 멤버들이 각자 꾼 꿈과 그 꿈이 단계별로 매개되어 멤버들이 한 팀으로 모이는 과정을 〈NCTmentary〉라는 시리즈 영상을 통해 제시한다. 이러한 추상적인 세계관은 성애적이지도, 성별화되어 있지도 않은 곡 〈일곱 번째 감각〉으로 데뷔한 이후 연이어 여타 남성 아이돌과는 다르게 스스로를 남성으로 지칭하지도 않고, 고전적인 남성성을 드러내지도 않으며, 대상을 여성으로 상정하지도 않고, 사랑을 주제로 하지도 않는 곡들(〈무한적아〉 〈Cherry Bomb〉 〈GO〉 〈Simon Says〉 〈Super Human〉 등)을 발표한다. 이 곡들은 오히려 단일하지 않은 주체와 비정형적인 공간, 선형적이지 않은 시간을 연상시키는 가사를 두 가지 이상의 이미지가 오버랩된 영상들과 때론 낮은 화소의 핸드헬드 영상들, 그리고 사이보그를 연상시키는 이미지들과 같이 좀체 선명하지 않은 이미지들로 구성된 뮤직비디오와 함께 이루어진다. 이러한 곡들은 추상적인 세계관과 시너지를 일으켜 특정한 젠더에 구애받지 않고 몰입할 수 있게 할 뿐 아니라, 단일한 정체성에 의구심을 던질 수 있는 가능성까지 품은 젠더리스한 의미의 장소를 제공한다.

NCT의 젠더리스한 주제의식 외에도 주목할 지점은 사이보그를 연상시키는 이미지들과 함께 제시되는 NCT의 뮤직비디오 영상들이다. 2019년 발표한 NCT의 유닛인 NCT 127의 곡 〈Super Human〉의 뮤직비디오는 시작부터 계속 로봇을 등장시키고, 마지막 즈음에는 퍼포먼스 중간중간 멤버들의 몸이 해체되는 듯한 장면을 짧고 드라마틱하게 연출함으로써 초인으로서 〈Super Human〉은 사이보그임을 암시한다. NCT 127이 2020년 발표한 곡 〈영웅〉에서도 무술을 연상시키는 퍼포먼스를 하는 멤버들의 이미지와 함께, 같은 퍼포먼스를 하는 성별을 알 수 없는 매끈한 사이보그의 이미지가 번갈아 등장한다. 이러한 연출은 같은 해 〈영웅〉 다음으로 발표한 곡 〈Punch〉에서 멤버들의 이미지가 홀로그램으로 변형되었다 되돌아가기를 반복하는 형태로 변주되어 다시 제시된다. 꿈이라는 비정형적인 매개가 중심이 되는 세계관과 인간에서 벗어난 젠더를 알 수 없는 사이보그 이미지의 합은 정형적이고 성별이분법적인 현실 사회와 물질로 이루어진 세계 이미지의 해체를 가속시킨다. 그 안에서 젠더화된 몸으로부터 해방될 수 있는 가능성이 잠시나마 스파크처럼 튀며 제시된다.[22]

　　이달의 소녀는 소수자들의 연대를 억압하는 세상의 법칙을 깨고 연대를 통해 앞으로 나아가고자 하는 메시지를 전달하고자 하는 자체적인 세계관 '루나버스(LOONAverse)'의 설명틀을 견고하게 하기 위해 이달의 소녀 안의 세 유닛(이달의 소녀 1/3, 오드아이써클, yyxy)에 각각 다른 의미를 부여하고, 천체주기에 맞춰 컴백하는 등 철저하게 세계관을 중심으로 활동을 펼쳐나간다. 그뿐만 아니라 이달의 소녀는 솔로곡을 포함해 모든 뮤직비디오에 세계관의 힌트를 심어 놓아 팬들에게 케이팝 아이돌 가운데 가장 난해한 동시에 가장 세심하게 짜인 세계관을 구성했다는 평가를 받는다. 이달의 소녀가 획기적인 점은 남성 아이돌의 전유물로 여겨져온 저항적 가치를 전달하는 세계관이 여성 아이돌에게도 가능하다는 사실을 보여줬다는 점이다. 기존에 유독 여성 아이돌이 남성 아이돌보다도 사랑에 집중된 메시지를 전달하는 데 치중해왔다면, 이달의 소녀는 여성 아이돌 그룹으로는 드물게 스스로가 지닌 소수자의 위치성을 짚고, 이를 타개하려는 메시지를 세계관의 중심으로 설정한다. 이달의 소녀는 뮤직비디오를 통해 다양한 인종과 환경을 끊임없이 드러내는 대신 남성을 비가시화함으로써 오히려 여성 안의 다양성에 집중하는 형식으로 어떤 의미에서 젠더리스한 세계를 보여준다. 케이팝이 표상하는 젠더리스 또한 '남성적이지 않은 남성'을 제시한다는 의미에서 남성 중심적이라면, 이달의 소녀는 지속적으로 남성을 배제하고 메시지에 집중하는 뮤직비디오를 들고나와 젠더리스를 다른 방향으로 확장한다.

케이팝의 '젠더리스'가 숨기는 것

'젠더리스'는 어디까지나 젠더퀴어의 욕망이 재현될 수 있는 장소, 나아가 젠더를 벗어나 상상할 수 있는 공간으로 작동하는 하나의 방식일 뿐이지 젠더리스가 젠더퀴어의 전부는 아니다. 하지만 미디어는 젠더리스를 간편하게 전형적인 이미지로 제시하곤 한다. 미디어가 제시하는 젠더리스는 젠더정체성에 구애되지 않는다는 의미보다는 '성별이 모호함'에만 초점을 맞춘다. 또한 미디어에서 젠더퀴어가 다뤄지는 일이 극히 드문일이긴 하지만, 보통 젠더퀴어 정체성의 신체 혹은 이미지는 이러한 젠더리스, 즉 모호한 성별 이미지로 소환된다. 이와 같이 호명된 젠더리스는 모호한 젠더가 곧 젠더퀴어라는 선입견을 부추긴다.

대중문화 가운데서 유독 케이팝은 '젠더리스'가 자주 호명되는 장르다. 이는 사실 앞서 열거한 이미지와 서사가 복합적으로 교차해 생성된 측면이라기보다 고전적인 여성 혹은 남성으로부터 탈피한 이미지이고, 그 이미지는 언제나 예외 없이 '굴곡지지 않은 마른 몸'이다. 이는 여성적 2차성징도, 남성적 2차성징도 읽히지 않는 마른 몸이 젠더퀴어하다는 편견에 기인한다. 2차성징이 제거된 몸이 '젠더리스'한 몸이자 곧 '안드로진'이고 '젠더퀴어'라는 인식은 역으로 몸을 성별이분법적으로 인식하는 데서 기인하여 기존의 성별화되어 있는 몸의 체계를 고착시킨다.

이러한 대중적인 인식은 젠더퀴어 당사자로 하여금 마른 몸이 젠더퀴어한 몸의 이상향이라는 왜곡된 인식을 심어주기도 한다. 성별이분법적으로 몸이 동질하다는 인식은 다양한 퀴어 당사자들에게 자기 몸을 부정하게끔 하며 젠더 디스포리아(gender dysphoria), 즉 성별 불쾌감의 이유가 된다. 젠더퀴어들에게 젠더리스의 상징으로서 굴곡 없이 마른 몸이 욕망의 대상이 된다면, 트랜스 당사자들에게도 몸은 언제나 관리의 대상으로 여겨진다. 트랜스남성의 경우 2차성징기에 가슴과 골반이 발달하는 것에 젠더 디스포리아를 느끼고 이를 감량하기 위해 거식증을 경험하는 사례가 많다. 트랜스여성들은 비트랜스여성들이 사회적으로 받는 체중 감량의 압력을 똑같이 느낀다. 나아가 원하는 것은 쟁취할 수 있다는 왜곡된 포스트 페미니즘의 구호는 퀴어 당사자들이 스스로가 원하는 젠더로 패싱되는 몸을 개인의 노력으로 쟁취해야 한다는 압력에 시달리게 한다.

전 지구적으로 케이팝의 신체가 전복적 젠더 이미지로 대두되고 있는 현실에서 다시금 은폐되는 것은 케이팝이 보여주지 않는 다양한 신체다. 미디어에서 특정한 신체의 크기, 모양과 굴곡의 정도, 그리고 체중이 퀴어한 표상의 척도가 될수록 다양한 퀴어의 신체는 지워진다. 어떤 젠더정체성도 대명사가 아니다. 정체성에 걸맞은 몸과 옷차림이란 존재하지 않는다. 우리가 케이팝의 몸이 '젠더리스'하다며 퀴어한 몸이라고 간편하게 이상화해서는 안 되는 이유다.

주

1 하세용, 〈싱글리뷰 이달의 소녀: – BUTTERFLY | [X X] (2019)〉, 《WEIV》, 2019년 3월 4일 자, https://www.weiv.co.kr/archives/24004.

2 Teresa De Lauretis, "The Technology of Gender", *Technologies of Gender: Essays on Theory, Film, and Fiction*, Indiana University Press, 1987, pp.1-30.

3 Laura Mulvey, *Visual and Other Pleasures*, 1989, Springer.

4 샤이니, 〈View〉 뮤직비디오, https://youtu.be/UF53cptEE5k.

5 태민은 《빌보드》와의 인터뷰에서 "저의 목표는 남성성과 여성스러운 움직임을 안무에 혼합하여 중간 지점을 찾는 것"이라고 밝히며 자신이 생각하는 젠더리스한 표현이 무엇인지 설명한 적이 있다.

6 태민, 〈Move〉 뮤직비디오, https://youtu.be/-OfOkiVFmhM.

7 태민, 〈Want〉 뮤직비디오, https://www.youtube.com/watch?v=rcEyUNeZqmYx.

8 Tamar Herman, "Taemin Talks 'MOVE,' Gender Stereotypes & Pushing the Boundaries of K-Pop", billbord, 25 September 2017, https://www.billboard.com/articles/columns/k-town/8014100/taemin-interview-move-gender-stereotypes-pushing-the-boundaries.

9 츄, 〈Heat Attack〉 뮤직비디오, https://www.youtube.com/watch?v=BVVfMFS3mgc.

10 엠버×루나, 〈Lower〉 뮤직비디오, https://www.youtube.com/watch?v=ZjpOmdMeIPU.

11 엠버, 〈Boders〉 뮤직비디오, https://www.youtube.com/watch?v=bNT-zFJKifl.

12 엠버, 〈Countdown〉 뮤직비디오, https://www.youtube.com/watch?v=KBOBkll3fFs.

13 주디스 버틀러, 《젠더 트러블: 페미니즘과 정체성의 전복》, 조현준 옮김, 문학동네, 2008.

14 마마무, 〈음오아예〉 뮤직비디오, https://www.youtube.com/watch?v=pFuJAIMQjHk.

15 https://www.youtube.com/watch?v=mJ2lODkF2Fc](https://www.youtube.com/watch?v=mJ2lODkF2Fc.

16 SBS, 〈김창렬의 올드스쿨〉, 2015년 6월 22일 방영. https://www.you

tube.com/watch?v=7XR7sHYGLww](https://www.youtube.com/watch?v=7XR7sHYGLww.

17 문별, 〈Eclipse〉 뮤직비디오, https://www.youtube.com/watch?v=oCTqcTe1lIA.

18 김수아, 〈남성 아이돌 스타의 남성성 재현과 성인 여성 팬덤의 소비 방식 구성: 샤이니와 2PM을 중심으로〉, 《미디어, 젠더 & 문화》 제19호, 한국여성커뮤니케이션학회, 2011.

19 정기현, 〈한국 텔레비전 광고에 나타난 젠더표상의 변화에 관한 연구〉, 《미디어, 젠더 & 문화》 제8호, 한국여성커뮤니케이션학회, 2007.

20 투모로우바이투게더, 〈5시 53분의 하늘에서 발견한 너와 나〉 뮤직비디오, https://www.youtube.com/watch?v=Vd9QkWsd5p4&list=PL_Cqw69_m_yz3I9k3P68Setf0M5MTN7Lq&index=29.

21 림 킴, 〈YELLOW〉 뮤직비디오, https://www.youtube.com/watch?v=o5S3sPpkd8w.

22 NCT 127, 〈Super Human〉 뮤직비디오, https://www.youtube.com/watch?v=x95oZNxW5Rc; 〈영웅〉 뮤직비디오, https://www.youtube.com/watch?v=2OvyA2__Eas, 〈Punch〉 뮤직비디오, https://www.youtube.com/watch?v=U08OSl3V4po.

참고 문헌

김성민, 《케이팝의 작은 역사: 신감각의 미디어》, 글항아리, 2018.

김수아, 〈남성 아이돌 스타의 남성성 재현과 성인 여성 팬덤의 소비 방식 구성: 샤이니와 2PM을 중심으로〉, 《미디어, 젠더 & 문화》 제19호, 한국여성커뮤니케이션학회, 2011.

쇼히니 초두리, 《페미니즘 영화이론》, 노지승 옮김, 앨피, 2012.

정기현, 〈한국 텔레비전 광고에 나타난 젠더표상의 변화에 관한 연구〉, 《미디어, 젠더 & 문화》 제8호, 한국여성커뮤니케이션학회, 2007.

주디스 버틀러, 《젠더 트러블: 페미니즘과 정체성의 전복》, 조현준 옮김, 문학동네, 2008.

주디스 핼버스탬, 《여성의 남성성》, 유강은 옮김. 이매진, 2015.

하세용, 〈싱글리뷰 이달의 소녀: BUTTERFLY | [X X] (2019)〉, 《WEIV》, 2019년 3월 4일 자, https://www.weiv.co.kr/archives/24004.

Herman, Tamar, "Taemin Talks 'MOVE,' Gender Stereotypes & Pushing the Boundaries of K-Pop", billboard, 25 September 2017, https://

www.billboard.com/amp/articles/columns/k-town/8014100/
taemin-interview-move-gender-stereotypes-pushing-the-
boundaries.

Laura Mulvey, *Visual and Other Pleasures*, 1989, Springer.

Lauretis, Teresa De, *Technologies of Gender: Essays on Theory, Film,
and Fiction*, Indiana University Press, 1987.

Strandjord, Sarah E. & Ng, Henry·Rome, Ellen S. Rome, "Effects of
treating Gender Dysphoria and Anorexia Nervosa in a Transgender
Adolescent: Lessons Learned", *International Journal of Eating
Disorders* 48(7), John Wiley & Sons, 2015.

참고 영상

샤이니, 〈View〉 뮤직비디오, "SHINee 샤이니 'View' MV", https://www.
youtube.com/watch?v=UF53cptEE5k.

태민, 〈Move〉 뮤직비디오, "TAEMIN 태민 'MOVE' #1 MV", https://www.
youtube.com/watch?v=rcEyUNeZqmY.

태민, 〈Want〉 뮤직비디오, "TAEMIN 태민 'WANT' MV", https://www.
youtube.com/watch?v=-OfOkiVFmhM.

츄, 〈Heat Attack〉 뮤직비디오, "[MV] 이달의 소녀/츄 (LOONA/Chuu) "Heart
Attack"", https://www.youtube.com/watch?v=BVVfMFS3mgc.

엠버×루나, 〈Lower〉 뮤직비디오, "[STATION] 엠버 (AMBER) X 루나 (LUNA)
'Lower' MV", https://www.youtube.com/watch?v=ZjpOmdMeIPU.

엠버, 〈Boders〉 뮤직비디오, "[STATION] AMBER 엠버 'Borders' MV",
https://www.youtube.com/watch?v=bNT-zFJKifI.

엠버, 〈Countdown〉 뮤직비디오, "AMBER 엠버 'Countdown (Feat. LDN
Noise)' MV", https://www.youtube.com/watch?v=KBOBklI3fFs.

마마무, 〈음오아예〉 뮤직비디오, "마마무 (MAMAMOO) - 음오아예 (Um Oh Ah
Yeh) MV ", https://www.youtube.com/watch?v=pFuJAIMQjHk.

마마무, 〈음오아예〉 뮤직비디오 비하인드 영상, "마마무 음오아예 MV남장군무 비
하인드", https://www.youtube.com/watch?v=mJ2lODkF2Fc.

SBS, 〈김창렬의 올드스쿨〉, "[SBS]김창렬의올드스쿨,미마무 솔라, 남장한 멤
버들 중 가장 마음에 들었던 사람은 '율 오빠?!'", https://www.youtube.
com/watch?v=7XR7sHYGLww](https://www.youtube.com/
watch?v=7XR7sHYGLww.

문별, 〈Eclipse〉 뮤직비디오, "[MV] 문별(MOONBYUL) - 달이 태양을 가릴 때 (Eclipse)", https://www.youtube.com/watch?v=oCTqcTe1lIA.

투모로우바이투게더, 〈5시 53분의 하늘에서 발견한 너와 나〉 뮤직비디오, "TXT (투모로우바이투게더) '5시 53분의 하늘에서 발견한 너와 나' Official MV", https://www.youtube.com/watch?v=Vd9QkWsd5p4&list=PL_Cqw69_m_yz3I9k3P68Setf0M5MTN7Lq&index=29.

림 킴, 〈YELLOW〉 뮤직비디오, "LIM KIM - YELLOW (Official Video)", https://www.youtube.com/watch?v=o5S3sPpkd8w.

NCT 127, 〈Super Human〉 뮤직비디오, "NCT 127 엔시티 127 'Superhuman' MV", https://www.youtube.com/watch?v=x95oZNxW5Rc.

NCT 127, 〈영웅〉 뮤직비디오, "NCT 127 엔시티 127 '영웅 (英雄; Kick It)' MV", https://www.youtube.com/watch?v=2OvyA2__Eas.

NCT 127, 〈Punch〉 뮤직비디오, "NCT 127 엔시티 127 'Punch' MV", https://www.youtube.com/watch?v=U08OSl3V4po.

11장

몸과 젠더 사이의 틈새로 연대하기:

아이돌이 수행하는 트랜스페미니즘

루인

아이돌 문화에서 트랜스젠더퀴어의 가능성을 모색하기

아이돌 문화와 트랜스젠더퀴어[1]는 어떻게 만날까. 현재 한국 연예계에서 아이돌로 분류되는 인물 중 트랜스젠더퀴어로 커밍아웃을 한 인물은 없다고 해도 과언이 아니다. 퀴어와 관련한 범주 중 어느 하나로 커밍아웃을 한 아이돌 자체가 매우 적다. 한국에서 활동하고 있는 연예인 중 트랜스젠더퀴어 범주에 속하는 인물은 가장 유명한 하리수를 비롯하여 그룹 레이디, 이시연, 고(故) 장채원 정도로 극소수에 불과하다. 그마저도 하리수를 제외한 다른 트랜스젠더퀴어 가수들은 별로 알려지지 않았고 이들 중 누구도 아이돌로 분류되지는 않는다. 그러니 트랜스젠더퀴어와 아이돌 문화의 관계를 엮는 작업은 다소 어려워진다. 그럼에도 아이돌과 트랜스젠더퀴어의 관계를 모색하는 작업을 진행한다면, 머지않은 미래에 트랜스젠더퀴어로 정체화하는 아이돌이 등장하기를 바란다는 희망을 표현하는 것으로 결론을 맺으면 될까? 아이돌과 트랜스젠더퀴어의 관계를 모색하는 고민은 트랜스젠더퀴어로 정체화하는 아이돌의 등장을 통해 비로소 가능해지는 것일까?

트랜스젠더퀴어로 정체화하는 아이돌이 등장한다면 이것은 어떤 의미가 있을까? 예를 들어 방탄소년단의 멤버 중 한 명이 트랜스젠더퀴어로 커밍아웃을 한다면 이것은 분명 전 세계 많은 트랜스젠더퀴어에게 큰 힘이 될 것이다. 특히 퀴어에게 적대적이고 부정적 반응이 상당하며 차별금지법 제정을 심각한 사회악으로 인식하는 한국(그리고 비슷한 상황의 다른 여러 국가)에서 방탄소년단 멤버가 커밍아웃을 한다면 이 일은 사회적, 제도적, 법적 변화를 만들 동력이 될 수 있다. 무엇보다 트랜스젠더퀴어를 비롯한 퀴어 전체의 가시성을 확장하며 새로운 사회적 논의를 생산할 수도 있다. 하지만 한 명의 아이돌이 트랜스젠더퀴어라고 해서 그것이 곧 방탄소년단의 모든 활동을 곧 퀴어하다고 말할 근거가 되지는 않는다. 아이돌 멤버가 모두 이성애자라고 해서 해당 팀의 문화가 이성애 규범적인가는 별개로 논할 문제이듯, 구성원 중 한두 명이 퀴어라고 해서 팀 자체가 퀴어한가, 퀴어인 아이돌이 몇 명 있다고 해서 아이돌 문화가 퀴어해지는가는 별개의 문제다. 이는 2000년 홍석천이 커밍아웃을 했고, 2001년 초 하리수가 트랜스젠더로 커밍아웃을 하며 데뷔를 했다고 해도 연예계의 이성애 규범성, 퀴어를 배제하는 태도는 변하지 않았다는 점을 통해 쉽게 확인할 수 있다. 그러니 아이돌 문화와 트랜스젠더퀴어의 관계를 모색할 때 정체화가 기준이 된다면 그것은 좋은 토대가 되지 않는다. 무엇보다 정체성을 토대로 논의를 하고자 한다면 이는 오직 정체화한 존재가 있을 때만 논의가 가능한 것으로 만들며, 트랜스젠더퀴어 연구의 가능성을 협소한 의미의 정체성 정치로 제한할 위험이 있다.

그렇기에 아이돌과 트랜스젠더퀴어의 관계를 살펴보는 작업은 정체화 여부와 상관없이 기존 아이돌의 활동을 트랜스젠더퀴어 관점 및 인식론으로 다시 독해하는 방법을 통할 수밖에 없다. 이것은 아이돌 문화뿐만 아니라 트랜스젠더퀴어 연구를 진행하는 데 중요한 방법이기도 하다. 트랜스젠더퀴어 관점 및 인식론을 채택하는 연구 방법은 연예인의 특정한 행동이 트랜스젠더퀴어로 정체화한 사람과 비슷하니 그 사람을 트랜스젠더퀴어로 이해하겠다는 것이 아니다. 이것은 트랜스젠더퀴어 관점을 구성하는 것이기보다, 트랜스젠더퀴어의 전형을 만들고 사회적 편견을 재강화하는 행동이라는 점에서 오히려 위험하다. 그 대신, 기존의 젠더 문법에서 낯선 장면을 연출하여 지배적 젠더 규범에 충격을 주는 것에서 출발하여, 젠더 규범은 자연스러운 인간 윤리가 아니라 강고하게 삶을 규제하는 장치라는 점을 환기하고, 다른 젠더로 혹은 규범에 부합하지 않는 방식으로 살아가는 삶의 가능성을 상상할 수 있도록 하는 것이 트랜스젠더퀴어 관점 및 인식론으로 상황을 독해하는 작업이다.

트랜스젠더퀴어 관점 및 인식론을 채택하는 방법은 트랜스젠더퀴어의 어느 한 범주로 정체화한 연예인 자체가 매우 적은 현재 한국에서, 이성애 규범적이고 모든 아이돌을 이성애자로 확정하는 아이돌 문화를 더욱 풍성하고 다층적으로 읽어낼 수 있는 방법이 된다. 이것은 트랜스젠더퀴어 연구가 반드시 트랜스젠더퀴어로 정체화하는 사람이 있을 때만 의미가 있거나 트랜스젠더퀴어로 정체화하는 사람들만을 대상으로 삼는 연구가 아님을 분명히 한다. 트랜스젠더퀴어 연구는 이 사회가 어떻게 트랜스젠더퀴어를 부재하거나 존재해서는 안 될 사람으로 만드는지, 어떻게 비트랜스를 자연질서로 삼아 인간의 기본값으로 만들고, 비트랜스를 기본값 삼아 사회, 문화, 젠더 등 인간

삶에 영향을 끼치는 모든 질서를 비트랜스 중심으로 구축하는지를 탐문한다. 그렇기에 트랜스젠더퀴어 연구는 한국 사회 전반에 트랜스젠더퀴어 인식론을 개입시키고, 이 개입을 통해 부재하는 존재를 위한 자리를 만들고자 한다. 이 자리는 고군분투하는 소수자가 그나마 버틸 수 있는 자리일 수도, 앞으로 나타날지 모를 트랜스젠더퀴어가 부족하나마 안착할 수 있는 자리일 수도, 트랜스젠더퀴어로 정체화하는 사람이 없어도 그 인식론이 가치가 있도록 하는 자리일 수도, 기존의 익숙한 태도를 계속해서 불편하게 만드는 비판적 개입의 자리일 수도, 당연하고 자연스러운 것이 사실은 역사적, 문화적으로 만들어진 생산품이라는 점을 환기하는 자리일 수도, 연대를 구체적으로 모색할 수 있는 자리일 수도, 자리 개념 자체를 문제 삼는 자리일 수도 있다.

이 글은 바로 그 자리의 다양한 가능성을 모색하는 작업이다. 이 자리를 모색하기 위해 나는 이 글에서 트랜스젠더퀴어 인식론의 토대가 될 트랜스페미니즘의 내용을 우선 살피고자 한다. 이것은 아이돌 문화를 거슬러 읽는 중요한 방법이 될 것이며, 여기서 직접 언급하지는 않더라도 아이돌 팬덤, 퀴어페스에서도 나타나는 트랜스혐오에 개입하기 위한 논의의 토대가 될 수 있을 것이다. 이 작업을 간단하게 정리하고 나면, 기존의 유명한 아이돌 이효리, AOA, 브라운 아이드 걸스가 드랙과 연대하는 장면을 통해 트랜스페미니즘의 구체적 가능성을 살펴보고자 한다. 드랙은 트랜스페미니즘을 상징하거나 대표하지 않는다. 그리고 내가 분석하는 세 아이돌 역시 드랙을 '힙함'의 상징이나 소수자의 상징으로 활용하지 않는다. 대신 세 아이돌이 계속해서 활동을 하는 데 새로운 방향을 모색하는 과정에서 새로운 연대의 가능성, 새로운 정치의 가능성을 드랙과 함께한다는 점에서 중요한 공통점을 만든다.

이 글을 전개하며 구체적으로 논의하고 있지는 않지만, 그럼에도 반드시 언급하고 싶은 이 글의 목표는 다음과 같다. 여성 범주를 다시 고민할 필요가 있다고 논하거나 이성애 여성과 퀴어 여성을 구분하는 논의를 통해 여성 범주가 단일하지 않고 여성의 경험이 동질적이지 않다고 논의하면서도, 어느 순간 '여성은 이렇고 남성은 저렇다'는 식의 이분법과 생물학적 본질주의로 수렴하는 태도를 문제 삼고자 한다. 퀴어 연구, 페미니즘 연구, 아이돌 문화 연구를 비롯한 많은 장(場)에서 여성 범주, 남성 범주를 단일하지 않은 것으로 만들고자 하고, 젠더 범주 자체를 복잡하게 만들 필요가 있다고 주장하면서도 정작 구체적 논의에서는 계속해서 이원 젠더 체제를 재생산하고 강고하게 만드는 경향이 있다. 모든 논의(그리고 일상 대화)에서 남녀 이분법으로 수렴하는 태도는 앞서 진행한 많은 고민을 무용지물로 만들고 무화시킬 뿐만 아니라 트랜스젠더퀴어 정치학을 통해 만들고자 하는 자리를 불가능한 것으로 만들 뿐이다. 그렇기에 남성과 여성 이분법, 트랜스와 비트랜스 이분법을 모두 문제 삼는 작업은 트랜스젠더퀴어 인식론으로 아이돌 문화를 읽는 작업에서 가장 기본이 되어야 할 태도다.

트랜스페미니즘의 역사 개괄

지금은 트랜스젠더(transgender)라는 용어가 익숙하지만 더 오래 사용된 용어는 트랜스섹슈얼(transsexual)이다. 20세기 초반부터 조금씩 사용해온 용어 트랜스섹슈얼은 기본적으로 수술을 전제로 했다. 호르몬 투여와 성전환 수술을 통해 태어날 때부터 지정받은 젠더가 아닌 다른 젠더로 사는 사람, 즉 성전환 수술을 이미 겪었거나 곧 겪을 예정인 사람을 트랜스섹슈얼이라고 지칭했다. 그렇기에 수술은 트랜스섹슈얼이기 위한 중요한 토대이자 조건이었다. 1990년대 트랜스 커뮤니티에서 오래 활동한 홀리 보스웰(Holly Boswell)과 레슬리 파인버그(Leslie Feinberg) 등이 새롭게 채택하고 의미를 재정의한 용어 '트랜스젠더'는 달랐다. 트랜스젠더는 성적 지향과 상관없이 사회의 지배적 젠더 규범에 부합하지 않거나 그 규범에 적극 저항하는 사람들로, 트랜스섹슈얼뿐만 아니라 트랜스베스타잇, 크로스드레서, 여성스러운 게이, 부치, 젠더 모호한 사람, 젠더 비순응자, 드랙킹과 드랙퀸 등을 모두 포괄했다.[2] 이것은 범주를 사유하는 방식의 확장이자 범주의 새로운 가능성이었다.

새로운 의미를 갖춘 용어인 트랜스젠더에서 핵심은 수술 여부가 아니라 지배적 젠더 규범에 저항하며 젠더 규범 자체를 문제 삼고 다른 삶의 가능성과 다른 젠더를 실천하는 방식을 모색한다는 데 있다. 즉, 트랜스는 개인이 정체화하는 방식의 새로운 가능성이기도 했지만, 사회적 문제의 은폐된 구조를 지적한다는 점에서 정치적 운동과 지향의 새로운 가능성이기도 했다. 젠더이분법, 이원 젠더 체제를 기반으로 하는 억압에 문제제기하는 사람은 누구라도 트랜스젠더일 수 있지만, 이것은 별개의 인구 집단을 구성하는 새로운 분류체계를 만드는 일이 아니다. 그 대신 지금까지 논의되지 않고 자연질서로 여겨온 이원 젠더 체제를 논의의 핵심으로 만든다. 그렇기에 트랜스젠더 범주는 고정된 의미와 경계를 분명하게 표지하는 '명사'라기보다 사회적 실천의 새로운 가능성, 기존 젠더질서에 의문을 제기하는 현상을 포착하고 언어화할 수 있는 '형용사'이자 '동사'로 이해되어왔다.

젠더를 논의의 토대로 삼는다는 바로 이 측면에서 트랜스 정치학은 페미니즘과 긴밀한 관계를 형성한다. 이 둘의 관계는 한편으로는 당연히 함께하는 것이지만, 다른 한편으로는 역사적 측면과 지향하는 가치의 측면을 모두 검토해야 하는 구성적 관계이기도 하다. 역사적으로 트랜스젠더퀴어는 페미니즘 이론을 구축하고 여성 범주를 사유하는 과정에서 매우 중요한 역할을 했다. 제2물결 페미니즘 초반부터 일군의 페미니스트는 트랜스여성이 레즈비언 분리주의 공동체에 참여할 수 있는지를 질문했다.[3] 이 질문의 정확한 의미는 트랜스여성이 분리주의 공동체에 새롭게 참여할 수 있는지 여부가 아니라, 이미 참여하고 있으며 구성원의 일부로 활동하고 있는 이들의 성원권이 계속 유지될 수 있는지 여부였다. 여러 트랜스여성은 레즈비언 분리주의 공동체가 시작할 때부터 이미 구성원으로 함께했고 트랜스가 구성원으로 참가하고 있는 공동체와 구성원들에게 이 사실은 문제가 되지 않았다. 문제가 된 것은 외부의 다른 페미니즘 단체와 레즈비언 분리주의자였고 이들이 트랜스 구성원의 추방을 요구하고 협박했다. 즉, 페미니즘은 역사적으로 이미 트랜스젠더퀴어를 구성원으로 포함하고 있었으며, 이 사실에 저항하는 일부 혹은 소수의 페미니즘 단체가 있었다는 것이다.

이런 시대적 분위기에서 트랜스 혐오 논의와 트랜스 포용 논의는 같은 시기에 생산되었다.[4] 그리고 혐오 논의든 포용 논의든 이들 논의는 모두 페미니즘 이론을 구축하는 데 중요한 역할을 한다. 이 역할은 다음의 질문을 구성했다. 누가 여성인가. 여성 범주를 어떻게 정치화할 것인가. 여성이 생물학적 본질이 아니라면 여성 범주를 어떻게 사유해야 하는가. 젠더가 사회문화적으로 구성된다면 왜 여전히 남성 아니면 여성이라는 이분법을 계속 유지시켜야 하는가. 남성 아니면 여성이라는 위계질서를 비판할 때 남성-여성 이분법의 토대가 반드시 필요한가. 남성-여성 이분법은 위계질서를 강화하기 위해 필요한가. 이두 범주에 포섭되지 않거나 빗나가는 이들을 삭제하고 추방하기 위해 필요한가. 여성을 트랜스젠더퀴어와 구분지으려는 태도는 여성의 본질을 재생산하고 여성의 억압적 지위를 통해 유지되는 가부장제 체제와 공모하기 위한 것은 아닌가.

이런 일련의 질문은 모두 트랜스 없는 페미니즘의 성과가 아니라 트랜스젠더퀴어와 페미니즘이 함께했기에 가능한 역사적 산물이며, 현대 페미니즘의 중요한 이론적 토대를 이룬다.

제2물결 페미니즘 당시 트랜스를 둘러싸고 진행된 추방과 포함의 논의는 오늘날을 살아가고 있는 사람들에게, 특히 페미니즘 정치를 고민하는 이들에게 익숙한 장면이다. 트랜스젠더퀴어, 특히 트랜스여성이 '오직 여성', '생물학적 여성'만 참가할 수 있는 행사나 모임에 참여하는 문제는 지금도 논쟁 혹은 논란으로 구성된다. 정치적 의견이라는 명목으로 심각한 수준의 트랜스혐오 발화를 공공연히 표현하고, 이를 통해 트랜스젠더퀴어의 참여를 부정하는 태도를 집단이나 행사의 정당한 방침으로 공표하기도 한다. 《해리 포터》의 작가 J. K. 롤링은 트랜스여성이 여성이 아니라거나 생리하는 트랜스남성의 존재를 부정하는 발화를 하며, '생물학적 여성'을 옹호하고 오직 '생물학적 여성'만이 진정한 여성이라고 주장했다.[5] 트랜스혐오를 (비트랜스)여성의 인권을 지키는 문제로 인식하는 행위는 트렌스젠더퀴어의 참여를 문제 그 자체로 여기고 트렌스젠더퀴어를 감히 참가해서는 안 될 공간에 함부로 침입하는 침략자로 여기는 인식의 산물이다. 여기서 '오직 여성', '생물학적 여성'이라는 수식어의 태만하고 반동적 행태를 비판하는 논의는 논외로 하자. 왜 여성의 억압을 말하는 데 생물학적 토대를 필요로 하는지, 생물학적 토대가 있어야만 여성 억압과 차별을 고유한 문제로 말할 수 있는 것인지도 논외로 하자. 문제는 서구만이 아니라 한국에서도 오랫동안 페미니즘 운동에 트랜스여성을 비롯한 여러 범주의 트랜스젠더퀴어가 항상 참여했었다는 점이다.

1990년대 영페미니즘 운동에서, 2000년대 서울국제여성 영화제의 부대 행사 등에서 트랜스여성은 구성원으로 참가했고, 논란이 발생할 때도 적잖은 페미니스트가 트랜스여성의 참가를 적극 지지했다. 그렇기에 한국 페미니즘 논의에서 트랜스젠더퀴어는 항상 긍정적이지는 않았고 많은 경우 부정적으로 취급되었으며, 매우 적은 혹은 작은 위치에 있었다고 해도 무시할 수 없는 어떤 자리를 차지하고 있다는 점은 매우 중요하다. 정확하게 이 측면에서 새로운 문제의식이 등장한다. 트랜스젠더퀴어의 참여를 논쟁, 논란으로 인식하는 태도는 이미 페미니즘 공동체, '여성' 공동체의 일원으로 활동하고 있는 존재를 침입자로 상상하는 태도에 기반하고 있다. 이미 활동하고 있는 구성원을 침입자로 대하는 태도는 해당 공동체에서 트랜스젠더퀴어를 추방하는 행위 이상이다. 오랫동안 복잡하고 혼종적 범주의 구성원이 뒤섞여 있는 공동체를 균질하고 단일한 정체성 집단으로 재구성하는 작업은 공동체의 문화를 풍성하게 만드는 트랜스의 역할과 역사를 삭제할 뿐만 아니라 공동체 자체의 역사를 날조한다.

다양한 여성 운동에서뿐만 아니라 특정 주제의 하위문화 집단에서 구성원을 규정하는 작업 역시 마찬가지다. 퀴어라는 이유로, 트랜스라는 이유로 비방하고 추방하려는 태도는 이미 그 공동체의 구성원으로 활동하며 새로운 상상력을 제공했던 이들을 존재하지 말아야 할 것, 불결한 침입자로 규정한다. 퀴어나 트랜스 구성원은 추방하면서, 이들과 함께 만들어간 혹은 이들이 제공한 새로운 상상력에 기반한 아이디어는 여전히 이용할 때, 그 행위는 식민주의적 약탈과 다르지 않다. 페미니즘의 역사를 이해할 때 트랜스젠더퀴어의 역할을 분명하게 기록해야 하는 이유가 중요한 것은 페미니즘의 역사를 약탈의 역사로 만들지 않기 위해서다. 마찬가지로 크고 작은 공동체에서 퀴어나 트랜스 구성원의 역사를 삭제하면서도 그들과 함께했기에 가능했던 아이디어와 사유를 마치 퀴어 없는, 트랜스 없는 공동체의 산물로 만든다면 이는 공동체의 역사를 조작하는 것일 뿐만 아니라 약탈과 폭력을 정당화하는 공동체 윤리를 만드는 것과 같다.

트랜스젠더퀴어 정치학과 페미니즘이 긴밀한 관계를 맺는 이유는 페미니즘 역사와 공동체에 언제나 트랜스젠더퀴어가 의미 있게 존재했기 때문이기도 하지만 반드시 이런 이유만은 아니다. 역사적으로 관계가 밀접하다고 해서 현재도 긴요한 관계를 맺거나 맺어야 하는 것은 아니기 때문이다. 바로 이 지점에서 트랜스 정치학의 지향인 트랜스페미니즘의 등장이 중요하다.

트랜스 정치학은 트랜스젠더퀴어로 정체화한 개개인이 기존 사회에서 안전하게 살아갈 수 있도록 존재의 근거를 구축하는 정치학이지만, 또한 트랜스젠더퀴어의 경험을 기반으로 기존 사회의 이원 젠더 체제를 비롯한 다양한 권력 장치와 규범성(트랜스의 경험과 트랜스 규범성을 포함해서)을 비판적으로 사유하고자 하는 정치학이다. 이것은 1990년대 초 트랜스젠더를 새롭게 정의하며 문제 삼은 이원 젠더 체제를 비판하는 동시에 트랜스를 하나의 분석틀, 인식틀로 만들고자 하는 노력의 산물이기도 하다. 트랜스 정치학의 이런 노력은 그 자신이 페미니즘과 퀴어 이론을 토대로 등장했음에도 바로 두 정치학의 토대 자체를 다시 사유하도록 했다.[6] 트랜스 정치학이 여성과 남성이라는 범주 자체를 당연하고 자연스러운 것으로 가정하기보다 여성과 남성이라는 범주 자체를 우연하고 우발적인 범주로 다시 설명하기 시작했다. 트랜스 정치학의 이런 작업은 페미니즘 정치학의 중요한 토대인 여성 범주를 의심하게 했다. 또한 동성애에서 동성, 즉 같은 남성, 같은 여성이라는 개념이 성립하기 위해서는 남성과 여성이라는 범주 역시 안정적이어야 하는데 트랜스 정치학은 이를 불안정하게 만든다. 여성과 남성이라는 범주 자체를 의심하는 트랜스 정치학의 문제의식은 경우에 따라 페미니즘 및 퀴어 이론과의 관계를 불편하게, 불가능하게 만들기도 한다. 하지만 더 많은 경우 이것은 서로가 서로를 꾸준히 비판하며 계속해서 변할 수 있는 가능성의 정치학으로 확장할 수 있다.

트랜스페미니즘의 등장은 이런 측면에서 새로운 가능성을 만들고 기존 논의를 비판적으로 확장하는 정치학으로 기능한다. 페미니즘과 트랜스 정치학의 접점을 고민하며 트랜스페미니즘을 사유하는 수잔 스트라이커(Susan Stryker)는 젠더 규범성을 생산하는 숨겨진 토대를 질문하고, 인간 경험의 다양성을 남성 아니면 여성으로만 수렴하는 이유를 탐문하고, 몸의 차이에 기반하여 구축된 사회를 문제 삼으며, 더 많은 정치학과 교차하는 측면과 연결되는 부분을 고민하는 것이 트랜스페미니즘이라고 설명한다.[7] 이것은 기존의 익숙한 토대, 익숙한 문법과 단순히 결별하는 것이 아니라 그것 자체를 질문하고 이 질문을 바탕으로 새로운 연대를 모색하고 다른 가능성을 찾는 작업이다. 트랜스페미니즘의 이런 역할은 그 자체로 새롭지 않을 수 있으며 그 문제의식은 비판 이론의 기본이기도 하다. 하지만 트랜스페미니즘은 젠더와 몸의 관계를 다시 질문하고, 그것을 토대로 새로운 가능성을 찾는다는 데 중요한 의미가 있다.

태어날 때 여성으로 지정받은 몸과 여성 젠더로 정체화하는 것을 당연하게 여기기보다 몸과 젠더 사이의 관계를 당연하지 않은 것, 새롭게 모색하는 것으로 이해하는 작업은 한국 아이돌 문화를 새롭게 해석할 수 있는 가능성을 만든다. 이성애 규범적인 사회에서 생산되는 아이돌 문화는 반드시 이성애 규범적인가. 아이돌이 생산하는 문화에서 몸과 젠더의 관계를 새롭게 구성할 가능성은 어떻게 모색할 수 있는가. 몸과 젠더의 관계를 새롭게 모색하는 작업은 어떻게 트랜스페미니즘의 구체적 장으로 작동할 수 있는가. 이것은 앞서 언급했듯, 트랜스젠더퀴어로 정체화하는 아이돌이 사실상 부재하는 현실에서도 아이돌 문화 속에서 트랜스페미니즘을 모색하는 중요한 방법이기도 하다. 이제 한국 아이돌이 생산하는 문화를 통해 트랜스페미니즘의 가능성을 구체적으로 살펴보자.

여성 범주를 재구성하고 연대를 확장하기

아이돌 문화를 트랜스젠더퀴어 관점에서 다시 독해하는 작업을 진행하기 위해 구체적인 작업을 통해 살펴보자. 나는 이 작업을 진행하기 위해 이효리가 2013년 발표한 노래 〈미스코리아〉, AOA가 2019년 Mnet에서 방영한 〈컴백 전쟁: 퀸덤〉(이하 '퀸덤')에 출연하여 경연한 곡 〈너나 해〉, 브라운 아이드 걸스가 2019년 발표한 리메이크곡 〈원더우먼〉을 분석하고자 한다. 각 노래의 뮤직비디오와 무대 공연을 이미 알고 있다면, 이들 뮤직비디오와 무대에는 모두 드랙퀸이 등장하고 그래서 이들 뮤직비디오와 무대 공연이 퀴어하다고 판단할지도 모른다. 하지만 드랙이 등장한다는 이유만으로 이들 노래가 퀴어한 가능성을 만드는 것도 아니고 트랜스페미니즘으로 독해할 가능성을 만드는 것도 아니다. 드랙을 비롯한 퀴어의 등장은 그 자체로 퀴어함을 보장하지 않을 뿐 아니라 가장 보수적이고 이성애규범적으로 기능할 수도 있다. 드랙의 등장이 퀴어한 것이 되고, 또한 그것이 트랜스페미니즘의 가능성을 만들기 위해서는 텍스트 내·외부의 맥락이 추가로 필요하다. 그렇기에 나는 각 아이돌이 드랙과 함께했다는 이유가 아니라 기존 규범성에 틈새를 만들고 새로운 연대의 가능성을 상상할 수 있게 했다는 점에서 트랜스페미니즘의 가능성을 논의할 것이다.

이효리는 2013년 〈미스코리아〉를 발표하며 여전한 인기와 함께 음악방송에서 차트 1위를 차지했다. 이효리는 지금도 그 인기가 여전한 '셀럽'이자 시대의 아이콘이지만, 2000년대의 이효리는 지금과 달랐다. 1990년 데뷔한 아이돌 그룹 핑클의 멤버로 인기를 얻었고 2003년 솔로로 독립한 이후에도 여전히 많은 인기를 끌었다. 한때는 이효리의 일거수 일투족이 화제라고 해도 과언이 아니었고 실제 신문 지면 1면에만 891번 등장하여 기네스북에 등재되어 있을 정도다.[8] 아무리 인기가 많은 연예인이라도 시간이 지나면 인기가 식기 마련이지만 이효리는 2010년대 들어서도 여전히 인기가 많았다. 흔히 말하는 '커리어 하이'를 유지하고 있다고 평가받던(물론, 이효리에게 '커리어 하이'라는 평가가 가능한지는 의문이다) 그 시기에 이효리는 많은 선언을 하며 새로운 삶을 모색한다.

2012년 말, 자신의 신념에 맞지 않은 상업광고는 더 이상 찍지 않겠다고 선언했다. 그 전에는 한우 홍보대사로 활동하던 기간이 끝나자 채식주의자로 살겠다고 선언하며 동물권을 말하기 시작했다. 한국 사회에서 연예인의 정치적 발언은 지금도 금기에 가까운 것이라 많은 연예인이 기피하고 있음에도, 이효리는 쌍용자동차 해고 노동자들의 복직을 지지하는 등 많은 사회적 의제에 적극적으로 발언하기 시작했다. 그리고 이런 삶의 변화 속에서 2013년 다섯 번째 앨범 《MONOCHROME》을 발표한다.

이효리의 5집은 그 전까지와는 다른 스타일의 음악을 선보였고 그럼에도 여전히 인기 있는 가수의 면모를 보여주었다. 무엇보다 선공개곡 〈미스코리아〉는 새로운 음악 스타일에 맞게 새로운 메시지를 담았다. 이 노래의 가사는 기존의 여성성

규범을 문제 삼으며 사는 삶의 고단함과 어려움을 말하고 그 규범에 얽매이지 않는 삶을 살 수 있다고 위로한다.

외모 지상주의, 물신주의, 명품 착용 여부로 사람의 가치를 평가하는 사회적 태도 등은 삶을 가능하게 하기보다 삶을 더 어렵고 때로 불가능하게 만든다. 그렇기에 다른 사람의 시선이 아니라 자기 자신을 아끼는 태도가 필요하다는 이 곡의 가사는 당시 꽤 화제가 되었다. 이 노래는 또한 대중가요에서 사회적 메시지를 담아내는데, 직접 비판적 메시지를 담기보다(예를 들어, 서태지와 아이들의 〈교실이데아〉나 〈발해를 꿈꾸며〉) 대안적 삶을 제시하며 현재를 위로하는 방식을 취한다. 이것은 소위 거대 담론 중심에서 벗어나 일상 그 자체가 정치적 의제라고 인식한 당대 정치 운동의 흐름과 닿아 있기도 하다.

그리고 이 노래의 뮤직비디오는 당시 퀴어 커뮤니티에서도 크게 주목을 받았다. 뮤직비디오에서 이효리가 노래를 부를 때 양옆에 있는 퍼포머가 서울 이태원에 소재한 클럽 트랜스(Trance)에서 활동하는 드랙퀸들이었기 때문이다. 퀴어에 대한 부정적 인식은 여전했던 때였다. 그런데 이효리는 여성의 삶을 새롭게 모색하고 자기 인생의 방향 역시 바꿔나가던 시기에 드랙퀸과 함께하는 무대를 마련했다. 드랙퀸과 함께하는 선택은 단순히 드랙퀸의 상징적 전복성을 차용하며 이효리의 개인적 이미지를 개선하려는 태도가 아니다. 이효리는 드랙퀸과 나란히 춤을 추는 모습을 통해 드랙 실천이 기존의 이원 젠더 체제, 여성성과 남성성에 대한 강고한 규범 등을 전복한다면 여성을 향한 사회적 규제, 억압, 부당한 평가 방식 역시 전복할 수 있는 것이라고 말한다. 이것을 드랙의 이미지를 차용하는 것으로 착각할 수 있다. 하지만 이효리는 드랙퀸과 함께 무대에서 공연하는 장면을 통해, 드랙퀸을 향한 사회적 차별, 부정적 시선을 함께 받아내겠다는 의지를 표명하고, 드랙 혹은 퀴어를 향한 차별은 '여성'과 함께 대응할 의제라는 함의를 담아낸다("사람들의 시선이 그리 중요한가요 [중략] 이리 와 봐요 다 괜찮아요"). 이를 통해 이원젠더질서에서 벗어난 다양한 범주의 사람들에게 다르게 살아도 괜찮다고, 사회가 요구하는 욕망을 따라가지 않아도 괜찮다고 위로한다.

이효리의 위로는 혐오를 통해 차별받고 있는 소수자 집단, 사회적 규범을 통해 행복하기보다 불행한 사람들을 호명하며 이들을 연대할 집단으로 제시한다. 물론 이효리의 노래 가사와 뮤직비디오 어디에서도 연대를 직접 말하지는 않는다. 대신 노래 가사를 통해 위로하고, 뮤직비디오를 통해 자신이 함께하고자 하는 집단이 누구인지를 분명하게 말하는 방식으로 연대를 말한다. 이 연대는 집단 사이의 차이를 위계화하거나 차별의 근거로 만들기보다 차이 자체를 다시 사유하고 차이 사이의 연결고리를 만드는 작업이다.

이효리가 이 시기 즈음 채식을 선언했다는 점을 다시 떠올려보자. 이효리에게 동물권, 채식 정치, 퀴어 의제, 페미니즘 정치, 노동자 권리, 엔터테인먼트 산업 내 여성의 성상품화 등은 별개의 의제가 아니라 완전히 연결된, 함께 고민해야 할 의제다. 그렇기에 이효리의 노래 〈미스코리아〉는 1999년 처음 시작해 6회에 걸쳐 진행되었던 '안티 미스코리아 대회'와도 직접 연결된다. 기존의 사회가 강제하는 미적 규범에 문제를 제기하기 위해 등장한 안티 미스코리아 대회는 몸 형태와 사이즈에 대한 규범을 문제 삼으며 다양한 정치 의제와 함께했다. 그래서 미적 기준, 성상품화, 성적 자기결정권, 비혼모 의제뿐만 아니라 장애 의제, 양심적 병역거부 의제 등을 함께 논의하는 장을 만들었다. 이런 점을 고려할 때, 이효리의 노래 〈미스코리아〉는 '여성'을 상품화하는 미스코리아 대회의 '미스코리아'이기보다 안티 미스코리아 대회의 축약어인 '미스코리아'에 더 가깝다.

〈미스코리아〉가 발표된 2013년으로부터 6년이 지난 2019년은 한국 사회가 많은 변화를 겪었던 시기다. 2015년을 기점으로 한국 사회는 페미니즘이 유례없이 대중화되었고 여성혐오, 여성을 향한 다양한 사회적 차별과 억압을 더 많은 곳에서 문제 삼고 있다. 그렇기에 여성혐오 요소가 담긴 콘텐츠가 여전히 한국 사회에 만연하다고 해도 예전과 같은 수준으로 생산되기는 어려워졌다. 생산된다고 해도, SNS를 비롯한 다양한 매체를 통해 강력하게 항의하고 이를 통해 사과를 받아내는 활동이 활발하다. 이런 시대적 분위기에서 2019년 〈퀸덤〉이 방영된다. 〈퀸덤〉은 6팀/명의 '여성' 아이돌 그룹과 개인이 나와 경연을 치르는 프로그램으로, 여기에 어쩌면 더 이상 재기가 어려울지도 모른다는 평가를 받고 있던 AOA가 출연했다.

2012년 데뷔한 AOA는 데뷔 후 초반에는 밴드 활동을 겸

하는 그룹이었지만 오래 지나지 않아 댄스 그룹으로만 활동했다. AOA는 이른바 섹시 콘셉트로 인기를 끌었고, 특히 멤버 설현은 끊임없이 몸매와 외모로만 평가를 받았고 이를 통해 그룹 인지도를 올리고 인기를 끌고자 했다. 상당히 인기 있는 여성 아이돌 그룹으로 활동했지만 그 과정에서 몇 명의 멤버가 탈퇴했고 그 결과 8명으로 시작한 그룹은 4명이 되었다. 이 상태로 재계약을 했기에 AOA가 지속될 수 있을지 우려가 있었다(이후 탈퇴한 멤버 민아가 그룹 리더인 지민에 의한 괴롭힘으로 탈퇴했다고 밝히면서 지민도 탈퇴하여 2021년 현재는 3명이 남았다). 그런 우려 속에서 AOA는 〈퀸덤〉에 참가하고 다른 팀의 노래를 부르는 무대들을 진행하는데, 이 중 하나가 그 유명한, 마마무의 〈너나 해〉를 커버한 무대다.

〈너나 해〉 무대에서 AOA는 자신들의 상징과도 같은 짧은 치마 대신 정장 슈트를 입었고 원곡에 없던 랩을 추가하는 등 많은 편곡 작업을 진행했다. 추가된 랩은 평소에도 랩 가사를 직접 썼던 지민이 작업했고 그 내용은 다음과 같다.

This Is AOA
Z-I-M-I-N 가라사대 we the queen
CD, DVD, TV, 무대 위가 집이지
솜털이 떨어질 때 벚꽃도 지겠지
나는 져버릴 꽃이 되긴 싫어, I'm the tree

새롭게 추가된 가사는 매우 중요한데, "This Is AOA"라는 구절을 통해 지금까지 기획사에서 만든 이미지가 아니라 지금 무대의 AOA가 정말 원하는 것이자 앞으로 만들어갈 방향이라고 선언하기 때문이다. 그리하여 사회에서 좋다고, 예쁘다고 평가하는 것의 상징인 꽃이 되기보다, 나무가 되어 성장하겠다는 의지를 표명한다. AOA가 새로운 활동을 주창하는 그 무대의 정점은 보깅 댄스 팀의 출현이었다. 보깅 댄스 팀은 AOA 노래가 클라이막스에 오를 때 등장하여 무대를 함께했고 이들은 AOA의 보조 출연자가 아니라 함께 무대를 만드는 구성원으로 나왔다. 이것이 "This Is AOA"라고 선언한 AOA의 무대였다.

AOA의 〈너나 해〉 무대에 보깅 댄스 팀(HAEJUN, Beautia, 허준영, 김태현, 장원중)이 출연하면서 이 무대는 프로그램과 별개로 큰 화제가 되었고, 그에 뒤따라 SNS를 중심으로 '미러링'이다, '퀴어링'이다 같은 해석 논쟁이 발생했다. 하지만 이 무대가 미러링이라면 그것은 AOA를 여전히 여성의 범주로 제한하고 보깅 댄스 팀을 여전히 남성 범주로 환원하며 기존의 이원 젠더 체제를 재생산할 뿐만 아니라 생물학적 본질주의를 소환한다. 무엇보다 AOA와 보깅 댄스 팀이 미러링 관계라면 이들은 어떤 구도여야 할까? 여성과 남성은 존재 자체로 미러링 관계인가? 보깅 댄스 팀의 구성원 중 한 명은 나중에 트랜스여성으로 커밍아웃을 하기도 했다. 그럼에도 AOA와 보깅 댄스 팀의 관계를 미러링 관계라고 한다면 이것을 어떻게 이해하고 해석할 수 있을까? 그래서 이 무대를 미러링이기보다 퀴어링으로 해석하는 이들도 많았다. 그럼 구체적으로 어떤 퀴어링이 발생했을까? 단순히 보깅 댄스를 무대에 올린다고 해서, 퀴어문화사에서 중요한 위치를 차지하는 보깅 댄스와 함께한다고 해서 그 자체로 무대가 퀴어해지지는 않는다. 때론 그것이 더 규범적으로 기능할 수도 있다.

〈너나 해〉 무대가 퀴어하다면 그것은 AOA가 기존의 이미지, 공연 방식에서 벗어나 다른 가능성을 모색하는 과정에서 슈트를 차용하는데, 이때 보깅 무대를 통해 슈트가 유일한 가능성, 확실한 돌파구로 규정되지 않기 때문이다. 만약 치마 대신 바지 정장이 기존의 이미지를 벗어나는 유일한 돌파구로 상정된다면 그것은 기존의 이원 젠더 체제를 계속해서 반복할 뿐이다. 여성적 표현 혹은 여성성의 상징으로 여기는 짧은 치마에서 벗어나거나 그 대안이 남성적이거나 '중성적'이라고 여기는 슈트라고 말한다면 이는 여성성을 부정적인 것, 부정해야 할 것, 남성성에 비해 열등한 것으로 만들 위험이 크다. 하지만 AOA의 무대는 바지 정장을 입는 동시에 보깅 댄스 팀을 초대함으로써 이항 대립이 아닌 다른 가능성을 만들었기에 중요하다.

무엇이 여성적이고, 무엇이 남성적인가. '여성'의 여성적 실천은 정말 규범적이기만 하고, '여성'의 남성적 실천은 퀴어한 전복인가. 그럼 왜 트랜스여성이 남성으로 패싱되는 상태로 살 때 이를 퀴어한 전복이라고 말하지 않는가. 여성성과 남성성의 실천으로 규범적이라는 식의 규정을 반복하길 원하는 자는 도대체 누구인가. AOA의 〈너나 해〉 무대가 바지 정장을 입었기에 새롭다면 과거의 무대, 〈퀸덤〉 바로 직전 회차의 〈짧은 치마〉 무대는 부정해야 할 것이 된다. 나중에 다른 무대에서 다시 짧은 치마를 입는다면 그것은 퇴행으로 평가될 위험에 처한다. 하지만 AOA의 과거 무대는 부정해야 할 역사가 아니고, 그들이 앞으로 비슷한 방식의 무대를 진행한다고 해서 그것이 〈너나 해〉 무대를 부정하고 과거로 회귀하는 것이 아니다. 보깅 댄스 팀의 등장은 양자택일의 방식으로 규정되지 않고 양자택일로만 선택하도록 하는 규범적 기준 자체를 문제 삼도록 한다.

이 무대는 단순히 AOA의 새로운 무대, 새로운 시도로만 조명받은 것이 아니라 보깅 댄스 팀 역시 조명받는 기회가 됐다. 여러 언론에서 보깅의 역사를 조명했고, 직·간접적으로 퀴어의 역사, 트랜스젠더퀴어의 역사가 동시에 상기되고 회자되었다.[9] 이것은 AOA의 재기 혹은 성공이 보깅 문화를 조금이라도 알리는 데 기여할 뿐만 아니라 나중에 보깅 댄스 팀 구성원 중 한 명이 트랜스젠더로 커밍아웃을 하는 데 직·간접적으로 도움을 주는 효과로 이어졌다.[10] 이것은 비트랜스여성과 트랜스여성 사이의 관계가 적대적이라거나 대립적이라는 식의 논의가 팽배한 현재 한국에서, 그 논의가 구체적 현실에 기반하고 있기보다 막연한 이미지를 재생산하고 있을 뿐이라는 점을 드러낸다. 또한 각자가 더 나은 삶을 만들어가는 데 서로가 서로에게 중요한 연대자이자 지지자이며 함께할 수 있는 힘이라는 점을 분명하게 한다.

AOA의 〈너나 해〉 무대의 여운이 가시기 전에 2006년에 데뷔하여 당시 14년째 활동 중이던 그룹 브라운 아이드 걸스(이하 '브아걸')가 리메이크 앨범 《RE_vive》를 발표한다. 그 타이틀곡 중 하나인 〈원더우먼〉의 뮤직비디오에 드랙 퍼포먼스로 유명한 공연 팀 네온밀크(NEON MILK)가 등장하면서 화제가 되었다. 브아걸의 〈원더우먼〉는 얼핏 보기에 다소 곤혹스러운 측면이 있다. 네온밀크가 등장한 뮤직비디오에 비해 노래 가사는 당혹스럽기 때문이다.[11]

> 너를 사랑하는 일은 놀라워
> 도대체 내가 아닌 사람 같아
> 너를 바라보다 보면 멍해져
> 하도 집중해 너를 다 외웠어
>
> 속이 더부룩해져도
> 머리가 빠지근 아파도
> 널 만날 때면 건강한 사람
>
> 원래 둔한 머리지만
> 너에 대한 기억 하나하나
> 꼼꼼히 다 기억해 내는 천재소녀

초반 가사를 통해 유추할 수 있듯 가사 내용은 이성애 각본에 매우 충실하다. 사랑하는 연인을 통해 제대로 할 줄 아는 것이 없는 내가 좋은 사람이 될 수 있다는 가사는 연애를 해야 제대로 된 인간, 성숙한 인간이 될 수 있다는 연애 지상주의 각본의 전형이다. 그런데 이것을 이해하려면 이 노래를 작사하고 작곡한 인물에 대한 배경 지식이 필요하다. 이 곡을 쓴 윤종신은 예능 TV 프로그램인 〈라디오스타〉의 진행자로 활동하며 인기를 끈 예능인이기도 하지만 1990년에 데뷔한 가수이며, 직접 작사·작곡, 프로듀싱을 하며, 자신의 소속사 미스틱스토리의 대표 프로듀서이기도 하다. 윤종신의 노래를 오래 들어온 사람은 알겠지만 그의 노래는 대체로 이성애 비트랜스남성의 욕망을 위로하는 내용이 주를 이룬다. 못생긴 애인을 진정으로 사랑할 줄 아는 멋진 남성(〈내 사랑 못난이〉), 결혼을 한 뒤에도 첫사랑을 잊지 못하는 순정(〈오래전 그날〉)을 긍정하는 식이다. 즉, 윤종신은 이성애 비트랜스남성의 욕망을 가장 충실하게 표현하는 가사를 쓰는 음악인이자, 이성애 연애서사를 일상의 언어로 잘 풀어내는 음악인이기도 하다. 그렇기에 윤종신은 림 킴을 '김예림'으로 프로듀싱하는 인물이기도 하다. 즉, 여성혐오, 오리엔탈리즘, 인종주의 등을 강하게 비판하는 메시지를 담을 수 있는 가수(〈SAL-KI〉, 〈YELLOW〉)를 성적 대상, 관음의 대상으로 만드는 방식(〈All Right〉)으로 프로듀싱하는 인물인 것이다.

그리고 〈원더우먼〉은 애초에 '롤러코스터'에서 활동했던 조원선이 부른 노래로, 이때 이 노래는 이성애 비트랜스남성의 욕망 속에 존재하는 여성, 즉 남성과의 연애를 통해서만 비로소 무언가를 할 수 있거나, 아무것도 할 줄 몰라 남자가 다 해줘야만 존재할 수 있는 무능력한 존재 그 자체로 그려진다. 이것은 윤종신이 이 노래의 가사를 통해 의도한 측면일 것이다. 그런데 이 노래를 브아걸이 다시 부르면서 뮤직비디오에 네온밀크가 출연하고, 브아걸 멤버도 드랙에 참여하면서 가사의 의미가 엉키기 시작한다.

가사에 충실한 방식으로 읽는다면 브아걸의 〈원더우먼〉은 2019년에도 이성애 연애에 종속되는 모습으로 이해될 수 있다. 하지만 이 노래의 뮤직비디오에는 드랙 퍼포먼스 팀 네온밀크가 출연하고 브아걸 멤버와 네온밀크는 비슷한 복장을 착용함으로써, 네온밀크가 브아걸을 따라하는 것인지 브아걸이 네온밀크를 따라하는 것인지 헷갈리게 한다. 이를 다른 말로 하자면, 누가 원본이고 누가 따라한 것인지 모호하게 하고, 뮤직비디오에 나오는 인물의 모든 실천을 드랙으로 독해할 수 있게 한다. 그렇다면 브아걸의 〈원더우먼〉을 이성애 비트랜스남성의 욕망 속에 존재하는 여성의 모습으로 읽기보다, 드랙 퍼포머가 자신의 자아를 찾아가는 과정으로 다시 읽어볼 수 있지 않을까?

Hey, when you came to me
It was like a dream
You make me fall in love with you
All I care is always you

밤을 꼬박 새웠어도

화장이 하나 안 먹어도

널 만날 때면 초자연 미녀

원래 둔한 머리지만

너를 위한 아이디어만은

끊이지 않는 재간둥이 천재소녀

너와 길을 걸으면

영화 속에 나왔던

멋있던 그 길과 멜로디 위를 걷는 듯

[중략]

Boy, it's amazing

Since I met you

Everything was changing

Yeah, the way you talk

The way you see

You make me wonder

이 가사를 드랙퀸이나 드랙킹이 자신의 새로운 자아를 찾아가는 내용으로 다시 읽는다면, 즉 '나'를 기존의 자아 혹은 사회가 규정하는 모습으로, '너'를 드랙의 새로운 자아 혹은 내가 원하는 나 자신의 모습으로 독해하는 작업은 무리라기보다 매우 잘 어울린다. 브아걸이 이 노래를 리메이크하며 새롭게 덧붙인 가사(영어 부분) 역시 이성애적 욕망이기보다 드랙의 욕망 혹은 퀴어한 욕망으로 독해할 가능성을 열어둔다. 브아걸의 〈원더우먼〉을 드랙의 자아 탐색으로 다시 독해할 수 있다면, 이것은 윤종신의 〈원더우먼〉을 브아걸이 완전히 다른 가능성으로 만들었음을 의미한다. 기존의 이성애-비트랜스 중심의 서사는 그 자체로 이성애-비트랜스 중심적이기보다 그렇게만 해석해야 한다는 규범적 제약을 통해 해석의 가능성이 제한되었던 것이다. 〈원더우먼〉을 브아걸이 부를 때 브아걸을 '여성' 그룹으로 제한하고 곡의 화자를 '여성'으로 규정한다면 이 노래는 윤종신의 해석(이성애 규범적 연애 각본)에 충실한 곡이 된다.

하지만 브아걸의 뮤직비디오에 출연한 네온밀크의 드랙 퍼포먼스는 물론, 뮤직비디오 속 브아걸 역시 드랙을 하고 있다고 가정한다면 〈원더우먼〉은 드랙의 자아 탐색이자, 사회가 규정한 여성 범주가 아닌 다른 삶의 가능성, 다른 젠더 범주의 가능성을 모색하는 곡이 된다. 〈원더우먼〉에서 브아걸은 FTM/트랜스남성일 수도 있고, 드랙일 수도 있고, 규범에 호명되길 거부하는 '여성'일 수도 있으며, 새롭게 추가된 영어 가사의 "boy"는 바로 이렇게 새로운 자아를 지칭하는 것일 수 있다. 이러한 해석은 브아걸과 네온밀크의 협업이 기존의 체제에 안착하는 것 같으면서도 결코 안착할 수 없고 엇나가고 비껴가도록 한다. 무엇보다 규범이 원하는 바를 정확하게 이해하고 그 방향에서 완전히 탈주하며 기존 질서 자체를 퀴어하게, 트랜스하게 바꿔 상상할 수 있도록 하면서, 브아걸의 〈원더우먼〉는 새로운 세상을 모색하는 동시에 기존 질서에서도 숨 쉴 수 있는 공간을 만든다.

비트랜스 중심의 아이돌 문화에서
트랜스페미니즘의 가능성을 읽어낸다는 것

트랜스페미니즘을 모색하는 작업은 한편으로 트랜스젠더퀴어의 경험을 통해 기존의 이원 젠더화된 경험이 가정하는 비트랜스 중심주의, 비트랜스 규범성을 탐문하며 트랜스젠더퀴어의 자리를 모색한다. 하지만 트랜스페미니즘은 트랜스젠더퀴어의 경험에 무조건적 정당성을 부여하지 않으며 그렇기에 트랜스젠더퀴어의 자리 역시 당연하다고 주장하지 않는다. 대신 (비트랜스)남성과 (비트랜스)여성만을 인간의 자연스러운 존재 조건으로 여기는 지배 규범을 문제 삼는 데서 시작하여, 트랜스젠더퀴어와 비트랜스를 구분하는 경계 자체, 이 경계를 정당화하는 다양한 사회적·문화적·제도적 장치 등을 모두 심문하고, 이 심문 과정을 통해 트랜스젠더퀴어의 경험이 위치하는 자리를 탐색한다. 당연한 것을 당연한 것으로 두지 않고 계속해서 질문하는 트랜스페미니즘의 작업은, 여성은 여성이고 드랙은 드랙이며 이 둘의 만남은 그 자체만으로 새롭고 신선한 것이라는 태도 역시 문제 삼는다. 이 태도를 문제 삼지 않고 당연한 것으로 넘어간다면, 여성과 드랙, 혹은 비트랜스와 트랜스젠더퀴어 사이의 경계는 영원히 넘을 수 없고, 가끔 함께하지만 그것은 일회적 사건이 될 뿐이다.

이 글은 이효리, AOA, 브아걸의 작업을 통해 트랜스페미니즘의 가능성을 모색하고자 했다. 이효리, AOA, 브아걸의 작업이 트랜스페미니즘의 어떤 가능성을 만든다면 그것은 이들 작업에 드랙이, 트랜스젠더퀴어가 등장했기 때문이 아니다. 단순히 '출연했으니 퀴어하다'는 평가는 기존의 이성애-이원 젠더 체제를 안정시킬 뿐이다. 이들은 각자의 작업에 드랙 퍼포머와 보깅 댄서가 함께하는 과정을 통해, 이항 대립의 반대 구조를 생산하기보다 '이것이 왜 반대여야 하는가'를 질문하며 연대와 틈새의 새로운 가능성을 상상할 수 있도록 한다. 또한 몸과 젠더 사이의 관계를 고착시키기보다 유동적 틈새를 만들고 이를 통해 '여성' 범주의 새로운 양식을 만들 뿐만 아니라 적극적이고 상호관계적인 연대의 가능성을 만든다.

또한 이효리, AOA, 브아걸은 트랜스젠더퀴어가 위치할 정당한 자리를 마련한다. 한국 역사에서 트랜스젠더퀴어는 한국 사회 전반에 걸칠 뿐만 아니라, 좁게는 엔터테인먼트 산업에서 중요한 활동을 해왔지만 늘 은폐되었다. 한국 사회는 트랜스젠더퀴어를 기이하고 신기한 존재로 인식할 뿐 정치적 의제를 지닌 존재이자 집단으로 이해하지 않았다. 이들 무대와 뮤직비디오에 등장한 드랙은 다른 자리에 위치한다. 드랙은 유행 상품이 아니라 최소한 한국 퀴어 운동이 역사와 함께한 존재이자 문화의 일부다(드랙이 드랙퀸으로 대표되고 드랙킹이 함께 재현되지 않거나 누락되는 점은 추가의 비판적 논의가 필요하다). 이효리, AOA, 브아걸은 드랙 혹은 트랜스젠더퀴어 정치를 유행으로 차용하기보다 역사를 환기할 수 있도록 하고, 끊임없이 부재자로 취급된 이들을 존재자로 환기했다. 이것은 트랜스젠더퀴어의 자리를 만드는 일이다. 하지만 이 자리는 당연히 있어야 할 자리여서 만들어졌거나 일부 아이돌의 선의로 만들어진 것이 아니다. 이들 아이돌이 여성 범주, 여성 연대, 연애 서사 등 기존에 익숙한 개념을 확장하고 더 많은 결합의 가능성을 모색하는 작업을 통해 만든 것이다. 그렇기에 이 자리는, 여전히 충분하지는 않다고 해도, 함부로 삭제되거나 지워질 수 있는 자리가 될 수 없다.

아이돌이 만드는 새로운 시도를 그저 새로운 것, 요즘 트렌드를 잘 따라가는 것 정도로 이해한다면, 이는 이효리, AOA, 브아걸 등의 고민을 한순간의 유행 정도로 취급하는 것과 같다. 이는 이효리가 일상과 거대 정치 사이의 긴밀한 연결 고리를 고민하고 이를 정치화하고자 했던 시도를 그저 신보를 위한 '새로운 시도'로 그 의미를 제한해버린다. 트랜스페미니즘으로 이들의 작업을 다시 읽는 이유는 바로 여기에 있다. 이들의 작업을 아이돌의 새로운 작업으로, 여성 아이돌의 새로운 시도로만 해석하기보다 트랜스젠더퀴어와 페미니즘의 관계를 모색하는 작업의 연장에 위치시킬 수 있기 때문이다. 이 작업을 통해 여성 범주를 새롭게 모색하고, 이성애 서사를 퀴어하게 다시 독해할 수 있으며, 여성 연대의 의미를 생물학적 본질주의에 국한하지 않고 확장할 수 있게 한다. 또한 이들 아이돌의 작업에 함께한 드랙, 그리고 트랜스젠더퀴어가 그저 일회적 화제성으로 그치기보다 대중문화에서, 그리고 아이돌 문화에서 차지하는 의미를 분명하게 이해할 수 있도록 한다.

2001년 하리수의 등장으로 한국 가요계에는 공식적으로, 그리고 언제나 항상 트랜스젠더 연예인이, 트랜스젠더 가수가 존재하고 있음에도 부재자처럼, 예외적 흥미 요소 정도로만 취급되어왔다. 하리수뿐만 아니라 다른 많은 트랜스젠더 가수, 트랜스여성 가수의 등장은 그저 단발성 화제로 취급되었다. 이렇게 취급되어온 역사 속에 아이돌과 함께 작업한 드랙, 트랜스젠더퀴어가 위치한다. 아이돌의 작업에 드랙, 트랜스젠더퀴어가 등장하고 이토록 화제가 되는 것은 그저 우연이 아니라 대중적으로 성공하지는 못했지만 계속해서 노력해온 다른 트랜스젠더퀴어 가수들의 노력이 축적되어 있기 때문이다. 이것이 내가 이 글에서 트랜스페미니즘을 통해 이효리, AOA, 브아걸의 작업을 독해한 이유다. 비트랜스 중심의 아이돌 문화에서 트랜스페미니즘의 가능성을 읽을 수 있을 뿐만 아니라, 이들 문화에 등장하는 드랙, 트랜스젠더퀴어는 단발성 등장이 아니라 한국 대중문화와 아이돌 문화의 역사와 긴밀히 연결된다는 점을 분명하게 기억해야 한다.

주

1   트랜스젠더퀴어는 트랜스젠더와 젠더퀴어, 그리고 논바이너리를 모두 포괄하는 용어다. 이 글에서 트랜스젠더는 비규범적 젠더 실천을 모두 포괄하는 용어라고 설명하고 있다. 하지만 현실에서 트랜스젠더는 대체로 트랜스여성과 트랜스남성으로 제한해서 말해지는 경향이 있으며 이것은 호르몬 투여와 성전환 수술과 같은 의료적 조치를 당연하게 가정하는 경향이 있다. 이런 경향에 대한 비판 의식과 함께 남성과 여성의 이분법 어느 쪽에도 속하지 않고 정체화하지 않는 이들이 자신을 설명하기 위해 젠더퀴어, 논바이너리라는 용어를 만들어 사용하기 시작했다. 그래서 이분법에 기반을 둔 트랜스젠더 정체화와 젠더퀴어, 논바이너리의 정체화는 다소 다른 과정, 다소 다른 삶의 맥락이 있다. 하지만 이런 차이에도 트랜스젠더, 젠더퀴어, 논바이너리는 '모든 사람은 당연히 남성 아니면 여성으로 태어나고 일평생 변하지 않는다'는 이원 젠더 체제의 규범에 부합하지 않는 사람들이라는 점에서 공통점을 갖는다. 또한 다양한 맥락에서 트랜스젠더와 젠더퀴어, 논바이너리는 겹치는 경험을 공유하기도 한다. 나는 이런 맥락에서 트랜스젠더퀴어라는 용어를 사용한다. 하지만 트랜스젠더퀴어는 단순히 이들의 총합이라기보다, 트랜스와 관련해서 계속해서 생산되는 규범성을 문제 삼고, 새로운 규범성을 생산하기보다 계속해서 비규범적 존재를 생산하고 타자화하며 살 수 없게 만드는 사회에 대한 비판적 문제의식을 공유하는 범주로서 이 용어를 사용하고 있다.

2   이 부분과 관련한 자세한 논의는 다음을 참고할 것. 루인, 〈젠더로 경합하고 불화하는 정치학: 트랜스젠더퀴어, 페미니즘, 그리고 퀴어 연구의 이론사를 개괄하기〉, 《퀴어 페미니스트, 교차성을 사유하다》, 여이연, 2018, 74~79쪽.

3   수잔 스트라이커, 《트랜스젠더의 역사: 현대 미국 트랜스젠더 운동의 이론, 역사, 정치》, 제이·루인 옮김, 이매진, 2016. 158~172쪽 참고.

4   게일 루빈, 《일탈: 게일 루빈 선집》, 임옥희·조혜영·신혜수·허윤 옮김, 현실문화, 2015; Janice G. Raymond, *The Transsexual Empire: The Making of the She-Male*(Second Edition), Teachers College Press, 1994[1979].

5   신혜연, 〈"난 마야 편" 트윗에 트랜스젠더 혐오자로 찍힌 해리포터 작가〉, 《중앙일보》, 2019년 12월 22일 자, https://news.joins.com/article/23663189; 박수진, 〈'해리포터' 배우들이 J.K.롤링 '트랜스젠더 혐오' 논란 트윗에 반대하는 입장을 표했다〉, 《허프포스트》, 2020년 6월 9일 자, https://www.huffingtonpost.kr/entry/katie-leung-daniel-radcliffe-jk-rowling_kr_5edf3df6c5b6c38e0d81787a.

6   Susan Stryker, "Transgender Studies: Queer Theory's Evil Twin", *GLQ: A Journal of Lesbian and Gay Studies*, 10(2), Duke University Press, 2004.

7   Susan Stryker, "Transgender Feminism: Queering the Woman Question", *Third Wave Feminism: A Critical Exploration*(Expanded Second Edition), Palgrave, 2007.

8   김진석, 〈이효리, 신문 1면만 891번 기네스북 등재 "몰랐다"〉, 《일간스포츠》, 2013년 6월 27일자, https://news.joins.com/article/11916337#home.

9   김지혜, 〈[인터뷰]성역할 '뒤집어놓은' AOA 무대 위 보깅 댄서들… 이들은 누구?〉, 《경향신문》, 2019년 9월 23일 자, http://news.khan.co.kr/kh_news/khan_art_view.html?art_id=201909230600001#csidx3b611c81db941a5a6c242ac52ebf5d2.

10 권미성, 〈'퀸덤', AOA '너나해' 백댄서 카다시바 김태현 근황 공개…엄마에게 커밍아웃한 사연은?〉, 《톱스타뉴스》, 2019년 11월 27일 자, https://www.topstarnews.net/news/articleView.html?idxno=700698.

11 브아걸의 《RE_vive》에 실린 〈원더우먼〉은, 같은 앨범에 실린 〈내가 날 버린 이유〉와 뮤직비디오 스토리상으로 긴밀하게 연결된다. 하지만 이 글은 두 뮤직비디오의 스토리를 분석하는 작업이 아니라는 점에서 〈원더우먼〉만 분석했다.

참고 문헌

게일 루빈, 《일탈: 게일 루빈 선집》, 임옥희·조혜영·신혜수·허윤 옮김, 현실문화, 2015.

권미성, 〈'퀸덤', AOA '너나해' 백댄서 카다시바 김태현 근황 공개… 엄마에게 커밍아웃한 사연은?〉, 《톱스타뉴스》, 2019년 11월 27일 자, https://www.topstarnews.net/news/articleView.html?idxno=700698.

김지혜, 〈[인터뷰]성역할 '뒤집어놓은' AOA 무대 위 보깅 댄서들… 이들은 누구?〉, 《경향신문》, 2019년 9월 23일 자, http://news.khan.co.kr/kh_news/khan_art_view.html?art_id=201909230600001#csidx3b611c81db941a5a6c242ac52ebf5d2.

김진석, 〈이효리, 신문 1면만 891번 기네스북 등재 "몰랐다"〉, 《일간스포츠》, 2013년 6월 27일자, https://news.joins.com/article/11916337#home.

박수진, 〈'해리포터' 배우들이 J.K.롤링 '트랜스젠더 혐오' 논란 트윗에 반대하는 입장을 표했다〉, 《허프포스트》, 2020년 6월 9일 자, https://www.huffing tonpost.kr/entry/katie-leung-daniel-radcliffe-jk-rowling_kr_5edf 3df6c5b6c38e0d81787a.

수잔 스트라이커, 《트랜스젠더의 역사: 현대 미국 트랜스젠더 운동의 이론, 역사, 정치》, 제이·루인 옮김, 이매진, 2016.

신혜연, 〈"난 마야 편" 트윗에 트렌스젠더 혐오자로 찍힌 해리포터 작가〉, 《중앙일보》, 2019년 12월 22일 자, https://news.joins.com/article/23663189.

Raymond, Janice G., *The Transsexual Empire: The Making of the She-Male*(Second Edition), Teachers College Press, 1994[1979].

Stryker, Susan, "Transgender Feminism: Queering the Woman Question", *Third Wave Feminism: A Critical Exploration*(Expanded Second Edition), Palgrave, 2007.

Stryker, Susan, "Transgender Sudies: Queer Theory's Evil Twin", *GLQ: A Journal of Lesbian and Gay Studies*, 10(2), Duke University Press, 2004.

queer
idol /
× ogy

퀴어돌로지

초판 1쇄 펴낸날 2021년 7월 9일

기획　　　연혜원
지은이　　스킵·마노·상근·권지미·김효진·윤소희·조우리·한채윤·아밀·연혜원·루인
펴낸이　　박재영
편집　　　이정신·임세현·한의영
디자인　　조하늘
제작　　　제이오
펴낸곳　　도서출판 오월의봄
주소　　　경기도 파주시 회동길 363-15 201호
등록　　　제406-2010-000111호
전화　　　070-7704-2131
팩스　　　0505-300-0518
이메일　　maybook05@naver.com
트위터　　@oohbom
블로그　　blog.naver.com/maybook05
페이스북　facebook.com/maybook05
인스타그램　instagram.com/maybooks_05

ISBN　　　979-11-90422-73-4　03300

이 책은 저작권법에 따라 보호받는 저작물이므로 무단전재와 복제를 금합니다.
이 책 내용의 전부 또는 일부를 이용하려면 반드시 저작권자와 도서출판 오월의봄에
서면 동의를 받아야 합니다.

책값은 뒤표지에 있습니다. 잘못된 책은 바꾸어 드립니다.

만든 사람들
책임편집　　이정신
디자인　　　조하늘